“双主体”人才培养模式的探索与实践

王振龙　主编

科学出版社

北　京

内 容 简 介

本书着眼于中央对职业教育的功能新定位、形势新判断、工作新要求的决策部署，基于“高起点、高标准、高水平”的办学要求，立足培养具有良好职业道德、过硬职业技能并具有大学文化素养和创新精神的高素质劳动者和技术技能人才的目标，围绕着职业教育校企深度融合和人才共育，对陕西工商职业学院“双主体”人才培养模式探索进行了初步总结。全书既有理论思考，也有实践探索，内容共分为五篇，分别是：模式探索、内涵建设、项目研究、制度建设和宣传推广。

本书适合教育管理职能部门、职业院校、教育科研机构等单位的管理人员、教师、科研人员以及行业企业一线管理人员阅读。

图书在版编目（CIP）数据

“双主体”人才培养模式的探索与实践/王振龙主编. —北京：科学出版社. 2015

ISBN 978-7-03-045820-9

Ⅰ. ①双… Ⅱ. ①王… Ⅲ. ①高等职业教育–人才培养–培养模式–研究–中国 Ⅳ. ①G718.5

中国版本图书馆 CIP 数据核字（2015）第 229113 号

责任编辑：徐 倩 / 责任校对：贾伟娟
责任印制：霍 兵 / 封面设计：无极书装

科学出版社出版
北京东黄城根北街 16 号
邮政编码：100717
http：//www.sciencep.com
新科印刷有限公司印刷
科学出版社发行 各地新华书店经销
*
2015 年 9 月第 一 版 开本：720 × 1000 1/16
2015 年 9 月第一次印刷 印张：21 3/4
字数：438 000

定价：92.00 元

作者简介

王振龙，经济学博士，教授，兼任教育部统计学教学指导委员会委员、全国统计职业教育教学指导委员会副主任委员、全国统计教材编审委员会委员、中国国民经济核算学会高校分会副会长、中国高等教育学会财经分会常务理事、中国教育发展战略学会终身教育委员会常务理事、中国成人教育协会常务理事、陕西省高等继续教育学会会长。

长期从事高等教育管理工作，多次参加政府部门的重大研究决策，先后开展了陕西省“十二五”社会事业发展规划、陕西省高等学校学分银行建设、陕西省继续教育平台建设、陕西省高本贯通机制探索等研究咨询工作 20 余项，主持省部级以上课题 10 余项，出版著作、教材 10 余部，发表论文 40 余篇，获得省部级以上奖励 10 余项。

前　言

陕西工商职业学院是陕西省进入21世纪以来，社会经济转型发展、产业结构调整升级的产物。2010 年，陕西省政府根据社会经济发展对人才的需要，对高等职业（简称高职）教育资源进行重组和调整，将原陕西纺织服装职业技术学院更名为陕西工商职业学院，着力培养现代服务业人才，以满足陕西现代服务业发展和西安国际化大都市建设对现代服务业人才的需求。

在研究制订陕西工商职业学院建设方案、学校章程及“十二五”发展规划时，在陕西省教育厅的直接领导下，学校按照陕西省省委省政府的要求，对陕西省内外的高职院校、企业和行业进行了广泛的学习和调研。在此基础上，经过全校上下反复讨论，形成了明确的办学思路和“十二五”发展规划，确定了陕西工商职业学院的人才培养标准，即主动适应现代服务业发展的需要，培养具有良好职业道德、过硬职业技能并具有大学文化素养和创新精神的职业人。简单来说，我们希望培养出来的学生与企业直接在社会上招收的员工不同，他们受过良好的高等教育；与普通高校的毕业生也不一样，他们已经具有良好的职业道德和较强的职业技能。为了把一个普通高中生培养成一个职业人，我们选择了校企一体联合培养——“学中干、干中学”的人才培养过程，而这一育人过程的难点和关键都在于如何做到校企一体，建立一个良好、科学、高效的合作育人工作机制。为此，我们从校企地位平等、责任共担、资源共享、互利共赢的愿望和理念出发，大胆地进行了“双主体”人才培养模式的探索。

在专业建设上，实行教学指导委员会指导下的专业建设委员会负责制，要求每一个专业或专业群必须至少与一个高水平企业或省级以上行业协会联办，成立一个专业建设委员会，构建一个“教师+技师”的人才培养团队。在教学方式上，实行课堂学习、职场实战、赛场竞技并举，通过课堂学习提高学生的文化素养和专业知识水平；通过职场实战培养学生的职业道德和职业技能；通过赛场竞技强化学生的创新意识和创新能力。在就业工作上，注重就业率的同时，更加注重就业质量。

陕西工商职业学院发展的四年是我们学习的四年，探索的四年，实践的四年。根据学校 2013 年和 2014 年的就业率、就业质量、技能竞赛成绩，以及招生数量和报到率来看，在陕西省政府和陕西省教育厅的正确领导下，在兄弟院校和专家、教师的帮助下，学校的发展得到了社会和政府的高度认可，从而赢得了这几年的招生计划、学生报考人数连年剧增，提前两年实现了“十二五”发展计划目标，教育教学质量持续提高，2013 年、2014 年毕业生就业率均超过了 98%。

2014 年 7 月，陕西工商职业学院迎来了高职人才培养工作评估。专家组通过审阅数据平台和相关材料、听取汇报、查阅资料、听说课、深入访谈等多种形式，对陕西工商职业学院办学定位、专业建设、课程建设、师资队伍、实践教学、教学管理和社会评价等方面进行了严格、认真、系统的检查评估，对陕西工商职业学院的人才培养工作给予了充分肯定：一是积极转变观念，深入探讨高职教育规律，办学目标和定位进一步明确；二是不断优化专业结构，专业建设初见成效；三是重视人才培养质量，凸显教学中心地位；四是优化教学资源配置，重视职业技能培养；五是积极推进校企融合，建立健全实践教学体系；六是学生管理工作规范，社会服务能力逐步提高。

十八届三中全会以来，党中央、国务院对加快发展现代职业教育做出了一系列重大部署，把发展职业教育摆在了更加突出的战略位置，习近平总书记专门对职业教育工作做出重要指示。国务院常务会议进行了专题研究并颁布了《关于加快发展现代职业教育的决定》，2014 年 6 月 23 日全国职业教育工作会议召开，李克强总理亲切接见了与会代表并发表了重要讲话，刘延东副总理和马凯副总理出席了会议并都在电视电话会议上做了重要讲话。这充分体现了党中央、国务院对职业教育工作的高度重视，为加快发展现代职业教育指明了方向。在今后的办学中，我们将以高职人才培养工作评估为契机，认真学习领会习近平总书记的重要指示和全国职业教育工作会议精神，切实把思想和行动统一到中央关于职业教育的功能新定位、形势新判断、工作新要求的决策部署上来，以服务现代服务业发展为宗旨，大力弘扬劳动光荣、技能宝贵、创业伟大的时代风尚，把提高职业技能和培养职业精神高度融合，进一步深化“双主体”人才培养模式改革，坚持依托企业、贴近需求，着力加强实训条件建设，打造具有鲜明职业教育特点、教练型的师资队伍，为建设“富裕陕西、和谐陕西、美丽陕西”的“三个陕西”培养一大批具有良好职业道德、过硬职业技能并具有大学文化素养和创新精神的高素质劳动者和技术技能型人才。

王振龙

2015 年 9 月

目　录

第三篇　项 目 研 究

第四篇　制 度 建 设

第五篇　宣 传 推 广

第一篇 模式探索

高等职业教育“双主体”人才培养模式的构建

董祥林[①] 王振龙
（陕西工商职业学院，西安 710119）

【摘　要】构建“双主体”人才培养模式，推进校企深度合作，是高职院校培养高端技能型人才和引领行业发展的重要举措。本文考察了校企合作主体关系的演变，分析了“双主体”培养人才的理论与现实意义，对“双主体”人才培养模式的建构进行了思考。

【关键词】高职教育；校企合作；双主体；人才培养

2010 年以来，我国的高职院校在校企合作方面进行了一系列探索，对促进教学改革和提高人才培养质量发挥了积极作用。但总体而言，无论是校企合作的深度、广度还是成效，都还不能很好地满足高职教育服务经济社会发展的需要。推进校企深度合作，构建“双主体”人才培养模式，对促进我国高职教育可持续发展具有重要意义。

1　“双主体”人才培养模式的理论基点

1.1　校企合作主体关系的演变

我国高职教育校企合作主体关系有“政府主体”“学校主体”“主体多元”“双主体”等多种不同模式。改革开放初期，高职教育是在政府指令和计划下进行的，企业在参与职业教育过程中为学校无偿提供专业教师、教育设备、实习场地等，此时职业教育的校企合作是政府主导的指令性合作。随着市场经济体制建设的完善和教育体制的改革，企业逐步成为适应市场竞争的法人主体，学校办学自主权增强，高职院校根据形势发展和自身办学需求，积极寻找和开展校企合作，出现了“学校主体”“主体多元”等校企合作模式，但企业在人才培养中的主体地位依然没有确立，企业培养的积极性不高，校企合作培养高职人才繁荣预设效果没有达到，高职教育培育人才与企业需要人才“两张皮”的现象没有从根本上得到改观。在高职教育校企合作主体地位矛盾交错、高职教育进一步发展陷入困境的时候，一些高职院校开始学习借鉴德国“双元制”高职教育的做法，积极探索学校和企业“双主体”育人的模式，在推进校企深度合作方面进行了一系列有益的尝试。

1.2　人才培养“双主体”的理论与实践意义

在校企合作中，学校和企业的关系一直是困扰高职教育发展的重要理论问题，“双主体”论更多的是在学校和企业这两种分属于不同活动领域中的主体相互依

---

① 董祥林，陕西省委教育工委副书记，陕西工商职业学院党委书记。

存、共同发展的基础上提出的。首先，它承认学校主体和企业主体并不是相互对立、相互排斥的，而是相互依存、相互补充的关系；其次，它着眼学校主体和企业主体在发展过程中的协调与统一，强调满足相关合作主体的利益诉求，实现互相共赢；最后，它重视充分发挥政府在高职教育发展中的主导作用，通过政府的财政投入、税收等政策，调动企业参与高职教育办学的积极性，建立起人才共育、过程共管、成果共享、责任共担的合作机制。

“互利共赢”是校企“双主体”育人的根本动力。对学校而言，“双主体”育人模式可以提高学校办学质量，同时还利用企业提供的实训设备、实习基地、专业师资等，最大限度地减轻学校在实习、实训设备上的投入和专业师资培训的压力，培育出市场需要的高技能型人才；对企业而言，“双主体”育人模式可以按照自己的需要提前培养人才，并在培养人才的过程中提前锁定合适的高技能型人才，增加企业现有人力资源的数量储备，提升企业人力资源的质量，从而降低人力资源成本，解除用人的后顾之忧，增强企业发展后劲和市场竞争力，有效提高企业的经济效益。在校企“双主体”人才培养的过程中，培养出大批国家经济发展急需的高端技能型人才，为“中国制造”向“中国创造”转变提供强有力的人才保证。

2 “双主体”人才培养模式的构建

2.1 树立“双主体”人才培养理念，选择高水平合作办学企业

高职教育的培养目标是为生产、管理、服务一线培养高素质的技能型人才，而传统的学校教育无法实现这种培养目标，这决定了高职院校的人才培养模式必须重视企业的需求与作用，立足于企业和学校实行双赢，树立“双主体”人才培养的先进理念，高度重视合作企业的选择。高职院校“双主体”人才培养，选择合适的高水平企业需满足四点要求：第一，选择的企业要有较强的合作意愿，能够积极参与教育教学过程，愿意在教师培养、实训基地建设等方面为学校提供支持；第二，相关企业的生产、经营服务与学校的专业要对接和匹配；第三，相关企业应是行业中管理水高、专业技能一流、社会责任感强的企业，并且有较好的成长性；第四，校企双方有一定的合作基础，彼此的价值取向、文化追求等有一定的共融性。

2.2 拓展校企合作领域，建立“双主体”人才培养长效机制

一是成立由学校、企业、行业组织等多方参与的校企合作组织机构、教学指导委员会和专业建设委员会，分别负责校企合作的运行、教育教学改革和专业建设等事宜。二是校企双方按照职业岗位需求共同制订人才培养方案并组织实施，采用课堂教学与职场训练相结合、职业技能培训与职业资格鉴定相结合、课业考核与岗位考核相结合的“三结合”教学方式，做到课堂学习与职场实战并举。三是校企合作打造“双师型”教师队伍，建立教师定期到企业实践制度和企业技能型人才到学校从教制度，构建一支数量充足、结构合理、职教特色突出、教学经验丰富的“双师型”师资队伍，教师团队实行“双岗”“双责”“双聘”“双评”“双训”“双薪”。四是针对学校教育、企业生产过程及校企合作等方面存在的实际问题，校企

双方组建团队开展科学研究，为企业和学校的发展提供支撑。五是积极探索实施“冠名办学”“互动介入”“校企共融开发”“模块化学习”“基地培养”等多种“双主体”育人形式，创建学校和企业在人才培养过程中地位平等、责任共担、互利共赢、运行顺畅的工作机制。六是促进学校与企业的资源共享，实现校内教学场地企业化、企业生产经营场地教学化，形成“校中有企”“企中有校”的育人环境。

2.3 发挥政府作用，健全“双主体”人才培养政策保障

学习借鉴德国“双元制”职业教育的经验，立足我国的具体国情和管理体制，结合高职教育发展的实际，充分发挥政府在主导高职教育发展的重要职能和作用，建立健全相关的政策体制和保障制度。

一是通过立法明确企业参与高职教育的责任、义务和权利，强制企业参与高职教育，把参与高职教育作为评估企业性质的法律指标和税收依据，并采取与法律配套的切实可行的措施，为“双主体”育人模式的建立与运行营造良好的外部条件和社会环境。二是完善相关政策体系，地方政府充分发挥区域规划、资源配置等统筹作用，采取地方税收优惠、企业办学成本列支、安全责任分担等政策措施，充分调动企业培养人才的积极性，鼓励和引导企业承担人才培养的责任。三是根据高职教育培养目标和理念，建立适应高素质技能型专门人才培养要求的“双主体”培养质量评价标准，进一步完善高职院校人才培养工作评估制度，加强对校企合作“双主体”育人行为的评价、督导、检查和反馈，强化政府相应的评价与监管职能，及时发现问题并提出解决对策。

3 结 语

高职教育以培养生产、建设、管理、服务一线的高素质技能型专门人才为根本任务，在建设人力资源强国和高等教育强国的进程中发挥着不可替代的作用。只有政府、学校、企业等各方面合力进行探索创新，共同推进校企深度合作，积极构建“双主体”人才培养模式，才能不断开创高职教育改革发展的新局面，培养出经济社会发展需要的具有良好职业道德、过硬职业技能并具有大学文化素养和创新精神的高端技能型人才，为更好地服务地方经济社会发展做出贡献。

（原文发表在《陕西高校咨询委员会第七次全体会议交流论文汇编》2011 年 8 月，略有修改）

明确培养目标　推进教学改革

王振龙
（陕西工商职业学院，西安 710119）

【摘　要】立足“现代服务业发展需要的具有良好职业道德、过硬职业技能并具有大学文化素养和创新精神的职业人”的培养目标，深化对提高教学质量的认识，完善人才培养方案，构建科学合理的课程体系，并在此基础上深化教学改革，构建教学管理系统和弹性管理模式，大力推进校企合作，完善教学评价体系，有效地提升教育教学质量。

【关键词】高职教育；职业人；培养目标；教学改革；教学质量

随着我国走新型工业化道路、建设社会主义新农村和创新型国家对高技能人才要求的不断提高，高职教育既面临着极好的发展机遇，又面临着严峻的挑战，需要高职院校树立以质量为根本的办学理念，确立“职业人”培养的目标，大力推行校企合作，构建科学合理的人才培养方案和课程体系，持续深化教学改革，提高教育教学质量，培养出经济社会发展需要的高端技能型人才。

1　明确培养目标，深化对提高教学质量的认识

全面提高高等教育教学质量是实施科教兴国战略的必然要求，也是高职教育自身发展的客观要求。2011 年，教育部发布《关于推进高等职业教育改革创新 引领职业教育科学发展的若干意见》，提出了高职教育要以提高质量为核心，以增强特色为重点，以合作办学、合作育人、合作就业、合作发展为主线，努力建设中国特色、世界水准的高职教育。中央财政投入 20 亿元，实施全国高职院校提升专业服务能力项目，以点带面，普遍提高专业的教育教学质量和社会服务能力，高职教育进入全面质量提升的历史新阶段。在此背景下，我校坚持以“现代服务业发展需要的具有良好职业道德、过硬职业技能并具有大学文化素养和创新精神的职业人”的培养目标为立足点，以服务为宗旨，以就业为导向，不断深化教学改革，全力提高教育教学质量，培养面向现代服务业一线需要的高端技能型人才。

2　改革人才培养方案，构建科学合理的课程体系

2.1　改革人才培养方案

人才培养方案是高职院校人才培养模式改革的出发点和落脚点，其设计与制订必须体现高职院校的人才培养模式。我校经过探索实践，形成了学校与企业“双主体”培养的职业人培养模式，实现了人才培养与企业需求相融合、专业教师与企业兼职教师相融合、理论教学与技能培训相融合、教学内容与工作任务相融合、能力考核与技能鉴定相融合、校园文化与企业文化相融合的培养模式，为人才培养方案

改革提出了要求，也提供了改革平台。本着有利于人才培养目标的实现和有利于提高教学质量的总体设计原则，我校形成了反映专业人才培养目标和规格要求、专业特色建设要求和职业资格证书要求，体现知识、能力和素质的模块化课程设计，理论和实践教学体系相对独立，以弹性学制和学分互换为改革方向的人才培养方案。

2.2 构建科学合理的课程体系

课程体系是人才培养方案中的核心部分。我校改变了传统的“学科本位”课程观，采用以职业能力为核心的“能力本位”课程观。根据专业目标岗位的实际需要，综合各岗位的工作任务、内容、职责等要求，由校企专家组制定了《岗位职业标准》；在分析职业岗位知识、能力、素质要求的基础上，将学科体系的课程内容进行解构，按工作过程中的行动体系选择、序化课程内容，理出岗位典型工作任务，基于真实工作过程构建了课程体系。基于专业群规划与设置，我校的专业人才培养方案中课程体系结构由四部分组成：①素养课程。该模块课程使学生尽可能在人文素质、职业素质、思想道德、计算机文化基础、外语交流及学习能力等方面打好基础。②专业课程。该模块课程专业基础理论宽广、核心技能要求明确，为学生今后的职业发展提供良好的知识、能力和素质结构。③技能课程。该模块课程具有明确职业价值取向，以能力本位和就业导向为目标的教育教学内容，为学生提供就业所需的岗位技能，是一个具有“准订单”性质、突出实践性的课程与实训实习模块。④拓展课程。该模块课程主要是为拓展学生学习领域，注重素质教育与专业教育的结合，包括了紧密贴合市场与企业需求而构建的专业选修课程，涵盖了文学、体育艺术、社会科学、自然科学等领域的公共选修课程。

3 推进教学改革，形成高效有序的教学运行机制

3.1 构建教学管理系统

学校加强教育教学工作的决策、执行、监控和信息反馈，构建了结构完整、环环相扣、整体优化的教育教学管理系统。一是完善教学工作决策子系统。强化学校教学指导委员会制订教学工作发展规划，研究、决策教学工作中的重大问题的职能作用。二是完善教学工作执行子系统。教务处及其所属科室是教学管理职能部门和决策执行机构，系部是教学管理的实体和重心。三是完善教学工作监控子系统。通过目标监控、人员监控、制度监控及考核评估，形成立体化的监控体系，实现了教学全过程控制与检查。四是完善教学工作信息反馈子系统。成立了由专家组成的学校教学督导委员会和由学生信息员组成的教学信息反馈团队，形成了反馈及时准确的教学信息网络。各子系统之间有机联系、协调互动，发挥了系统的整体功能。

3.2 构建弹性教学管理模式

学校变硬性管理为弹性管理，建立严格而又灵活的教学管理制度，给学生充分的发展空间，充分调动了学生参与教学活动的主动性和积极性。我校推行了四学期制、选课制和体育俱乐部教学等方式，打破专业、年级界限，允许学生跨专业选课；实行课堂开放，允许学生自主选择授课教师；实行分层次教学，将课程分成不同层

次、模块供学生选择，给予学生选择学习进程的主动权，积极探索学生提前毕业或延长学习期限的途径；建立和完善学习成果认证制度，鼓励和支持学生参加职业技能竞赛、社会学习等以兑换相应的课程学分，积极探索不同类型学习成果的互认和衔接。

3.3　强化专业建设

学校通过对接行业、对接区域、对接市场，对培养模式改革、课程体系建设、教师队伍建设、实训基地建设、课程资源建设等诸方面进行校内外各种资源整合，构建了旅游管理类、财务会计类、工商管理类、工程管理类等多类别协调发展的专业集群，形成了布局科学、优势明显、结构合理、数量适宜的专业体系，解决了专业布局与产业发展的匹配度不高的问题，实现了专业链与产业链的对接，提升了服务产业发展的能力。截至目前，学校现开设专业 18 个，其中中央财政重点支持建设专业 2 个、省级重点建设专业 3 个，另有省级重点建设实训基地 2 个。

3.4　大力推进校企合作

学校以校企合作体制机制改革创新为着力点，积极搭建产学结合联盟平台，与天域凯莱大饭店、西安皇冠假日酒店、西安创业物业发展有限公司、中国海程邦达物流集团公司、金花企业集团、陕西苏宁电器有限责任公司等多家知名企业开展合作办学，积极探索实施“冠名办学”“互动介入”“校企共融开发”“基地培养”等多种“双主体”育人形式，创建学校和企业在人才培养过程中地位平等、责任共担、互利共赢、运行顺畅的工作机制；促进学校与企业的资源共享，产学合作专业覆盖率、校企共同开发专业课程比例、企业兼职教师人数等稳步提升，教师队伍结构不断优化，实现了校内教学场地企业化、企业生产经营场地教学化，形成“校中有企”“企中有校”的育人环境和人才培养机制。

3.5　完善教学评价体系

保证人才培养质量，需要对教学质量、教学过程、教学建设、教学效果实行全面评价，对教学工作进行有效调控。一是构建教学质量综合评价体系，对教学质量实行了学校和用人单位的双方评议，实行教学岗位的优质优酬。二是构建学生素质综合测评体系，对学生素质实行全方位的综合测评，建立优秀学生奖励机制和学习创新激励机制。三是构建教学状态评价体系，对教学过程、教学改革和教学管理状态采取目标管理，实行科学的、制度化的评估，教学投入向计划科学、工作落实、质量优秀的系部倾斜，对教学先进的集体和个人进行奖励和重点支持，建立教学工作奖优扶重机制。

（原文发表在《陕西高校工作咨询委员会第八次全体会议交流论文汇编》2012 年 8 月，略有修改）

职业教育“双师型”教师培训模式的探索与思考*

张新华[①]

（陕西工商职业学院，西安 710119）

【摘　要】要建立适应并促进新技术革命和产业结构不断升级的我国现代化职业教育体系，就必须建立与之相适应的“双师型”教师队伍。因此，必然需要对我国以往的“双师型”教师培训实践进行反思，并在借鉴的基础上，以促进教师发展为取向，不断提高培训质量，建构“政府主导、主体提升、平台驱动”的“双师型”教师培训模式。

【关键词】职业教育；双师培训；模式创新；素质提升

众所周知，一个国家的强盛和综合国力的提升，关键在教育，而教师是真正意义上的根本。日本和德国经济上的快速发展与职业教育的关系已被众多国家所解密，所以对正在崛起的中国来说，教育改革的关键就是职业教育的重大改革与快速发展。不管是经济发达国家的经验，还是我国二十多年的职教改革探索，事实已经向我们证明，“双师型”教师的培养与培训质量是职业教育改革的关键所在。事实上，我国现阶段的职业教育教师队伍整体水平远远跟不上国家职业教育快速发展的步伐，尤其是“双师型”教师的奇缺成为国家职业教育发展的瓶颈。解决这一问题，最根本的方法莫过于“双师型”教师培训模式的探索与创新。只有做好这项工作，才能从真正意义上培训“双师型”的教学骨干，造就一批“双师型”的教学名师和学科领军人才。

1　职业教育“双师型”教师的内涵解读

“双师型”教师的概念提法是中国职业教育界特有的概念，在职业教育界无论是理论工作者，还是实践工作者，对“双师型”教师的认识与理解一直未达成一致，“双证书论”“双能力论”“双融合论”“双职称型”“双素质型”“双层次说”等都是从各自的角度予以解读的。严格意义上讲，“双师型”教师的标准是既有良好的职业道德，较强的教育教学能力，能传授专业理论知识，又具有丰富的实践经验，较高的专业操作示范技能和较强的科研能力，具有教师和工程师的双重知识与能力结构的专业教师。显然，“双师型”教师并不是教师与工程师的简单叠加，也不能简单地理解为既具备教师的能力，又具备工程师的能力。从工作对象来看，工程师面对的是物，而“双师型”教师面对的是有思想、有感情的人。从知识和能力看，工程师须

---

*[基金项目]陕西省 2013 年职业教育重点招标课题“职业院校‘双师型’教师培训模式研究”。

① 张新华，陕西省山阳县人，陕西工商职业学院副院长，高级政工师。

知生产的基本知识和操作要领，并能实际操作，而“双师型”教师必须将生产、管理的知识和能力吸收内化，并能有效地再现，传授给学生。这就要求“双师型”教师，不但要熟悉操作过程，而且要精通原理，并使学生掌握技能技巧。因此，“双师型”教师在知识、能力和素质等方面是一个有机的融合体，这个标准就决定了“双师型”教师成为职业院校职业人培养的中坚力量。

2　我国职业教育“双师型”教师队伍培训的现状分析

虽然我国职业教育的“双师型”教师培训工作取得了一定的成绩，但创新与改革的势头不可阻挡。如果粗略地对我国职业教育“双师型”教师的现有培训模式进行梳理的话，其数量堪称世界第一，其框架五花八门，但一些培训模式还是对职业教育的发展产生了既重要又特殊的影响。例如，校本培训模式、企业实践培训模式、多元化合作办学培训模式、高校进修模式、教师自学成长模式及有效教师培训模式等都已经形成一定的特色和体系，而且发挥着极其重要的作用。但我们不难看出“双师型”教师的培训工作还存在着不少的问题。

（1）国家教育主管部门对职业教育“双师型”教师资格认定标准的不确定性，在很大程度上影响了在职教师参与培训的积极性。“双师型”教师的评价标准对“双师型”教师的团队建设、队伍结构建设起着重要的导向作用。目前，国家“双师型”教师资格认定还没有统一的标准，从而造成政府主管部门及各级各类职业院校对“双师型”教师行政管理与业务管理上的不一致，最典型的莫过于“双师型”就是“双证型”和每个教师都要成为“双师型”的观点。事实上，实际操作标准上的模糊性与不确定性，在一定程度上影响了教师参与“双师型”教师培训工作的积极性。

（2）职业教育“双师型”教师培训的实践场所和实践机会上的严重缺失，造成了主观愿望与培训操作上的明显脱节。尽管我国《职业教育法》已颁布多年，但基于我国国情发展的实际情况和职业教育学校或机构的现实，愿意与学校“联姻”的行业企业并不多，更为敏感的是国家教育政策法规中没有出台对企业和有关事业单位的相关要求和政策制度。大多数行业企业不愿意接受学校的课程教师参加企业一线的顶岗生产实践，即使国家政策规定的科技开发、社会服务职能，从本质上也没有在大多数学校或行业企业得到落实。因此，从根本上解决实践环节的落实问题才是教师培训的根本。

（3）职业教育“双师型”教师技能培训的支撑体系不够健全，许多培训中的计划内容和实施方案无法得到有效落实。通过实践锻炼和相关培训是当前职业教育“双师型”教师培训的主要途径，但目前“双师型”教师培训的支撑体系不够健全。职业学校专业门类繁多，参差不齐，组织“双师型”教师的专门培训操作困难，运作成本高，不能完全适合学校需求。事实上，职业学校专业课教师来源上的转行暂且不谈，仅教学任务而言，多课头、多课时、多任务的庞杂性，足以使一个教师成为运转过程中的一台机器，根本谈不上“双师型”教师培训活动的有效化。此外，由于职业学校办学条件的客观原因，多数专业课教师外出培训与交流的机会很少，部分教师从未外出参加过培训学习，导致教师不了解新的职教精神，缺乏现代职教理念，更谈不上技能技术上的有效提升。所以，教师培训过程的保障机制显得尤为重要。

（4）职业教育“双师型”教师队伍结构的不合理，在很大程度上影响了培训方案的实施力度。由于我国职业学校办学条件上的先天不足，理论教师偏多、实习指导教师不足成为所有学校的共同特点。许多职业教育研究资料表明，职业学校半数以上的教师是从学校毕业后直接上讲台的，大都缺乏实践经验，自身的技术应用能力和实践操作能力不强，不能给学生良好的技术示范和指导。有实际工作经验和技能的骨干教师和专业教学带头人匮乏，许多高精尖技术技能教学任务得不到落实，实训教学往往只能满足于一般性技能训练，不能很好地满足职业教育教学的特殊需要。此外，有些新进教师才开始接触实践，他们感觉到“双师型”教师的目标要求比较高，达到目标的困难也较大，从而产生畏难情绪，不愿积极创造条件加强实践动手能力，从而使众多的教师失去了培训工作的原动力。

此外，外聘企业技术人员的管理机制上的不完善、培训条件不足，以及切实有力的激励机制的缺乏等都是“双师型”教师培训中存在的问题。

3 职业教育“双师型”教师培训模式的创新思考

随着我国职业教育发展的一系列政策的出台，尤其是《国家十二五教育事业发展规划纲要》对职业教育的战略性定位，各级政府教育主管部门都积极探索了职业教育的“双师型”教师培训模式，在一定程度上都总结出了具有特色化的培训模式。“政府主导、主体提升、平台驱动”就是一种正在探索的职业教育“双师型”教师培训模式。

3.1 政府主导是“双师型”教师培训模式运作的先决条件

众所周知，“政府主导”是经济发展过程中的一个敏感专用词，虽然褒贬不一，但针对我国目前职业教育的发展现状来说，研究成果中还没有一种能够替代“政府主导”下的“双师型”教师培训模式。事实上，这种模式的根本就在于职业教育“双师型”教师的培训必须由政府教育主管部门来实行，统一政策、统一管理、统一财政、统一考核、统一监管、统一方式。这种实质意义上的主导是职业教育“双师型”教师培训模式运作的先决条件。

（1）统一政策就是职业教育的“双师型”教师培训工作必须由政府出台一系列的相关共性政策，如文件的颁发、活动的选定、专家的聘请、资源的开发、奖惩的认定等。

（2）统一管理就是由政府主管部门统一定调、统一规划、统一指导、统一证书、统一考核、统一标准等。

（3）统一财政就是教师的培训专项经费应该由政府部门在调查研究和借鉴先进经验的基础上，统一使用，如培训平台的搭建、资源的建设及重要设施设备的购置等。

（4）统一考核就是职业教育“双师型”教师的培训工作必须实行科学而有效的考核制度，在政府的主导下，使考核的结果更具权威性和有效性。

（5）统一监管就是在职业教育的“双师型”教师培训工作中，不管是行政机构，还是教师个人、学校群体都应该在政府部门的监管下，使培训工作真正起到业务能力提升与专业成长的作用。

（6）统一方式就是职业教育“双师型”教师的培训方式在大的框架下统一进行，各自为战和缺少合作与协同的现象是职业教育发展的最大忌讳。因此，“双师型”教师培训方式的统一是职业教育快速发展的重要举措。

3.2　主体提升是“双师型”教师培训模式运作的关键条件

校企合作的“双主体”办学模式已经被众多学校的职业教育办学成果所证明。诚然，“双师型”教师培训工作的实施更需要学校主体与企业主体的合力作用，从一般意义上来说，学校的主体主要在于被培训者专业与课堂理论上的提升与发展，而企业主体主要在于被培训者实践技能和实际操作能力上的技能化、技巧化。因此，我们认为，目前国内没有哪一所学校，哪一个培训机构，能够解决全国所有职业院校专业教师的继续教育培训工作，靠一所学校或一个地区无法解决培训过程所需求的名师名家、完善的专业设施设备、众多的技能大师。显然，摆在我们面前的艰巨任务就是如何将职业院校的师资资源进行整合，将全国成千上万的星级行业企业的实践与实训资源进行挖掘，通过各级政府主管部门的主导作用，形成一个以网络化的培训平台为主体，学校与企业为两翼的“双师型”教师培训方式。这种模式的关键就在于培训平台功能的有效发挥，以及学校主体和企业主体的优势组合上。基于这种方式，学校教学管理的运行机制、校外名师名家的引进机制、企业高端技能大师及一线技师的现场教学等都显得尤为重要和关键。例如，教学资源的建设、优质教学资源的引入与共享、教学名师及专家的专题讲座与指导、技能技术的行家指导与环境熏陶、实践技能的训练与提升等都是技术技能型人才培训提高的重要途径与手段。由此可见，学校主体和企业主体各自优势作用的发挥是职业教育“双师型”教师培训的关键之所在，失去任何一个主体，教师的培训工作都会走向极端，离“双师型”教师的培训目标越来越远。

3.3　平台驱动是“双师型”教师培训模式运作的根本条件

近年来，各行各业的职工培训活动一浪高过一浪，虽然五花八门，形式多样，但网络化的平台管理已成为大家的首选。随着各种现代网络技术及管理软件的投入运作，各式各样的网络培训系统逐一亮相，其功能的强大与管理上的科学是以往任何一种培训方式不可比拟的，如“京师教育在线”和国家教育行政学院网络培训平台的远程网络培训系统在技术手段上的先进性及课程资源的丰富化等方面的强大优势，足以说明平台管理在“双师型”教师培训工作中的重要作用。职业教育“双师型”教师培训平台由管理运作系统、资源共享系统和咨询服务系统三大部分组成。其中，管理运作系统包括文件政策系统、项目选择系统、注册缴费系统、作业提交系统、终结评价系统、证书生成系统等子模块；资源共享系统包括学校主体资源、企业主体资源、优质共享资源、社会征集资源等子模块；咨询服务系统包括项目咨询、学习咨询、资源咨询、证书咨询等子模块。三大系统的有机结合，从根本上实现了职业教育“双师型”教师培训工作的基本目标。“双师型”教师培训网络平台是一个以培训教师管理为主的管理平台，“双师型”教师在职培训的一切管理活动在这个平台都可以予以实现。参与培训的任何一个学员，只要登录平台后，就可以利用平台各模块的强大功能实现培训目标。以管理平台为例，文件政策系统主要为学习者提供在职培训的相关文件及政策支持，使学习者按照上级主管部门的基本要求制订自己的学习计划；项目选择系统是指培训主管部门为学习者提供多种培训项目，以供参与者根据自己的专业特长或课程教学进行选择；注册缴费系统是指学员选择培训内容后必须在网上注册并按提示程序缴纳规定的费用；作业提交系统是指学习者根据学习要求及学习计划到培训主体学校、主体企业和资源共享系统中学习要求完成的形成性考核作业提交的系统，学习者只有在这个系统提交了形成性的考核作业并得到了教师的批阅获得规定的成绩后才能生成成绩；终结评价系统是指学习内容结束后，学习者申请终结性考核，系统自动生成考核试题，学习者在规定时间完成后，按提交按钮，系统将自动评卷给出成绩；证书生成系统是指学习者选择的培训项目规定的课程成绩全部合格后，按证书按钮，系统将生成项目培训证书并可以打印出来作为依据。透视培训平台的支持服务，不难发现，这是一个专为“双师型”教师培训而建立的学习与管理平台，从培训宣传、注册报名、缴纳培训费、过程考核、终结评价及证书发放等方面网络平台都集于一体，充分发挥各自的功能优势，所以培训学员的全程培训活动是与网络平台捆在一起的，包括学校主体和企业主体的学习管理与成绩都是通过平台提交的，离开网络平台整个培训工作是不能正常进行的。

4 职业教育“双师型”教师培训创新模式引发的策略分析

4.1 政府主导“指挥棒”作用的有效发挥

借鉴政府主导模式下的成功经验，政府教育主管部门同人力资源与社会保障及财务等部门应将职业教育的“双师型”教师培训工作纳入职业教育发展的整体规划，联合制定职业教育“双师型”教师培训的政策和法规，按层次、分步骤、有计划地提升职业教育“双师型”教师的专业技能水平。尤其是通过政府的一系列具有积极性、建设性和支持性的权利作用导向，使职业院校的教师有机会真正实现到企业挂职并深入企业实践，从事企业一线生产管理及技术技能性工作，从根本上提高企业环境下的教师实践能力。教育主管部门应该出台具有法律效能的行业企业管理机制，将行业企业真正纳入到“双师型”教师的实践主体培训中来，最大限度地为教师的技能技巧方面的成长提供充足的实践场所与培训基地，这样才能有效地为职业教育培训一支名副其实的“双师型”队伍。

《国家十二五教育事业发展规划纲要》中指出：“完善符合职业教育特点的教师资格标准和专业技术职务（职称）评聘办法。”因此，应根据职业教育特点，制定出相应的职业教育教师任职资格和职称评定标准，设立单独的评审机构，实现职业教育教师职称评审工作的规范化和科学化。从创新理念出发，打破教师系列职称和工程技术系列职称无法互评、流通不畅的局面，对那些具有一定工程技术能力的专业课教师进行专业技术职务的认定，凡是达到规定标准的教师均可认定为“双师型”教师。改变那种以普通学校教师的科研标准来衡量职业学校教师的做法，强调职校教师的应用性、实践性研究，把教师的技术革新获奖成果、应用性项目研究成果、教材实物、教学课件与模型等作为职业教育教师科研成果认定的主要内容。与此同时，政府教育行政主管部门应积极做好职业教育“双师型”教师培训的调研与论证工作，提出改革现行评审制度或设置“双职称”评审渠道的具体方案，以便强化职业教育“双师型”教师队伍的有效建设，尤其是尽快出台一系列“双师型”教师的教师资格制度、职业技术资格证书及职称评审制度实施的可行性操作办法，为“双师型”教师的成长搭建企业的实践平台。一方面可以由政府出面选择一批企业作为教师企业实践基地，统一组织企业主体培训的实践活动；另一方面可以利用已经参与教师培训基地建设的企业来接纳教师的实践活动。诚然，对于职业院校来说，也应该在政府的引主导下，积极加强与行业企业的深度合作，采取多种激励措施使更多的教师把到企业参加实践活动当成一种内在意义上的需求，更多的企业把接纳教师到企业实践学习当做一种使命与荣誉。

4.2　学校企业“双主体”责任的有效体现

“双师型”教师是理论知识和实践能力都有较高水平或造诣的教师群体，承担着比一般教师更为繁重的工作任务，因此，应制定“双师型”教师的激励机制，从用人机制、投入机制、物质保障机制改革入手，建立“双师型”教师成长的良性循环，为“双师型”教师的成长营造良好的环境和条件。一是加大“双师型”教师在专业带头人、教学名师、教学能手、中青年骨干教师的评定分值。二是优先选派“双师型”教师外出参观、学习考察、访问、进修、培训和参加国内外学术会议。三是优先考虑“双师型”教师的年终考核评优、岗位聘任、申报专业技术职务、酬金标准的晋级等。四是在岗位津贴和课时津贴等方面提高“双师型”教师的基础标准。五是对于到企业顶岗工作或实习锻炼的教师，给予精神上的鼓励和津贴分配上的倾斜。

通过多种创新性的培训形式，积极引进相关企事业单位和企业行业中的能工巧匠、技术骨干来校担任实践环节教师，使他们能够将生产、科研第一线的新技术、新工艺和社会对从业人员素质的新要求传给学校一线教师。此外，行业企业在条件和时间都能满足的情况下，将培训教师集中到行业企业进行现场培训，有计划、有目的地进行重点、难点和关键知识的讲解与解析，尤其是为参加培训的教师提供学校教学过程中疑点、焦点问题的解决机会。一是利用寒暑假时间对在职教师进行培训，向教师传授技能技巧和前沿技术。二是安排教师带着教学中的一些实际问题，到企业向有丰富实践经验的技术技能大师学习，提高开展科研活动和解决生产实际问题的能力。三是聘请职教师资培训基地专家和具有丰富实践经验的专业技术人员来校做导师。在“双师型”教师培训中，要从受训教师所教专业科目的岗位能力需要出发，针对教师的实际能力状况来设计培训课程和内容，突出教学的实践性环节，使教师在较短的时间内技能水平有所提高。校企合作、产学合作是培养“双师型”教师的有效途径。企业通过提供实践场地、推荐工程技术人员来校担任导师等形式，为教师创造了参加生产实践和指导实习设计的机会，有助于教师专业素质、职业技能和实践能力的迅速提高。

4.3　平台驱动“内驱力”能量的有效调动

教师培训效果不明显的主要问题就在于培训过程的监管与考核出现了问题，所以信息化时代，依靠网络平台的信息技术管理是解决以往老大难问题的有效途径。只要整个培训的管理工作依赖于平台，如项目启动、学习者报名、过程考核、证书生成等全部在网络上完成，就可以最大限度地调动培训教师学习的积极性，重视学习、重视网络、重视技术、重视活动，从根本上实现“双师型”教师培训的根本目的。

“双师型”教师的培训平台，在统一建设、统一管理的框架下，平台资源要以职业教育界的名师名家和中国教育学会、中国教育科学院等团体中具有一定影响力及声望的知名学者为主体，有计划、有目的、有系统、有意识地开展平台培训资源的建设工作，最大化地实现优质教学资源的共建与共享，充分发挥职业教育“双师型”教师培训平台在培训工作中的聚焦点与凝聚力作用。

总之，职业教育“双师型”教师的培训工作是一项系统工程、长线工程。为了实施好这一工程，政府教育主管部门应组织相关专家学者开展研讨工作，在反复论证的基础上，根据地域的实际特点，规范区域职能范围下的“双师型”教师内涵、外延，培养的原则、途径，以及“双师型”教师队伍建设的管理机制、评价办法和激励措施等，积极探索与完善职业教育“双师型”教师培训模式，充分发挥“政府主导、主体提升、平台驱动”模式在信息化时代职业教育“双师型”教师培训工作中的优势。

（原文发表在《陕西广播电视大学学报》2013 年第 4 期，略有修改）

“双主体”职业人培养模式下的高职院校办学方略探讨

刘志选[①]

（陕西工商职业学院，西安 710119）

【摘　要】办学方略是高职院校发展的生命力之所在。办学过程的每一个因素都具有牵一发而动全身的作用，办学理念、校企合作、教学改革、技能竞赛，实践教学等都是高职院校内涵建设的核心要素。

【关键词】办学模式；职业教育；双主体；办学方略

在《国民经济和社会发展第十二个五年规划纲要》和《国家中长期教育改革和发展规划纲要（2010-2020 年）》文件出台后，全国高职院校迎来了新一轮的发展机遇，紧紧按照技能型人才成长规律，积极探索与企业合作的新途径，努力构建“双主体”人才培养模式，提高人才培养质量，着力培养适应区域经济社会发展需要的高端技能型人才。

紧紧围绕地方经济社会的发展需求，立足“高起点、高标准、高水平”办学思路，不断加大教学基本条件建设，积极探索和完善学校与企业的“双主体”职业人培养模式，提高人才培养质量，是高职院校的办学使命与责任。

1　确立科学的办学理念

高职院校应按照现代职业教育的新要求，根据地方经济建设和社会发展对高水平技能型人才的迫切需要，确立围绕地方产业结构转型升级发展的办学宗旨，坚持“以职业为根本，以质量求生存，以特色树品牌，以创新促发展”的职业教育原则，培养具有良好职业道德、过硬职业技能并具有大学文化素养和创新精神的职业人，通过开放办学，在培养模式、教学模式、管理模式及运行机制等方面实现教育理念和办学实践的全方位创新。

2　加大校企合作力度

高职院校应积极与行业知名企业开展合作办学，充分发挥双方各自在知识传授、素质养成、技能训练和创业就业等方面的优势和作用，形成学校与企业地位平等、责任共担、资源共享、互利共赢的育人工作新机制和“校中有企”“企中有校”的育人环境。学校开设的所有专业都应与行业企业联合组建专业建设委员会，双方共同制订并组织实施专业发展规划及人才培养方案。校企双方共同商讨实验实训基地建设方案，实现资源共享，共同制定合作培养的一系列制度、文件和工作程序，切实保证各项工作的顺利开展。合作企业遴选经验丰富的管理技术人员担任学校实践课程指导教

---

① 刘志选，陕西礼泉人，陕西工商职业学院教务处处长、教授。

师，学校派教师赴企业进行顶岗实践锻炼，共同建设“双师型”的教师队伍。

3 深化教学改革

对人才培养方案框架进行创新性设计，根据企业行业对专业人才的岗位需求标准，突出课程设置的模块化特色，形成适应产业发展的现代职业教育课程模块体系。在课程体系中加大选修类课程、证书类课程、技能类课程、就业类课程及拓展类课程的选修空间，满足学生未来就业的岗位能力需求。

出台相关制度文件，将行业企业的专业技术人员充实到实践教学师资队伍中来，有效发挥这些教师实践教学的主体作用，尤其是要充分发挥高级技师、能工巧匠的作用。支持校内教师参加各类师资培训，充分利用专业进修、会议学习交流、派员赴企业一线进行培训与实践锻炼等多种途径，全方位加强教师的教改能力培养。

推行“课堂教学、职场训练、赛场竞技”并举的教学改革新模式，把专业课的实践教学比例增加到 50%以上，鼓励教师自主创新，由教学目标决定教学方式，用教学效果检验教改成效，大力倡导“教、学、做”三者有机结合，将案例教学、虚拟仿真实践教学、现场教学引入教学活动中。加大“职业资格证书”和技能竞赛的学分认定与转化力度，落实“以证代考”“以赛代考”的理念。

4 重视职业技能竞赛

成立学校技能竞赛领导小组，建立由合作行业、企业专家和校内教师为主要成员的专业技能竞赛办公室，出台相关激励政策。将技能竞赛纳入专业人才培养方案，突出学生的技能操作训练，强调实践能力的培养。在课程教学中，以工作过程为导向，积极探索“以赛代考”，要求学生按照职业操作规范，在限定的时间内独立完成相应的工作任务，由教师或行业、企业专家给予相应的成绩或学分。通过“以赛代考”，让学生充分体会到完成工作任务的成就感和个人价值，提高学生自主学习的兴趣和自信心，促进学生综合素质的全面提高。加大对技能竞赛的资金投入。在建设校内实训室和校外实训基地的基础上，学校应开发一批技能竞赛活动专用设备和软件，为各类技能竞赛活动的开展提供有效保障。

5 推进实践教学

强调实践教学在人才培养方案中所占的比重和加强实践教学的重要性，在专业人才培养方案中，专业课实践教学所占比重应达到课程总学时的 50%以上，学生顶岗实习不少于一年。大力加强实验实训基地建设，实现“场地布置模拟企业现场，实验项目来自企业实际，实训过程复制企业工作流程”的目标。在实训基地建设中，要重视发挥“双主体”职业人培养模式的优势，本着优势互补、资源共享的原则，在合作的知名企业中，建立实训基地。在企业建立实训基地，不仅教学场地、设施设备条件优越，工作环境、文化氛围、管理运行模式与机制都属于企业化标准和水平，而且可以弥补学校教师理论强、技能弱的不足，为保证学生实习实训质量奠定坚实的基础。

（原文发表在《西北职教》第 169 期，略有修改）

高职院校“双主体”人才培养模式的构建与应用

孔令军[①]

（陕西工商职业学院，西安 710119）

【摘　要】构建高职院校“双主体”人才培养模式，对学校培养出高端技能型人才和促进经济社会发展，都具有重要的意义。高职院校“双主体”人才培养模式应从“双主体”培养理念的树立、高水平合作办学企业的选择、培养机制的形成、“双师型”师资队伍的建立等方面着手进行构建，并从创新办学体制和校企合作机制、加强教学模式和运行机制改革、推进高水平师资队伍建设、加强国际交流与合作、增强社会服务能力、营造发展环境等方面进一步深化改革。

【关键词】高职院校；双主体；人才培养模式

在《国民经济和社会发展第十二个五年规划纲要》和《国家中长期教育改革和发展规划纲要（2010-2020年）》文件出台后，全国高职院校迎来了新一轮的发展机遇，紧紧按照技能型人才成长规律，积极探索与企业合作的新途径，努力构建“双主体”人才培养模式，提高人才培养质量，着力培养适应区域经济社会发展需要的高端技能型人才。

1　“双主体”人才培养模式

我国高职教育校企合作主体关系有“政府主体”“学校主体”“主体多元”“双主体”等多种不同模式。改革开放初期，高职教育是在政府指令和计划下进行的，企业在参与职业教育过程中为学校无偿提供专业教师、教育设备、实习场地等，此时职业教育的校企合作是政府主体的指令性合作。随着市场经济体制建设的完善和教育体制的改革，企业逐步成为适应市场竞争的法人主体，学校办学自主权增强，高职院校根据形势发展和自身办学需求，积极寻求和开展校企合作，出现了“学校主体”“主体多元”等校企合作模式，但企业在人才培养中的主体地位依然没有确立，企业培养的积极性不高，校企合作培养高职人才的预设效果没有达到，高职教育培育人才与企业需要人才“两张皮”的现象没有从根本上得到改观。为了有效解决这个问题，国内少数几所高职院校在研究国内外高职院校校企合作办学模式的基础上，从区域经济社会发展现状和现代服务业的行业特征出发，积极探索学校和企业双育人的模式，发挥学校与企业各自在知识传授、素质养成、技能训练和创业就业等方面的优势，共同组织教学和技能训练，“双主体”人才培养模式出现了。

---

① 孔令军，陕西工商职业学院教务处，副处长，副研究员。

在校企合作中，学校和企业的关系一直是困扰高职教育发展的重要理论问题，“双主体”模式更多的是从学校和企业这两种分属于不同活动领域中的两个主体相互依存、共同发展的基础上提出的。首先，它承认学校主体和企业主体并不是相互对立、相互排斥的，而是相互依存、相互补充的关系。其次，它着眼学校主体和企业主体在发展过程中的协调与统一，职业教育发展中的主导作用，通过政府的财政投入、税收等政策，调动企业参与高职教育办学的积极性，建立起人才共育、过程共管、成果共享、责任共担的合作机制。

2　高职院校“双主体”人才培养模式的构建

2.1　树立“双主体”人才培养理念

高职院校要主动适应经济发展方式转变，强化校企合作，建立充满活力的办学体制和育人机制，必须以理念更新为先导。学校领导要敢于冲破传统观念和体制机制的束缚，做更新教育理念的表率，努力成为具有先进教育理念和独特办学风格的教育家，带动广大教师员工投身工学结合、校企合作、顶岗实习人才培养模式改革实践，形成一支理念先进、遵循高职教育教学规律和高技能人才成长规律的高水平师资队伍；要培养学生树立“人人能成才”“行行出状元”的成才观，促进学生的健康成长；要凝聚全社会理解、关注和支持农业高职教育改革发展的共识。

2.2　选择高水平合作办学企业

高职院校要充分重视企业的需求与作用，立足于企业和学校实现双赢，通过考察学习、研究分析和实践探索，全方位树立“双主体”人才培养的先进理念，积极开展与高水平企业的合作办学。在选择合作办学企业工作中，严格遵循以下四条原则：选择的企业要有较强的合作意愿，能够积极参与教育教学过程，愿意在教师培养、实训基地建设等方面为学校提供支持；相关企业的生产、经营或服务要与学校的专业对接和匹配；相关企业应是行业中管理水平高、专业技能一流、社会责任感强的企业，并且有较好的成长性；校企双方有一定的合作基础，彼此的价值取向、文化追求等有一定的共融性。

2.3　构建“双主体”人才培养机制

成立由学校、协会、企业行业等多方参与的校企合作的专门组织机构、教学指导委员会和专业建设委员会，分别负责校企合作的运行、教育教学改革和专业建设等事宜。专业建设委员会应由校内专业骨干教师和校外知名企业家、行业主管、专业领域专家组成，校外专家担任委员会主任或副主任，企业人员比例超过50%，学校和企业共同完成专业人才培养方案、校企合作计划、课程开发、课程标准、教材审定等工作，并对专业教学环节进行全程指导，增强专业建设的实效性。校企双方按照职业岗位需求共同制订人才培养方案并组织实施，采用课堂教学与职场训练相结合、职业技能培训与职业资格鉴定相结合、课业考核与岗位考核相结合的“三结合”教学方式，做到课堂学习与职场实战并举。以校企共建专业为载体，以卓越技师教育培养计划为抓手，将技师职业资格标准融入专业人才培养方案，1/3 教学任务应在企业完成，专业课程主要由企业兼职教师承担，实现高级职业资格证书与专科学历证书相互融合的“双证书”制度。积极探索实施“冠名办学”“互动介入”“校企共融开发”“模块化教学”“基地培养”等多种“双主体”育人形式，创建学校和企业在人才培养过程中地位平等、责任共担、互利共赢、运行顺畅的工作机制；促进学校与企业的资源共享，实现校内教学场地企业化、企业生产经营场地教学化，形成“校中有企”“企中有校”的育人环境和人才培养机制。

2.4　建立“双师型”师资队伍

培养选拔、引进、聘用技术服务能力强、行业企业影响力大的专业带头人，带动专业教师队伍整体水平的提升。创新学校师资管理制度，制订并实施符合高职教育特点的教师专业技术职务职称评审标准，将教师参与企业技术应用、新产品开发、社会服务等作为专业技术职务职称评聘和工作绩效考核的重要内容。加大职业学校教师培养培训力度，推动学校与企业共同开展教师培养培训工作，在优秀企事业单位建立专业教师实践基地，完善专业教师到对口企事业单位定期实践制度，在学校建立名师和技能大师工作室。加快“双师结构”教学团队建设，聘任聘用一批具有行业影响力的专家作为专业带头人，一批企业专业人才和能工巧匠作为兼职教师，使专业建设紧跟产业发展，学生实践能力培养符合职业岗位要求。加强对教师的专业理论、职业教育教学能力和实践能力的培养。

3　高职院校“双主体”人才培养模式完善化的思考

3.1　创新办学体制和校企合作机制

积极探索建立由学校、政府主管部门、行业企业和学生家长代表等组成的董事会或理事会，发挥董事单位在产业规划、经费筹措、先进技术应用、兼职教师聘用、实习实训基地建设和学生顶岗实习及就业方面的优势，深化合作，提高整体办学水平。在专业层面，要创新合作机制，健全主要由行业企业参与的专业建设委员会，进一步发挥行业企业在专业设置与调整、人才培养方案制订、参与专业教学、学业考核等方面的作用，提高专业建设水平。要创新校企合作制度，探索建立产学合作基金，奖励对产学合作做出积极贡献的企业人员，建立企业兼职教师课时津贴学校统一支付制度、培训制度等，通过制度建设提高企业参与合作的积极性。

3.2　加强教学模式与运行机制改革

强化“干中学、学中干”的培养理念，推行工学交替、分段培养，开展现代学徒制试点，推动学校与行业企业共同制订专业人才培养方案、共同开发专业课程和教学资源、共同培养教师，构建一支专兼结合、规模适度、结构合理、特色鲜明、优势互补、适应发展需要的高水平师资队伍。深化课堂教学与职场训练相结合、职业技能培训与职业资格鉴定相结合、课业考核与岗位考核相结合的“三结合”教学模式，“四个一”专业建设模式改革，深化任务驱动、项目导向和全面推行“双证书”制度。加强专业合作办学单位、专业人才培养方案、专业建设委员会和专业教学团队的建设力度，促进专业群建设。探索构建教学质量保障体系和人才培养质量标准体系，根据产业结构升级和不同职业对技能型人才成长的特定要求，按照国家职业标准体系和行业技术标准，大力深化教学改革，规范日常教学管理，全面实行自主选课和四学期制，开展学科技能竞赛，规范和强化专业实践教学，提高教学质量。建立和完善学习成果认证制度，推行完全学分制，拓展学生学习空间，探索学生技能水平评价的互通和其他院校课程学分的认定，探索职业教育和普通教育、终身教育的衔接机制，实现不同类型学习成果的互认和衔接。

3.3　推进高水平师资队伍建设

探索技能型人才到高职院校从教的制度。加强紧密型合作企业的兼职教师计划安排，向社会定期发布兼职教师需求与招聘信息，探索兼职教师津贴制度，建立与完善兼职教师信息库，聘请来自行业企业的专业人才和能工巧匠担任兼职教师，发挥行业专家在新教师培养、技术创新和技术服务中的作用，加快双师结构专业教学团队建设。提高高职院校教师的社会地位和经济待遇，深化高职院校人事和分配制度改革，吸引各行各业优秀专业人才投身高等职业教育事业。

3.4　加强高职教育国际交流与合作

围绕产业发展要求，服务国家经济“走出去”发展战略，以大型跨国集团和企业的海外合作为契机，将国际通用的职业资格标准融入教学内容，输出培训，满足我国行业企业海外发展需要。利用学校品牌和专业优势，扩大对外交流与合作，使高职教育海外办学取得明显突破。借鉴发达国家高技能人才培养经验和教学资源，以友好城市、姊妹学校等为平台，通过课程和学分互认、师生交流、教师培养等途径，提高高职院校教学水平。

3.5　增强高职院校社会服务能力

强化社会服务功能是高职院校主动服务区域经济社会发展的一项重要任务，是建立校企合作长效机制的关键。校企合作建立技术应用中心、产学研结合基地，促进科技成果转化，推进企业技术进步，为产业升级服务；建立和完善教师社会服务的制度与政策，引导教师面向行业企业开展技术服务；充分利用现代教育技术手段，开发优质教育教学资源，面向行业企业开展高技能和新技术培训，支持企业在岗人员技能更新；满足高职院校毕业生在岗接受高等学历教育需要；为社会成员提供多样化、个性化学习，成为当地继续教育、文化传播的重要基地。

3.6　营造有利于高职院校发展的良好环境

在政府主导下，通过制定及完善相关制度法规和政策措施，形成有利于高职教育发展的政策合力。地方政府充分发挥区域规划、资源配置等统筹作用，采取地方税收优惠、企业办学成本列支、安全责任分担等政策措施，调动全社会特别是企业参与办学的积极性，优化学校发展环境；大力宣传高技能人才在经济社会发展中的作用与贡献，提高高技能人才的社会地位，努力营造政府主导、行业指导、企业主动参与、学生和家长愿意选择、用人单位高度认可的社会氛围，增强高职教育的发展活力和社会吸引力。

积极构建和完善“双主体”人才培养模式，需要政府、学校、企业等各方面合力进行探索创新，共同推进校企深度合作，才能不断开创高职教育改革发展的新局面，培养出经济社会发展需要的具有良好职业道德、过硬职业技能并具有大学文化素养和创新精神的高端技能型人才，更好地服务地方经济社会发展。

（原文发表在《陕西农业科学》2011 年第 5 期，略有修改）

高职“双主体”人才培养内涵发展研究*

孔令军
（陕西工商职业学院，西安 710119）

【摘　要】全面提高高职教育人才培养质量是实施科教兴国战略的必然要求，也是高职教育自身发展的客观要求。高职院校要深化校企合作理念，切实让企业发挥人才培养的“主体”作用，深化对提高教育质量、深化内涵发展的认识，从创新专业建设体制机制、做好专业建设规划、加大专业建设支持力度、出一批高质量成果、抓一线教学科研先进典型、抓实践教学、抓绩效管理等方面采取有效措施，促进高职教育“双主体”人才培养模式内涵发展。

【关键词】高职教育；双主体；内涵发展

随着我国走新型工业化道路、建设社会主义新农村和创新型国家对高技能人才要求的不断提高，高职教育既面临着极好的发展机遇，也面临着办学理念不适应现代职教体系建设要求、师资队伍不适应产业发展的要求、教学质量不适应内涵建设要求等严峻挑战。这就需要高职院校树立以质量为根本的办学理念，确立“职业人”培养的目标，大力推行校企合作，构建“双主体”人才培养模式，持续深化教学改革，提高教育教学质量，实现高职教育内涵发展，培养出经济社会发展需要的高端技能型人才。

1　“双主体”人才培养模式的基本内涵

在校企合作中，学校和企业的关系一直是困扰高职教育发展的重要理论问题，“双主体”论更多的是从学校和企业这两种分属于不同活动领域中的两个主体相互依存、共同发展的基础上提出的。首先，它承认学校主体和企业主体并不是相互对立、相互排斥的，而是相互依存、相互补充的关系；其次，它着眼学校主体和企业主体在发展过程中的协调与统一，强调满足相关合作主体的利益诉求，实现互利共赢；最后，它重视充分发挥政府在高职教育发展中的主导作用，通过政府的财政投入、税收等政策，调动企业参与高职教育办学的积极性，建立起人才共育、过程共管、成果共享、责任共担的合作机制。

“互利共赢”是校企“双主体”育人的根本动力。对学校而言，“双主体”育人模式可以提高学校办学质量，同时还可以利用企业提供的实训设备、实习基地、专业师资等，最大限度地减轻学校在实习、实训设备上的投入和专业师资培训的压

*[基金项目]陕西省教育科学“十二五”规划2012年度课题“高职教育‘双主体’人才培养模式研究”（编号：SGH12586）。

力，培育出市场需要的高技能型人才。对企业而言，“双主体”育人模式可以按照自己的需要提前培养人才，并在培育人才的过程中提前锁定合适的高技能型人才，增加企业现有人力资源的数量储备，提升企业人力资源的质量，从而降低人力资源成本，解除用人的后顾之忧，增强企业发展后劲和市场竞争力，有效提高企业的经济效益。在校企“双主体”人才培养的过程中，培养出大批国家经济发展急需的高端技能型人才，为“中国制造”向“中国创造”转变提供强有力的人才保证。

2 “双主体”人才培养模式内涵发展的主要举措

2.1 抓组织领导，创新专业建设的体制机制

深化校企合作专业建设的管理改革，健全“校企—院系—专业”三级管理体制。在学校教学指导委员会的统一领导下，充分发挥专业建设委员会在专业建设中的主体作用，进一步完善有利于专业发展的政策体系，建立专业建设的目标责任落实和考核体系，建立科学有效的专业建设管理体制和运行机制，为专业建设提供强有力的政策支持、条件保障和优质服务。

2.2 抓顶层设计，做好专业建设规划

加强校企合作发展战略研究，确立优势专业重点发展、相关专业协调发展的总体思路，使重点专业成为学校特色和企业人才需求的重要支撑，形成主干突出、相互支撑、特色凸现的专业群。着力加强国家级、省级重点专业的建设，启动建设校级重点专业，不断加大校企共同投入力度，形成多专业协调发展的局面。

2.3 抓经费投入，加大专业建设支持力度

以国家级、省级重点专业专项资金建设项目为契机，积极争取各类专业建设经费，加大对专业建设的经费投入和建设力度。认真规划，严格管理，建立经费使用绩效评价制度，加强重大项目经费使用考评；建立健全资产配置、使用、处置管理制度，提高使用效益。充分利用各种资源，积极开辟与合作企业合作，共同筹集经费，共同建设相关专业的新途径。

2.4 抓一批重点工程，出一批高质量成果

实施“企业高层次人才引进工程”，引进行业企业优秀人才。依托重点专业、重大科研项目、重大教改项目、重点基地，培养扶持若干高水平创新团队，为申请国家级、省级教学团队奠定基础，为企业技术攻关提供人才支持。

2.5 抓一批一线教学科研先进典型，发挥榜样示范作用

要用成果说话，通过赛讲课、赛教案、赛课件、赛科研成果等掀起“比学赶帮超”和争先创优活动。让优秀教师成为榜样，在全校形成提高教学能力和科研水平的良好氛围，鼓励教师在一线贡献聪明才智。要加强教学研究项目与实际问题相结合，促进教研成果应用，促进教师为合作企业服务，提高教学创新能力。

2.6 抓实践教学，出一批特殊技能人才

适应培养应用型人才实践能力的需要，引导教师加强实践技能训练，成为“双师型”人才。制订“双师型”师资队伍建设规划，明确“双师型”教师比例和达标

培训要求。制定“双能型”教师队伍培养的实施意见，大力推行教师进企业、进基地，进行专项技能培训，鼓励和支持专业课教师不断提高实践技能。

2.7 抓绩效管理，促进校企合作出实效

以社会需求为依据，明确专业人才培养目标. 参照职业岗位任职要求，校企共同制订和完善专业人才培养方案，积极推行“双证书”制度，将职业资格标准融入专业教学内容。积极探索“校中厂”“厂中校”“学中做”“做中学”等实践教学模式，将专业教学和企业的生产过程有机结合，提高人才培养的针对性、灵活性和开放性。引进企业文化因素，按照生态化、园林化、人本化的要求，把大学文化和企业文化有机融合，构建新型的学校文化形态。

（原文发表在《读写算》2014 年第 21 期，略有修改）

深化高职院校“双主体”人才培养模式改革的思考

孔令军

（陕西工商职业学院，西安 710119）

【摘　要】人才培养模式改革对促进高职院校发展具有重要意义，“双主体”人才培养模式是适合高职人才培养的模式。在推进“双主体”人才培养模式的改革中，要坚持内涵发展的思路，加强教师队伍建设，提高专业建设水平，建立质量监控保障体系，增强学校社会服务能力。

【关键词】人才培养模式；双主体；内涵

在政府的大力推动下，高职院校的校企合作办学取得了明显成效，人才培养质量不断提升，但与国家“建设中国特色、世界水平的现代职业教育体系”的目标与要求相比，高职院校需要落实政府工作报告和国务院常务会议要求，进一步加大校企合作办学力度，推进“双主体”合作办学，深化校企融合，不断提升专业服务产业发展的能力与水平。

1　坚持内涵发展的思路

坚持稳定增长规模、全面优化结构、重点强化特色的原则，走以质量提升为核心的内涵式发展道路。加强学校教学基本条件建设，加快校内实验实训条件建设，为全校师生提供先进、完备的教学、科研条件。优化专业结构，保持招生规模的稳步增长，建立更加有利于毕业生就业的工作管理与运行机制，建立健全专业预警、退出机制。加强重点专业和一般专业的分层次、分类别建设，强化专业建设特色，提高专业建设质量。继续推进“双主体”人才培养模式改革，加强师资队伍建设，深化校企合作，强化实验实训教学，建立健全质量保证体系，提升人才培养质量。

2　加强师资队伍建设

创新高职院校师资管理制度，制定并实施符合高职教育特点的教师专业技术职务职称评审标准，将教师参与企业技术应用、新产品开发、社会服务等作为专业技术职务职称评聘和工作绩效考核的重要内容。加大学校教师培养培训力度，进一步推动学校与合作企业共同开展教师培养培训工作，在优秀合作企业建立专业教师实践基地，完善专业教师到对口企事业单位定期实践制度，同时在学校建立技能大师、能工巧匠工作室。加快“双师型”教学团队建设，加大聘任聘用一批具有行业影响力的专家作为专业带头人、企业专业人才和能工巧匠作为兼职教师的工作力度，建立和完善校内教师与企业教师分工协作设计、开发、建设、讲授不同类型课程的实践制度，使专业建设紧跟产业发展，学生实践能力培养更加符合职业岗位要求。

3　提高专业建设水平

及时跟踪市场需求的变化，主动适应区域、行业经济和社会发展的需要，根据学校的办学条件，有针对性地调整和设置专业，优化专业结构。根据市场需求与专业设置情况，建立以重点专业为龙头、相关专业为支撑的专业群，辐射服务面向的区域、行业、企业，增强学生的就业能力。积极争取国家和地方财政支持，遴选一批基础条件好、特色鲜明、办学水平和就业率高的专业进行重点建设，优先支持在“双主体”培养优势凸显和培养高技能紧缺人才的专业，形成“校级—省级—国家级”三级重点专业建设体系，进一步发挥重点建设专业对专业群及学校整体发展的引领辐射作用，推动学校专业的整体建设与发展。进一步发挥行业企业在专业建设中的作用，加强专业教学标准建设。进一步全面、深入地开展校企合作，完善资源共享、优势互补的实验实训教学体系和机制，大力推动专业设置与产业需求、课程内容与职业标准、教学过程与生产过程“三对接”。

4　建立健全质量监控保障体系

建立“全程监控、动态反馈、持续改进、循环提升、追求卓越”的人才培养质量监控机制，从培养环境、服务主体、服务载体、服务过程和服务成效等维度采用逐级分解的方式，确定各要素质量目标，形成质量目标体系；基于全程质量观，建立全过程监控机制，对招生、入学、人才培养、顶岗实习、就业、毕业生跟踪、新专业设置等每个环节进行监控；基于持续改进和循环提升的原则，建立动态反馈跟踪机制，以质量管理部门、教工、学生、企业代表等为主体，形成通报和改进机制，促进教学质量循环提升；基于全过程质量要求，建立年度培养质量报告机制；接受学生、家长、用人单位、合作企业、教育行政主管部门和社会各界的评价监督，建立绩效考核激励机制。

5　增强学校社会服务能力

大力推行就业导向的培训模式，开展订单式培训、定向培训、定岗培训，提供多样化的职业教育培训，增强培训的针对性和有效性。面向行业企业积极开展技术服务，面向社会积极开展高技能培训和高端服务，面向社会开放学校的教育资源和文化体育设施，为当地居民提供科普、文化等方面的专业服务。科研是学校办学的重要功能，是引领职业教育发展的重要任务。学校要建立与行业、企业、国际组织一体化的科研工作机制，围绕校企合作、现代学徒制等若干重大前沿应用领域开展理论研究和实践研究，助推我省职业教育的科学决策、质量提升与快速发展。

（原文发表在《西北职教》第170期，略有修改）

校企“双主体”合作深化专业内涵建设探析

孔令军
（陕西工商职业学院，西安 710119）

【摘　要】专业是校企合作的载体。在人才培养过程中，要深化校企融合，构造完善的“双主体”人才培养模式；要深化专业教学改革，推进专业核心课程的开发建设；要强化现代信息技术的运用，建设一批专业教学资源；要加强师资队伍建设，建设高素质的专业教学团队；要加强实训基地建设，形成开放的运行管理机制。

【关键词】双主体；专业建设；人才培养

专业是学校与社会紧密联系的纽带，是学校与企业合作的载体，是学校服务产业发展的体现，专业的建设必须坚持学校与企业共同参与，坚持校企“双主体”共同开发专业、建设专业、深化专业内涵建设，才能切实培养出行业企业需要的高端技能型人才，也才能顺利完成学校的人才培养任务与目标。

1　深化校企融合，构建完善“双主体”人才培养模式

充分调动行业企业参与人才培养的积极性，深化校企融合，特别是在专业人才培养方案制订、课程开发、教师培训、实践教学等方面加大合作力度、提高合作层次。建立专业教师全员参与机制，开展专业教师下企业调研活动，落实专业教师密切联系企业的责任，引导和激励教师主动为企业服务，开展技术研发，促进科技成果转化，实现互利共赢，构建并不断完善学校与企业“双主体”职业人培养模式。

2　深化专业教学改革，推进专业核心课程开发建设

深化专业教学改革，针对职业岗位要求，强化就业能力培养，积极推进课程教学方法改革，加大现代信息技术在课程教学过程中的应用，大力实施任务驱动、项目导向、工学交替等教学做一体化的课程教学模式，提高课程教学质量。加强贴近生产实际、符合行业标准的工学结合教材建设，达到教学与生产管理的统一、知识传授与技能训练的统一。开发工学结合、理实一体的课程体系，改革课程内容、教学方法、教学手段和评价方式，紧密结合行业标准和职业资格证书要求，校企合作开展优质专业核心课程开发建设，引入行业企业标准开发专业课程，坚持将岗位职业资格标准融入到课程教学内容之中，使课程教学内容与职业岗位能力融通、与职业资格证书融通、与生产实际融通、与行业标准融通，建立校企共同开发建设课程的机制。

3　强化现代信息技术的运用，建设一批专业教学资源

按照校企联合、共建共享、边建边用的原则，以专业群为重点，以现代信息技术为支撑，建设涵盖教学设计、教学实施、教学评价的数字化专业群共享教学资源，

包括人才培养方案、课程教学大纲、网络课程、培训项目及测评系统等内容，满足专业群建设共性需求，实现优质资源共享，为学校师生、企业提供资源检索、信息查询、资料下载、教学指导、学习咨询、就业支持、人员培训等服务；开发虚拟工厂、虚拟车间、虚拟工艺等，作为实践教学和技能训练的有效补充，提高教学效益；完善校园网、多媒体教室、语音教室、电子阅览室等教学信息化基础设施建设，搭建校企信息化、网络化教学平台，实现企业的生产过程、工作流程等信息实时传送到课堂，企业兼职教师可以在生产现场直接开展专业教学，校企合作共同完成教学任务。

4　加强师资队伍建设，建设高素质的专业教学团队

校企合作共建师资队伍，选拔经验丰富的企业技术、管理骨干担任兼职教师与专业教师，承担各个专业实践教学和实训指导课程教学，有效提高学生的职业技能。学校建立专兼职教师融合机制，兼职教师与学校专业教师共同开发科研项目、编写教材、设计课程和建设专业。学校与企业共同开展教师培养培训工作，在合作办学单位建立专业教师实践基地，建立了专业课教师定期下企业锻炼制度，通过参与企业管理和技术应用、生产技术革新、成果咨询等一系列活动，教师将在企业学到的东西引入课堂，提高课堂教学的有效性和实用性，使培养的人才主动接轨企业、接轨市场。加强教师“双师”素质培养和“双师”结构的专业教学团队建设。采取引进、外聘和内部培养相结合的方式加强专业带头人培养，各专业逐步实施专兼结合、内外结合的“双专业带头人”制。加大兼职教师外聘力度，改善师资队伍“双师”结构。建立健全兼职教师聘任有关制度，建立灵活管理机制，加强对兼职教师的管理，充分发挥兼职教师在专业建设和教学改革中的作用。加快实验实训指导教师队伍建设，按照“队伍稳定、数量充足、持续发展”的原则，及时补充数量，强化技能培养。

5　加强实训基地建设，形成开放的运行管理机制

根据专业教学需要，学校要加大与企业合作建设校内外实验实训基地，校企合作制定基地运行管理制度，结合企业生产实际合理安排综合性实训项目，有效提高校外实训基地的利用率。在保证足够数量实训基地的同时，要提高实训教学质量，校企合作开发工学结合的实验实训项目，编写实验实训任务书、指导书，最终形成运转高效的校企合作实验实训基地运行管理机制。

（原文发表在《西北职教》第169期，略有修改）

基于校企“双主体”的高职专业建设发展思考

孔令军

（陕西工商职业学院，西安 710119）

【摘 要】在高职专业建设思路上，应坚持市场需求导向、产教融合发展和协调发展原则。在专业建设举措上，应加强专业开发调整，深化内涵建设。在专业建设保障上，应加强组织领导，加大经费投入，加强管理。

【关键词】专业建设；思路；举措；保障

2014 年，党中央、国务院对加快发展现代职业教育做出了一系列重大部署，习近平总书记专门对职业教育工作做出重要指示，国务院召开全国职业教育工作会议，李克强总理接见会议代表并发表重要讲话，刘延东副总理、马凯副总理出席会议并发表重要讲话，国务院印发了《关于加快发展现代职业教育的决定》。这一系列部署，体现了党和国家对职业教育工作的高度重视，为加快发展现代职业教育指明了方向。

对高职院校而言，需要在深刻领会习近平总书记就加快发展职业教育的重要指示、认真贯彻全国职业教育工作会议精神和国务院《关于加快发展现代职业教育的决定》要求的基础上，坚持以立德树人为根本，牢牢把握服务发展、促进就业的办学方向，深入研究职业教育规律，坚持产教融合、校企合作，坚持工学结合、知行合一，把提高职业技能和培养职业精神高度融合，强化校企协同育人，切实加强专业建设发展，提高专业人才培养质量。

1 专业建设发展的思路

确立科学的专业建设发展思路，对促进学校整体发展具有重要意义。专业建设发展与规划应坚持“合理布局，优化结构；强化内涵，增强优势；协调发展，突出特色”的思路。对我校来讲，即从地方社会经济发展和高职教育改革的需求出发，着力构建重点突出、特色鲜明、结构优化、布局合理的专业体系，强化专业内涵建设，提高教育质量，以此促进学校发展。在专业建设发展过程中，应坚持以下三个原则。

（1）坚持市场需求导向。注重与地方经济、产业布局相结合，与社会经济发展和产业结构调整优化相适应，专业设置与建设满足社会需求。

（2）坚持产教融合发展。推动专业设置与产业需求、课程内容与职业标准、教学过程与生产过程对接，实现职业教育与生产方式变革、技术进步和产业结构调整相适应。

（3）坚持协调发展。采取全面建设和重点建设相结合的方针，分期、分批、分级推进我校专业建设。通过强化传统优势专业，培养品牌特色专业，有计划地开拓新专业，促进专业建设规模、质量、结构、效益的协调发展。

2 专业建设发展的主要举措

2.1 加强专业开发与调整，形成布局合理、结构优化的专业格局

围绕地方重点建设领域，紧贴行业，瞄准产业，围绕企业，加大新专业开发力度，新增一定数量的反映产业变革和技术进步趋势的专业。加大专业整合的力度，对不能适应产业发展需求，与地方经济发展贴合度不高、生源短缺、就业质量不高的专业进行撤并或停止招生，建立面向市场、优胜劣汰的专业设置机制，建立优势互补的专业群，形成结构合理、特色鲜明、品牌优势明显的专业建设发展格局。

2.2 深化专业内涵建设，提升专业建设整体水平

2.2.1 促进校企深度融合

充分调动行业企业参与专业建设和人才培养的积极性，强化以专业为纽带的合作机制，加强校企合作与专业建设和教学改革的紧密联系，建立健全校企合作规划、合作治理、合作培养机制，使人才培养融入企业生产服务流程和价值创造过程。学校和合作企业不断完善知识共享、课程更新、订单培养、顶岗实习、生产实训、交流任职、员工培训、协同创新等制度。推动学校把实训实习基地建在企业，企业把人才培养和培训基地建在学校。探索引校进厂、引厂进校、前店后校等校企一体化的合作形式。

深化学校与企业“双主体”职业人培养模式，认真分析职业岗位任职要求，参照职业岗位任职要求修订人才培养方案，建立“双主体”职业人培养模式下的各专业人才培养模式。推行多学期、分段式等灵活多样的教学组织模式，将学校的教学活动和企业的生产过程紧密结合，学校企业共同完成教学任务，提高学生的职业岗位适应能力。制定并完善顶岗实习制度，强化校企双向管理、双向考核机制。

2.2.2 建立产业技术进步驱动课程改革机制

建立产业技术进步驱动课程改革机制，为适应经济发展、产业升级和技术进步的需要，建立国家职业标准与专业教学标准联动开发机制。按照科技发展水平和职业资格标准设计课程结构和内容。通过用人单位直接参与课程设计、评价和国内外先进课程的引进，提高学校专业建设对技术进步的反应速度，形成对接紧密、特色鲜明、动态调整的高职教育专业课程体系。

建立真实应用驱动教学改革机制。推动教学内容改革，按照企业真实的技术和装备水平设计理论、技术和实训课程；推动教学流程改革，依据生产服务的真实业务流程设计教学空间和课程模块；推动教学方法改革，通过真实案例、真实项目激发学习者的学习兴趣、探究兴趣和职业兴趣。

2.2.3 强化教学资源信息化建设

按照校企联合、共建共享、边建边用的原则，以专业群为重点，以现代信息技术为支撑，建设以企业技术应用为核心，涵盖教学设计、教学实施、教学评价的数

字化专业群共享教学资源库，包括人才培养方案、教学环境、网络课程、培训项目及测评系统等内容，满足专业群建设共性需求，实现优质资源共享，为学校师生、企业和社会学习者提供资源检索、信息查询、资料下载、教学指导、学习咨询、就业支持、人员培训等服务；开发虚拟工厂、虚拟车间、虚拟工艺等，作为实践教学和技能训练的有效补充，提高教学效果；完善校园网、多媒体教室、语音教室、电子阅览室等教学信息化基础设施建设，搭建校企信息化、网络化教学平台，实现企业的生产过程、工作流程等信息实时传送到课堂，企业兼职教师可以在生产现场直接开展专业教学，校企合作共同完成教学任务。

2.2.4　完善教师培养培训制度

完善教师培养培训制度。依托高水平学校和大中型企业建立“双师型”职业教育师资培养基地。探索职业教育师资定向培养制度和“学历教育+企业实训”的培养办法。加强教师队伍师德建设，增强教师从事职业教育的荣誉感和责任感。建立教师轮训制度，促进教师专业化发展。建立一批职业教育教师实践企业基地，实行新任教师先实践、后上岗和教师定期实践制度，专业教师每两年专业实践的时间累计不少于两个月。鼓励教师加入行业协会组织。

加大企业高层次技术技能型人才的引进，优化师资队伍结构。采取引进、外聘和内部培养相结合的方式加强专业带头人培养，各专业逐步实施专兼结合、内外结合的“双专业带头人”制。加大兼职教师聘任力度，改善师资队伍“双师”结构，建立健全兼职教师聘任制度，加强对兼职教师的管理，充分发挥兼职教师在专业建设和教学改革中的作用。

2.2.5　强化实践教学条件建设

加强校内外实验实训条件建设。根据专业和课程实践教学需要，坚持资源共享及合理利用的原则，多渠道、多形式筹措资金，高标准建设校内实验室和实训中心，满足校内实践教学需要。推进校外实训基地建设。巩固完善和充分利用现有校外实习基地，新开发一批适合各专业人才培养、专业建设、课程改革需要的紧密型校外实习基地。从承担学生和教师实训实习数量、技术研究开发活动、接收毕业生等方面评价合作企业，选择社会信誉好、技术与管理水平高的企业作为合作伙伴。

增强社会服务能力。制定完善《关于促进产学结合提高社会服务能力意见》，鼓励教师广泛联系承接横向课题，加强技术成果转化，提高为企业开展技术咨询和技术改造的服务水平；加大与企业、研究机构联系力度，共建科技创新平台、应用技术推广中心和研发中心等，合作进行企业的科研项目开发与研究；与行业、企业合作开展多种形式技能培训，扩大校内外各层次职业资格培训和鉴定的范围，建立职业技能鉴定站，提高社会服务质量。

2.2.6　改革人才培养评价方式

以能力为核心，改革学生学业考核与评价办法，以学习能力、职业能力和综合素质为评价核心，集成传统考试、职业技能鉴定、职业技能大赛、学习过程跟踪反馈等多种考核评价方式的优点，建立适应技术技能型人才培养要求的质量评价标准。

加强毕业生质量跟踪调查，积极吸收行业、企业人员参与毕业生质量评价，将毕业生就业率、就业质量、企业满意度等作为衡量人才培养质量的核心指标，形成学校与行业企业共同参与的人才培养质量评价体系。

3 专业建设发展的保障

3.1 加强组织领导

专业建设是一项长期性、根本性的教学基本建设，要从学校的性质、办学定位、服务面向和办学条件出发，深入调研、科学论证、合理规划，不断加强对专业建设工作的组织领导与管理，充分发挥学校教学工作委员会和专业建设委员会对专业设置、专业建设发展规划的审议作用，学校相关职能部门要做好专业建设的指导、检查、监督和管理工作，各系要根据自身的实际情况，切实做好新专业设置的论证、申报、建设工作和传统专业的改造发展工作。

3.2 加大专业建设经费投入

加大专业建设硬件与软件专项经费投入力度和相关政策的配套。一是确保新专业建设的基本投入，加快新增专业建设步伐，对拟增设的新专业进行专项基本建设，达到新增专业的基本要求。二是加大专业建设的专项投入，重点是重点专业建设、精品课程建设、专业教学团队建设、实验实训基地建设等。三是加强优势专业和特色专业的教学改革投入，实现优势专业和特色专业新的发展。

3.3 加强专业建设管理

按照“以评促建、以评促改、以评促管、评建结合、重在建设”的评估原则，制定科学合理的专业建设评估指标体系，根据全面质量管理思想，对专业的社会需求、目标定位、教学条件、教学改革、实践教学、培养质量、招生就业等开展全面评估。通过专业评估，及时发现专业建设中的薄弱环节，不断改善教学条件，改进教学管理，提高专业建设水平。同时，在专业评估的基础上，建立专业招生预警机制和淘汰机制，实施专业动态管理。

（原文发表在《西北职教》第172期，略有修改）

关于职业教育校企合作“双主体”办学模式的思考

赵秋兰[①]

（陕西工商职业学院，西安 710068）

【摘　要】“双主体”是指在校企合作办学中学校和企业均为办学的主体，均参与职业教育人才培养的全过程。按照“双主体”办学的要求，目前我国职业教育学校和企业之间的合作机制尚不完善，学校和企业的利益诉求尚需调整。要跨越学校和企业利益诉求上不一致的障碍，采用“双主体”办学模式，一应进一步完善涉及校企合作的政策和法律法规，二应创新职业教育的办学理念，三应重视企业的利益诉求，同时发挥政府行为的撬动作用。

【关键词】职业教育；校企合作；“双主体”；办学模式

改革开放后，我国职业教育在党和政府的重视、地方政府的配合和经费投入不断加大的情况下已取得了很大的发展，目前职业教育已经成为支持我国经济和社会发展的重要基础。但是，尽管职业教育近四十年已经取得了很大的发展，但从总体上看，目前我国职业教育在办学条件上比较差，专业设置不合理、校企合作不到位、师资力量薄弱等仍是发展中存在的主要问题。走“双主体”办学之路是一条有效途径，所以本文拟就职业教育校企合作“双主体”办学模式进行探讨。

1　何为职业教育校企合作“双主体”办学

校企合作“双主体”办学模式最初来源于德国的“双元制”模式，其目的是使职业教育能适应社会经济发展对高素质技能型人才培养的需求。但是，严格说，国外并没有校企合作“双主体”这个概念，这个概念是国内学者对我国职业教育中“校企合作”的方式进行研究以后提出的一种说法。它指在校企合作办学中，企业和学校分别是合作中的两个主体，形象一点说，校企合作中的“双主体”像是太极图中的阴阳两部分一样，是一种你中有我、我中有你的关系。这也就是说，在校企合作办学的过程中，学校和企业双方都是主体，都参与职业教育人才培养的全过程，包括对人才市场需求状况的分析、人才培养方案的制订、课程内容的确定、教学资源的开发、“双师型”教学团队的建设、培训与实训基地的建设、教学质量的评估、学生技能（设计、作品）竞赛的评比和对学生就业的指导等。当然，在上述各合作领域，校企双方的作用不可能是完全一样的，校企双方都要充分发挥各自的优势。

校企合作“双主体”办学要求学校和企业必须通力合作。在校企合作办学过程中，学校和企业两者之间必然会形成一种相互依存、相互促进、优势互补、互惠互

① 赵秋兰，陕西工商职业学院工商管理系，副教授。

利的关系。校企合作“双主体”办学过程是学校和企业根据劳动力市场需求状况灵活调整其专业设置、教学内容和教学方法，从而为市场培养合格技能型人才的过程。其中，不仅有学校和企业间在教学与生产实习或实践上的合作，还有人才培养方式的制定和培养全过程中的合作。校企合作能使职业教育的教育教学资源得以合理配置，有利于为企业培养他们所需要的人才，所以它不仅能促进职业教育的发展，也能促进企业的发展。

2　目前职业教育校企合作中存在的问题

职业教育在《大百科全书》中被解释为对受教育者实施的一种从事某种职业或某类生产劳动所必须有的职业知识、职业技能和职业道德的教育。职业教育要培养的是有一定文化水平、一定专业知识和专业技能的劳动者，这些人是直接促进社会经济发展的主力军。我国高职教育目前还处于多头领导、多元体制和在多层次上运行的状况，这导致企业的参与度不高，“工学两层皮”的现象严重。具体说，目前主要存在下面两个主要问题。

2.1　学校和企业的合作机制不完善

目前，我国职业教育中的校企合作大多仍只停留在企业对学校的教学设备捐助、实习基地提供和员工培训等方面。毫无疑问，这种合作还谈不上是真正意义上的合作，这对学校和企业来说，均没有较大的价值和意义。之所以会如此，一是国家在这方面的法律法规还不完善，即政府相关部门虽然也在积极地推进校企之间的合作，但目前还没有制定出相应的政策、法律和法规，使合作中无相应的法律法规做依据。二是职业教育的办学体制的改革尚待推进。在目前的职业教育中，校方是办学的主体，学校的人才培养方案的制订、教学计划的确定、教材的选择、对学生学习成绩及技能的评定等一概由学校负责，只在涉及学生专业实训和实习等时才会找到企业，这当然就严重地影响到校企合作的深度。三是各管理层的观念滞后。企业管理层认为，职业教育与企业自身的发展没有关系，因而不愿积极与校方合作；校方管理层由于对社会和企业的需求了解不够，自身认识上的局限，在制订人才培养方案时往往缺乏远见，因而培养出的人才难以适应企业的需要。

2.2　校和企业双方的利益诉求不一致

企业作为社会经济活动的实体，它的目标是创造利润；而职业院校作为一个办学的实体，它的目标则是人才培养。两者不一致的目标，是校企合作中必须跨越的一大障碍。现实情况是，职业院校只想着把自己的学生送到企业里去学习、去锻炼，却从不考虑企业的真正需求，这样的合作是不可能实现的。要实现学校与企业间的合作，就要使企业的利益（经济效益和人才储备）与学校的利益（提高人才培养的质量）达到平衡和统一，实现以学校发展来促进企业的发展，用企业的发展来带动学校的发展，即达到学校和企业间的优势互补、互利互惠。很显然，要做到这一点，政府相关部门从中协调很重要，但单靠一般的协调还不够，还要有一系列政策措施做保障。

3 职业教育校企合作“双主体”办学模式探讨

如何跨越校企合作中存在的前述障碍？笔者认为，采行校企合作“双主体”办学模式是可行的办法之一。在实践中，我们应从以下几个方面着手构建“双主体”办学模式。

3.1 完善校企合作的政策和法律法规，健全校企合作“双主体”办学体制

要采行校企合作“双主体”办学模式，政府应出台相应的政策，应建立健全“双主体”办学所涉及的法律法规，以使参与职业院校人才培养的企业权益能有相应的政策和法律方面的保障。这样才能提高企业参与“双主体”办学的积极性。

我国职业教育经过近几十年的发展，目前已经有了一批优质的职业教育的机构。这些机构拥有系统的教学体系，建设起了一支经验较丰富的教师队伍，为职业教育校企合作“双主体”办学模式的建立提供了基础。在这个基础上，企业进入职业教育体系，利用企业特有的资源，发挥企业的优势，根据我国经济和社会发展的需要，和学校合作，就能培养出符合职业化和专业化要求的人才来。

纵观全球，职业教育搞得成功的国家，他们都有较完备的关于职业教育的法律法规保障体系。例如，德国“双元制”的实施就有近 10 项法律法规给予支持，他们的各行业、各部门还有相应的条例或实施办法来保证“双元制”的顺利实施。目前我国的《职业教育法》对相关行业和企业虽然也有要求，但这种要求在许多方面却没有约束力，这就需要对之做进一步的完善，需要明确合作过程中校企双方各自的责、权、利，从而为实现校企合作“双主体”办学创造条件。

3.2 创新职业教育办学理念，使之能体现出企业的主体地位

职业院校需要更新自己的办学理念，需要突破自己目前的封闭状态，需要变目前的以自己为主体为学校与企业的“双主体”。要设法让行业协会或企业进入职业教育体系，从而发挥企业在职业教育中的重要作用。企业进入高职院校，可以帮助高职院校掌握更多的市场信息，帮助高职院校进一步调整好自己的专业结构、改进自己的教学方法和教育教学的评价方法。另外，高职院校从专业设置、教学内容、组织架构和运行机制等方面都要进行变革，要设法使企业在办学的方方面面都能发挥自己的作用。

在校企合作“双主体”办学中最大限度地发挥企业的作用，有利于学校紧跟产业结构调整的趋势，有利于学校培养出更多更好的适用型和技能型的人才。这当中关键的一点是要真正把学校办成是“双主体”，就是要与企业进行深层次的合作，不然，“双主体”只会是形式，学校仍走不出目前的困境。

3.3 重视企业的利益诉求，同时发挥政府行为的“撬动”作用

企业参与校企合作的积极性不高，关键在于企业在这种合作中得不到他们合理的利益诉求。在这种合作中，企业一是没有国家优惠政策的支持；二是不可能得到自己想要得到的利益；三是目前劳动力市场供过于求，自己所需劳动力极易充实进来，所以很多企业就不愿与学校合作。这样，要构建职业教育校企合作“双主体”

办学模式，首先，政府要更加重视职业教育，要制定出有利于促进校企合作的政策，并使之与发展职业教育有关的劳动法、企业法、就业促进法和税务法等相互衔接。其次，重视“双主体”办学中企业的利益诉求，建立起一套较为合理的校企合作中的利益分配机制、动力驱动机制、奖励激励机制和沟通协调机制，让企业在校企合作中能得到自己应得的利益，从而改变目前校企合作中“学校热、企业冷”的状况。最后，应重视发挥政府行为在校企合作中的“撬动”作用。我们的政府是很重视职业教育的，从2003年至2006年，我们国家相继颁布并实施了《职业教育法》《关于大力发展职业教育的决定》《关于大力推进职业教育改革和发展的决定》《关于进一步加强人才工作的决定》《关于全面提高高等职业教育教学质量的若干意见》及《国家中长期教育改革和发展规划纲要（2010-2020年）》等一系列文件，其中明确提出应“建立健全政府主导、行业指导、企业参与的办学机制，制定校企合作办学法规，促进校企合作制度化”。尽管如此，目前校企合作的状况仍不能令人满意，这当中，政府行为的缺失是一个重要原因。要改变这种状况，必须进一步加强政府的统筹和协调作用。职业教育不仅是教育部门的事，它还涉及企业与学校及政府与企业等方面的关系。这就要求政府应利用市场机制，应发挥政府在学校与企业之间的沟通与协调作用，如此才能保证职业教育校企合作“双主体”办学模式的形成。

（原文发表在《教育探索》2013年第4期，略有修改）

职业教育校企合作“双主体”办学的切入点思考

赵秋兰　郝源[①]　张华[②]

（陕西工商职业学院，西安 710119）

【摘　要】本文提出了职业教育校企合作的“双主体”含义，分析了职业教育“双主体”办学的瓶颈，创新性地提出以企业成本型员工的成本适应期、员工培训等为切入点的职业教育校企合作“双主体”办学新途径。

【关键词】职业教育；校企合作；双主体；切入点

职业教育校企合作的“双主体”办学是教育与生产结合的有效形式，是教育理念和教育方式的创新，校企合作中的“双主体”高职人才培养的关键在于保证学校与企业双赢。改变以往企业在职业教育人才培养中利益不能保证的被动地位，协助企业开发人力资本和培训项目、降低企业新员工的成本适应期和老员工的新产品转型期，提高企业参与校企合作人才培养的积极性和主动性，提高职业学校学生的就业率，形成学校的人才培养到企业的效益型员工的良性循环，真正实现校企双方在共同办学中以利益共享、互惠互利、共同促进、共同发展的长期战略合作伙伴的办学新模式。

1　职业教育校企合作“双主体”的含义和意义

1.1　校企合作“双主体”的含义

从语义学来看，《现代汉语词典》对“主体”含义的解释有三，一是事物的主要部分；二是哲学上指有认识和实践能力的人；三是法律上指依法享有权利和承担义务的自然人、法人或国家。

职业教育校企合作中的“双主体”是指在以理论教学为主导的教学过程中充分发挥学校的主体地位和能动性，发挥学校在专业知识教学方面的优势，培养学生扎实的理论基本功、学习和创新思维的能力。在岗位群培训、岗前入职培训、员工试用期的培训、职业资格证书的考前培训、学生的实训等以企业为主体，发挥企业在设备、技术和资源方面的优势。形成学校与企业在人才培养、人力资源的开发、新员工的岗前培训、技术公关、学生实训、职业资格考试、新产品的开发和使用等领域中各取所需、资源互补、互惠互利、相互协调、相互联系、相互影响又相对独立的“双主体”办学模式，同时双方又能按照各自的发展规律和特色运营的两个相对独立主体，即“学校”与“行业合作企业”。

---

① 郝源，陕西工商职业学院培训学院，教授。

② 张华，陕西工商职业学院工商管理系，教授。

1.2 职业教育校企合作“双主体”办学是职业教育发展的必然

职业教育校企合作“双主体”人才培养是教育发展到一定阶段的必然产物。早在 13 世纪，德国师傅带徒弟的培训形式就在手工业中推广开来，直到 18 世纪这种形式依然流行，发展成后来的“双元制”。其他国家，如英国、美国、日本、澳大利亚等，也采取了符合各自国情的校企合作的职业教育模式。实践证明，这些国家的校企合作模式是成功的。各国的成功让我们看到校企合作教育模式人才培养的优势和对经济发展的推动作用，这是一种符合高等职业教育办学特色的人才培养新模式。

我国的职业教育校企合作“双主体”可以追溯到清朝的“实业教育”。1919 年 3 月开始的中国青年知识分子成批赴法勤工俭学是今天“工学结合”的萌芽。1964 年 8 月 7 日，刘少奇同志在《两种教育制度，两种劳动制度》的报告中指出：“半工半读既是劳动制度又是教育制度。”随后，随着中国经济的发展，职业教育也在不断地发展和完善。近年来，人事制度的改革和人才观念的更新，学历教育不再是用人单位用人的唯一标准，用人单位越来越注重学生的能力。这一人才需求模式的改变引起了高等教育类型和结构的调整，职业教育成为高等教育人才培养的一种有效补充。职业教育的发展引起了全社会的关注，用人单位逐渐关注学校培养的人才能否直接上岗，学校的学生能否被社会所接受和认可成为学校人才培养的主要出发点之一。双方需求的一致性给校企合作提供了平台和机遇，因此在以需求为导向的 21 世纪人才竞争中寻求企业与学校的深度合作方式和方法，共同培养能为企业服务的应用型人才成为高职教育发展的必然选择和出路。

2 职业教育校企合作“双主体”办学的瓶颈

2.1 人才培养与使用的不同步影响了企业参与人才培养的积极性

企业是以盈利为目的的经济组织，追求价值最大化是企业财务管理的目标。诺贝尔奖获得者舒尔茨认为人力资本表现为人的能力和素质，人的能力和素质是通过对人的各项投资形成的，其中教育投资是人力资本的核心。世界银行一份报告表明，国民受教育的年限每增加一年，国民生产总值便会增长 3%。美国当代著名经济学家贝克尔在其《人力资本》一书中更明确提出，在职培训是人力资本的重要内容。这些事实都对企业参与人才培养起了积极主动的引导作用，但企业的本质和目标使得企业对校企合作的积极性不高。企业参与学校的人才培养，虽然能为企业的人才培养和人力资源的开发提供有利的“订单式”专项人才服务，但是人力资源的使用为企业带来的效益至少在学生毕业前是不能体现的。即使技术攻关到应用成功、新产品的开发到投入市场的批量生产等效益的实现也需要机遇和相当长的时间，即人才的培养与使用不同步。企业使用新人才、对员工的培训效益的提高也很难直接量化，这使企业参与人才培养处于被动地位。企业要在竞争中立于不败之地，人才的竞争是其取胜的长远法宝，但人才效益体现的滞后性和难以量化使得企业参与学校人才培养积极性不高。

2.2 职业教育校企合作“双主体”办学的法规、制度有待完善

2006 年在中共中央办公厅、国务院办公厅印发《关于进一步加强高技能人才工

作的意见》中指出：动员社会各方面力量开展高技能人才培养工作。《国家中长期教育改革和发展规划纲要（2010-2020 年）》在发展任务中指出：职业教育要调动企业的积极性。全国高职教育改革与发展工作会议进一步指出：高职院校要“合作办学、合作育人、合作就业、合作发展”。可见校企合作的“双主体”已经上升到一定的宏观政策层面和高度。校企合作“双主体”引起了社会的关注，政府积极地引导高职人才的培养方式和方法，办学主体的多元化已经成为职业教育发展的趋势和方向。在多元化主体中，学校和企业将成为主体中的主体，成为技术技能型人才理论和实践教学的“双主体”。但校企合作的“双主体”人才培养实施细则和具体办法尚未完善，校企合作、政府宏观引导的具体做法和约束机制，以及相关的立法尚未明确细化，校企合作“双主体”办学中企业利益的保证措施和具体的优惠政策有待细化，职业教育校企合作“双主体”办学停留在宣传、引导、鼓励、提倡的层面上，有待进一步的规范化、制度化和程序化。

2.3 职业教育校企合作“双主体”办学的切入点还在探索和尝试

校企合作“双主体”办学是职业教育发展的长远规划和系统工程。但如何合作，合作什么，如何执行，如何保证执行的效果和效率，如何评价合作的效率和效果等，都是摆在校企合作面前的问题。目前国家在倡导、企业在思考、学校在积极地尝试人才培养的新方法，但仍没有固定的模式和方法，“双主体”如何实施和切入还在探索和尝试。

3 职业教育校企合作“双主体”办学的切入点思考

3.1 抓住机遇，利用校企合作“双主体”办学的良好社会氛围

从我国职业教育的发展历史和现实情况可以看出：国家对校企合作办学的高度重视和正确引导；职业教育人才培养主体的多元化成为职业教育的发展趋势；职业教育人才培养与行业的零距离接轨成为人才培养的创新模式。职业院校要把握国内外职业教育发展的大好形势，利用国家重视、企业对人才的职业需求的良好氛围，积极主动地探索新的人才培养方式：相关专业教师要深入合作行业企业的基层，了解企业对人才的现实需求和潜在需求，参与企业培训计划的制订和实施，企业人力资源的开发和利用；邀请企业专家参与学校教学方案的制订，重新审视、修订、完善、制定符合企业对人才的应用需求又具有一定理论功底的复合型高职人才培养的新模式。

3.2 转变观念，提高企业对“双主体”人才培养模式的认识

联合国教科文组织曾经做过一项研究，结论是：信息通信技术带来了人类知识更新速度的加快。在 18 世纪时，知识更新周期为 80～90 年；19 世纪到 20 世纪初，知识更新周期缩短为 30 年；20 世纪 60~~70 年代，一般学科的知识更新周期为 5～10 年；到了 20 世纪 80～90 年代，许多学科的知识更新周期缩短为 5 年；而进入 21 世纪时，许多学科的知识更新周期已缩短至 2～3 年。在知识经济时代，由于知识更新速度的加快，知识技能的学习和掌握越来越成为一个连续的过程。

转变观念、提高企业对“双主体”人才培养模式的认识，通过各种渠道和方式使企业认识到与学校的合作是其人力资源开发的法宝和制胜的关键：解放思想，通过与企业的决策层深入细致的沟通，使企业的决策层认可、接受企业参与学校人才培养的过程，为学生提供顶岗实习、实训的机会；转变观念，加大宣传力度，使企业的执行层和员工认识到知识、培训对劳动生产力的提高和企业效益提高的巨大推动作用，使其积极主动与学校合作，加大校企合作“双主体”办学的深度和广度。

3.3　校企联盟，以“缩短员工在企业的成本期”为契机和切入点

1978 年，我国的高等教育毛入学率只有 1.55%，1988 年达到 3.7%，1998 年升至 9.76%。1999 年开始大学扩招，高等教育毛入学率快速上升，2002 年达到 15%，高等教育从精英教育阶段进入大众化阶段。2007 年我国高等教育毛入学率达到 23%，2010 年达到 26.5%。我国高等教育的长远目标是高等教育毛入学率 2015 年达到 36%，2020 年达到 40%。

美国马丁·特罗教授认为，当一个国家接受高等教育的人数与其适龄青年相比，如果不超过 15%，视为高等教育精英阶段；超过 15%，处于 15%～50%，视为高等教育大众化阶段；而 50%以上则视为进入高等教育普及化阶段。根据马丁·特罗教授的研究，我国已经进入高等教育的大众化阶段，正在向高等教育的普及化迈进，培养社会需要的人才成为高等教育发展的主要目标。中国是一个制造业大国，寻求企业的发展与学校人才培养的融合点，为中国由一个制造业大国向强国迈进培养合格的应用型人才。以合适的方式、应用适合的途径和措施、借助国家的宏观政策鼓励的契机、在合适的时间学校和企业“双主体”完美的结合，共同培养被企业所需要、被家长所认可、提高学生的就业率和企业的劳动生产率的人才。寻求机遇和方法使学校的主打技术专业与行业企业的主打产品之间深度联盟和对接。未来经济的发展对高技能、高技术人才的缺乏成为制约企业发展的瓶颈，人才的这一缺口也给高职教育人才培养带来新的挑战和机遇。校企联盟，以“缩短员工在企业的成本期”成为提高企业参与校企合作“双主体”办学的契机和切入点。

（原文发表在《价值工程》2012 年第 32 期，略有修改）

推进我国高职教育“双主体”模式内涵建设理论探索与研究——基于德国“双元制”教育模式的启示

王一红[①]

（陕西工商职业学院，西安 710119）

【摘　要】根据教育部相关文件，各高校积极探索“双主体”人才培养模式，以“合作办学、合作育人、合作就业、合作发展”为发展方向，不断推进机制创新，深化教育教学改革。本文通过借鉴德国“双元制”教育模式，结合我国国情，研究适合我国高职教育的“双主体”人才培养模式。

【关键词】双主体；课程资源建设；校企合作

2010 年以来，我国高职教育发展很快，办学规模迅速扩大，已经成为推动我国教育发展不可缺少的“助推器”，但是我们要清醒地看到，高职教育培养的人才缺乏应有的职业技能和职业素质。另外，学校与行业、企业之间互利共生的运行机制尚未形成，企业参与高职教育的积极性不高，片面追求企业利润，在一定程度上冲击了高职教育的健康发展。教育部在《关于充分发挥行业指导作用推进教育改革发展的意见》（教职成〔2011〕6 号）中指出，高职教育要实现“合作办学、合作育人、合作就业、合作发展”，进一步为高职教育的发展指明方向。在这一思想指导下，借鉴德国“双元制”的教育模式，各高校积极探索“双主体”人才培养模式，在推进校企深度合作方面进行了一系列有益的尝试，对促进教学改革和提高人才培养质量发挥了积极作用。但总体而言，国家和地方政府在推进校企合作方面仅限于舆论宣传，缺乏法律、政策、制度的鼓励、保障，行业、企业参与高职院校的办学及人才培养的积极性不高。借鉴德国“双元制”教育模式，探讨适合我国高职教育的“双主体”人才培养模式，对促进我国高职教育发展具有重要意义。

1　德国“双元制”职业教育概况

1.1　企业为主导

德国“双元制”教学模式主要以企业为主，在整个教学过程中，企业起到主导作用，而学校需要配合企业完成教学。

1.2　以职业能力为培养目标，行业统一制定标准

德国“双元制”认为每种职业都具有社会职业能力标准，以企业实际需求为依据，根据企业技术发展水平调整培养目标，编制职业能力核心课程结构，并设计教学内容进行培训。

---

① 王一红，陕西工商职业学院教务处，助教。

德国“双元制”人才培养方案的制订，有严格的程序。首先，由行业协会和企业根据社会经济发展和企业技术工艺的发展水平，提出专业设置和培养要求。其次，由职教所组织学校和企业人员进行调研，提出岗位能力培养目标和内容，再由职教所组织专家初步拟定专业人才培养方案。最后，由德国联邦教育和文化部审核批准人才培养方案。

1.3　理论与实践相结合

“双元制”职业教育形式下，学生每周在企业进行3～4天的实践教育，每学期至少有一半的时间在企业参加实践教育，进行实践操作、技能培训，增强了学习的目的性，实现了学习与工作的完美融合。

2　实施困难情况阐述

从德国的职业教育中，我们可以看到“双元制”教育模式非常成功，但依据中国目前的状况，我国高职教育采用这种模式，实施起来有较大困难。分析其原因，首先，企业主要以盈利为目的，企业为学校培养学生，不仅要花费人力、物力和财力，而且学生在学习阶段不可能为企业带来较大的收益，把学生培养成才，学生却即将毕业，其结果是企业亏本，这是任何一个企业家都不愿意看到的结果。其次，目前有许多高职院校，名义上是“双主体”办学，但学校所联合的企业，大部分都是凭借其“关系”才勉强获得联合条件，在企业加入教学环节方面显得有些困难，没有形成系统的法定程序。

3　解 决 方 案

基于德国“双元制”教育模式，我国高职教育“双主体”人才培养模式的有效实施，可考虑以下解决方案。

3.1　国家层面——完善教育法规

德国“双元制”是一种国家立法支持、校企合作共建的办学制度，企业承担的职业教育经费是国家承担费用的四倍。德国制定了《职业教育法》《改进培训场所法》《职业学院法》等。在校企双方的责权利，以及实习生的劳动报酬、劳动保障等方面，都有相应的法律法规作约束。所以，要加快职业教育校企合作的制度建设，保证职业教育校企合作的有序进行，必须以立法形式明确中央和地方各级人民政府采取激励、保障、约束等措施，从法律法规和政策支持、组织协调和信息服务、监督管理等诸多方面给予职业教育校企合作扶持、引导和规范，进一步明确政府、行业组织、企业、学校、师生等相关主体的责任或义务。

3.2　学校层面——推进校企合作课程资源建设

3.2.1　与企业共同制订人才培养计划

通过专业建设指导委员会，聘请行业、企业领导和专家参与各专业人才培养方案的制订或修订工作，认真听取行业、企业专家的意见和建议。在人才培养目标上，由校企合作委员会商定；在人才培养方案、课程设置上，有专业指导委员会参与；在专业理论课教学中，聘请企业技术骨干担任兼职教师参与指导；在技能训练和实践环节中，以企业车间、实验室、研发中心、教学工厂为基地；在顶岗实习、就业安置过程中，以合作企业为主体。这种校企合作、企业全过程参与的人才培养计划，为高职院校培养优秀人才提供了有力保障。

3.2.2 校企合作开发教材

精诚合作共建育人平台，在校企合作过程中，校企共商教学计划，准确把握企业职业岗位需求，坚持育人目标与用人标准相衔接，课程设置与企业需求相衔接，技能训练与岗位要求相衔接。

合作企业的相关人员针对目前社会的需求情况组织编写教材，保证教材同步更新，学校的相关教师在授课的过程中，针对具体出现的问题，参与到教材编写当中，通过这种方式增大教材建设力度，保证学生实现与就业市场的“零对接”。

教材内容的确定必须依据人才培养方案，遵循职业教育教学特点，重点突出实际操作技能。灵活适用的单元式结构，让学生在学习的过程当中，能做到把知识“化整为零”，当学生在企业实际操作的过程中，再把所学知识“集零为整”，形成完整的知识体系。

3.2.3 师资队伍建设

建设一支知识力量雄厚、结构合理、教学水平高的优秀教学团队，是开展、推进校企合作课程资源建设的基本保证，也是确保“双主体”培养模式顺利实施的重要保障。通过遴选一批师德师风优良，教学水平高，专业能力强的教师，从教学方法、实践操作和师德师风等方面对青年教师进行传、帮、带指导，让青年教师依靠已有教师资源快速成长；建立和完善“双师”结构教师队伍的培养和评聘制度，促进专业骨干教师积累企业工作经历和树立行业影响力，促进来自生产一线的兼职教师承担相应比例的教学任务。鼓励教师直接或间接参与科研或实践项目，教师通过从项目确立、实施、监控与评价的全部或部分过程积累经验，以此达到培养双师型教学团队的目的。

3.3 企业层面——坚持育人原则

企业在整个教学过程中，起到举足轻重的作用。

第一，企业应严格按照与学校共同制订的人才培养方案进行实践教学，以学生动手操作为前提条件，让学生感受到通过实践能学到知识。在没有完成教学计划前，企业不能擅自安排学生去做为企业创造效益的工作，企业应本着“育才”的原则和目的培养学生。

第二，企业应从职业道德方面教育学生。职业道德是任何一个职业人都应遵守的道德标准，企业培训人员应从思想上引导学生学习正确的价值观和人生观，使学生在思想上有最初的认知。通过实践操作时刻提醒学生职业道德的重要性，企业应把“育人”观念贯彻教学始终。

第三，企业应响应国家号召，大力配合高职院校进行人才培养，使企业在盈利的同时获得国家和社会的认可。

4 最终效果

通过加强“双主体”教育，高职教育可以达到事半功倍的效果。一是可以为国家培养更多的高素质技术技能型人才，进而为我国社会主义现代化建设增添一份力量。二是在“双主体”模式中，企业虽然不能盈利，但在整个教学过程中，通过国家和学校的宣传，可以提升企业知名度，这是企业无形的利益，今后可以为企业赢得更大的利益；与此同时，还可以提高企业信誉和名誉，得到社会认可，为企业今后的发展提供强有力的舆论支持。三是学校在“双主体”教学过程中，不需要大量购买实训设备和器材，可以节约教学成本，并且通过校企合作，扩大学校和教师的视野，教师通过学习企业的先进科技和企业理念，更新知识，融会贯通，更有利于理论教学。四是学生成为“双主体”模式最大的受益者，学生不仅在学校学习了理论知识，并且在企业得到了很好的实践锻炼，能够充分理解理论与实践相结合的真正意义，走上工作岗位，能很快适应新环境，得到领导的青睐，为个人今后的发展夯实了基础。

5 结语

通过推进“双主体”培养模式，逐渐改善国家、企业、学校和学生的关系，在为国家培养人才的同时，发展了学校，壮大了企业，为我国教育事业和国家的发展提供有力保障。

高职物业管理专业“双主体”育人机制实践探索
——以陕西工商职业学院为例

苗晓锋[①] 王明霞[②]

（陕西工商职业学院，西安 710119）

【摘　要】高职教育承担着以服务为宗旨，以就业为导向，培养高素质技能型人才的责任。校企合作、产教融合已成为高职教育改革发展的重要举措。本文以陕西工商职业学院物业管理专业为研究对象，探讨建立校企“双主体”办学模式和育人机制的有效途径。

【关键词】双主体；校企合作；产教融合；物业管理

所谓“双主体”模式，是指“校企双主体”合作办学，通过学校与企业的真实合作，将企业的各类需求和标准引入到办学的各个环节，通过一系列多形式、多层次、多角度的工学结合的方式和途径，由两支培养队伍（专业教师与技术专家或能工巧匠）、两个培养阵地（学校与企业），共同完成课程标准制定、实训基地建设、学生顶岗实习、专业人才培养等工作，从而使专业建设及人才培养与行业、企业的需求紧密结合，使培养的人才更好地适应行业和社会经济发展的需要。

本着“合作办学、优势互补、合作育人、资源共享、合作发展、互惠互利”的原则，2010 年 9 月陕西工商职业学院物业管理专业与西安创业物业发展有限公司（以下简称“创业物业”）正式确立的“合作办学”关系，之后又与西安万科物业服务有限公司、北京均豪物业管理股份公司和西安天朗物业管理有限公司等建立了深度合作关系。

1　校企合作推进“六个共建”

1.1　专业共建

专业共建主要体现在三个方面：一是合作企业领导和学校相关领导和专业教师进行专业调研，在全面调查和分析后，找到校企合作的切入点；二是校企共同制订物业管理专业的人才培养方案；三是校企共同探讨专业人才培养模式。

专业正式招生之前，主管教学的校领导就带领系、教务处等部门相关负责人亲赴创业物业总部，与创业物业总经理贾砺和相关人员共同商定最终的专业人才培养方案。此后，校企双方都指定了专门的联络人就合作事项进行沟通和协调。每学年物业管理专业团队的教师与创业物业的领导和业务骨干会召开 2～3 次专题会议，商

① 苗晓锋，陕西工商职业学院工商管理系主任，副教授。

② 王明霞，陕西工商职业学院工商管理系，副教授。

讨人才培养方案在实施过程中存在的问题。以教改课题研究为契机，逐渐明晰了物业管理专业人才培养模式。

1.2　课程共建

物业管理专业的实践教学要求高，在我校多数任课教师缺少相关行业任职经验的情况下，我们采用了“双导师制”，即所开设专业课程的任课教师与一名企业专家结对子，对课程教学计划、实施方案、教学方式等进行商讨，并参与到课程教学中，让课程内容更贴近职场实际。先选择那些对专业要求高、实践性强、师资力量薄弱的课程进行校企合作开发。课程共建包括课程大纲、实施方案、教学计划的审核，教学内容、教学方式和方法的讨论，企业选派相关专家参与授课、参与课程教学改革等方式，搭建起了专业课教师、学生与企业专家沟通的平台。

1.3　实训基地共建

在实践教学方面，从每学期实践教学活动计划的确定、到实施过程中实训场地提供、具体行程、安排、现场工作人员讲解、引导、指导、评价和总结交流，合作企业都给予了极大的支持。截止到 2014 年 6 月底，校外实训基地已经累计接纳学生 725 人次进行各类实践活动，其中创业物业实训基地接纳 341 人次。创业物业邀请学生参与企业举办的消防教育和演习，邀请高新区创业导师请来给学生做讲座，企业内训对实习学生开放等。

1.4　共同教学

企业方向学校选派最优秀的企业专家、工程技术人员全程介入专业设置、人才培养规格确定、课程教学和改革。2013 年，创业物业项目经理吴一瑛参与了“物业管理统计与分析”课程进行以赛代考教学改革。她不仅参与了课程教改方案的审定工作，承担了课程后五章的教学任务，还参与了最后的竞赛评审工作。2014 年，创业物业总经理助理、注册物业管理师张丽芳参与了“物业管理案例分析”课程“以赛代考”的教学改革。

1.5　教学团队共建

双主体教学团队建设主要涉及校企双方两个专业负责人的选聘，制定“双师”结构教学团队建设办法和教师下企业锻炼等教师培训制度，共同组建校企共同体的管理团队、技术团队。由于物业管理专业六名专任教师都是中途转行过来的，急需补充专业知识和职业经验，创业物业积极配合安排实习教师免费旁听物业管理师考前培训课程，先后有两批共九名教师进入企业进行为期 15 天的实习。同时，物业管理专业教师还受邀参加创业物业企业的内部培训，如霍尼韦尔公司的消防系统培训、3M 公司的保洁培训、通力电梯培训等。

1.6　共同进行专业科学研究工作

合作企业积极参与物业管理专业的教学研究，已完成校级重点教改课题三项；在研校级重点课题一项，重点教改项目一项，普通教改项目一项；共同完成两本教材编写的申请工作。这些科研、教改项目有了企业的参与，让研究成果更契合行业和企业的实际需求，使得物业管理专业建设水平得以大幅提升。尤其是 2013 年已完成的三个重点教改项目，即人才培养方案的优化、专业实践教学整体设计实施方案、专业技能竞赛方案设计与实施等研究成果，明确了专业建设发展思路、完善了教学和教学管理制度和文件，并开拓了专业发展的思路。将“以研促改，以改促教，教研合一”落到了实处。这些研究项目也加深了校企合作的力度，提升了校企双方参与人员的专业水平。

2 物业管理专业“双主体”实践探索中存在的问题

2.1 师资缺乏企业工作经验

师资在实施校企“双主体”教学模式改革中起着决定性作用。由于传统的三段式课程模式仍然是目前高职教育的主流课程模式，相当部分教师缺乏企业工作经验，这是实施校企“双主体”教学模式改革中需要解决的关键问题。教师缺乏企业工作经验，需要学校与企业加强合作与沟通。一是引进企业技术骨干或能工巧匠担任兼职教师；二是利用业余时间将教师送入企业锻炼，参与企业的生产、管理、研发等工作，从中积累企业工作经验，更好地应用于教学中。

目前，我校物业管理专业稳定的任课教师有 18 名，其中，专任教师 5 名，校内兼课教师 1 名，校外兼职教师 12 名。生师比为 11∶1，专兼职教师比例 5∶12（远大于理想的 1∶1），专任教师和校内兼课教师均为硕士研究生，教师高、中、初级职称比为 17∶67∶16，其中拥有双师资格的教师占 63%以上（不包括已通过全部科目考试，等待办理证书的老师）。

物业管理专业团队从学历水平、职称结构，证书获取率方面看是较合理的，但是教师队伍中兼职教师比例过大，75%的校外兼职教师来自物业服务企业，反映出我们主要借助于行业业务骨干的力量，来弥补自身专业水平和从业经验不足的缺陷。虽然教师通过考取证书、深入企业实习、参加各类培训等方式获得了专业上的提升，但提升的程度不够，还有待进一步加强学习和实践的力度及范围。

2.2 规范化的教学管理存在一定的困难

由于实施校企“双主体”教学模式改革，原有的教学管理体系必然会被打乱。学生又是在企业的真实环境中学习，必须要按企业的管理机制运行，会给学校规范化的教学管理带来一定的难度。需要学校不断完善教学质量监控体系，通过建立多元化的质量评价机制，制定教学质量考核标准，以确保教学质量。这方面需要学校教务主管部门给予理解和大力支持。

2.3 产教融合应持续深化

校企合作中企业参与物业管理专业人才培养方案的制订与调整、课程教学、实践教学及教学研究等方面的工作，对于专业的完善提供了强有力的支持。但校企双方在共享教育资源、促进产教融合、创建科学稳定的长效机制方面尚需进行更深层次的探索和磨合，企业深度参与专业建设、共同开发课程等方面有待在实践中进一步推进。

另外，本专业团队服务于企业和行业的能力相对较弱。目前，对于企业的服务多是被动的，是由企业提出的。今后的工作中，还应加强与企业、行业的沟通，了解需求，主动为其出谋划策，提供力所能及的人力和物力的支持。

3　深化校企合作“双主体”办学的设想

3.1　深化校企合作力度，大力推行工学结合，校企联合培养模式

把校企融合作为人才培养模式改革的重要切入点，带动物业管理专业的调整与建设，引导课程设置、教学内容和教学方法改革。重视学生校内学习与实际工作的一致性，校内成绩考核与企业实践考核相结合，和企业一起探索课堂与实习地点的一体化；积极探索工学交替、任务驱动、项目导向、顶岗实习等有利于增强学生能力的教学模式，推行项目式的研究性学习；加强学生的生产实习和社会实践，保证学生至少有半年时间到企业等用人单位顶岗实习。

3.2　积极探索“订单式”培养的新模式

针对现有冠名班只吸纳物业管理专业群的学生，学生质量不高，重新编班引发的与教学管理规定的冲突等方面的问题，物业管理团队和合作企业将一起对“虚拟订单班”培养模式进行探索。通过在全校范围选拔优秀学生进入订单班，举办竞赛、培训等活动传播企业的理念，设立专项企业奖助学金的方式，切实做好与用人单位在师资、技术、办学条件等方面的合作，培养行业企业急需的高端技能型人才。

3.3　进一步加强物业管理专业指导委员会建设

广泛吸收政府部门、企业、行业协会，以及其他高校的知名专家和富有实践经验的专业技术人员，进一步完善和优化专业建设指导委员会的人员组成，定期召开专业建设指导委员会会议，充分发挥专业建设指导委员会在专业设置、人才培养方案制订、课程开发、教材编写、教学组织实施等方面的重要作用。

3.4　建立稳定的兼职教师和兼职教授队伍

聘请物业管理行业企业的资深专家担任兼职教师，以丰富和提高本专业的师资力量和水平。

新增一到两家“合作办学”企业，选择物业管理行业内的骨干企业建立相互依托、全面合作的战略伙伴关系。新增三到五家有特色的物业服务企业，作为专业校外实践教学基地，为学生的认知实习、课程实践教学、轮岗实习、顶岗实习等实践教学环节提供实习实训场所，并为专业教师提供产学研结合的实践场所。

高职院校“双主体”物流人才培养模式探索与实践

付琪[①] 刘艳[②]

（陕西工商职业学院，西安 710119）

【摘 要】“双主体”人才培养模式是指高职院校和企业共同作为人才培养的主体，在人才培养模式、教学模式、教学资源开发、实习实训基地建设等方面紧密合作，共同承担高职教育教学工作，培养满足企业人力资源需求的高端技能型人才的教育模式。本文提出，应从发挥政府主导作用、调动企业参与“双主体”人才培养的积极性和深化高职院校教育改革等方面入手，培养社会需要的现代物流人才。

【关键词】高职教育；校企合作；双主体人才培养模式

我国物流行业的迅速发展，离不开大量高端技能型物流人才的培养。调查显示，在现代物流人才体系中，高职高专学历最受欢迎。物流行业的工作操作性强，需要员工具有较高的操作技能，但物流业操作又不是简单机械或人力操作，还需要一定的物流知识体系支撑，因此，高职层次的人才比较符合当前物流行业发展的需要。目前，在高职物流人才培养过程中，普遍存在着人才培养目标不明确、课程体系和教学内容设置不合理、教学条件和师资力量较薄弱、校企合作效果不理想等问题，很多高职物流专业毕业生在理论基础、文化素养和劳动技能等方面存在诸多缺陷和不足，导致众多物流企业很难找到既具有一定工作经验和较强工作技能，又具备较高工作忠诚度的优秀人才，社会需求得不到满足，形成了毕业生求职难和企业用人荒的矛盾局面。

针对这种状况，国内高职院校积极学习和借鉴国外先进经验，如德国、美国、英国、日本等国家的校企合作人才培养模式均以学生就业为方向，坚持职业院校与行业企业紧密联系，采用顶岗工作和有偿劳动方式，采取系统而又严格的管理，有国家制度的保障和政府政策的支持，并在政府推动和促进下不断开展教育教学改革。我国在学习和借鉴过程中，高职院校也不断争取政府有关部门的支持，加强与物流行业和优秀企业的合作，深入探索校企合作培养物流人才的创新教育形式和教学方法，从高职学生入学开始，物流企业就全面介入到人才培养的全过程，培养学生具备基本理论、职业技能和职业道德的综合素质，为学生毕业后进入合作企业工作打好职业基础。本文所提出的“双主体”物流人才培养模式即是在陕西工商职业学院开展校企合作实践的基础上，通过分析研究，归纳了这种新型物流人才培养模式的

---

① 付琪，陕西工商职业学院工商管理系副主任，副教授。

② 刘艳，陕西广播电视大学教务处副处长，教授。

主要内容和存在问题，并指出了未来的发展方向。

1　“双主体”物流人才培养模式的主要内容

1.1　制定管理专业教学文件

教学文件是高职院校开展各项教学活动的纲领性文件，专业教育教学的所有活动均应在教学文件的指导下有序开展。为了体现“双主体”人才培养目标，保证企业的用人规格和人力资源战略等核心利益实现，结合高职院校的办学条件，院校和企业应进行充分的沟通讨论，制定出一套既在教育过程中切实可行，又符合企业对高端技能型人才需求的教学文件，具体包括以下几方面。

（1）物流人才培养方案。在校企双方讨论人才培养方案时，高职院校必须认真听取企业意见，进行充分讨论，结合企业对具备较高理论素养、文化素质和技能要求的高端技能型物流人才的需求，明确专业培养目标，调整开课计划和实习实训方案，以满足企业对物流人才培养的特定需求。

（2）物流专业教学计划。物流业是融合运输业、仓储业、货代业和信息业等的复合型服务产业，不同的物流企业对人才需求各有侧重。高职院校在制订教学计划时，应充分考虑企业岗位技能要求，调整课程开设计划，有针对性地设置专业课程包，积极开展各类企业现场学习和顶岗实习活动。结合企业实际需求，用职业资格考证替代部分学分，鼓励学生获取相应证书。例如，陕西工商职业学院在与海程邦达国际物流公司的合作中，采取了强化国际贸易英语，增加韩语课程，组织学生参加报关员、报检员考试等方法，打通了学生入职关。

（3）实训教学设计。实训教学包括校内和校外实训。校内实训基地建设是高职院校培养高端技能型人才的必要手段，通过校内实训场所和设施的训练，使学生在走上工作岗位前，已经基本具备较强的操作技能，初步适应职场环境，能更快更好地满足企业用人需要。校外实训是开阔学生眼界，加强直观认识的重要手段，合作企业从入学开始，先后组织学生参观了西安国际港务区、出口加工区 A、出口加工区 B、西安海关等，通过组织活动，改变学生观念，增强学生对专业发展前景的认同，强化学习动力。

1.2　合作培养“双师型”物流管理专业师资队伍

“双师型”师资队伍是高职教育的特殊要求，从事高职教育的教师不仅需要具备较强的理论素养，还需要具备一定的企业工作经验和实际操作技能，这样才能有效开展理论与实际紧密结合的各项教学活动。陕西工商职业学院通过组织教师参观物流管理现场、参加企业内训、考取职业资格证书、与企业管理技术人员相互兼职等活动，不断开阔教师眼界，提高专业技能，加深对物流企业实际经营管理的认识，转变教学理念，改进教学方法，提高教学水平，更有效地开展教学工作。

1.3　合作开展各类培训活动

目前，大部分高职院校均建立起较完备的校内实训场所，投资动辄数百万元，基本达到行业先进标准，如此高端的实训设施如果仅用于教学，不啻为资源浪费。

因此，高职院校完全可以与行业企业合作，承担起企业内部员工培训和社会培训任务，更充分地配置和使用校内及企业资源，提高校企双方社会美誉度，达到高职院校更好地服务社会的目的。目前，陕西工商职业学院正与西安报关协会洽谈合作事宜，争取承担社会培训工作。

2　深入开展“双主体”物流人才培养工作的具体对策

2.1　政府主导的重要作用

在我国现阶段，行政管理对社会资源配置仍起着决定性的作用，政府应不断转变观念，通过制定相关政策，搭建校企合作平台，在推动“双主体”物流人才培养过程中发挥指导作用。

（1）政府在物流人才培养观念方面的转变。现实中，一方面是高职毕业生就业难，另一方面是企业用人荒，这是社会资源的极大浪费。因此，在推动“双主体”物流人才培养方面，政府主管部门应认识到高职院校不仅是从事教书育人的部门，更是培养适应社会需要，满足企业用人需求，满足大学生就业要求的人力资源输出部门；企业也不仅是获取利润的部门，也需要获得大量能适应企业工作环境，具备较高理论素质、文化素养和操作技能的高端技能型人才来创造价值。政府相关部门应转变观念，改变工作方式，发挥社会管理职能，协调校企关系，打通高职院校和企业之间的人力资源渠道，避免“双误”，获得“双赢”，体现服务型政府的作用。

（2）牵头组织行业企业参与物流人才培养。“双主体”物流人才培养模式的应用过程中，存在着诸多困难，众多物流企业一边抱怨无人可用，一边只注重眼前利益，不愿为院校投入资源，有的企业虽然愿意参与其中，但由于担心学生安全等问题，表现出犹豫态度，延误了物流人才培养的效率。在这种情况下，由政府出面，从组建校企合作办学联合体，出台相关保障政策，加大舆论宣传力度等方面着手，会极大地促进校企合作培养物流高端技能型人才工作的改革与创新。

（3）制定校企合作培养物流人才的政策法规。国内外校企合作培养高端技能型人才的经验显示，由政府制定相关政策法规鼓励校企合作有着重要的作用。而我国目前在校企合作方面还缺乏系统的政策法规支持，政策层面的支持更多的散见于纲领性的和宏观的纲要、政府工作报告等文件中，缺乏微观的、系统性的政策法规体系。例如，2009年教育部、财政部、保险监督管理委员会联合印发了《中等职业学校学生实习责任保险实施方案》，对中等职业（简称中职）学生参加实习中出现的安全问题提出了解决方案。但目前为止尚无高职层次的相关文件，相当多的企业由于担心安全问题，不愿接收实习生，导致一部分高职学生找不到实习单位，给高职院校办学造成了很大的困扰。目前我国也还没有出台企业参与校企合作的税收优惠政策，使部分企业由于缺乏直接的经济激励，而不愿“多管闲事”，与高职院校开展合作办学。因此，政府相关部门应直面问题，加快政策法规的制定和出台，从制度层面调动企业的合作积极性。

2.2　参与“双主体”人才培养模式的措施

（1）企业人才培养观念的转变。开展校企合作“双主体”物流人才培养工作，需要越来越多的优秀企业加入进来。企业应该认识到这种物流人才培养模式最终的受益者其实是自己，高职院校作为公益型事业单位，固然有一定的利益驱动，但其基本定位是教育人、培养人，为社会输送优质人力资源，而这些人力资源的最终使用者和获益者恰恰是用人企业。对于企业来说，如果愿意在人力资源的培养过程中发挥积极作用，给自己储备好大量优质人才，对企业长期稳定健康发展无疑会起到重要作用。所以，企业应及时转变观念，不再抱有“多一事不如少一事”或“各人自扫门前雪”的态度，积极投身到校企合作培养人才的过程中来。

（2）调动企业资源，投入到高职人才培养过程中。对于部分企业来说，可能有这样一种担心，即高职院校找上门来要求合作，是不是需要企业投入大量资金、人力，会不会影响到自己的正常经营。其实这种认识是片面的，“双主体”物流人才培养模式并不需要企业投入资金和设备，院校需要的是企业的智力资源，需要企业告诉学校：到底需要什么样的人力资源，院校如何培养企业需要的具有一定文化素质、理论修养和操作技能的人才；更需要的是借助企业的实践经验，完善人才培养方案、教学实施方案、实习实训方案等。海程邦达公司作为陕西工商职业学院的合作企业，经常选派有丰富人力资源管理经验和实务操作经验的工作人员到学校举办各类专业讲座，接受教师赴企业参加培训和承担一定管理工作，研讨人才培养方案、教学计划和实训方案，并主动在学校设立了 50 万元的奖励基金。

（3）企业早期培训的介入。早期培训即企业对在校学生提前进行职业生涯规划、企业文化、规章制度、操作规范、业务流程和岗位技能要求等培训。通过一到两年的工作岗位专题教育和顶岗实习，一方面为学生进入企业开展实际工作打好基础，另一方面也加强了学生对企业的认同感和接受度，使学生与企业在“无缝链接”的状态下入职上岗工作，缩短磨合期，减少入职培训成本。

2.3　高职院校转变教育理念并贯穿于教学实践

（1）社会需求即企业需求。高职教育不是培养具有较深理论修养的研究型人才，而是培养适合社会需求，以就业为导向的高端技能型人才。所以，高职院校的教育工作者们必须明确的是：社会需求最直接的就是企业需求，只有培养出企业切实需要的毕业生，学生才能找到能发挥个人才能的工作，铺垫好个人职业发展之路。“双主体”物流人才培养模式的贯彻落实对于高职院校而言，不仅要在教育理念上做出重大的调整，在具体的操作上也要进行深刻地变革，要从注重理论教学转变到注重理论、实践、素质并重的教学形式上来。观念的转变，能够带动各项教学工作的创新和突破，提升教育质量，为专业未来的发展打好基础。

（2）在开展“双主体”人才培养工作过程中，陕西工商职业学院的领导和教师及时转变观念，认真对待企业需求，在开展教育教学活动中，注重理论与实践的结合，身体力行，全身心投入到人才培养模式改革和探索过程中。在假期中，学校把校内专职专业教师派到实体物流企业进行岗位实践培训学习，少则 15 天，多则一个月。教师对物流企业岗位实践有了明确的认识，并将企业文化、职业技能、岗位实践等内容融会贯通于专业课程的理论教学当中，增强了理论教学的实践性和趣味性，提升了教学效果，更加接近企业对人才的目标需求。

（3）践行理论、实践、素质并重的教学形式。针对高职学生普遍存在基础差，自我管理能力弱，抵触理论教学的特点，调整教学方法，理论教学以够用为原则，加大实训教学比重，注重实际操作能力的培养；针对学生家庭环境较差，文明礼貌素质相对较低的特点，教学过程中注意培养学生的基本文化素质，强化基本写作技能、加强社交礼仪、提高交际能力，把做人教育融会到教学过程中；针对学生危机感较强，就业意识强烈的特点，通过开展各类技能竞赛和职业资格考证活动，增强学生的就业竞争力；针对学生年龄小、社会认知程度低的特点，加强思想教育，强化培养其从小事做起，从基层做起的意识，使学生在实习和工作后能减少心理落差，踏踏实实做事，认认真真做人，成为企业放心的优秀员工。通过全方位的教学改革，真正把“双主体”人才培养模式落到实处。

（原文发表在《陕西广播电视大学学报》2012 年第 1 期，略有修改）

高职物流管理专业“双主体”人才培养模式探索与实践

李红艳[①]

（陕西工商职业学院，西安 710119）

【摘　要】本文针对目前我国物流业发展对人才的迫切需要和高职物流管理人才培养现状，通过校企合作共同制订人才培养方案、共同开发突出职业能力培养的课程体系、共建专兼结合“双师型”师资队伍、共享实践教学成果、共建多方参与符合职业教育特征的教学质量评价等几个方面的探讨，形成科学、规范、完善的适应市场需要的“双主体”物流管理人才培养模式。

【关键词】物流管理；双主体；人才培养

目前，国内物流教育的人才培养模式与现代物流业的迅猛发展存在着较大的差距，物流人才的培养远远不能满足地区经济发展的实际需求。因此，构建科学、规范、完善的物流人才培养模式对于培养满足企业、社会需求的高素质技术技能型职业人，提升高职院校物流专业教学质量和社会服务能力，具有重要的现实意义。

1　高职物流管理专业人才培养现状

随着国际化的趋势和现代物流稳步、快速的发展，国内开设物流管理专业的高职院校越来越多，物流学科教学条件逐步改善，研究力度、研究水平、培训与认证等工作都取得了较大进展。但专业教学质量普遍存在培养目标定位不准确，人才培养方案、课程设置的随意性较大，师资水平亟待提高，专业技能训练比较匮乏、教学评价不完善等，使得物流行业从业人员知识结构单调，专业能力不强，综合素质低下，人才培养体系与企业和社会需求脱节。虽然政府及行业大力支持物流教育，但是缺乏统一指导，高职物流管理专业人才培养模式有待完善与提升。

从 20 世纪 60 年代开始，国外物流教育的相关理论知识、发展模式、各种物流设施、实验室等已经健全，但单独设立物流专业的大学数量相对来说还比较少，物流职业培训开展广泛。国外物流教育起步早，有明确的人才培养目标和课程教学大纲，能够使学生有针对性地选择所需课程，业已在课程设置、教学手段、职业培训等方面形成了比较完善的人才培养模式体系，并能在教学、师资、招生、课程设置、考试、学生学习等方面进行教育质量监控和评估，能够有效地满足物流人才需求的多样性，值得国内高职院校物流教育学习和借鉴。

高职物流管理专业人才培养模式研究，不仅是当今国内高职教育面临的一个重

① 李红艳，陕西工商职业学院教务处，讲师。

大课题，也是关系到每所高职院校物流管理专业生存与发展的现实问题。目前探索与实践高职院校物流管理专业人才培养模式的理论成果很丰富，成型的模式也很多，如“工学结合”模式、“订单式”模式、“岗课证一体化”模式、“实境耦合”模式等，但由于这些人才培养模式都是选取某一个高职院校作为典型，只是在有限教学范围内的研究和探索，缺乏统一、科学、规范的定位和标准，没有真正形成适合高职教育特色和专业特点的人才培养模式。人才培养模式体系的建立是一项艰巨而复杂的系统工程，针对国内物流教育现状，以及社会对物流人才的需求情况，高职院校应制定突出高职教育特色的人才培养模式体系，准确进行专业人才培养目标定位，精心设置课程体系，逐步完善教学质量监控与评价体系等，培养符合市场需要的具有职业技能和优势的应用型物流管理人才。

2 “双主体”人才培养模式的特点与要求

“双主体”人才培养模式，就是把学校与企业都作为人才培养的主体，利用学校和企业两种不同的教学环境和教育资源，采取课堂教学与职场实践相结合的方式，共同为市场、企业培养应用型职业人才的培养模式。在“双主体”模式下，学校和企业开展多方面、全方位的合作，真正把学校资源和企业资源深度融合，充分发挥学校和企业在人才培养中的地位和作用。“双主体”人才培养模式的核心，是企业参与到学校人才培养的全过程。物流管理专业“双主体”人才培养模式，是建立在校企双方相互信任基础上的。学校为学生传授专业知识点与技能点，并利用师资力量和实训设备对合作企业职工进行培训，为企业发展或行业发展提供专业咨询等；合作企业为学生提供物流实训实习场所，对学生进行职业技能培训，并派遣行家参与物流专业人才的培养。在这种培养模式中，企业为学校提供实训场地、设备设施、师资培养、实习和就业机会等支持，学校为企业提供员工学历培训、输送毕业生等服务，不仅提高了学生的专业技能和员工的综合素质，也促进了学校和企业在合作中互利共赢，优势互补，创建了校企合作办学的新机制。

物流管理专业“双主体”人才培养模式，是以高职创新教育理念为指导，以校企合作为基础，以职业人才培养为中心，以物流企业的运输、装卸搬运、仓储配送、货代、流通加工、信息等作业流程为载体，依据行业和区域经济发展对物流管理专业人才的需求，融合物流职业资格标准，分析本专业应具备的能力、素质和知识，为物流企业和各行各业培养业务技能突出、职业素质优良、知识结构合理的高素质技术技能型物流人才。

在物流管理专业“双主体”人才培养模式原则指导下，学校成立由物流管理专业带头人、业界专家、政府主管部门等组成的物流专业建设委员会，共同研讨校企“双主体”人才培养模式的合作途径、方法，提出人才合作共育建议；共同审定物流管理专业人才培养方案，分析物流行业发展需求和职业岗位对人才的要求，确定专业培养目标及其岗位（群）所需的知识和能力；共建校外实习基地，协同安排实践教学，负责“双师型”教师培养；校企双方员工实行互兼互聘，共同修订实习教学计划；共同制定人才培养质量的评价体系等，积极推进校企深度融合，实现“双主体”零距离对接，提升学生的专业素养，增强人才培养的核心竞争力，确保物流专业的教学工作更加贴近物流企业对各类物流人才需要。

3 物流管理专业“双主体”人才培养模式的实施

3.1 建立以职业能力为导向的专业人才培养方案

高职院校应以培养高素质技术技能型人才为出发点，实地了解物流行业的发展前沿动态，对物流企业人才需求、专业定位、职业岗位（群）进行广泛的专业调研论证，全面分析物流职业岗位所需的能力、素质和知识要求，吸纳本行业企业专家、技术人员共同参与物流专业人才培养目标定位，共同开发与制订适用于物流管理专业“双主体”人才培养模式的人才培养方案，实现物流企业人才培养需求与学校人才培养目标对接，建立高素质技术技能型人才培养机制，发挥培养目标在专业建设和教育教学中的目标引导作用。教学内容根据物流企业、职业岗位要求选择，教学环节按物流企业人力资源开发计划实施，并按企业要求对学生实施职业素质、企业管理规范的教育，把工学结合的教学模式融入到教学体系中去。

根据物流发展对职业岗位高技能人才的职业能力和职业素质要求，结合学生职业成长规律，物流管理专业人才培养目标应定位为：掌握物流学的基本知识和物流管理信息系统的专业知识；熟悉现代物流配送管理过程、掌握现代物流技术，熟悉供应链管理基本知识，了解企业管理的基本知识；能正确选择、熟练操作各种物流设备，熟悉物流企业的物流运作过程，具备应用物流管理信息系统进行物流信息处理能力；熟悉现代物流配送管理过程，了解和熟悉现代物流技术，具有良好的职业道德和创新精神，符合人才个性发展和社会发展需要的“精操作、会管理、懂经营”高素质技术技能型的物流专业人才。

3.2 开发与职业岗位对接的物流管理专业优质核心课程体系

扩大加深“双主体”合作范围和层次，准确把握物流管理职业岗位的实际工作任务，将行动领域典型工作任务转换为学习领域课程，构建以工作任务为导向的课程体系，该课程体系中的每门课程都应有相应的课程标准。

以“双主体”人才培养模式为指导，在物流管理专业课程设计上，依据技术领域和物流管理岗位群的能力要求，参照仓储管理、货运代理、物流企业工作任务和国家物流职业资格标准，以职场典型的真实工作任务为载体，使课程教学内容充分体现任务引领、工作过程导向的设计思想，以培养学生的职业道德、职业能力和可持续发展能力为出发点，把岗位职业能力标准作为教学核心内容，建立突出职业能力的课程标准。物流管理专业学生就业岗位主要分布于各类企业的仓储、配送、采购、物流业务结算等工作中，这些工作岗位的核心能力可归纳为仓储业务操作与管理能力、配送业务操作与管理能力、采购业务操作与管理能力、成本费用控制能力、客户开发与服务能力等。通过分析典型工作任务和职业能力标准，确定本专业的核心课程为“仓储管理”“配送中心管理与运作”“采购管理”“物流成本管理”。校企“双主体”共同开发精品课程、教学改革研究项目、校本教材及多媒体课件教学等教学资源建设，并将上述核心课程根据职业特征分解为若干项学习任务，根据学习任务形成项目导向、课堂讲授、岗位模拟、工学交替、综合评价的学做一体的教学模式，使课堂教学与职场训练相结合、职业技能培训与职业资格鉴定相结合、课业考核与岗位考核相结合，规范课程教学的基本要求，提高课程教学质量。

3.3 建立专兼职结合的物流管理师资队伍

根据高职教育的特点和物流管理专业“双主体”人才培养模式内在要求，建立和完善“双师型”教师培养机制，加大专业带头人培养力度，加强骨干教师和兼职教师队伍建设，加快青年教师培养，突出教学团队的梯队建设，发扬传、帮、带作用，以提升教师“双师”素质、优化教学团队结构为重点，推进校企“双主体”深入交流，不断提高专业教师的综合职业素养与实践教学能力。

学校根据实际情况，积极创造有利条件，定期或不定期选派物流专业教师到物流企业第一线顶岗工作、进行专业性技术服务，或直接参与企业的管理和运作，并鼓励专业教师参加物流行业从业人员技能培训、物流师职业资格等双师资格培训等，考取相应的物流从业资格证书，实现校企共赢。建设物流管理兼职教师师资库，聘请快递、配送、运输、仓储等企业骨干和企业高层管理人员担任兼职教师，安排兼职教师承担专业实践课程教学，指导学生的实验实训、顶岗实习与毕业实习等；完善兼职教师培养与管理，组织兼职教师参加学校教学业务培训，在教学理论、教学方法和手段上提高兼职教师的执教水平；定期对兼职教师的教学水平和教学业绩进行考核，以确定是否继续聘用。通过将物流企业兼职教师引入职场教学，真正实现物流专业的“双主体”教学。

校企“双主体”深度融合，组建一支结构合理、职业素养高、实践能力强的物流专兼职教师团队，使专兼职教师比例达到 1∶1，形成由校内专职教师讲授物流基础课程，企业兼职教师讲授物流技能课程的“双导师”教学机制。实施“双导师”教学机制，强化教师职业教学能力及职业应用能力的培养，建立教师培训、考核、激励机制，激发师资队伍活力，为物流管理专业的建设与发展，培养实用型的高技能人才和服务社会，提供强有力的师资保证。

3.4 建立共享型的物流专业实习实训基地

在校企“双主体”合作平台下，校企共同制订物流管理专业实习实训工作计划，签订实训基地建设协议，建立互利共享的实习实训基地，制定实训、顶岗实习意外保险制度等，满足高职院校物流管理专业“双主体”实践教学和物流企业员工培训需要。

根据物流管理专业“双主体”高素质技术技能型人才培养的要求和专业能力培养递进规律，以职业岗位技能为核心，以培养学生职业能力、职业道德及可持续发展能力为基本点，以工作流程为导向，利用校企双方的资源和优势，依托现代物流企业的真实任务和情境，对接物流岗位技能标准，与合作企业共建物流管理专业“理实一体”物流配送实训、运输综合实训、仓储实训、物流综合实训等校内仿真实训基地。注重营造实习实训基地的企业文化氛围，有针对性地拓展学生职业能力，使学生在真实的工作环境中，熟练掌握运输、仓储、配送、包装等物流各个环节的工作，为学生的专业学习和实践能力的进一步提高打下坚实的基础。通过“双主体”实训基地共建，实现课堂教学和实践教学相结合，提高学生综合素质与职业技能也可为物流企业提供职业技能培训服务，优化企业人力资源，使企业降低人力资源培训成本，最终实现资源开放、互利共享。

3.5　建立多方参与的物流教学质量评价体系

教学质量是对学生课业成绩进行评价的主要依据。依托物流管理专业“双主体”人才培养模式，对接物流岗位职业标准，逐步完善“教、考分离”的物流管理专业考核评价办法，其中包括理论课程考核办法、校内实训和校外顶岗实习考核办法、学生综合素质的评价办法等。评价的方式主要采取校内教师评价、企业评价与社会评价相结合、学生自评与互评相结合等。校企融通，共同改革评价指标与评价内容，建立符合职业教育特征的、多方参与的物流管理专业教学质量评价体系，提高人才培养质量与就业质量。

改变原来以教师过程评价为主的质量考核方式，加大企业和行业直接参与评价的力度，将物流职业从业标准引入学生学习评价体系。同时，以学生的就业率和就业质量作为主要依据建立第三方评价体系，并引入第三方评价机构（麦可思公司）对学生的培养质量进行客观的评价，为人才培养提供改进建议。评价内容包括专业教学活动、毕业生就业率、就业质量、用人单位满意度、毕业生创业成效等。但学校、企业、行业、家长、麦可思公司的评价各成体系、互不贯通，存在着考核内容与社会需求、岗位（群）职业技能要求、职业资格考证内容相脱节的现象。因此，建立由多方参与的物流专业教学评价体系，可以使评价结果更加客观，更能准确地反映高职教育的实际情况，突出学生职业能力与职业素质，从而保障评价结果的科学、合埋、有效。

在制定物流管理专业教学质量评价体系过程中，不仅注重社会人才需求调研和毕业生跟踪信息调查，还要对学生的培养质量进行跟踪评价。评价结果直接或间接用于专业设置或调整、人才培养方案的改进与优化、教学模式的创新、教学内容的改善等人才培养的各个环节，形成科学、规范、合理的教学质量评价体系。

由于学校、企业、学生三方面对高职教育“双主体”人才培养模式和产学合作的教育模式达成共识，形成合力，学校能有效跟踪最新物流技术，有效解决校内实训条件、实训设备和资源不足，有实际工作经验的教师欠缺等诸多实际问题，学生寻找物流培训企业都能得到企业与行业的积极配合，物流企业、行业的职业技术教育与培训也能从学校获得技术支撑和人力资源，因而“双主体”人才培养模式是高职院校物流管理专业人才培养最有效、最基本的途径。

基于物流管理专业校企“双主体”人才培养模式，使高职院校与物流企业在人才培养、资源共享、师资培训、课程开发及技术交流等多方面展开全方位合作，使高职物流管理专业人才培养目标和规格定位趋于精准，使整个教学过程体现出更强的职业性、针对性和实践性，实现专业教学目标与岗位技能要求对接，专业课程内容与职业标准对接，教学过程与生产过程对接，为高职物流管理专业人才培养模式的创新提供示范作用。

基于职业素养培养的高职“双主体”专业实践教学改革探索——以陕西工商职业学院酒店管理专业为例

朱瑳[①]

（陕西工商职业学院，西安 710119）

【摘　要】立足高职职业素养培养的认识，本文分析了高职酒店管理专业职业素养培养的现状和问题，构建了高职“双主体”职业素养培养的专业实践教学模式。

【关键词】职业素养；双主体；实践教学；酒店管理专业

教育部对高职酒店管理专业的培养目标中专门提出作为高职酒店管理专业的学生，必须具有良好的职业道德和敬业精神，要德、智、体、美全面发展，要具有良好的职业素养。职业素养的培养越来越受到高职院校和现代服务业的重视，而作为高职学生的职业素养通过学校、企业“双主体”的职业素养的共同培养，才能真正培养出符合现代服务行业需求的高端技能型人才。

1　关于高职职业素养培养的认识

职业素养是指职业内在的规范和要求，是在职业过程中表现出来的综合品质，包含职业道德、职业技能、职业行为、职业作风和职业意识等方面。高职职业素养的内涵包括具备良好的服务职业道德；具备初步的人际沟通能力、解决问题能力、基层管理能力；具备良好心理素质及健康的体质；具有创新能力、观察分析能力；具备计算机应用能力、外语应用能力、熟练运用办公软件等。

高职既要保障高等教育的培养要求，又要抓住高职办学的特色，在学生专业岗位能力提高的基础上，做好高职学生的职业素养的培养和教育工作。根据我国现代企业人才需求的实际情况来看，大多数企业把员工的职业素养作为面试考核的依据。部分大中型企业在面试环节会全方位考核员工的职业素养，通过职业智商（简称职商）、情商和心理素质等方面的测试后才能上岗。而作为现代服务业的高端品牌企业，在人才需求方面，对员工的职业素养方面尤为重视。根据笔者对酒店行业人才需求状况的实际考察，发现基于酒店行业高频度的人员流动、淡旺季人员需求出现的诸多问题，酒店人力资源部门对员工的职业素养的关注度越来越高，高星级酒店对高职“双主体”校企合作的办学模式和教学改革问题愈加重视。为了实现现代服务类专业人才培养和行业需求的有机衔接，本文以陕西工商职业学院酒店管理专业的实际情况为例，通过对高职酒店管理专业职业素养培养中存在的现实问题的分析，提出通过构建“双主体”职业素养培养的专业实践教学模式来实现进一步加强职业素

①朱瑳，陕西工商职业学院现代服务与管理系，副教授。

养培养的建议。

2 高职酒店管理专业职业素养培养的现状和问题

2011 年以来，随着我国酒店业的蓬勃发展，酒店高端人才供不应求的问题越来越突出。但现实中，酒店从业人员的职业素养问题远远不能满足现代服务业发展的需求，并且成为制约我国酒店业向更高层次发展的瓶颈。通过对酒店业从业人员职业素养的调查，并根据酒店管理层反映的职业素养问题主要有员工忠诚度、敬业精神、岗位纪律、服务意识、责任意识、团队意识等，而这些问题在很大程度上影响了酒店的经营管理过程。现代酒店业的发展需要有良好职业素养的高技能应用型人才作为支撑，才能实现酒店业可持续发展的目标。高职的人才培养为酒店行业的人才需求提供了有力的支持和保障。高职在人才培养中，也存在一系列的问题。首先，最突出的问题是高职的酒店管理专业在人才培养过程中，往往出现过分重视职业技能和专业能力的培养，而弱化了职业素养的培养。其次，高职人才培养的过程中缺乏一个合作实体共同完成职业素养培养，学生没有示范效应的影响、缺乏实战演练的机会和真实的职业环境，对职业素养只有表象的认识，没有深刻地理解和融入。最后，职业素养的培养缺乏一个专门针对酒店人才需求的职业素养培养体系，因此学生的职业素养培养工作往往流于表面，落不到实处。这一系列问题造成了高职培养的服务型人才和现代服务业实际的人才需求脱节的现象。

3 高职“双主体”职业素养培养的专业实践教学模式构建

职业素养的培养过程仅凭学校里传统的理论讲授、典型案例分析和课堂实践活动等已经远不能满足企业对人才的需求，而陕西工商职业学院通过和企业合作，双方共同参与职业素养培养的专业实践教学过程，实现了学校和企业之间人才供需之间的无缝对接。目前，校企“双主体”办学的高职培养模式是高职人才培养的主要方向，“双主体”办学有利于校企双方的资源共享、合作共赢。目前，和学校进行深度合作的企业有洲际集团西安皇冠假日酒店、西安索菲特酒店、西安天域凯莱大饭店、西安阿房宫维景国际大酒店等多家高星级酒店，以及唐文化主题酒店西安曲江惠宾苑宾馆、西安大唐芙蓉园芳林苑酒店等 10 多家酒店。合作的主体酒店目前主要集中在洲际集团西安皇冠假日酒店和西安索菲特酒店。学校酒店管理专业专门针对酒店人才需求进行“订单式”培养，开设了皇冠假日酒店冠名班和索菲特酒店冠名班，并和洲际集团合作，成立合作办学的企业大学实体——西北首家洲际酒店集团英才培养学院。在这个办学模式的平台基础上，陕西工商职业学院酒店管理专业逐步构建适合本校实际情况的“双主体”职业素养的专业实践教学模式。

3.1 “双主体”课程教学体系改革

目前在陕西工商职业学院酒店管理专业的人才培养方案中，反映专业特色、体现专业职业素养培养要求的课程体系建设比较薄弱。因此，形成直接针对酒店管理专业的“双主体”的职业素养课程教学体系，使高职培养高端技能型人才的目标和酒店行业人才的需求更贴近是非常必要的。而课程体系的优化须依赖于“双主体”

办学模式的平台，如与校企合作酒店共同进行课程开发和建设，共同参与制定课程教学标准和课程实施方案、编写适合酒店管理专业的职业素养教材、进行课程教学进资源建设、进行课程教学设计、安排课程实践环节、共享课程资源、共同进行课程考核等。陕西工商职业学院酒店管理专业建设委员会和天域凯莱大饭店合作建立了有关机构和制度，在人才培养方案、课程教学标准和实施方案、专业课程教学和专业实践、专业实践考核、专业技能竞赛等多方面开展了深度合作；和皇冠假日酒店在课程教学合作的基础上，合作开发了酒店服务英语、酒店服务礼等网络课程等教学资源，在人才培养方面，实行“订单式”培养的教学模式；和西安索菲特酒店也合作进行“订单式”培养，加大了酒店职业素养的培养力度，在实践过程中取得了良好的效果。

3.2　“双主体”职业素养课程教学模式改革

“双主体”职业素养课程教学模式是依赖学校、企业或企业学校两个主体共同参与职业素养的专业实践教学模式。它应摆脱传统的职业素养课在校内以公共课、大班的方式开设、校内专职教师进行讲授，期末进行传统形式考试，考核主体以学校教师考核为依据，无论哪一个专业，教学模式、教学内容、考核方式同质化倾向很明显。

“双主体”职业素养课程教学模式具体体现在学校和酒店共同合作组建职业素养课程教学团队、共同承担师资培养和业务培训、共同参与教学改革项目、创新教学模式、改革考核方式等多方面的合作。学生学习期间，职业素养培养的理论课程主要在校内完成，课程教学任务由校内专兼职教师和聘请的校外教学名师共同完成，通过传统理论教学、典型案例教学、开展丰富多彩的教学活动等实现教学目标。

职业素养的实践教学过程主要以合作酒店作为主体来完成，经过职业标准、职业习惯、职业礼仪、服务情境、规范化管理、“示范”效应等让学生在酒店的环境和氛围中逐渐培养良好的职业素养，在酒店的真实情境中深刻体验和领悟职业素养的内涵并切实践行酒店职业素养。

在未来职业素养培养的道路上，要实现“双主体”专业实践教学的目标，为企业更好地培养符合现代服务业需求的人才，还需继续深化校企合作，加强与企业共建学院办学模式的力度。陕西工商职业学院与全球酒店行业领军者——洲际酒店集团携手创建西部第一家洲际酒店集团英才培养学院，在这个合作平台的基础上，继续加强职业素养的人才培养和教学实践等方面的深度合作，使“双主体”的办学模式再上一个新的台阶。

（原文发表在《新西部》2014 年第 26 期，略有修改）

“双主体”模式下职业素养教育融入思政课的思考

苑秀芹①
（陕西工商职业学院，西安 710119）

【摘　要】与普通高等教育相比，高职教育具有突出的职业导向特性。可以说，职业导向性是高职教育的本质属性。当前，势在必行的高职思想政治理论课（简称思政课）教学改革，应遵循高职教育的这一本质属性，把职业素养教育融入思政课作为引导改革的基本指向和突破口，立足于学生思想政治素质与职业核心能力的全面提高，整合拓展教学内容，不断创新教学方法和评价体系，逐步形成以职业素养教育为导向的思政课教育教学特色，是高职思政课与时俱进的必然选择，也是发挥自身优势和实效性的必然要求。

【关键词】职业素养教育；思政课；教学改革

职业素养是同人们的职业活动紧密联系的，是职业人在从事某种职业时所必须具备的综合素质，包括显性职业素养和隐性职业素养。显性职业素养就是职业技能；隐性职业素养包括职业道德、职业情感、职业态度。职业技能通过学习、训练，在实践中比较容易获得，而职业道德、职业情感、职业态度等学生内在的素养却无法速成。对于高职院校，隐性职业素养教育是更具有深远意义也更为困难的工作，本文所要探讨的职业素养教育主要针对隐性职业素养。

1　职业素养教育融入思政课教学的必要性

高职院校思政课主要包括毛泽东思想和中国特色社会主义理论体系概论、思想道德修养与法律基础和形势与政策，这些课程的教学以立德树人为目标，帮助学生形成正确的人生观、世界观和价值观，为学生全面发展奠定道德基础。职业素养教育是指遵循职业发展规律和职业素质养成规律，通过教育、实践和自我修养等途径，帮助学生形成在未来职业活动中发挥重要作用的内在品质和外在行为方式的教育实践活动。职业素质教育是为提高学生职业素质而进行的教育，包括对学生的职业技能、职业道德、职业精神等方面的培养。

高职教育要培养高素质的技术技能型专门人才。“高素质”是一个完整的体系，具体包括职业素养、职业归属感、思想政治素质、心理素质、人文科技素质和身体素质等。在高职思政课教学之中融入职业素质教育，是提高思政课教学实效，培养高素质人才的现实需要。坚持以学生为本，在高职思政课教学中融入职业素质教育，具有重要意义。尽管当前各高职院校的思政课教学探索不断深入，但效果还不尽如

① 苑秀芹，陕西工商职业学院学工部副部长，副研究员。

人意，教与学存在着事实上的矛盾。一方面是思政课教师的辛勤付出并未收到应有的成效，另一方面是学生的殷切期待没有得到满足，高职院校学生最关注的依然是其就业和个人发展问题。思政课教学不应该远离学生，而应该密切关注学生的就业和发展，注重学生职业素质的培养，促使学生的潜能向现实的职业素质转化，与社会的发展相适应。因此，在思政课教学中融入职业素质教育，是提高高职院校思政课教学实效的现实选择。高职院校重视学生职业素质的培养，是由职业教育的特色决定的，也是学生适应岗位要求、与其他类型和层次的高等院校学生错位发展的需要。提升学生职业素质成为教育的艰巨任务，培养德才兼备的人才已经迫在眉睫。因此，要高度重视学生的职业道德教育和法制教育，重视培养学生的诚信品质、敬业精神和责任意识、遵纪守法意识，培养出一批高素质的技能型人才。

2 思政课教学改革的现状

"就业导向"是我国新时期发展职业教育所确立的办学方针，它要求把职业岗位对从业人员的要求和有助于实现就业，作为职业学校人才培养工作的出发点、落脚点和职业学校的办学方向。"工学结合"是以培养学生职业能力为目标，以校企合作为载体，把课堂学习与企业工作紧密结合起来的人才培养模式。随着"就业导向""工学结合"等高职教育理念逐步深入人心，很多高职院校确立了"双主体"育人模式。为适应"就业导向""工学结合"的新形势，高职教育作为以培养生产、建设、管理、服务第一线的高级应用型技术人才为目标的特殊教育形式，其教学内容必须围绕学生如何就业来设计，教学过程必须实现校内学习和企业工作相结合，这就给传统的校内课堂教学模式特别是传统的思政课教学提出了新的要求。

思政课作为高职课程体系中的重要组成部分，探讨职业素养教育融入其中的方式方法，对于提升学生职业素养具有极其重要的意义。党中央长期以来高度重视大学生思想政治教育，思政课学科建设取得了长足的发展，教育教学质量得到很大的提升。但是面对高职教育和经济社会形势的迅猛发展，高职思政课仍然存在着一些问题。

（1）部分思政课教师缺乏实践锻炼，职教意识较弱。高职技术教育特定的本质属性要求思想政治教育与职业教育有机结合，重视综合职业素养、岗位迁移能力和适应社会变革能力的培养。但是，当前高职思政课教师普遍较少参与专业实践，对学生就业特点不熟悉，对政策的变化和行业、企业的需求特点缺乏了解。这种脱离社会需求的封闭式教学，直接影响了高职思政课的针对性、实效性和吸引力。

（2）课程教学体系重构力度不够，综合职业素质教育指向性差。现有高职思政课普遍使用本专科通用的教材和教学大纲，理论较深，难度较大，内容不简练，部分内容重复；重视思想政治理论知识，但较少兼顾"技能型""应用型""职业型"的教育需要。在实际教学中，部分教师照本宣科，不重视教学体系重构，忽视高职学生关注的热点和难点问题，企业行业用人单位关注的重点问题。

（3）高职思政课的教学手段和方法创新不够。部分教师在课堂教学设计上由知识传授向信和行养成的转化较差；对学生的思想实际、身心发展、就业心理、职业成长缺少研究和教学应用，不重视“为何教、为何学”的思想根源问题；缺少学生参与和互动，教师满堂灌输；不注重将知识传授向信和行养成的转化，缺少强有力的实践教学支撑；在课程考核上没有体现学科教育与职业教育的融合。

3 职业素养教育融入思政课的思考

3.1 创新教学理念，强化职业素养

高职院校的思政课教学主要承担着对大学生进行系统的马克思主义中国化与道德法制教育，承担着从政治、思想、道德上培育和塑造人的重任，承担着为社会主义事业培养生产、管理与服务一线的职业人才的要求。因此，如果教学模式依然停留在原有的理论条文、案例分析的基础上，是肯定达不到应有目的的。只有结合高职院校的办学理念与学生实际，不断创新教学理念，牢固树立“以就业为导向”“以服务为宗旨意识”，突出强调“职业性”特点，在教学内容、教学方法、教学手段、实践教学和考核方式等方面，全程渗透就业指导和创业教育，用科学的方法引导学生树立正确的就业观、择业观与创业观，进而强化学生的职业素养教育，构建高职特色的思政课教学新模式。

3.2 整合教学内容，渗透职业素养

思政课的教学内容比较繁杂，再加上高职学生的理论接受能力相对有限，如果面面俱到，可能产生负面的效果，因而在渗透职业素养的同时更应重视教学内容的整合问题。可以考虑以下几个方面。

第一，理论讲述“要精、要管用”。在任何一门思政课程中，基本、重要、核心的要素和对学生发展具有重大指导意义的理论内容，要毫不含糊、不折不扣地向学生讲清、讲透。

第二，重复内容要删除或概述。对于高校的课程之间及高校与中学之间的重复内容，属于太简单或与学生职业发展关系不大的相关内容可以考虑删除，或者只做简单的介绍，以便集中精力突出重点、解决关键。

第三，挖掘教学内容的深层寓意，尽力加强职业素养的渗透。只要用心思考就可以发现，每门课程都有很多内容是紧密结合的，只有把教学内容讲活、讲得更为有用，把与职业素养相关的内容融入思政课教学，才能贴近学生的需要与实际，增强课程教学的说服力。

3.3 改革教学方法，服务职业素养

长期以来，大多数思政课教师习惯按照传统的教学方法，更多地采用课堂讲授的模式。这是以教师为中心，单向被动的教学模式，既不利于提高学生的学习积极性和主动性，也不利于提高学生的职业素养与综合素质。因此，思政课教师应该“把课堂还给学生”，巧用灵活、新颖的教学方法，充分调动学生的学习兴趣，使之真正成为教学活动的主体，这是教学成功的关键所在。教师可以根据相关内容，分别采取新闻讲评、课堂讨论、社会调查、主题演讲、专题辩论、角色模拟等方法锻炼学生的

团队合作精神、口语表达能力及逻辑思维能力，进而为提高学生的核心素养服务。

3.4 完善实践教学，深化职业素养

实践教学既是加强大学生思想政治教育的重要领域，也是培养和深化学生职业素养的关键环节。因此，要尽量实施与完善课堂内外、校园内外各种有益于学生职业发展的实践教学活动。课内实践教学主要包括课堂讨论、专题辩论、主题演讲等；课外实践教学主要包括职业规划大赛、模拟面试、志愿服务、参观考察、社会调查及参加各种专题报告会等。在实际参与实践体验中，不断提升学生的综合素质和能力，进而培养学生的敬业精神、职业道德、团队意识、沟通能力、创新能力、组织协调能力等，为深化大学生的职业素养奠定良好的基础。

3.5 优化考核方式，检验职业素养

职业素养的考核是指教师对学生在思政课教学中关于职业素养学习效果的主观评价，是检验其教学成效的重要环节，并对未来的职业素养提供指向性，逐步形成具有高职特色的考核模式。具体要求是，第一，考核主体多元化。在“双主体”模式下思政课的教学空间已经打破了原有的课堂授课模式，实行了学校与基地、专任教师与其他教师的有机结合。考核过程最好做到专任教师、辅导员、班主任、实习指导教师、同学及家长的多元考核，并在具体的考核指标体系下进行，以实现考核结果的公平性。第二，考核内容综合化。在考核过程中，不但要考核学生对相关理论的掌握程度与运用程度，而且要考核学生在各种实践中的现场表现与实际效果，以实现考核内容的全面性。第三，考核形式的多样化。实行过程考核与终结考核相结合、开卷考试与课堂参与相结合、参与程度和参与效果相结合，以实现考核形式的灵活性。

综上所述，随着“就业导向”“工学结合”等高职教育理念的确立，职业素养在高职人才培养中的重要地位越发显现。“双主体”模式下的职业素养教育融入思政课必须做到全方位、全过程地渗透。思政课不仅是大学生思想政治教育的主渠道，也将成为职业素养培养重要课程的载体。

职业技能大赛对校企合作“双主体”办学的促进作用——以陕西工商职业学院为例

王小燕[①]

（陕西工商职业学院，西安 710119）

【摘　要】职业技能大赛是我国职业教育的一项制度创新，是高职院校教育教学改革与课程建设的重要推手，发挥着导向和促进作用。校企合作的“双主体”育人模式有效地提高了学生的职业素养和职业技能，为提升学生的综合竞争力，满足企业的用人需要奠定了坚实的基础。技能大赛为学校和企业搭建了一个桥梁，进一步提高了人才培养在学校和企业各个方面的合作质量，缩短了学生所学与岗位需求之间的距离，使学生和企业做到无缝对接。

【关键词】职业技能大赛；双主体；校企合作；促进

教育部从 2007 年开始进行职业技能大赛，比赛内容逐渐向企业生产靠拢，比赛项目紧扣企业生产实际情况，贴近行业先进的发展技术。职业技能大赛在推进教学改革方面进行了很多有效地探索和尝试，随着国家对高职教育的重视和职业技能大赛开展的规范化，2008 年 6 月，教育部正式提出了“普通教育有高考，职业教育有技能大赛”的口号。目前，职业技能大赛已经成为职业院校教学成果的一次大检验和培养选拔高水平技能人才的一个重要平台。

1　以技能大赛为平台，促进“双师”队伍建设

职业技能大赛综合地考察了学生进入工作岗位的能力状态和专业核心技能的掌握程度。根据技能大赛的要求，需要带队的专业教师必须是“双师型”教师。要想在大赛中取得好成绩，教师必须具有扎实的理论基础、对行业实践有足够的经验并能掌握娴熟的职业技能，能够理论联系实际，解决实际问题。因此，职业技能大赛在一定程度上促进了教师队伍的建设，加强了教师队伍知识能力综合化的培养。

传统的教学方式是以教师为中心，“满堂灌”的教学方式，课程内容缺乏针对性和实用性，往往是重理论、少实践。职业技能大赛打破传统的授课方式，以学生为主体，教师为指导，形成共同完成工作任务的教学模式，在教师引领项目的过程中充分发挥学生的主动性、积极性，激发学生学习兴趣，更利于学生掌握知识，转化知识，提升能力。大赛如同一根无形的指挥棒，促使越来越多的高职院校老师走入企业。同时，学校从企业聘请一批知识力量雄厚、职业素质高、技术过硬的优秀工程师为兼职教师，共同指导学生的专业实践教学，提高职业教育教学质量。通过

---

① 王小燕，陕西工商职业学院教务处，讲师。

多种途径打造“双师型”教学团队，形成完整的教育教学体系，为校企合作奠定了坚实的基础。

2 以技能大赛为契机，深化校企合作

职业技能大赛是学校和企业进行深度合作的重要平台。企业借助各类赛事平台，在该领域内扩大影响力，推广相关技术和设备，提高企业知名度，同时抢先物色具有较强能力的毕业生，为企业储备更多后备人才。让企业技术人才参与到教学中，引入企业新技术、新工艺、新材料，为教师专业知识的更新和企业工程人员共同搭建资源建设平台，实现教学资源共建、共享，并尝试与行业、企业技术岗位人员建立定期交流制度。我校自2010年办学开始，坚持学校与企业“双主体”培养的职业人培养模式，形成了“校中有企”“企中有校”的育人环境和人才培养机制。同时，学校十分重视专业技能竞赛活动的开展，形成了“以赛促教、以赛促练、以赛促改”的浓厚氛围。通过开展专业技能竞赛，帮助学生提高自主学习的兴趣和自信心，提升职业技能水平。职业技能大赛也让学校了解到企业所需要的技术技能型人才，促进教师不断调整专业设置和进行教学改革创新，提高职业教育教学质量。

3 共建实训基地，提高职业素养

实验实训条件的好坏关系到学生职业技能的培养。我们要通过职业技能大赛的要求和特点，加强校内实训室、校内校外实习基地建设，坚持依托行业、企业办学。企业提供软件和硬件条件，将实验室模拟与真实使用之间的细小差别在真实的场景中得到辨别，让学生能在企业仿真环境中进行实践演练，将来走上工作岗位才能在岗位上发挥的游刃有余。

根据全国职业院校技能大赛项目的设定，不仅学校需要积极增加硬件设备，而且教师必须掌握这些设备的操作使用方法，并运用于平常的教学实践中。技能大赛对比赛环境的高要求，加快了各职业院校对相关实验室的建设。通过技能大赛，企业能够积极地参与到职业院校的校内外实训基地的建设中去，目前，我校共有三个省级高职教育示范性实训基地，一个中央财政重点扶持实训基地。学生能够在这些实习基地里完成“项目情景”中的“工作任务”，并尽快地达到企业的上岗条件。

4 加强校企合作，带动招生就业

从每年竞赛来看，职业院校的技能大赛和各个行业、企业之间有着密切的关联，这体现了职业教育依托于行业，服务于行业的办学特征。面向高职院校的各种技能大赛就像搭建在职业院校和企业之间的一座桥梁，全国各个高职院校都积极组队参赛，这是高职院校解决学校“就业难”与企业“用工荒”之间矛盾的一种尝试，通过技能大赛缩短学生所学与岗位需求之间的距离，使学校“人才”与岗位需求做到无缝对接，实现校企互利共赢。在校企合作的过程中，高职院校应主动出击，充分利用各种优质教育教学资源，联合行业企业，共同培养社会和市场需要的人才，创造更多实践动手机会，使学生在校期间能够涉及企业具体岗位，在考虑专业对口的同时，校企双方各自发挥优势，科学地进行人才分析。企业也可在学生实习实训过

程中对其进行考核并反馈，把学生的考核延伸到企业中去，培养出既有扎实的专业理论知识，又有较强的岗位技能的毕业生，同时，企业可以在实践学生中选拔优秀人才，为企业服务。

2013 年，我校与多家知名企业联合开设了苏宁云商冠名班、西安创业物业冠名班、洲际酒店集团英才班、西安索菲特大酒店未来之星班、君兰动漫订单班、恒诚国际物流订单班等六个冠名班、订单班。学校与这些企业共同制订培训及就业计划，并以企业班级命名展开招生工作，企业提供相应就业机会。作为企业特色班级的学生通过培训考试，毕业后就能够顺利进入企业工作岗位，这种合作模式大大带动了学校的招生和就业工作的开展。

尽管我国职业教育校企合作中存在很多问题，如校企合作的法律法规不完善、校企双方管理层观念落后、学校和企业双方利益诉求不一致等因素，但随着国家对职业教育的重视，通过职业技能大赛展示职业教育的魅力，充分反映了高职院校的办学实力和人才培养质量。“高等教育有高考，职业教育有大赛”的良好局面正逐步形成。我国高职教育正处于由外延式向内涵式发展的转变阶段，借助职业技能大赛，转变职业教育理念，推进校企合作，提高人才培养质量，已经成为推进高职教育改革的重要抓手。

（原文发表在《陕西广播电视大学学报》2015 年第 1 期，略有修改）

第二篇　内 涵 建 设

论我国高职院校内涵发展的关键因素
——以陕西工商职业学院为例

刘志选

（陕西工商职业学院，西安 710119）

【摘　要】在我国高职教育规模快速发展的今天，高职院校是实施高职教育的主体，是我国高等教育的有机组成部分。当高职院校的数量增长达到一定的程度时，内涵的发展就成为高职院校发展的生命力之所在。办学定位、办学模式、专业建设、教学团队、实训基地、合作办学等是高职院校内涵建设的关键因素，这些因素的作用最大化是高端技能型人才培养的基本保证。

【关键词】高职院校；教学质量；内涵建设；问题决策

高职教育是伴随着我国经济建设与社会发展而出现的一种新型的高等教育类型。截止到2011年年底，我国举办高职教育的院校达到1239所，这对于中国的国情而言，数量问题不得不引起人们对质量问题的反思。关于高职院校内涵建设的呼声不断高涨，许多高职教育方面的党政领导、教育专家、学者、教授，以及关心高职教育发展的企业行业精英们都从各自不同的感性体验出发，通过会议、广播、电视、网络、报刊、杂志、课题研究等途径，阐述个人、组织及社会各层面人们对高职院校发展中遇到的种种问题的观点与见解。透视我国高职院校的发展过程，本文对高职院校内涵建设的六个关键因素进行了分析与论证。

1　办学定位是高职院校发展的根本

众所周知，办学定位对高职院校来说，是实现可持续发展的前提和基础，是高职院校发展的第一关键要素。从根本上来看，办学定位不仅体现了一所高职院校的教学水平、教育管理水平和人才培养质量，而且展示了这所高职院校的办学理念、办学风格和办学特色。基于以上认识，陕西工商职业学院针对高职院校办学定位的前瞻性、地域性、稳定性、目标性等特点，从揭牌之日起，就以“高起点、高标准、高水平”的办学思路统领全校工作，坚持“以职业为根本，以质量求生存，以特色树品牌，以创新促发展”的办学理念，确定了以服务现代服务业发展为宗旨，以社会需求为导向，提升学生的职业能力为目标，走产学一体化的办学之路，全面推进学校整体办学水平。为了落实与细化办学定位，全校营造了大学文化和岗位文化氛围，秉持“厚德、强技、敬业、有为”的校训，倡导“乐学、勤思、实践、创新”的校风，以先进的理念引导人，以优秀的文化熏陶人，以优良的师德塑造人，以规范的制度约束人，努力形成既具有深厚底蕴，又具有现代特色的大学文化环境。由于“高起点、高标准、高水平”的定位，仅2011年一年，学校获得了陕西省精神文明校园称号和陕西省高等学校阳光体育优秀学校称号；物流管理专业、工程造价专业同时获得中央财政支持和省级重点专业建设资助；七名同学分别获得了高职院校大学生英语口语比赛二等奖、数学建模比赛二等奖等优异成绩；两项高职教育教学改革课题获得省级立项；招生的录取率和报到率在全省 39 所高职院校中名列前茅，分别达到 98%和 93%；国内 16 家明星企业踊跃与学校签订实质性合作办学协议等。这些成绩的取得，充分地说明了办学定位是高职院校发展的根本之所在。因此，开始于 2010 年的中国新一轮高职教育改革，其主线就是要求高职院校必须坚持科学的办学定位，以培养生产、建设、管理与服务第一线的高端技能型人才为根本任务，主动适应区域经济社会发展的根本需要，将“校企深度合作”作为改革的重点，实现“合作办学、合作育人、合作就业、合作发展”的目标。

2　办学模式是高职院校发展的关键

一般而言，办学模式有广义和狭义之分，对一所学校而言，办学模式是针对狭义来说的，即学校为了适应当地经济发展水平和人才需要而建立的一种人才培养格式规范。这种格式规范具有明显的时代特点，随着现代教育观念的更新，教育改革的不断深化，办学模式也必将做出新的改造和构建，不断向多样化方向发展。陕西工商职业学院在现代教育理论的指导下，立足现代服务行业人才紧缺的实际情况，尤其是高端技能型人才的培养规律，设计了适合学校自身快速发展的“双主体”办学模式，即学校和企业两个办学主体的有机结合。这种模式的最大优势就在于把学校和企业紧密结合起来，把学校按企业模式办，把企业按学校模式办，给学生一个企业的真实环境，让学生参与企业的运营与发展，使学生学到实际知识和技能，提高培训质量，掌握真正的专业实践、技能操作能力。学校在快速发展的过程中，积极探索和完善学校与企业“双主体”培养的职业人培养模式，发挥学校与企业各自在知识传授、素质养成、技能训练和创业就业等方面的优势，共同组织教学和技能训练，使学生接受良好的大学文化熏陶和一流的职业技能训练，为成长为本行业高端技能人才和业务精英打下坚实基础。近年来，学校进一步加大学校与行业、企业合作，学校与学校合作，校内学习与社会学习相结合的开放式办学模式的推广力度，采用课堂教学与职场训练相结合、职业技能培训与职业资格鉴定相结合、课业考核与岗位考核相结合的“三结合”教学方式，课堂学习、职场实战、赛场竞技并举，把学校的工作重心放在现代服务业发展需要的具有良好职业道德、过硬职业技能并具有大学文化素养和创新精神的高端技能型人才的培养上。从高职院校发展规律来看，工学结合、校企联合既是高职院校人才培养目标的必然要求，又是地方行业、产业与企业发展的客观需要。高职院校只有按照教学做相结合、产学研相结合、实验实训实习相结合的要求，坚持专业教学与生产实践、社会服务、技术推广及技术开发紧密结合，把教学过程与生产过程紧密融于一体，才能使学生从真正意义上体验“干中学，学中干”的职业人成长模式。

3　专业建设是高职院校发展的焦点

专业建设是高职院校教学内涵建设的核心，是学校办学特色的集中体现，是教学改革的切入点。学校立足现代服务业的办学定位，始终把专业建设当做学校发展的焦点问题，在专业建设上，实行了“委员会决策，教学系实施”的双轨运作模式。教学指导委员会是专业设置的最终确认组织，其常务主任由院长担任，主管教学副院长任常务副主任，成员主要由校内各专业建设委员会主任、教务处处长、合作办学处处长、教学指导委员会办公室负责人，以及校外合作办学的企业行业专家和其他高等学校的专家、教授、学者等组成。每学期教学指导委员会都要专题研究学校事业发展的专业建设方案，按照上级教育行政部门的文件精神，下达专业申报任务、指导申报过程、审议专业人才培养方案，组织全体委员、专业建设委员会主任和专业教师到校外著名企业行业进行实地考察与实证体验，相互对比，现场反思，汲取经验，调整专业建设思路，适应市场需求。本着“动态化发展”的思路，在重点专业和重点实训基地建设、特色专业建设、主干专业建设及新增专业建设等实质问题上，教学指导委员会采取“文件—会议—考察—会议—实践—会议—决策”的步骤对所开设的专业进行针对性的发展，通过多种有效的途径进行具体实施，如集中建设、常规建设、阶段建设、合作建设、重点建设、暂缓建设和调整建设等。正因如此，以酒店管理专业、物流管理专业、工程造价专业、物业管理专业等重点专业快速发展，先后成为省级和国家级重点建设专业，从根本上带动了全校现代服务理念下的其他专业及专业群的建设，使学校的专业设置不断合理化和完善化。专业建设委员会是高端技能型人才培养质量的关键。专业建设委员会主要进行专业人才培养方案的制订与动态完善，负责专业及课程理论教学和实验实训，教师资源库的建立与完善，策划学生向职业人发展的成长路径，承担专业教学平台的开发与建设工作，如重点实验实训室及校外实习基地建设等。学校为了充分的发挥企业行业在高端技能型人才培养中的主力军作用，实现真正意义上的校企合作办学一体化，经教学指导委员会批准，具有一定特色和规模的专业可以用企业名称进行专业冠名或班级冠名，如酒店管理专业2011 级皇冠酒店班、凯宾斯基酒店班，当然，不同冠名的班级在培养方案上都要依据被冠名酒店的运营模式及理念进行适当调整。事实上，学校在专业建设上创新地实行了委员会制的建设理念，它区别于以往常规的教学系管理机制。虽然委员会不是一个行政机构，只是一个专业建设的决策机构，但由于其在组成人员上的高标准和高水平，得到了全体师生的高度认可，其形象和影响力对学校的专业建设起着极其重大的推动作用。由此可见，教学指导委员会和专业建设委员会是学校专业建设的核心组织，是学校集校内外专业精英人才的聚宝盆。

4 教学团队是高职院校发展的灵魂

高职院校的教学团队区别于普通本科的教学人员组成，普通本科院校的团队成员具有相对的稳定性，主要任务有的院校是科研为先，有的是教学为先，有的是教学和科研兼而有之。但高职院校的教学团队是一支由专职与兼职教师及企业行业的主要技术人员组成的教学实施团队，这个团队的所有成员是按照“不求为我所有，但求我所用”的理念建立起来的，其中显著的特征有双师型、动态化、主次性及一体化等。透视我国首批建立的百所示范性高职院校和百所骨干院校无不是按照这样一个模式建立起来的。原因很简单，高职院校的专业设置是依据社会经济的发展不断予以调整，必须坚持“不适应的就取消，适应的就举办”的思路。显然，像普通本科院校那样组建教学团队是不现实的，几年打造一个团队，没有生源，一个优秀的团队怎么办，人力、物力、财力、精力怎么计算。高职院校就是设置一个专业，即刻以开放的心态，从自己的预先建立的专业资源库、课程资源库、教师资源库、企业行业资源库、专家资源库中以最优化的组合方式，成立专业建设委员会，成立课程教学团队，分解专业与课程教学任务，制订高端技能型人才一体化培养与实施方案，以“够用”原则共同研究确定课程教学大纲，以“就高”原则从国家级规划教材中选定适合自身专业培养的优秀教材，按照教学环节的优化原则确定校内教学内容、校外实验实训和顶岗实习内容方案。为了确保教学质量，除了校内教师资源外，聘请普通本科院校的优秀教师从事课程的理论教学；企业行业的技术人员可以承担体验教学、实训教学、实习教学、顶岗教学、技能训练等实践教学任务；高职教育工作方面的专家、企业行业工作中的高管人员可以承担专业或课程方面的专题讲座。学校可以通过校企合作、校校合作、国内国外合作等方式引进、共享、购买一些比较成熟的优质教学资源，如精品课程、多媒体课件、IP 课程、直播课堂、实验室训模拟、学科技能大赛筹备与比赛视频等，也可以通过多媒体教室、计算机实验室及各种视听设备为学生提供自主化的学习服务。试想，如果有这样的教学团队，我们在培养高端技能型人才方面的困难还有多少，这个团队只要加强成员的敬业精神教育，从学历结构、学缘结构、职称结构、年龄结构、专兼结构、专业结构、校企结构及梯队结构等组成上予以合理化，充分发挥专业建设带头人和课程教学团队负责人的核心和灵魂作用，在团队成员的共同努力下，高职院校人才的培养目标必定能实现，高职院校的教学特色必定能展现出来并且成为一个亮丽的风景线。因此，我们认为，教学团队是高职院校发展的灵魂，每一所高职院校都应该把教学团队的建设放在极其重要的位置，充分发挥教学团队在课堂教学、实验室训教学、实习教学、定岗实习、精品课程建设、优质学习资源建设等教学环节中的根本作用，为各行各业培养急需的各类优秀的高端技能型人才。

5　实验实训基地是高职院校发展的生命线

众所周知，高职院校既具有职业技术的属性，又具有高等教育的属性，其培养目标就是培养和造就具有综合职业能力和全面素质的，直接从事生产、技术、管理和服务第一线的应用型、技能型的高端技能型人才，其主要特色就在于它所培养的人才必须具备较强的技术应用能力和较高的职业素质。这是高职院校与其他普通高等学校的本质区别，也正是这一特色所赋予的生命力，才使高职院校在我国的高等教育中占据了半壁江山。自从德国和日本创新职业教育人才培养模式以来，全世界都关注到了职业教育人才对社会经济发展的重大作用，尤其是西方一些发达的资本主义国家所创立的职业教育新模式，为我国高职院校的快速发展提供了一定的启示与借鉴作用。归根结底，使我们明白的一个根本问题就是专业实训基地的建设。从经济发达国家的高职教育来看，实训基地建设是高职院校发展的生命线，如果没有这样一个意识和理念，办高职教育那就是一句空话。因此，高职院校的实验实训基地建设成为教育部、省教育厅、市教育局等政府主管部门的重要议题，不管从政策上，还是人力、物力、财力、精力上都给予大力支持，尤其是在高职示范性院校和骨干院校的建设上，将实验实训基地的建设作为最重要的指标。目前，在高职教育起步较晚的事实面前，我国职业教育的外部环境不甚理想，主要反映在企业参加人才培养的积极性不高，不愿接受学生实习，政府对职业院校办学经费也远不能满足。在这种情况下，人才培养工作的开展要实现工学结合，一方面唯有加大校内实验实训条件的建设，另一方面靠学校主动与企业联系，寻求支持。高职院校校内实践条件建设必须关注两个实质性的问题。一是校内实践条件建设应遵循“生产性”的原则，尽可能和生产实际相一致，如仿真环境、模拟操作等，有条件的院校应设置以生产产品为主的企业，只有这样，才能够开展工学结合的人才培养工作，这一点台湾的高职院校基本上都做到了。二是在校外实训基地建设中，要拿出企业比较实惠的政策，该投入的就必须投入，该冠名的就必须冠名，企业“燃眉之急”就是学校出手之时，不但要让企业得到应有的利益，而且要让企业从情感上产生一家人的姿态。当然，所培养的优秀人才首先要保证这些企业优先录用，使学校和企业形成一种稳定的互惠互利机制，只有这样，才能真正保证“双主体”人才培养的工作取得实质性的推进。因此，高职院校必须立足校内，关注校外，充分解放思想，从战略高度思考，在实验实训基地的制度建设、规范发展、质量提升、共建共享及资源整合等方面进行创新，使高端技能型人才的培养工作成为高职院校真正意义上的一个亮点。

6　合作办学单位是高职院校发展的灯塔

高职教育的最终目的就是服务于企业行业的快速发展，而站在企业行业发展前沿阵地上的明星单位是高职院校实施人才培养的航标与灯塔。他们需要的人才规格、人才标准、人才数量等在一定意义上就代表一个社会层面。高职院校不同于中职学校的技术人才培养工作，它是以职业技能为基础的管理者的培养和造就。这些人必须熟悉企业行业的每一个部门、每一个岗位、每一个环节的文化与技能，更要具备一个管理者的风范，他们需从基层做起，从基本做起，具备从一个部门迅速转化到另一个部门的能力与素养。所以，造就这样的人才，就必须与明星企业合作。这一点，陕西工商职业学院始终坚持“宁缺毋滥”的原则，虽然许多单位上门寻求合作办学，但不是明星单位或知名企业，陕西工商职业学院绝不予以合作。学校成立合作办学处，专门负责合作办学的具体工作，学校以大开放的理念，从大海中精挑细选，上至单位最高领导，下至每一个工作人员素质，都是合作前的焦点问题。只有这样的单位，学校才能脚踏实地的与其进行合作办学。因为他们有崇高的社会威望和知名度，可以使学校全体师生产生归属感；因为他们有数以亿计的雄厚资产和最先进的服务设备与设施，可以使学生对未来的事业充满希望；因为他们有庞大的系统优势，可以使学生的愿望成为现实。仅 2011 年，学校签约的合作办学明星单位就有 16 家，如天域凯莱大酒店、西安中新凯宾斯基酒店、西安创业物业发展有限公司、中国海程邦达物流集团公司、中储发展股份有限公司、宏泰集团、西安建工集团总公司等。在学校的内涵发展中，明星单位的企业文化、岗位技能、经营理念、管理模式等都通过合作方式融入每一个职业人的成长过程之中，他们需要什么样的人，就是学校培养方案制订的基本依据。所以，学校与明星单位合作，不是一个简单的问题，它关系到“双主体”办学模式中另外一个主体作用的发挥，关系到学生岗位技能形成过程中的职业体验、岗位实习、轮岗转换的实践问题，尤其是顶岗实习及未来就业的问题。所以，高职院校的发展必须寻求明星单位的合作与支持，只有这样，才能使学校的发展走在内涵建设的快速轨道上。

事实上，影响高职院校内涵发展的关键因素极其复杂，以上六个关键因素只是个人主观的一点认识。如果高职院校在发展过程中对这些关键因素进行有效的整合与运用的话，数量的增长与质量的提升就会有机的协调与发展，高端技能型人才的培养目标就一定能够落在实处。在不久的将来，引领我国高职教育的“百所示范院校、百所骨干院校、百所特色院校”将带动所有的高职院校建立起具有中国特色的现代高职教育新体系。

（原文发表在《广东技术师范学院学报》2012 年第 1 期，略有修改）

高等职业教育“多要素主导，差异化管理”课程管理模式*

刘志选

（陕西工商职业学院，西安 710119）

【摘　要】高职教育“多要素主导，差异化管理”课程管理模式是现代职业教育体系建立过程中课程管理模式的一种创新。我们从课程管理模式的内涵入手，就模式形成与完善过程所引发的一些思考及创新点做了深入地分析，以期在模式的实施过程中提出一些具有创新性的完善策略与改革启示。

【关键词】高职教育；课程管理；创新模式；应用推广

众所周知，在现代职业教育的发展问题上，各级政府及教育主管部门不断出台一系列政策与法规确保职业教育的实质性发展。2015 年习近平总书记“加快发展职业教育，让每个人都有人生出彩机会”和李克强总理“重职业教育，破解中国就业难题”的指示精神，使我国的高职院校教育教学改革进入到一个新的时期。这对我国高职院校来说无疑是一个千载难逢的跨越机遇，虽然创新的焦点涉及内涵建设的方方面面，但教务教学管理过程中课程管理的最优化是其最为关键的难题。“多要素主导，差异化管理”课程管理模式就是高职教育课程管理创新的一种探索与尝试，在很大程度上对高职教育的课程管理科学化具有一定的积极作用。

1　课程管理模式的内涵分析

课程管理改革是高职教育课程体系改革乃至整个教学改革的重要内容。“多要素主导，差异化管理”课程管理模式就是基于传统的“单一主导，单极管理”模式予以创新而形成的，即课程性质、课程类型、课程标准、教学时数、课程学分、教学设施、教学条件、教学对象、教学场所、实验实训、课程教师、课程环境等都是课程管理过程涉及的主要要素，这些要素的独立性与特殊性从根本上决定了各自的主导地位，当然也从根本上决定了课程管理过程的差异性的存在。以专业课程为例，专业课程的理论教学，学校的班级课堂是第一选择，专业管理部门为第一责任者；课程的实验实训教学，企业现场教学是第一选择，企业管理者为第一责任者。由此可见，这种模式的最大亮点就在于主导不再是一个主导体，而是由多个主导体组成，此外主导体的范围与层级也囊括不少，内涵极为丰富。所以，该模式的内涵主要体现在课程管理过程的要素是多种多样的，每一种要素都可能成为活动的主导体，并

＊[基金项目]陕西省高等职业教育教学改革研究项目“高职院校‘多元素主导，差异化管理’课程管理创新模式研究”（编号：13Z44）。

且这些主导体也有可能是同时起着主导作用的。差异管理也由以往的单一化，变为差异化，不同的对象，层级不同，要素不同，管理方法与方式就有所不同，这与教育学的“因材施教”有异曲同工之处。目前，这种模式主要是基于我国现代职业教育发展过程人力、物力、财力及发展时间与空间方面存在的实际问题而建立起来的，其使用对象主要是从事技术技能型人才培养的高职院校。

事实上，高职教育课程管理的改革已成为高职教育教学改革的重要内容，其实质问题的有效解决是课程管理趋于科学化的根本保证。这些问题主要体现在以下几个方面。第一，专业人才培养方案或专业教学标准的框架结构在设计上的趋同性，如思想政治课程、人文素养课程、高等数学课程、计算机课程、体育课程、心理健康课程、就业指导课程等。第二，课程管理权限划分的体制机制运行过程的规范化问题。基于学校的校级、系级、教研室三级管理机制，学校明确规定了各级管理上的规范化，虽然差异化是允许的，但规范化是必须坚持的，特殊问题必须通过教学工作委员会会议解决。要做到这点，必须强化文件制度的效力，不能一个人行为代替政策机制，如课时费标准、课程性质界定、实验实训设备配备与维护、课程考核权限划分等。第三，课程管理平台驱动运作方案的可操作性与合理性，这是课程管理过程的关键之所在。课程是教学环节的最主要要素，课程的确立、课程的选择、课程教学、教学场所的分配、课程考核、课程成绩管理等都需要在平台上进行，因此在这方面，可操作性与合理性显得非常重要。第四，课程管理过程中课程与课程之间重复现象的解决是课程管理运作科学化的根本前提。在课程家族中，统一化与重复化是课程失去价值的毒瘤。根据高等院校的调研结果来看，同一门课程，只要对它进行有效的分析，其复杂度不言自知。就教育学课程而言，全国的版本高达600多种，但同一版本的教材，使用的对象囊括了中专中职、高职高专和本科院校三个层次，其内容可以说是大同小异。即使版本不同，内容的重复度也达 80%以上；即使不同的课程，内容上的相似度与重复度也极高。所以，在高职教育中，课程内容重复上的处理就显得尤为重要。

2　课程管理模式引发的思考

随着我国现代职业教育体系的不断完善，高职教育的课程管理模式日益向科学化和共享化发展。“多要素主导，差异化管理”课程管理模式带给我们的启示主要体现在以下几个方面。第一，这种模式的实施必须要从根本上牢固树立技术技能型人才的培养理念，立足校企一体化的“双主体”办学模式，即学校以理论课程教学为主体，企业以实验实训课程为主体，从根本上充分发挥学校和企业两个主体的实质性作用。第二，这种模式的主要特点就在于以职业人培养过程的要素为主导，依据课程性质、教学条件、课程教师、教学对象等方面存在的差异性，有针对性地落实管理权限，提高课程教师的教学水平和学生专业能力成长。第三，这种模式的创新价值已经体现出来，其普适性已经逐步显现出来。一些研究成果已在国内高职教育学术会议交流，目前，该模式的部分成果已被一些高职院校课程改革工作所借鉴。

第四，这种模式探索以来，其试点的主体陕西工商职业学院，经过几年的运行，教学管理的科学性不断增强，教学管理过程的效率明显提升。透视管理过程，该模式取得显著成效的主要原因在于以下四点。一是专业人才培养方案课程设置上的科学化与合理化，这是高职教育质量工程与内涵建设的先决条件。几年来，学校依据教育部职业教育政策文件、行业教学指导委员会文件和会议精神，在人才培养方案的结构上不断进行优化组合，确立了基础课、专业基础课、专业课及通识课的模块架构，对学生的大学文化素养提升和专业能力培养起了极其重要的作用。二是正确定位高职院校的课程性质与课程类型，这是专业人才培养方案得到实质性落实的关键。学校通过对专业课程的性质进行梳理，以行业企业对人才的根本需求为目标，对课程性质与类型进行针对性的界定，为学生的专业能力寻找最佳的成长路径。尤其是体现在必修课、选修课、拓展课、专题课、证书课、实践课与技能课的相互区别与关联上。三是课程运行差异性标准的确定与有效实施，这是高职教育专业课程教学质量保证的根本。以部分课程为例，体育课程实行俱乐部教学机制，俱乐部根据学生参与俱乐部活动的具体情况进行综合评分，包括出勤率、技能技巧形成、竞技表演、俱乐部荣誉成绩、社会服务等；思政类课程实行专题讲座式管理，主要根据学生的讨论发言、课后阅读以、知识竞赛及活动组织等进行综合评分；专业性较强的课程实行“以证代考”或者“以赛代考”、企业评价及完成实践教学任务等多种方式评定。四是课程管理方式的多样化，这是体现高职教育职业化的重要标志。以专业人才培养方案为例，教务教学管理部门在调查研究的基础上，对课程进行分类管理。例如，各专业公共课由教务处统一管理；英语类课程分为公共英语课和专业英语课，其中专业英语课由英语教研室负责；计算机类课程实行证书机制，由计算机系全面负责；选修课程由各专业自行负责；公共选修课由开课系或教研室负责；实践类课程一般由行业企业负责。总之，在课程管理模式上，必须坚持高职教育的“管用、实用、够用、顶用”的理念，从技术技能型人才的培养标准出发，努力实现高职教育课程管理的最优化目标。

3　课程管理模式的创新点

立足课程，创新之上，是高职教育人才培养模式科学化与有效化的根本。近年来，许多高职院校为了实现教育教学的内涵建设与质量提升，针对高职教育人才培养的“双主体”办学模式和各专业的人才培养模式，在课程管理方面进行了创新性的探索与实践。以陕西工商职业学院为例，课程管理创新点主要表现在以下几个方面。第一，关注课程管理的专业属性需求，同一课程，不同专业采取不同的运行方式，如英语课程在酒店管理专业与旅游管理专业主要强化口语教学，物流管理、工程造价等专业则强调书面语教学。第二，强调公共课程的分层次教学管理，以学生原有知识水平为依据针对性的组班教学，主要体现在英语、高等数学、计算机应用基础等课程上。以高等数学课程为例，学校在全校范围实行统一教学，按照基础班、常规班和高级班三个层次对学生的分班进行重新组合，毕业学分和成绩统一化，但学习的内容、方法、重点、难点具有很大的差异性，如数学高级班的内容中，数学建模内容就占很大比重。第三，课程管理引进俱乐部机制与社团机制，主要体现在体育课程和公共艺术课程的责任制管理上。为了确保学生终生拥有健身特长及艺术特长，促进学生专业发展上的快速成长，学生不断建立与完善激励性和经营性较强的俱乐部运作机制和社团运作机制。就体育课程而言，课程管理按照学生成长成才和终身受益的教育理念，设立羽毛球、网球、乒乓球、拓展等 10 个俱乐部，每个学生可以根据自身的发展需要和兴趣爱好，在三年学习期间任意选择一到三个俱乐部完成体育学习任务。此外，学校对学生社团开展的太极拳及驾驶员等 30 多个社团实行了竞赛成绩替代选修课程学分制度。第四，证书教育替代课程学习与考核成绩，提高学生的证书意识和获取证书的积极性与成就感。学校非常重视证书教育，成立专门机构为学生的证书教育搭建多种平台，鼓励学生积极参加各种证书教育的学习、辅导与考证活动，凡获得各种职业资格证书的学生，经教学工作委员会会议认定，可以用证书直接替代课程学习成绩，学生可以不参加该课程的考试，从根本上实现课程管理的“以证代考”机制。第五，赛场竞技奖项取代课程学分的管理机制，强化了学生的参与意识与就业能力，形成了“以赛代考”的良好氛围。学校出台了《陕西工商职业学院教学技能大赛管理办法》，以文件形式确立了技能大赛在高职教育中的地位和作用。文件明确规定：学校鼓励教师与学生广泛参加政府机构、行业指导委员会及民间团体等形式的技能大赛活动，选拔赛由各教学系和专业教研室实施，决赛和校级以上竞赛由教务处代表学校组织实施，其技能大赛的训练环节及比赛环节所涉及的一切费用均有学校专项经费支出。事实证明，“以赛代考”机制的运行，使学生的专业实践能力和就业能力明显增强，人才培养的社会知名度和声誉不断攀升。第六，互换学分机制的创新运作是课程管理灵活性的充分体现。根据学校发展需要，课程管理实行了“学分互换机制”，对学生在籍在册期间，参与国内知名高校（包括港澳台地区）及国际高校交流的学生，实行相同课程和相近课程学分互换机制，对调动学生参与高层次学习和学校合作交流范围的不断扩大起了积极的推动作用。

4 课程管理模式的完善策略

在现代职业教育体系不断创新的今天，课程的管理创新与完善已经成为高职教育改革的重要趋势，一定程度上给高职教育课程管理的科学化起着举足轻重的作用。因此，不断探索与完善高职教育“多要素主导，差异化管理”课程管理模式是当前深化教育教学改革的核心问题，具体策略表现在：第一，高职教育应该确立以实践过程和创新理念为导向的课程模式，有目的、有计划、有系统、有意识、有针对性、有步骤地对其进行改革与实践。第二，全面整顿课程资源、实验实训、师资队伍等核心要素，对高职教育的教学工作具有牵一发而动全身的意义。第三，规范高职教育课程管理改革，并制定合理有效的激励政策，吸引更多的一线教师积极参加课程的管理创新与改革。第四，建立和健全专业课程评估体系，充分发挥校企双方共同完善课程体系的实质作用，使课程管理在动态中得到不断完善。第五，教育行政主管部门出台具有部分共性问题的政策依据，尤其是课程管理的权限划分体制与机制，从而使课程的管理工作高效化和便捷化。第六，平台管理的层级化已经成为高职教育“多要素主导，差异化管理”课程管理模式的主要阵地，人为管理的职能逐步将成为历史，高职教育的课程管理将有效满足职业人培养过程的课堂教学、实践教学、顶岗实习等教学管理的一体化机制。第七，传统专业人才培养方案中的课程管理将发生许多实质性的变化，如体育课程的俱乐部管理、计算机课程的证书管理、英语课程的层级管理、思政课程的整合管理、数学课程的分段管理、就业指导课程的体验管理、专业课程的企业管理等。

透视高职教育“多要素主导，差异化管理”课程管理模式的探索与实践过程，办学模式的“双主体”引领了课程的全面改革与创新，学校办学标志性成果的不断涌现，尤其是许多院校的专业综合改革、专业技能大赛、教学资源建设等方面在全国影响力的不断提升，充分地说明了课程管理模式创新的重要性和必要性。

（原文发表在《咸阳师范学院学报》2015 年第 3 期，略有修改）

论高职院校课程管理科学化的关键因素*

刘志选

（陕西工商职业学院，西安 710119）

【摘　要】课程管理的科学化是高职院校高素质技术技能型人才培养的生命力之所在。信息化的迅速发展，高职教育的课程创新已经成为职业教育发展的强大动力。从内涵建设而言，管理层面思想观念的解放及认识水平的提高；政策与制度的建立与完善；证书教育、技能竞赛、学分互认互换；实验实训与顶岗实习过程的动态管理；课程学习平台和课程教学资源建设；课程权限的分级责任制等都成为高职院校课程管理科学化的关键因素。

【关键词】高职教育；教务教学；课程建设；关键因素；科学管理

目前，透视全国学校的创新发展过程，不难看出，各自所取得的成就有目共睹，各有千秋。尤其是近年来建设起来的国家级和省级示范性高职院校所取得的一些标志性成果，使大家对高职教育的未来充满信心，一个具有中国特色并与国际接轨的现代职业教育体系正在中国形成与完善。基于蓬勃发展的高职教育，不难看出，课程管理的科学化是高职院校创新驱动的重要动力，本文就高职院校课程管理的科学化予以探索，以期对高职院校的“一流化、知名化、示范化”有所裨益。

1　管理层面思想观念的解放及认识水平的提高

众所周知，对于一所学校的发展，领导层的决策至关重要，直接决定着学校的办学规模与质量，甚至在很大程度上决定了学校的命运。而这一切主要取决于学校领导层的思想观念和对职业教育的认识水平。以东部的江苏省高职院校和西部的陕西省高职院校近二十多年的发展做一对比，其差距之大，令人瞠目结舌。究其原因，除了经济因素之外，其根本问题就出在个别高职院校管理层的思想观念和职业教育理论与实践认识的差距上。例如，东部高职院校的实验实训基本上采用了“学校在企业，企业在学校”的模式，而西部高职院校能够做到实验实训的仅占 5%，剩余 95% 的院校要么沿袭传统办学模式，要么从形式上予以展现，要么在实验实训问题上遮遮掩掩，根本体现不出职业教育的技术技能特色。东部和西部院校的就业率和生源数量上的巨大差距充分地说明了这一问题。因此，对一所学校来说，一个思想解放、理念超前、观念创新的决策层是学校创新发展过程中的先决条件，是课程管理创新的根本前提，否则，一所学校的跨越式发展将无从谈起，只有牢固地树立了“超前、

* [基金项目]陕西省高等职业教育教学改革研究项目“高职院校‘多元素主导，差异化管理’课程管理创新模式研究”（编号：13Z44）。

创新、特色、跨越”的理念，学校在课程的管理上才能实现真正意义上的科学化。

2　政策与制度的建立与完善

课程问题是高等教育的核心，从专业课程的设置、教材的选用与开发、实验实训条件的保障、顶岗实习的训练，以及课程各种资源的开发与完善等都是学生顺利完成学业的重要因素，决定着学生的培养质量和就业质量。透视我国高职教育的发展历程，专业培养方案的课程设置一直没有一个为大家所公认的实施意见，“公说公有理，婆说婆有理”的现象一直影响着高职教育的健康发展。如果把近三十年的高职教育发展问题进行梳理与整合的话，显然，脱离高职教育特色的政策和不合理的规章制度是造成高职教育走弯路和生源数量巨大差异的根本原因。再以东部江苏省的高职院校为例，高职院校目前进入到黄金时期的主要因素之一就是在高职教育的政策与制度上走在了西部高职院校的前列，他们具有完备的制度体系，依靠制度从根本上确保高职院校发展过程中方方面面问题的有效解决。这主要体现在学科带头人、学术带头人、课程教学团队负责人和实验实训课程师资的技师化等课程内涵建设上。由此可见，课程建设既然是学校跨越式发展的核心要素，那么一系列科学合理的课程建设政策与制度显得尤为重要，这对学校办学形象的提升、对学校课程教学资源的共建与共享机制和开展社会服务等职业教育的关键指标等有着牵一发而动全身的作用。所以，高职院校的课程建设必须建立一整套完善的制度保证体系，不管是课程体系的建立，还是课程资源的开发，以及课程团队的建设等都需要制度层面的保障。

3　证书教育、技能竞赛和学分互认互换

相对于普通本科院校而言的高职院校，其内在的特殊性就从根本上决定了课程管理的立交桥。这种立交桥的复杂度极高，不仅是常规化的课程成绩，还包括了学生在校学习期间的证书教育成绩、技能竞赛成绩及课程学分互认互换与替代等。据不完全统计，目前我国大部分高职院校的课程管理在学分互认互换建设方面都取得了一定的成绩，但在证书教育、技能竞赛、学分互认互换的一体化方面还需要进一步推进与完善。以陕西工商职业学院为例，学校在大力推进与借鉴的基础上，建立了多样化的学分互认互换模式与体系。第一，实施校内课程成绩认定的多样化，尤其是以制度形式确立了学科竞赛、科研创新计划、实验室开放项目等获奖或成果的学分认定。第二，将学生获取的各类资格证书及等级考试证书纳入到的学分认定范畴，只要学生通过各类有资质机构颁发的证书就可得到相应的学分；与此同时，学校对外语等级考试和计算机等级考试成绩达到一定标准的学生，按照校内课程管理规定可以认定为校内相关外语和计算机类的课程成绩。第三，以学分银行为依托，强化学校与国内高校之间课程的共建共享机制，全方位的实行课程学分储存与互换，从根本上实行优质资源的共享。第四，通过多种形式的交流与合作，使“灵活与变通”的课程管理模式成为国际合作空间不断扩大的助推剂。

4 实验实训与顶岗实习过程的动态管理

实验实训与顶岗实习已经成为高职教育快速发展不可争辩的一个事实，也是近年来教育部对高职院校进行人才培养评估的关键指标。目前，各高职院校在这些方面取得了一定的成绩，但实施过程存在的问题在一定程度上影响着课程的教学质量。这些问题的存在主要体现在实施过程的机械化、虚拟化、陈旧化和短缺化上。而现代社会的信息化、科技化和革命化，使得高职院校的实验实训和顶岗实习不可能仍然停留在静态管理层面，管理者必须以开放的胸怀与气魄，从动态层面加强实验实训课程的设计与实施，从动态化的层面将学生的顶岗实习真正地落在实处，为学生的职业生涯成长和技术技能形成奠定坚实的基础，从而使每一个学生都成为新岗位上“留得住，用得上，发展快，贡献大”的高素质技术技能人才。因此，我们认为实验实训与顶岗实习过程的动态管理是高职教育课程管理创新的一个关键所在，它对课程管理的科学化起着至关重要的作用。

5 课程学习平台及课程教学资源建设

学风建设是高职教育内涵建设的关键，这一切的体现完全在于课程学习阵地的开发与建设。一般意义上来说，课程资源的开发主要源于两个方面的问题：一个是学习平台的建设；另一个是教学资源的开发。事实上，二者紧密联系，不可分割，辩证统一。对高职学生来说，企业需求是实验实训与定岗实习的最佳机遇，也是企业双主体作用发挥的最佳时期。由此可见，企业主体地位的发挥极为重要，其实验实训和顶岗实习方面的优势是学校课堂无法替代的。正因如此，作为学生学业完成的基本依据课程就显得尤为重要，但由于企业教育的局限性，不得不使学校教育寻求更加合理与科学的学习路径。事实证明，在常规课堂学习环境的支持下，建立一个可供职业教育者自主化学习的课程学习平台，尤其是优质化课程学习资源的提供，在很大程度上对提高职业人的学习效果具有极其重要的作用。通过现代化的学习平台，学生可以自主化的选择国内一流、国际知名的名师大家的课程资源进行有效地学习，可以在平台上实现学习过程的双向互动与提升。此外，学生学习过程产生的成功感与向心力，也会对学习过程带来强大的内驱力，从而对学生学习动机的培养与激发具有重大的促进作用。

6 课程权限的分级责任制

课程是专业人才培养方案的基本元素，科学而合理的课程对学生的学业起着举足轻重的作用。为了在有效的时间内，使学生以最少的时间取得最优化的学习效果，课程管理权限的划分机制尤为重要。目前，对高职教育来说，课程的统一管理已经不能适应职业教育特殊性的需要，课程权限的分级责任制管理是近年来探索与创新的一种机制，它构建了一种层级清晰，责任明确的运作模式，如校级层面的统设课程、系级层面的系考课程、专业教育的考查课程、满足兴趣爱好的公选课程和企业主体下的实践课程。这些课程的权限划分，充分地说明了职业教育课程权限的下移趋势，尤其是课程管理的职业化倾向越来越明晰，职业教育的针对性更加明确。“管用、实用、够用、顶用”的职业教育法则从根本上得到了有效的体现与贯彻。

总之，加快发展现代职业教育，是党中央、国务院做出的重大战略部署，对于深入实施创新驱动发展战略，创造更大人才红利，加快转方式、调结构、促升级具有十分重要的意义。只要认真研读、领会职业教育的一系列文件精神，正确定位，破解难题，从课程的优质化目标入手，不断强化管理的科学化，高职院校的高素质技术技能型人才培养工作一定就能在现代职业教育体系中创出新的模式。

（原文发表在《新丝路》2015 年第 4 期，略有修改）

论我国高职院校课程管理的先天不足*

刘志选　杨丹[①]　张颖[②]

（陕西工商职业学院，西安 710119）

【摘　要】占据我国高等教育“半壁江山”的高职院校已经取得了跨越式的发展，但内涵建设的呼声使我们不得不对发展过程存在的问题进行有效地反思与思考。事实上，我国高职院校先天不足的问题在许多教育教学环节仍然存在，课程管理上的先天不足就是一个重要问题。面对课程管理上的先天不足现象，课程管理科学化的基本策略可以带给我们许多新的遐想和思考，这是我国高职教育正常发展的根本保障。

【关键词】高职院校；课程管理；先天不足；医治策略

高职院校在中国的真正发展只有三十多年的历史，在很大程度上与国外一些发达国家的职业教育无法相提并论，如德国与日本，他们的起步可以追溯到第一次世界大战之后，也就是说他们拥有近百年的发展经验与教训，这也是我国一批又一批职教学习团体或院校考察与学习他们的主要原因。事实上，中国的高职院校，许多都是在原有中等专业学校的基础上升格或合并而来，先天上的不足尤为明显，所以办学条件可能引发许多短期内无法解决的问题。尤其是具有纲领性的各院校专业人才培养方案的制订，五花八门，无论是国家示范院校，还是国家骨干院校，更不用说其他高职院校，都在不同的程度上出现了一些短期内无法克服的困难和问题，以课程的管理而言，传统与现代争论没有停止过，但至今没有一个统一的思想和模式。虽然 2012 年，中央广播电视大学出版社出版了教育部各专业教学指导委员会的专业教学标准，但在课程管理上的问题仍然众多，如外语课程，有的安排一学年，有的安排两学年，有的安排一年半，到底是多长时间，目前还是未知数。究其原因，这种现象的存在与课程管理上的先天不足有着直接的关系。

1　目前高职院校课程管理上存在的主要问题

近三年来，各级政府教育主管部门都将职业教育列为政绩工程，为现代职业教育体系的建立与发展做出了重要贡献。但我国目前的职业教育现状，不管谈中职，还是谈高职，棘手的问题仍很难理清与根本解决。其中，课程管理上的问题足以引起高职教育主管部门及教育者的高度关注。第一，我国高职院校的课程开发与改革理念还存在问题，各高职院校之间缺少对课程设置和建设的基本协调，从根本上没

---

* [基金项目]陕西省高等职业教育教学改革研究项目“高职院校‘多元素主导，差异化管理’课程管理创新模式研究”（编号：13Z44）。

① 杨丹，陕西工商职业学院教务处，讲师。

② 张颖，陕西工商职业学院教务处，讲师。

有突出高职教育的本质要求。第二，对众多高职院校而言，职业教育课程的模式依旧停留在传统思路的讲授阶段，缺乏必要的创新意识。这与众多高职院校借鉴普通高校的做法是不可分割的。许多高职院校在课程内容的安排上不够合理，没有高素质的师资力量作为保障。事实上，我国高职院校与企业之间的合作未能真正地落到实处，尤其是在教学实践上与企业不能做到实质上的合作，严重影响高职学生对本专业的学习，使得学生在职业教育环节不够充分，不能运用新的技术和新的经验。第三，高职院校课程管理的改革缺少现代创新理论做指导，这就决定了弯路的不可避免性。据不完全统计，陕西省 48%的高职院校管理者缺乏职业理论的指导，在课程管理上，基本上都是按照传统模式和自己的经验进行管理。第四，许多高职院校的评估体系不够完善，还没有形成系统的指标体系，不能对课程模式进行全方位的评估和决策。因此，课程管理的反馈信息很难得到一致有效的反馈，从而未能实现课程管理的最优化目标。第五，课程是专业发展与生存的核心要素，有着牵一发而动全身的作用。但事实上，许多院校的课程管理人员由于人员机制体制管理上的不合理，造成了许多管理者在学历层次、职称结构、一线经验、职业道德、管理能力及人格等实质性问题上没有实现管理本来意义上的全优状态，这在很大程度上影响着课程管理的科学化。

2 高职院校课程管理问题的根本原因——先天不足

透视许多高职院校的发展过程，尤其是存在的种种问题，先天上的不足不容回避。我们只有正视先天的不足，才能从根本上解决发展过程不利的一面，才能从经验与教训的启示中寻求新的发展与突破。我们以非示范性的高职院校为例，不难看出，这些院校在发展过程中步履维艰，生存与生命都不同程度地受到了严峻的挑战，危机感成为他们发展过程最热门的一个词汇，也是院校党政领导班子决策与发展的核心问题。按照梳理与整合的法则，目前高职院校课程管理存在的先天不足主要表现在以下几个方面。

（1）人才培养方案的结构问题。由于我国高职院校的前身是由中职院校升格而来，缺少高职教育的体系与根基，大家在人才培养方案的制订上基本上都是“八仙过海各显神通”，各高职院校之间缺少行政机制协调，不但不能形成利益集团，反而成为竞争对象。尤其是在课程的设置、类型、性质和学分认定、考核方式等方面缺少科学化的指导，甚至至今无一个方案是被大家所公认的。这除了大家在理念上的差异外，很大程度上是利益的一种博弈。

（2）课程管理者的素质问题。众所周知，课程管理者是课程生命力表现的激活器，也是课程作用发挥的引领者。但事实上，我国高职院校在升格与合并过程中，人员的全员聘任及岗位重要性的不同，造成了课程管理上管理者素质不达标的现象。一是非专业化现象严重，许多管理者都来自于非管理类专业或者非一线教师，其管理知识与能力奇缺。二是管理者年轻化现象突出，不利于管理过程的成熟化操作，影响管理过程的正确性和科学性。三是管理者更替过快，经常衔接中出现问题，造成课程管理的阶段现象，其一体化体系很难建立起来。四是聘任制的机制与体制问题，使大量的管理者，在经验成熟、理念到位、能力最佳的关键时刻，换岗换职，无法进行技术技能型高素质人才培养的系统工程。由此可见，课程管理者的素质问题非常重要。在理论上，课程管理者的定义就是优秀教师队伍中的佼佼者，但纵观各高职院校的各级课程管理者，符合理论概念的不过个位数而已。

（3）课程设置中的内容重复现象。目前，从任何一所院校的专业人才培养方案来看，课程内容重复现象的出现是由专业课程师资的先天缺失造成的。一是同一人才培养方案中的不同课程内容的重复现象，其中以素养课和专业基础课最为常见；二是同一课程与先前学习课程的内容重复现象，通识课程最为明显；三是同一专业人才培养方案的专业基础课和专业课之间的重复现象。事实上，由于高职院校课程管理上的不足，专业带头人和课程主持人在课程建设上的作用发挥直接影响到课程对技术技能型高素质人才的培养程度。据不完全统计，我国高职院校基本上都出现过已有教职工的饭碗问题，因此许多院校在课程的设置上，也就出现了不是按照职业人的培养法则进行课程设定，而是根据已有教师的专业与课程授课情况进行课程设定，或者为了解决已有教师的工作量问题，设立相近专业的课程。这样，在很大程度上违背了职业教育的发展规律。

（4）实验实训条件与理论知识的错位现象。职业教育与本科教育的最大不同就在于实验实训的“主体化、凸显化、实践化、技能化、岗位化”，与本科院校的“模拟化、实验化、思维化、想象化、表象化”有着实质性的区别。但由于职业教育原有基础的薄弱性，尤其是实验设施设备经费投入上的缺失，许多院校的课程设置与人才培养的技术技能需求相互脱节，许多专业和课程在实验实训方面的欠账很多，虽然有些院校不同程度的采取了许多补救措施，但与真正意义上的职业教育相差甚远。因此，重点专业、特色专业、综合改革专业及实验实训基地建设都成为许多院校遮丑的华丽包装，事实上，职业教育实验设施设备的欠账是我国高职院校的共同病症，不过程度不同罢了。

（5）课程设置的实用性问题。据不完全统计，我国2/3的高职院校，在专业人才方案制订过程中，由于校内专业教师的奇缺和校外专家的缺失，专业人才培养方案的科学性很难预料。尤其是课程管理者和专业管理教师的学历学识和能力技能的差异性，很难使人才培养方案科学化和实用化。以非示范性高职院校为例，65%的院校存在人才培养方案中课程设置上的不合理现象，制定者很难对课程的开设与标准解释清楚，尤其是在“是什么、为什么、怎么办”的焦点问题上表现不佳，其结果是不同专业的学生在个别课程的学习上，不但浪费了人力、物力、财力，而且还浪费了学生发展的时间、空间及发展平台。这就是许多院校学生学非所用的缘由，也是许多学生逃课、课堂违纪的主要原因。

3　高职院校课程管理先天不足的医治策略

高职院校课程管理上的先天不足，是我国高职院校快速发展的产物。目前，我国现代职业教育体系的建设步伐不断加快，课程管理与创新的呼声不断高涨。各级政府主管部门的课程管理文件与会议相得益彰，为高职教育课程管理的科学化提供了良好的平台与发展的良机。面对不足，理念引领，观念创新，真抓实干，课程管理过程将日益趋向科学化，高素质职业人的培养素质必将全面提升。第一，以现代教育理论特别是建构主义理论为指导，从宏观角度对高职教育专业人才培养方案中的课程问题进行指导，彻底从“以学为本”的角度实现课程管理上的科学化，坚决杜绝“教师为本”的违职教规律的现象发生。第二，以行业与企业对人才的需求为根本，加大行业与企业的课程管理力度，从根本上体现行业企业在实践课程、实验实训环节、定岗实习等技能技巧形成中的主体与实质作用。尤其是要按照专业的不同性质与特色，有意识有针对性地将行业企业的一线技师及能工巧匠纳入到课程管理的团队中来，使课程管理团队成为一个名副其实的职业教育课程管理团队。第三，发挥课程管理团队成员的优势力量，共同设计与实施职教特色的课程管理方案。在此基础上，课程管理团队成员按照岗位职责进行优势分工，提出各自可行性的科学管理实施细则。第四，课程管理团队对管理任务要有计划、有目的、有意识地进行细化并按阶段实施，在动态管理中不断完善课程管理团队成员成功经验和创新思路，努力提升课程管理的效率。第五，充分发挥国家示范高职院校和骨干建设院校专业人才培养方案课程管理的引领与奠基性作用，利用国内外最新的课程管理理念与经验对专业人才培养方案中的课程问题进行实质性的分析与探讨，提出适合高职学生已有知识水平和能力水平的课程方案。第六，在条件成熟的专业，实行课程管理的“双主体”机制，理论课程管理由学校进行设计安排与实施，实践类课程由行业企业主体设计与实施，二者各自优势作用的发挥，使高素质技术技能型人才的培养才能形成真正意义上的合作，从而弥补与医治高职院校在课程管理上的先天不足。

关于高职院校专业教学团队建设的创新思考

刘志选
（陕西工商职业学院，西安 710119）

【摘　要】基于现代职业教育体系的创新建立与发展，高职院校学科专业教学团队的建设已成为人们关注的焦点问题。本文从学科专业教学团队的可行性入手，重点分析了优秀教学团队建设在队伍结构的合理化、带头人的权威化、教学活动的优质化、教研项目的打造化、教学成果的标志化等核心要素的基本内涵，提出了专业教学团队建设的基本思路。

【关键词】高职院校；学科专业；教学团队；创新发展；建设引领

众所周知，目前高职院校在我国的高等教育体系中已经占据了半壁江山，每年为各行各业培养了数以千万计的技术技能型人才，为国家的现代化建设做出了杰出的贡献。我国高职高专教育蓬勃发展，内涵建设不断丰富，人才质量工程成为每所院校快速发展的重中之重。而人才工程的关键在于院校的专业教学团队建设，这是高职院校的核心任务，是高职院校专业建设与发展关键和永恒主题，也是提高高职院校教学水平、教学质量、教学科研及社会服务能力和水平的重要保证。因此，高职院校应把握目前我国大力发展职业教育的良好契机，根据各自学校的现状，因势利导，进一步明确其办学方向，做好专业教学团队建设规划，优化结构，加快专业教学团队的建设步伐，充分发挥专业教学团队在高职院校发展中的重要作用。

1　高职院校专业教学团队建设的必要性

高职院校的教学团队区别于普通本科院校的教学团队。在普通本科院校，教学团队成员具有相对的稳定性，研究型院校是以科研为先，教学型院校是以教学为先，大部分院校都是教学和科研兼而有之。但高职院校的专业教学团队是一支由专职、兼职教师和企业行业的主要技术人员组成的教学实施团队。这个团队的所有成员是按照“不求为我所有，但求我所用”的理念建立起来的，其中显著的特征有双师型、动态化、主次性及一体化等显著特征。透视我国首批建立的百所示范性高职院校及百所骨干院校无不是按照这样一个模式建立起来的。原因很简单，高职院校的专业设置是依据社会经济的发展不断予以调整，必须坚持“不适应的就取消，适应的就举办”的思路。高职院校设置一个专业，会以开放的心态，从自己的预先建立的专业资源库、课程资源库、教师资源库、企业行业资源库、专家资源库中以最优化的组合方式，成立专业教学团队，分解专业与课程教学任务，制订技术技能型人才一体化培养与实施方案，以“够用、管用、实用、顶用”原则共同研究确定课程教学大纲，以“就高”原则从国家级规划教材中选定适合自身专业培养的优秀教材，按照教学环节的优化原则确定校内教学内容和校外实验实训及顶岗实习内容方案。为了确保教学质量，除了校内教师资源外，聘请普通本科院校的优秀教师从事课程的理论教学，企业行业的技术人员可以承担体验教学、实训教学、实习教学、顶岗教学、技能训练等实践教学任务，高职教育工作方面的专家、企业行业工作中的高管人员可以承担专业或课程方面的专题讲座，学校可以通过校企合作、校校合作、国内国外合作等方式引进、共享、购买一些比较成熟的优质教学资源，如精品课程、多媒体课件、IP 课程、直播课堂、实验室实训模拟、学科技能大赛筹备与比赛视频等，都可以通过多媒体教室、计算机实验室及各种视听设备为学生提供自主化的学习服务。因此，专业教学团队是高职院校发展的灵魂，每一所高职院校都应该把专业教学团队的建设放在极其重要的位置，充分发挥专业教学团队在人才培养方案的制订、课堂教学、实验实训教学、实习教学、定岗实习、精品课程建设、优质学习资源建设等教学环节中的根本作用，为各行各业培养急需的各类优秀的技术技能型人才。

2 高职院校专业教学团队建设的核心因素

目前，“创特色，上水平，以特色求发展”的理念，已经成为许多高职院校寻求长远发展的基本举措，这些院校不仅强调合格教育，更加注重特色教育。他们深刻地认识到，特色教育就是高职院校的生命之所在，这种生命力的根本体现就在于专业教学团队的建设与作用的有效发挥。那么，怎样的专业教学团队才具有旺盛的生命力呢？这主要取决于一系列最主要的核心要素。

2.1 队伍结构的合理化

高职教育的专业教学团队必须是一个具有“双师型”或者“双型”教师结构的团队。因此，这个团队主要由学校专任教师和来自行业企业的兼职教师组成，以专业建设作为开展校企合作的工作平台，设计、开发和实施专业人才培养方案、开展社会服务等一系列重要工作。不但在学历结构、职称结构、学缘结构有基本要求，而且在知识结构、梯队结构、校企结构上都有基本要求，一般来说，一个合理化的优秀专业教学团队应该是由 7～9 人组成，涵盖研究生以上学历、讲师以上职称、老中青结合、国内外高校经历、知名企业引领等核心要素的集合体。事实上，高职院校众多的国家级教学团队无不具备这些主要特征。

2.2 带头人的权威化

专业带头人的权威化是专业建设与学科发展的关键，这个权威主要来自带头人非权力下的影响力。例如，国内外同学科与专业的地位、排名，承担的各级重大课题项目、获取的来自同学科与专业领域和政府部门的重大奖项和称号，以及近年来专业和学科建设中的特色活动和学术论文论著，多年来精心培养的团队成员及学生在各行各业的非凡业绩和社会贡献成就等。显然，在权威化面前，论资排辈的习惯和做法是不可能的，完全是一种真正意义上的黄金纯度的较量，这是决定团队命运及未来发展的先决条件。因此，学校要从学科发展的整体性和长远性考虑团队力量的配备，构建职称和学历结构合理的专业教学团队。一是要积极引进高学历、高学位、高职称的拔尖人才，从源头上把好关；二是要加强中青年骨干教师的培养，鼓励他们通过考研、考博、在职培训、访学、参加重要学术会议、考察交流等途径努力提高自己的学科专业水平，从而保证学科专业建设的一流化和创新化。事实上，对那些基础条件相对薄弱或者新建的高职院校而言，在专业教学团队的建设问题上经常会遇到两种困难：一是学校急需发展的专业，缺乏专业带头人；二是现有支撑台面的优秀人才的专业方向不适于作为学校重点发展的专业方向，优秀的专业带头人的匮乏。因此，专业教学团队带头人的素质与能力从根本上决定着高职院校办学成果与社会影响力，尤其是专业带头人的权威化，可以带动一个专业、一个专业群、一个学校，甚至一个地域同类型学校的发展，这就是许多院校不惜重金打造优秀专业教学团队带头人的缘由。所以，对高职院校来说，培养和引进优秀专业带头人是专业教学团队建设的重中之重。

2.3　教学活动的最优化

职业教育是就业教育。这就要求高职院校将主要精力放在教学上，要从教学质量上体现专业教学团队建设的重要性。教学活动的开展主要体现在以下几个方面。一是系级学科专业建设委员会对专业人才培养方案制订与审定的规范化、特色化、结构化和目标化，包括课程性质的确定、考试形式的论证设计和校内校外活动的策划安排等。二是专业教学团队教学任务的分解与实施的针对化、最大化、优势化和有效化，包括课程教学大纲的制定、教材与辅助材料的开发与确定、实验实训活动的开展与训练等。三是团队成员理论教学和实践教学平台的讲解化、问题化、艺术化及互动化，包括教学环节任务实施、互动训练与交流、教学艺术的体现等。四是课外活动的引导化、巩固化、应用化和操作化，包括早读、自习、座谈会、作业反馈等。事实上，有效地教学活动都是教学活动最优化的体现，也是教学环节教师的教与学生的学有机统一的根本要求，只有实现许多教学因素的有机统一，专业教学团队的内在潜力才能最大化地发挥出来。

2.4　教研项目的打造化

在高等教育领域，教研项目是学科专业建设的载体。高职院校虽然基本上都属于教学型院校，自身条件、办学实力、项目申报、重大项目研究等方面弱势非常明显，很难申报到高层次的教学与研究项目。因此，在教学研究方面，要从教学一线入手、从校级项目入手、从参与名校项目入手，从训练入手，逐步提升高层次项目的申报级别和成功率。尤其是可以结合高职院校的职业优势，与企业行业进行校企联合、校校联合，通过一系列教研项目的训练来为大的项目奠定坚实的基础。为了教研项目的高层次化，学校从政策、经费、时间、活动等方面要予以保证，专业教学团队也要以开放的心态，在校内成员挖掘潜力的基础上，从校内外聘请一些知名度高、社会影响力大的教师或企业家参与指导与研究，从教改项目的申报质量、开题报告的可行性、任务书的可操作化、中期报告的亮点化、结题报告的震撼化等环节赢得专家评委的肯定与赞赏，在逐步发展的基础上，赢得社会的高度认可，还取得省级和国家级教研项目的重大奖励，以骄人的成绩赢得普通高等学校，尤其是全国高职院校的名校地位和一流水平。

2.5 教学成果的标志化

作为高等学校的专业教学团队，如果没有在专业和课程教学方面取得一系列标志性的教学成果那是不可思议的。透视名校、名专业的成长历程，专业和课程教学团队的辉煌成绩目不暇接，数不胜数，从根本上，也真正体现了团队的力量与影响力。因此，作为专业教学团队就必须打造具有标志性的各级教学成果，在比较中完善，在反思中提高，在荣誉中引领。专业教学团队带头人必须带领团队成员在常规教学的基础上，将各级重点专业、特色专业、精品共享课程、多媒体课件、优质课程、优秀教材、课堂教学比赛、课程教案大赛、现代教育技术运用、教学设计、教学论文、自然科学进步奖、社会科学奖、教学团队、教学名师、学科带头人等作为专业教学团队的攻坚目标。通过一系列教学成果的获取，尤其是标志性成果的取得来展现学校和专业及团队的教学与研究实力，从而引领高等教育类型、学科、专业、课程等的创新发展，以及这些领域专家权、评审权和发言权的取得和确立。由此可见，对专业教学团队来说，打造一系列的标志性教学成果意义深远，是一个牵一发而动全身的根本问题。

3 高职院校专业教学团队建设的设想

针对高职院校专业教学团队的内在必然联系，高职院校要在激烈的竞争中求生存、求发展，加强专业教学团队建设是一条重要途径。因此，高职院校的专业教学团队建设应立足于在培养应用型人才的基础上适应学科专业发展需要，整体规划，重点发展，争取把自己的特色专业发展成为省级，甚至国家级的重点，不断提高自身的竞争力和影响力。

3.1 正确定位，以特色为抓手，实现专业教学团队建设的决策化

在高职院校办学中，学科专业建设是衡量办学水平和学校实力的一个重要标志。加强学科专业建设，形成符合自身实际、具有较强实力的学科专业不是一朝一夕的事，不是一个部门、一个专业的工作，而是需要从校级领导到所有职能部门齐抓共管，需要人人参与，需要经过长期的努力、大量的投入和适当的机制。在学科专业建设中，首先，领导要重视，要把学科专业建设放在学校发展、系部发展的高度来认真研究，要设立有关促进学科专业建设的专门机构，研究制定加快学科专业建设的各项政策，制订可操作性强的学科专业建设计划。其次，学校各项政策采取向学科专业建设倾斜，调动一切积极因素加快学科专业建设，凡对学校发展有重大意义且又有成效的，应在经费投入、师资队伍配备、实施设施、奖励等方面给予倾斜，让重点学科专业有良好的发展环境。最后，各级学科专业建设委员会必须严格按照既定的专业建设规划有计划、有目的、有意识、有系统地实施，在动态的实施过程中进行创新性的调整与完善，将专业建设的人、财、物、事、设施设备有机统一，最大化地发挥潜在的优势作用，从各方面确保专业建设的创新化、特色化、品牌化

和一流化。

3.2　立足需求，以学生为根本，做好专业教学团队成员素质的养成化

教育教学实践表明，师资队伍建设是学科专业建设的重中之重。人才资源是学校的第一资源，建设一支学科专业水平高、结构合理的专业教学团队是办好学科专业的重要因素。从学科专业建设和结构调整需要出发，有重点、有倾向性地引进急需人才，加大对人才的吸引力度，为高层次人才提供更加优越的工作、学习和生活条件，并使其各尽所能、各得其所、各安其位，调动一切积极因素，创造宽严适度、人人奋发向上的人事管理环境，形成尊重人才的良好氛围。尤其是要关注青年教师的素质养成，立足岗位需求，通过教学与研究工作，建立健全教学质量监控与评价体系，不断提高教师的教学与科研水平，有效地提高教学质量。

3.3　强化保障，以目标为依据，确保专业教学团队建设经费的合理化

专项经费是高职院校学科专业建设的保证，没有一定数量的经费投入，要想加快学科专业建设是不可能的。目前，由于我国高职教育办学体制与机制方面存在的种种问题，很多院校相对来说经费还是比较紧张的，要对学科专业建设投入大量的经费是不现实的。因此，在有限的经费中，用最少的经费投入来促进学科专业建设的最大化发展。在常规教学管理经费正常使用的基础上，专业教学团队的打造就必须按项目划拨专项经费来保障。例如，校级重点专业的建设每年可划拨 5 万～7 万元经费、校级特色专业划拨 10 万～15 万元经费、校级重点实训基地划拨 30 万经费、校级精品共享课程划拨 1 万～2 万元建设经费、校级优秀教材划拨 2 万～3 万元建设费、校级多媒体课件划拨 1 万～2 万元经费，校级教改项目划拨 1 万～2 万元经费等，至于省级和国家级项目的经费应按照配套或翻倍的原则进行支持。一般来说，学科专业建设是一个滚动的逐步积累的发展过程，是一个需要专家评审、社会宣传、用人单位认可的过程，但不管是哪一种过程，学校经费的支持与专业项目经费的增值都是教学团队建设最敏感的问题，没有学校经费上的有效支持，学科专业建设就是一句空话，学校支持了建设经费，一年、二年、三年…几年过去了，专业经费的付出没有得到增值或产生社会效益，学科专业的建设也是不可思议的。基于以上原因，学科专业建设经费非常重要，但必须是合理化，只有这样，才能从真正意义上打造优秀的学科专业教学团队。

3.4　建章立制，以打造为手段，实现教学与研究成果的标志化

作为高等学校，积极引进和培养学科带头人，对学科带头人的德、能、勤、绩等定期进行考核是专业人才成长的根本手段。学校要通过政策、制度、措施、任务、平台等，扶持更多有能力、有作为的青年教师进入学科带头人的行列，使学校的学科队伍后继有人。

（1）优质共享精品课程的打造与申报。专业教学团队要认真细致地对专业人才培养方案进行梳理与整合，对每一门课程的性质与方式进行实质性的界定。依据每门课程的目标、任务、性质、结构等进行精心打造，按照网络共享课程的建设理念和基本要求，完成规范化的网络共享精品课程，主要体现在课程学习网站、电子教

材、电子教案、多媒体课件、在线互动及音频和视频讲授课堂。

（2）教材建设的开发与打造。由于高职院校与普通高等院校的实质性区别，高职院校专业课程使用普通高校教材的历史已经成为过去，“实用、管用、顶用、够用”的教材理念已成为大家的共识。因而，必须充分发挥专业教学团队的优势作用，编写具有高职性质且具有特色优势的教材、教学辅导书及实验实训指导材料等，从根本上为技术技能型人才的培养提供优质化的学习依据。

（3）各级课题的立项与推广。作为高等学校的专业教学团队，其最主要的支撑依据就是对各级各类相关课题自主权的拥有与推广。事实上，一个没有拥有相当数量的课题研究项目和课题研究成果的专业教学团队那是不可思议的。所以，必须从高职院校现有研究优势和研究基础出发，结合高职教育的特点，选择今后可以重点发展的专业，紧跟学科发展的前沿，形成自己的研究优势。鼓励团队成员围绕选定的研究重点，积极展开科学研究，发表系列论文，形成系列丛书。在此基础上积极申报校级课题，随着研究不断深入，还可以申报省级课题，进而再申报国家级课题，在专业建设研究领域逐渐形成有一定优势的研究特色和基础。

（4）成果奖项的获取。优秀的团队是靠团队成员的合力而形成的集合体，这个集合体所释放能量的增值作用并非团队成员能力的简单相加，这就是团队合力所表现出来的优势作用的最佳体现。因而，专业教学团队重大奖项的获取基本都是团队成员共同打造的结果。例如，一部优质的网络共享精品课程、一部优秀的多媒体课件、一项优秀的教学成果、一部优质的课程、一本优秀的教材、一个重点专业、一个特色专业、一节优质的课堂、一门优秀的教案等，都会使人们看到团队成员的智慧与汗水。

3.5　精心策划，以奖惩为动力，体现专业教学团队潜力挖掘的最大化

管理心理学研究表明，奖惩措施是提高教师从事教学与科研活动积极性的催化剂。如果运用得当，将在很大程度上提高教师的工作效率和教学成果质量。第一，根据学校已有的奖励政策，加大专业教学团队建设专项经费的支持力度，尤其是要对教师的教学与科研活动给予物质和精神上的保障，在各项政策的框架下，对标志性的教学与研究成果要予以震撼性的奖励，起到真正意义上的鼓舞与激励作用。第二，以制度为准绳，确保教学与科研考核指标的严肃性。对每一个专业教学团队来说，必须根据团队建设的目标与任务，通过动态和静态两种形式，对指标的完成情况进行评价与信息反馈，必要时，将考核结果作为评优评奖的主要依据。第三，解放思想，以开放心态，使专业教学团队在多种多样的活动中得到快速成长。学校要为专业教学团队成员提供丰富多彩的校内外教学与学术活动平台，鼓励专业教学团队从各自的实际特点出发，请同行进来，自己走出去，参加校外各种教学研究会和学术交流活动，通过相互交流，使团队成员在交流中开阔视野，不断提高教学与学术研究水平，使一流的学科专业与一流的研究队伍融为一体，全面推动高职院校专业教学团队的高水平建设。

（原文发表在《陕西广播电视大学学报》2013 年增刊，略有修改）

论高职院校教学质量提高的策略管理

刘志选
（陕西工商职业学院，西安 710119）

【摘　要】高职院校的快速发展，教学质量成为当前发展的主要瓶颈。实行策略化的管理对促进高职院校教育效能和长远发展方向的制定等具有极其重要的作用。教与学的互动化、管理上的人性化、资源上的多样化和环境上的动力化是教学质量策略管理功能的具体体现。强化科学管理理念、探索教学内容的科学化教学方案、促进教师的专业化发展、加强教学设施和多媒体教学资源建设、关注学生技能培养、健全教学质量监控体系等是高职院校教学质量提高的基本策略。

【关键词】高职院校；教学质量；策略管理；人才培养

在全国教育工作会议和《国家中长期教育改革和发展规划纲要（2010-2020年）》精神的指导下，以引领高端技能型人才培养的高职院校得到了长足的发展，但发展中不可避免的问题仍然成为制约高职院校发展的瓶颈。随着国家教育体制的不断改革与完善，探索与研究高职院校教学质量提高的问题已受到各级教育行政部门和教育教学工作者的高度重视。提高高职院校教学质量，为社会输送合格的技能型人才，是高职院校生存和发展的生命线，是可持续发展的前提。

1　教学质量策略管理的源思考

我们知道，一个教育管理者要取得有效管理策略的效果，就必须深刻认识到在一个特定的环境里，通过与他人合作并运用某些概念对实现管理活动的重要意义，认识到策略管理对促进机构效能和机构长远发展方向等方面所起的重要作用。

1.1　高职院校策略管理的局限性

透视十几年来我国高职院校的快速发展过程，虽然许多院校在策略管理方面取得了一定的成绩，但究其本质来看，不少高职院校在策略管理上的局限性极为明显，这些严重缺陷的存在成为多年来高职院校发展中的致命之所在。第一，许多高职院校模仿普通高等学校的管理模式在一定程度上影响了高职教育的创新发展，这是特色职业院校奇缺的主要原因。第二，高职院校由于教育行政管理上的不科学，使得专业发展和课程建设上出现了高度的不平衡，从而在很大程度上制约着管理过程中的灵活性。第三，由于高职院校管理体制与机制建设上存在严重的违规律化，如领导班子的行政化、师资队伍的非专业化、实践环节的形式化等，都在某种程度上引发了高职院校的形式主义。第四，高职院校发展中的恶性竞争，造成高职教育发展的萎缩化。尤其是近年来示范性高职院校与普通高职院校之间的矛盾、公办高职院校与民办高职院校之间的矛盾、自主招生院校与非自主招生院校之间的矛盾日趋尖锐，其焦点主要集中反映在教育经费分配、招生指标划分、专业设置等问题上。

1.2 高职院校快速发展引发的问题

事实上，对高职院校实行策略管理，可以从根本上有效地解决高职教育快速发展过程中所呈现出来的许多现实问题。第一，各高职院校之间的恶性竞争不断加大，要求各院校的专业建设和课程设置必须进行创新性的改革与发展。第二，各高职院校之间的交流与学习流于形式，要求各高职院校校级领导层在管理上不断努力提升自身的教育管理水平。第三，高职院校在专业设置或教学改革方面的决策偏差，要求高职院校的一切改革都必须建立在常规教学的基础上，任何违背教学中心理念的举措都是错误的。第四，教学经费和教育资源配置上的不合理化，要求各高职院校要把教育经费投入到教学设施与教学资源上来，从根本上来消除学生学习环节上的教育权利不平等现象。第五，高职院校的实践教学环节在很大程度上流于形式主义，暴露出高等教育质量上的下滑现象。这就要求我们牢固树立“校企合作”的新理念，从根本上认识到企业行业是高职教育的生命之所在。我们只有正确认识到这些问题，科学的处理“理性”与“直觉”的关系，才能有效地制定行之有效的策略。

实践表明，成功的策略是因时制宜，并不是经过精心计算或计划的。所以，直觉性思维的策略方式越来越受到人们的高度重视。透视策略管理的基本理论，其积极的方面应该受到肯定。但我们必须本着辩证的思想，科学地看待具体策略中的局限性，只有正确的认识与面对局限性，才能使策略更能发挥积极的作用。

2 高职院校教学质量策略管理的职能

我们知道，我国高职院校的基础基本上都是在原有中等专业学校的基础上发展起来的，因此作为大学建制进行办学，一定时间的过渡不可避免。但事实上，我国高职院校的办学条件、师资队伍、教学设施、实践条件、教学资源等都很难按照大学的标准进行技能型人才的培养，可以说许多院校都处在一种探索状态，其管理职能的发挥有待进一步条件上的成熟，尤其是教学质量策略管理上的职能。国际高等教育发展表明，学校、校长、外在环境三者之间的有机运作是高效能学校的主要特征。这些特征的充分体现与学校的边界、边界的跨越、边界的可穿透度、依赖性或独立性、网络中心、合法性和缓冲作用等方面有着密切的关系。

2.1 教与学的互动化

在教与学的方面，高效能的学校应该制定与技能型人才培养相适应的课程政策。通过机制来策划、监察和评估学校课程的推行，为教师的课程教学提供足够的支持服务；加强教师在专业建设及课程教学方面的经验交流；以教学策略为引领，强化教与学的互动效果，使不同能力差异的学生得到有效的发展和成长。因此，教学质量策略的制定在很大程度上依赖于教师主导作用的发挥和学生主体作用的有机结合。

2.2 管理上的人性化

高职院校管理层所表现出来的管理风格、组织的文化和风气，是影响教学质量策略管理的重要因素。自“以人为本”理念被确立以来，“以学为主体”的教学观念就在许多学校普遍推行开来。因此，高职教育的根本必须依据学生的兴趣、爱好和技能专长，对其进行相应的专业教育和技能培养，使学生成为一个“我要学”的主体者。第一，高职院校管理和组织上的高效能特征体现在：高层管理者的专业能力及和谐愉快的人际关系；学校系统连贯一致的自我评估机制；教职员之间的相互协调和密切联系，以及科学合理的考绩制度；学校利用各种教学资源有效开展教学活动；教学经费的合理预算。第二，高职院校校风及学生支持上的高效能表现在：通过课外活动，给学生提供全面发展的教育，并加强对课外活动及跨学科活动的监督；加强学生的人格教育和自我教育，教育活动应奖惩并重，以鼓励为主；学校多与家长联系；学校有良好的师生关系，大家有强烈的归属感；与其他学校及教育机构建立联系，以加强教师的专业发展和知识；学校使所有的学生在社会活动中找到自己的位置，让所有的学生在多种活动中都有平等的机会。第三，高职院校学业及学业以外上的高效能特征主要有：大部分学生热心参与学校组织开展的多项课外活动，在活动中不断取得多项荣誉与奖励；学生在纪律、行为等日常表现方面呈现良好状态；多数学生在学业上都取得优秀的成绩。

2.3 资源上的多样化

一般来说，学生人数的预测和课程的要求有助于学校对人力资源需求做出决策。在决策人力资源的需求时，学校应该考虑教职工年龄分布和薪酬结构给教学资源和发展可能带来的各种影响，然后决定是否需要做出改变。对学校的教学目标来说，考虑改变现实的人员组合，如专职与兼职教职工的比例、临时教职工和常规编制教职工的比例，以及教学人员和非教学人员的比例等都是一些不可忽视的问题。当然，教职工业绩考评与教职工专业发展也是一个重要的因素。有效的多样化资源规划会使下列工作得到有效的改善，如教学仪器设备的添置与更新、办公设施的修葺与更换、专业和课程实训实习场所的建设等。因此，多样化资源的有效开发与整合是制定科学策略的重要因素。

2.4 环境上的动力化

高职院校如果处于稳定的环境之下，教学质量的管理策略不会有重大的改变。即使转变是切合需要，也只会是渐进式的，是在一种逐渐转变的环境里运作。学校组织如果运作顺利，便会倾向保持现行的成功策略。策略的动力一旦形成，任何转变也会循着与现行策略和过去经验一致的方向逐步进行，而不会出现大规模的方向转变。一般来说，这种策略的发展方式是渐进和持续的。然而，学校环境和组织的关系如果有重大改变，就有可能引致教学质量管理策略上的急剧转变。如果组织与环境发生错配的情况越来越严重，只采用渐进式的方法修订策略往往不会适应环境的转变。一旦出现重大的环境转变或策略性的转变，就可能造成问题深化甚至达到严重程度。此时，教学质量管理策略的重大改变就成为必要。

3　提高教学质量策略管理方面的思考

高职院校教学质量的策略管理必须建立在一定教学理念的基础之上，“以学为本”是高等教育，尤其是职业高等教育的根本。一所成功的高职院校，必须立足学校与行业企业两大主体，必须依赖于教学指导委员会和专业建设委员会的正确决策，必须做好教务部门、教学部门和实践教学单位的有机协调与运行。

3.1　加强各级领导的科学管理理念，牢固确立教学工作的中心地位

教学工作是学校经常性的中心工作，提高教学质量是学校发展的永恒主题。学校一把手是教学质量的第一责任人，教学工作中存在的困难和问题必须第一时间予以解决。学校教学部门要建立领导听课制度，定期举行教学工作会议，强化职能，完善教学督导制度与教学激励机制，真正从政策上引导教师把主要精力投入到特色专业、精品课程、实验教学示范中心、教学名师、教学团队、优秀教材、优秀教学成果奖、学科竞赛等教学工作上来。教学模式的改革要以“以人为本”教学理念为根本，考虑学生的需求和学生接受的程度，发挥学生的主观能动作用，让学生真正成为学习知识的主人，努力培养学生的学习能力和创造能力。

3.2　积极探索教学内容的科学化教学方案，建立新的教学理念

随着我国高职院校的不断发展，教学内容的整合、课程资源建设、教学方法创新、教学形式多样、教学管理科学、教学设施先进等方面的改革，以创新能力培养为中心的教育理论与教学实践的紧密结合成为我们提高教学质量的重要内容。第一，在教学内容上，强化基础内容，拓宽专业口径，构建合理的公共基础课、专业基础课和专业课的比例；优化课程体系，打破学科课程之间的壁垒。根据高职教育的教学本质来看，教学内容的确定必须坚持“管用、实用、够用和顶用”的高职教育法则，要求课程教材的选用必须遵循先国家规划教材，再考虑示范性院校合作教材，最后考虑校本教材的选取原则。第二，在教学方法上，立足于培养学生的学习及独立获取知识的能力，让学生获得更多的知识与技能是教学活动的主要目的。学生获得知识，一靠教师传授，二靠学生的自主化学习，三靠向社会学习，在实践中学习。我们倡导启发式的教学思想，注重建构主义的新理念，提倡小班化、讨论式、学导式、资源整合式、合法理的周边参与式等教学方式。教学方法的改革要有利于加强学生自学能力、独立分析解决问题能力的培养，有利于加强学生创新思维和实际创新能力的培养，有利于学生个性和才能的全面发展。第三，根据培养目标和人才培养模式的要求，更新教学内容、优化课程体系、打破学科课程间的壁垒、加强课程与课程体系间在逻辑和结构上的联系与综合等都是教师进行教学改革的主要任务。学校要狠抓教学创新的力度，重点放在经典教学内容的选择、科学技术和社会发展最新成果的及时运用等指标方面。根据专业学科建设和科技发展的需要，合理配置课程群，形成若干个有机结合的知识模块，使公共基础课、专业基础课、专业课、文化素质课、技能课等模块构成完整的课程体系。第四，进一步精简课堂教学时间，为学生主体地位的发挥创造更多的自主条件。第五，要根据学生的特点和需要，因

材施教。要改革“注入式”和在教学中过分偏重讲授的教学方法，积极探究启发式、讨论式、研究式等生动活泼的教学方法。第六，要重视课程实践实训及专业综合性实践教学环节，更加密切教学与科学研究、生产实践的联系。

3.3　建立合理的教师队伍结构，促进教师的专业化发展

高职院校要针对目前专业课教师普遍短缺、青年教师队伍不稳、教学积极性不高等突出问题，采取切实有效的措施，从根本上激励广大教师投入教学工作的积极性，有计划有目的地出台和实施教师的培养与提高计划。第一，学校要以人事和分配制度改革为突破口，完善教职工考核、聘任方法，实行校内津贴与岗位职责、工作业绩及教学工作量定额挂钩等改革措施，激励和保护广大教师投入教学工作的积极性，营造培养并孕育教学大师的环境与条件，力争涌现出若干名具有一定影响的教学名师。例如，在聘用机制上既要严把入口关，又要不拘一格用人才；既要实现灵活的人事编制政策，又要解决“双师型”教师的编制问题。这样的聘用机制可以解决“双师型”教师在人事关系上的后顾之忧，为建设稳定的“双师型”教师队伍提供制度保障。在分配机制上，为“双师型”教师多渠道创设和筹措发展基金，采用定编定岗和人事分配制度改革等措施，大大提高教师从事科研、教学和课改的积极性。这种激励机制不仅提高了教师的理论素质，还提高了教师的实践水平，是“双师型”教师培养的制度保障。第二，有计划地组织教师参加教育行政部门和著名行业企业开展的“双师型”教师进修与培养计划。“双师型”教师是培养高技能人才的关键。高职院校肩负着培养“双师型”教师队伍的使命，应该建立一套完善的“双师型”教师队伍的培养体系，培养一批数量充足、理论扎实、实践能力强、学术水平高、创新能力强的专兼结合的“双师型”师资队伍。例如，根据学校发展的实际情况，派送教师到重点院校对口专业进行深造、让部分教师去行业企业单位进行体验与学习、完善老教师培养青年教师管理机制、聘请高校、企业专家、教授担任兼职教师等。由此看来，“双师型”教师是培养高端技能型人才的实施者，是高职院校可持续发展的重要源泉，是高职院校核心竞争力的核心要素。因此，建立专兼结合的高职双师型教师队伍是一项系统工程，是一个长期的过程。第三，积极营造优良环境，着力引进拔尖人才。学校通过有计划地调入和引进高学历、高水平、高职称的骨干教师和学术带头人，以及接收优秀硕士研究生、博士研究生等途径来充实教师队伍的数量；加强对教师的培养和管理，特别是加强青年教师上岗培训和课程任教资格的认定工作。第四，创新名师课程专题讲座新机制。学校要严格按照课程专题讲座管理制度，从校外聘请一批知名教授或行业企业成功人士来校进行专题讲座，积极营造学习氛围，增强名校教师的感性认识，调动学生学习的积极性。

3.4　加强教学设施和多媒体教学资源建设

优质教育资源是适应信息化时代高职教育专业和课程变化的基本法宝。对一所高职院校来说，要培养高端技能型人才，大而全的投入观念是极不现实的，事实表明一所优秀的高职院校，仅在重点专业和特色专业上有所作为，足以说明了它的声誉存在的价值。但非重点和特色专业的建设就必须通过与合作院校共建共享的方式

予以建设，如网络课程建设、素材库建设、远程教学实验试点、教学支撑平台、现代远程教育管理系统及信息网站建设等都是解决高职院校办学经费、基础设施建设、人力资源缺乏等的基本措施。因此，高职院校要以集中财力办大事的意识，积极争取教学专项经费，进一步加大计算机网络、双向视频教学系统、IP 广播、多媒体教室、实验室、语音室、视听阅览室和图书馆及电子阅览室的建设，较大幅度地改善教学条件，把全国最优秀的教学资源用于专业和课程教学中。从而使学生在获取学校已有教学资源的前提下，有机会获得专业或课程方面全国最优秀的教学资源。

3.5　落实教学实践，培养学生技能

“学中干、干中学”的办学理念是高职教育的本意之所在，课堂教学与职场训练相结合、职业技能培训与职业资格鉴定相结合、课业考核与岗位考核相结合的“三结合”教学方式是高端技能型人才培养的根本保证。高职院校要建设好校内实践基地，根据互惠互利的原则，还应与行业企业建立良好的校企合作关系，确定一批在全国行业企业系统具有一定影响力的校外实训基地或顶岗实习单位，并聘请一批具有丰富实践经验的校外实践指导教师进入教学指导委员会或专业建设委员会，协助校内专业人员加强对实践教学的管理、检查、指导和考核，并分专业修订和完善课程实践性教学实施方案，把实践性教学真正落到实处。事实上，许多院校积极探索的企业轮岗实习与实训及半年以上的顶岗实习等都是比较理想的职业人培养策略。

3.6　健全教学质量监控体系，确保良好的教学秩序

质量监控是提高课堂教学质量的激励约束机制。高职院校要从适应经济发展需要和学生学习需要出发，加强对人才培养方案、教学大纲和教学实施方案的创新力度，进一步建立健全各项教学管理制度，建立授课教师质量标准、备课质量标准、课堂讲授质量标准、辅导答疑质量标准、作业与练习质量标准、课程考试质量标准等相关管理制度。立足校、系两级教学督导制度，关注教学双方的监督过程，使问题在动态中发现，在动态中解决，尽可能地减少中间环节，避免信息的流失、放大、误读，高效快捷地解决教学一线存在的实际问题，有效地保证对教学过程的全程跟踪和各教学环节的认真落实，以良好的教学秩序努力提升教学质量。

3.7　完善学分银行，促进职业人成长新模式

积极探索试题库建设最佳方案，通过试题库建设，使高职教育学分银行管理进一步科学化，使学生在不同时期、不同时间、不同地点、不同的实习与顶岗岗位都能依据自身的学习需求和工作特点修完专业人才培养方案所规定的课程学分，实现职业人的目标。与此同时，学籍管理工作必须以开放的心态，从职业人培养的实际出发，建立科学有效的校外高校课程学分、国家技术等级证书、社会资格证书及学科技能竞赛等学分认定与兑换机制，确保学分银行管理制度在高端技能型人才成长过程中的重要作用。

（原文发表在《2011 高等教育理工类课程教学研讨会论文集》，略有修改）

对高职院校学习支持服务创新的思考

刘志选

（陕西工商职业学院，西安 710119）

【摘　要】学习支持服务是信息化时代高职院校发展过程中大家比较关注的课题。从国家示范性高职院校的成功经验来看，“一切为了学生，为了一切学生”的观念是学习支持服务建立的根本之所在。在此前提下，探索的以学为本理念、教师资源库结构、教学运行灵活化、高端技能型人才标准、科学动态评价机制、个性化需求满足、岗位技能定位、网络学习平台搭建等都是当前我国高职院校学习支持服务创新方面值得反思的实质性问题。

【关键词】高职教育；教学质量；学习活动；服务创新；内涵建设

随着我国高等教育的普及与发展，高等教育发生了从精英化到大众化的迅速转变，特别是在高等教育中占有半壁江山的高职院校，在市场经济体制的不断冲击下其办学定位、办学模式、管理机制、教学模式等方面都已发生了深刻的变化。2010年起，我国新一轮高职教育改革与发展再度启动，培养生产、建设、管理、服务第一线高端技能型人才已成为高职院校的根本任务。为了积极适应这一发展趋势，探索与建立高职教育学习支持服务体系已成为高职教育内涵发展的根本要求。学习支持服务是指在教学过程中，为解决学生在学习中遇到的各种困难，帮助学生实现自由和个性化学习，向学生提供的多种形式的支持服务。这种支持服务贯穿于学生学习的全过程，对学生职业技能的形成起着决定性的作用。以陕西省高职院校为例，笔者通过座谈与随机抽样问卷相结合的方式，对陕西省 39 所高职院校中的 28 所高职院校 160 名毕业学员，围绕在校学习期间学校对学生学习支持服务方面的情况进行了调研。研究结果表明，高职院校在学习支持服务方面存在问题并且未引起高度重视的学校几乎占到 67%，在校期间，没有听过学习支持服务的同学占到 85%。正因如此，这些学校的学生就业困难和工作后的频繁换岗现象是我们值得反思的一个重要问题，本文就高职院校学习支持服务创新方面的实质性问题谈一些自己的看法。

1　“以学为本”是高职院校学习支持服务创新的基本出发点

信息化时代步伐的不断加快，使教育领域培养人才的标准不断发生深刻的变化。以往固定不变的教育思想已经不能适应信息化社会发展的基本要求，领导主宰学校、教师主宰课堂的时代已经不复存在。学校的活动已经变成了学生主体的时代，做好学生的学习支持服务工作已成为高职院校发展的主旋律。学校为了科学化地做好学习支持服务，切实而有效地提高教学质量就必须牢固树立“以学为本”的现代教育理念，不断探索学习支持服务的最新模式。目前，高职院校面对竞争激烈的市场需求，以提高全体学生的综合素养和职业技能为基本出发点，确立高职教育是“技能教育和就业教育”的教育观念已经成为每一所高职院校的基本共识。因此，在高职院校数量的发展已经达到饱和的情况下，质的需求已经成为突出的问题。“以学为本”理念就要求高职院校尽快为学生创造必要的职业技能成长环境和条件，在提高全体学生基本素养、专业知识、专业技能等成长因子的同时，让每个学生都能得到适合自身特点的发展，使之成为对社会有用的高端技能型人才。例如，许多学校建立的教师联系学生制度，“双师型”教师管理制度、校企合作制度、顶岗实习制度等使现代教育理论中的教与学的互动成为现实，使学生学习中的因材施教在实践活动中真正得到了体现。基于以上认识，高职院校应该以学生的职业成长为本，为学生的学习提供全方位的立交桥式的支持服务，使学生能够在教室、在实验室、在机房、在图书馆、在实习单位、在实践活动中都能自主的选取职业技能发展所需要的多种服务。

2　教师资源库是高职院校学习支持服务创新的根本保证

根据调查，教师队伍结构方面存在的问题是多数高职院校的普遍问题，不论职称结构还是年龄结构的合格率几乎不到评估标准的 26%，有 88%的学生不清楚自己授课教师的职称与单位，有 66%的学生证实自己的授课教师中在读研究生占 40%以上，有 90%的学生认为课堂之外联系不到自己的课程教师解决学习中的疑难问题。根据我国高职院校存在的普遍问题及现实情况，高职院校通过多种途径建立专业和课程教学所需的教师资源库不失为一个良策。透视教师资源库，每个学生都可能随时从教师资源库中了解每个教师的学历、职称、任教课程、专业特长、研究成果、获奖情况、兴趣爱好、联系方式等基本情况，以此作为自己进行专业、课程及技能学习支持的基本依据。为了保证教学质量，教师资源库建设在理论教师、双师教师、实践教师等方面要进行充分的优化组合，如高级职称以上约占 40%，中级职称约占 40%，中级以下约占 20%。如果教师资源库能够科学合理的建立起来，尤其是能够按照科学的机制进行运作的话，学生学习过程中对授课教师的教学效果满意率可能就会有大幅度的提升，所培养学生的专业素质就会有一个质的飞跃。所以，建立一个在学历结构、学缘结构、年龄结构、职称结构、证书结构、专业结构、专兼结构等方面比较合理且稳定的教师资源库，是高职院校做好学生最优化学习支持服务创新工作的根本保证。

3　教学运行的灵活化是高职院校学习支持服务创新的润滑剂

我国高职院校由于大多是由过去的中职学校升格而来，尤其是一批又一批新成立的民办学校，建立完成专业教学任务的专职教师队伍是不现实的，大量兼职教师的参与是不可避免的。在教学管理与运作过程中，兼职教师队伍固有的复杂性有可能导致各种教学意外现象的随时发生。为了确保教学秩序的正常进行，高职院校必须建立教学运行管理的灵活机制，如教学管理人员轮流上班交叉制度、兼职教师课前提醒制度、师生互动交流制度等，及时发现问题，及时解决问题，尤其是课程管理方面有些院校提出的教学机动课程和机动教师制的方案，在很大程度上保证了课堂教学的正常进行，受到了学生的极大欢迎。例如，课前遇到教师请假现象，教务教学管理部门就可以启动教学预案，以提前准备好的课程内容、专题讲座、教学辅导、教学辅助软件等第一时间填补空缺。此外，企业、协会、行业人才需求的季节化特征尤为明显，既然是校企合作的“双主体”办学模式，那么满足企业行业的自身利益应该是合情合理的。因此，在企业行业急需人才的情况下，调整专业人才培养方案及教学运行中适当地进行停课、调课、补课等现象就成为一种正常的现象。显然，在满足企业行业自身利益的情况下，“双主体”办学中的企业主体才能体现出来，校企的深度合作才能成为现实。由此可见，“双主体”办学模式中灵活化的教学运行机制是高职院校学习支持服务创新的又一个关注的问题，校企“双主体”作用的有效发挥是实现高端技能型人才培养的根本保证。

4 高端技能型人才是高职院校学习支持服务创新的最终目的

在高职教育学习支持服务过程中，高职院校应结合各专业的性质与基本特点，正确分析学生原有的知识水平和能力结构，从职业人培养的角度对学生的知识、能力和素质结构进行重新建构，力争使专业知识教学和能力训练有机统一起来，有效地提高学生的创新意识和创新实践能力。我们知道，传统的教育重理论知识的教学，忽视能力训练，导致学生出现“高分低能”现象。高职院校的学生毕业后要到生产一线解决实际问题，必须加强专业能力和技能训练，各门课程都应明确对学生知识能力培养的具体要求和考核办法，使教师和学生都围绕课程设定的能力和技能要求进行针对性的教学，使学生在学习中既动脑筋，又动手，培养学生提出问题、分析问题、解决问题的创新思路，并亲自动手参加实践活动，在实践活动中完成知识向能力的转化。目前，高职教育有两种倾向，一是沿袭普通高等教育的传统模式，片面强调学科理论知识的学习，忽视对学生专业能力和专业技能的训练，毕业生的能力和技能欠缺，难以得到社会认可。二是只注意某些专业基本操作技能（以工人中等操作技能为主）的训练，而忽视高职学生必要的专业理论知识的学习，毕业生的实际水平和能力介于高职与中职毕业生之间，这部分高职毕业生缺乏必要的专业理论知识和相应的专业综合能力训练，缺乏后劲，不利于学生的可持续发展。只有立足高端技能型人才的培养目标，坚持“知识、能力并重，手脑兼修”的原则，高职院校才能真正地培养出社会所需要的有用之才，具有中国特色的现代职业教育体系才能构建起来。所以，高职院校的内涵发展必须立足高端技能型人才的培养目的，使企业行业的主体地位更加突出。

5 动态评价机制是高职院校学习支持服务创新的助推器

科学的动态评价主要体现在学生的学习过程之中。透视整个过程，动态化的评价是落实教学环节、发现教学问题、促进教师进行教学反思的关键环节。高职院校应充分认识这一环节在促进教学工作内涵发展中的重要作用。例如，陕西工商职业学院探索的“问题（作业册或思考题）—课堂互动—课堂笔记—教材使用程度”相结合的评价方式，在很大程度上提高了学生课后的自主化学习积极性，教与学的课前课后互动率提高了 86%，过去僵化呆板的教学机制已经发生了根本性的变化。自从落实动态评价模式以来，学生课前的预习人数由过去传统的 20%上升到 100%，课堂师生的互动率由过去的 2%上升到 16%，学生课堂的到课率由过去的 65%上升到 100%，作业完成过程的问题率由过去的 3%上升到 70%。从总体上看，多数同学都比较认可这种新的评价模式，实践表明，科学的动态评价机制成为学生学习动机与学习效果之间最有效的中介因素，在很大程度上对学生的学习产生了强大的内驱力。

6　个性化需求的满足是高职院校学习支持服务创新的着眼点

根据高职院校生源参差不齐、学生个体差异较大的事实，要求所有学生都按一个模式、一个标准成才是不实际的，也是不必要的。社会对人才的需求千差万别，学生毕业后都面临择业和就业，高职教育不应苛求每个学生都成全才，应鼓励学生在基本素质合格的基础上量体裁衣，根据个人实际和将来的就业取向设计具体的培养方案，鼓励学生发展个性，形成自己的专长和特色。因此，高职院校要不断挖掘选修课和课外活动在学生创新意识和创新实践能力培养中的重要作用。例如，在制订专业和课程教学实施方案的过程中可以广泛地征求学生意见，尽可能尊重学生对专业的选择，增开与专业相关且具有趣味性的选修课，在“双师型”教师的指导下，让学生主动参与到对自己培养方案的设计中来，充分调动学生的学习积极性和创造性。对部分有偏科倾向的学生及时由业余就业指导小组进行综合分析和个别指导，允许部分特长突出的学生扬长避短，按自身特点选择取向发展，成为某方面的专才，力争使每个学生的个性和潜在能力能得到充分的发挥。基于这种认识，高职院校就必须实行开放式的培养，允许学生自主化的从专业人才培养方案中选择与自己原有知识水平、兴趣爱好及专业技能所需要的课程或教师进行有效地学习，学校也可以根据高职学生实验实训及顶岗实习的现实特点，实行学分银行的学籍管理方式，加大院校之间的学分互认、学科竞赛和资格证书的学分替代改革力度，给学生的专业成长给予最大化的活动平台。

7　岗位技能是高职院校学习支持服务创新的聚焦点

“做中学，学中做”“工学结合，校企合作，顶岗实习”是高职教育目前最响亮的口号，但这一切都与一线实践分不开。俗话说，实践出真知。学生只有通过具体的实践，才能加深对所学基础知识的理解；只有经历了实践的全过程，才能系统地掌握各个环节的基本技能。实践活动指导教师要有意识地组织学生进行全过程的实践，在实践中发现不足及时补救。在实践训练中，对各个环节中应注意的问题、可能出现的问题，都应学会灵活应对和解决。实践教学中最重要的莫过于让学生自己去体验每个环节完成的技能形成及付出的艰辛劳动，这不仅有助于学生懂得各种知识的重要作用，也有利于培养学生从实际出发，掌握解决问题的能力和社会交往的能力，不至于“纸上谈兵”。在实践教学中，学校应以培养学生学习兴趣为动力，以积极参与为前提，以深入讨论为手段，以校内外实训实习基地为载体，加大实践教学的分量，引导学生进行创业实践。通过具体的实践活动，提高学生实际操作能力和解决问题的能力。使学生真正意识到，在信息化时代的巨大冲击下，作为一名高职毕业生，其自身的素质应该是什么，必须以未来市场机制的需求迅速进入角色，胜任工作，取得社会的普遍公认。但这一切，就需要高职院校解放思想，转化观念，立足行业、协会、企业的一些实际，从学生未来就业的现实出发，采取“走出去，请进来”的方法，在有效利用“双师型”教师的基础上，有效地从行业、协会、企业中选拔一批技术熟练的专业与课程实践教师（高级工程师、工程师、能工巧匠、企业工作人员等）担任技能体验、学习、训练、形成及向技巧发展的教学任务。通过校企的深度合作，把实践教学放在行业、协会、企业中去完成，把学生交给行业、协会、企业，把行业、协会、企业当做高职院校人才培养的主体之一，使学生从根本上掌握未来就业岗位所需要的技能与技巧，熟练地感知专业相关的一个岗位又一个岗位的技能形成过程，从而形成自己的岗位技能文化与岗位意识，为自己未来成为一个优秀的管理者奠定坚实的基础。正因如此，高职院校学生的岗位技能才成为众多高职院校学习支持服务创新的一个聚焦点，也成为一年又一年高职院校生源争夺的主要法宝。

8 网络学习平台是高职院校学习支持服务创新的数据库

随着信息化时代的快速发展，现代教育技术渗透课程，网络平台优质教学资源的共建共享进程加快，尤其是网络课程、IP 课件、课程论坛、直播课堂、多媒体课件等不再是现代远程教育学习支持服务的专利品。据网络搜索统计，全国所有高职院校 100%都建设了院校网站、89%的院校都建设了课程教学模块专门服务于学生的课外学习与自主化学习、76%的院校都建有精品课程展示栏目、83%的院校都在使用专业和课程教学的模拟软件、36%的高职院校不同程度地开展网络平台教学经验交流活动等。这一切都充分地说明了，网络教学平台是高职院校提升学校办学品位和形象，以及解决办学条件不足所带来种种问题的主要策略。事实上，网络学习平台是信息化时代高职院校教学内涵建设的重要指标，是学习支持服务创新工作中最棘手的一个问题。其中，对学生完成课程学习的支持服务功能是现代信息化管理的重要手段。采用先进的教育技术和教学手段，改善传统的教学模式是提高学生实践操作能力的关键。国际互联网已经为学生的知识学习与拓展提供了一个强大的空间与平台，国内外无数教学名师与名家开发与制作的网络课程、精品课程及多媒体教学课件从不同的角度弥补了许多高职院校因教学设施和教师队伍方面存在问题所造成的教学缺陷。这些多媒体教学资源从高职教育的专业与课程建设来看的确是解决了学校教育发展方面的突出问题。优质和适合学校特色发展的教学资源总是有限的，作为一所特色发展的高职院校，拥有先进的计算机网络、电子阅览室、多媒体教室等先进设备是不容讨论的话题，但投放这些平台上的教学资源，以及如何组织学生来利用与转化这些资源就成为高职院校学习支持方面的核心问题。尤其是近年来，高职院校发展方面突出的实践性教学问题，如果单靠用经费购买专业人才培养方案中实践教学设备的话，我国 90%的高职院校几乎是发展不下去的。这时，平台虚拟环境的设立、多媒体教学课件的开放与运用、大型设备的动画演示等成为这些学校发展关注的焦点。事实证明，现代教育技术的广泛运用，优质的教学资源已经成为高职院校学习支持服务的重要亮点之一。许多院校的发展经验再一次向我们说明了信息化时代的飞速发展为高职院校实践课程的教学活动提供了灵活自主的实现舞台，在很大程度上充分发挥了学生的主观能动性，使教学中的抽象理论具体化、形象化。例如，许多学校组织学生集体收看中国教育电视台、山东教育卫视台的播课节目，集中播放实践课程教学动画演示和一线实况录像等，都对学生提供了比较优质的学习支持服务，从根本上提高了教育教学的质量。但这一目的的实现要在依赖实验实训室、校内外实训基地及顶岗实习单位的基础上，通过软件模拟及网络教学资源数据库的方式为学生提供最优化的学习支持服务工作，使网络平台的数据库真正成为高职院校对学生提供专业信息拓展、课程教学及演练、实践教学模拟、名师名家资源共享的重要学习场所。

总之，《国家中长期教育改革和发展规划纲要（2010-2020年）》是每一个高职教育工作者不得不进行反思的课题，虽然高职教育的发展面临的问题极其复杂多样，但学习支持服务创新方面的问题是教学实践活动中不容回避的问题。只要我们不断地对高职教育中的突出问题进行探究，我国的高职教育就能健康科学的发展，培养具有创新意识和创新实践能力的高级专门人才才能变成现实。

（原文发表在《2012创新与创业国际学术会议论文集》，略有修改）

高等职业院校教务档案电子化的优势性

刘志选

（陕西工商职业学院，西安 710119）

【摘　要】在我国高职院校快速发展的今天，实行教务教学档案的电子化是网络化信息化时代档案建设的必然要求。归档的即时性、内容的丰富性、交流的便捷性、使用的快捷性、检索的全面性、管理的经济性等都是高职院校教务教学档案电子化的基本优势。

【关键词】高职院校；教务管理；档案建设；优势条件；质量工程

近年来，占我国高等教育半壁江山的高职院校由量的增长开始向质的提升转化。为了做好这项保障性的工作，百所示范性高职院校的创建、百所骨干院校的确立、高职院校教学质量工程的推进，以及教育部、财政部扶持的“高等职业学校提升专业服务产业发展能力”项目的实施，使我国的高职教育迅速迈进世界职业教育大国的行列。此时此刻，高职院校按照教育部评估指标体系进行有效地建设与发展是高职院校的神圣职责与义务。教务教学评估指标体系及重大项目建设的刚性要求主要是以真实可靠、丰富完整的原始档案材料作为支撑，涉及理论课程教学、实践课程教学、实训基地、合作企业行业、定岗实习、模拟实验实训及各种交往活动等，仅高职院校教学质量工程的原始材料就包含了专业特色、精品课程、教学团队、人才培养模式、优秀教材、教改项目、技能竞赛、证书教育等，这些材料的收集与整理，涉及的数量之大、范围之广、对象之杂、环节之特、形式之多是普通高等教育的教务管理所不能企及的。如果要按照纸质档案的方式进行，不仅耗费大量的人力、物力、财力和时间，而且更容易造成遗漏和人工检索的诸多不便。创新原始档案材料的管理思路，对高职院校来说最重要的莫过于教务教学档案的电子化。教务教学档案管理电子化，就是在传统档案管理经验和形式基础上，结合电子文件自身的特点，运用先进的计算机和网络技术，以多媒体形式收集、组织档案袋的内容，包括音频、视频、图片和文本等，采用数据库或超级链接，有针对性地汲取文件中心、虚拟立卷等前沿档案管理理论，对教务教学形成的电子文件实行自动化和网络化的管理，从而实现高效、快捷的电子档案信息管理模式。正因为电子档案在高职院校的管理活动中所表现出来的明显优势才使高职院校的发展进入快速轨道。

1　归档的即时性

我国的高职院校与西方国家比较起来，太年轻了。所以，一切工作都可能是起步和尝试，许多工作都是在经验与教训的辩证统一中寻求发展。这就告诉我们，档案资料的收集与管理显得尤为重要，一开始就必须规范化地进行操作。诚然，寻求一种科学有效的管理手段，是刚刚起步发展的高职院校档案管理的最大需求。近年来，教务教学管理者探索出的电子化档案管理思路值得我们深思，它的即时性已成为档案管理电子化的第一优势。相对于教务教学管理办公自动化来说，教务教学管理者在自己的办公桌前就可以轻松地实现工作材料的第一时间归档。例如，上级红头文件的到来，通过扫描仪将其扫描命名为新文件名及编号后存入计算机硬盘文件类——上级主管部门——新文件名；学校教务教学管理的一个通知编号后就可直接将其存入计算机硬盘的通知类——教务教学管理——通知名称。如果遇到需要过去的某一个文件时，不用去档案室，可以直接通过网络进行搜索编号或文件名从自己的电子档案中调出即时使用。事实上，只要教务教学管理者具有电子档案意识，体验很短的时间就能很快感觉到电子档案即时归档的价值与重要性，大家就会不自觉的养成一个第一时间归档的良好习惯。因此，教务教学管理者就要将自己工作中的文件、通知、数据、统计表、示意图、报告、活动记录、会议情况、奖牌、获奖证书等按照档案管理原则即时归入电子档案，为以后快速调用或检索材料打好坚实的基础。

2　内容的丰富性

档案本来就是一个比较庞杂的软材料。每个人都有不同的职业、行业、角色、级别、经验、原有知识水平、人际关系与交往、兴趣、爱好、权利、理想等，其收集的内容除了最基本的材料之外，其他辅助材料的收集就有所不同。通过我们对陕西省国家级的陕西工业职业技术学院、杨凌职业技术学院、西安航空职业技术学院等三所示范性高职院校的考察，发现各院校在教务教学档案管理方面都堪称典范，都有许多值得学习的特色与亮点。例如，某所高职院校仅师资队伍档案的内容就特别丰富，其将师资队伍分成普通教师和双师型教师，在此基础上又分为专任教师、专职教师、兼职教师、校外专家等。每类教师又按照正高、副高、讲师、助教及其他分类。与此同时，打开电子档案，还可以实现师资队伍的年龄结构、职称结构、学历结构、学缘结构的检索，有的甚至按每一位教师的重要业绩，如个人形象照、工作简历、学历学位、培训经历、主讲课程、课题成果、获奖证书、重要论文、著作、荣誉称号及各种联系方式等也可检索出来。由此可见，电子档案的优势性使我们可以对任意一类文件的内容进行精心设计与分类，并在动态中予以完善。据不完全统计，2011 年我国高职院校人才培养工作状态数据采集平台设计的电子项目就多达 39 项，许多关键项目的数据与信息是高职院校发展的根本指标所需，如校外实训基地、职业资格证书、顶岗实习、产学合作、教师培训、院校交流、国际交流等。因而，对于高职院校来说，教务教学管理不管从外部还是内部来看，从根本上实施电子化管理方式成为一项最根本的任务。

3　交流的远程性

交流是档案的本来属性之一。在教育创新不断掀起浪潮的今天，高职院校之间的相互交流和学习是促进高职院校快速发展的主要途径之一。据不完全统计，校际之间的互访，以及特色院校和重点专业的学习，98%的学校凭借的就是档案所提供的基本材料，这些材料都会成为考察与学习院校的根本目的。所以，只有将材料内容电子化，才能使材料通过电子途径进行有效地展示与传递。例如，将所需的电子材料上传到电子邮件、QQ 空间、双向视频会议系统档案柜、自动化办公系统、网络网盘，也可以将材料复制到移动硬盘上等。由于双方的交流与座谈，各自都可以提出自己工作中的一些需求。此时，交流的便捷性便更好地体现了出来。访问者可以根据被访问者的需求，当场在网络平台上将自己的档案栏目与文件包打开，为被访问者提供所需的基本材料。如果未能及时提供，回到单位后，可以直接从网络上将所急需的材料第一时间发送过去，或者当场通过多种通信方式让单位的上班职工即时传送过来。其效果不仅快速地满足了院校之间的相互需求，更加增进了院校之间的诚信与友谊。例如，我校组团到国内某高职学校考察，对方在演示自己学校发展成绩时，谈到校校合作，突然提出我校的办学优势，这时我们利用网络登录到我校的教务教学模块，及时向对方院校参会的领导与代表展示了我校开展校校合作的基本情况，如揭牌时的省委及省政府主要领导参加、校领导班子的整体结构、制度建设、校园的优美环境、教学的硬件和软件条件、师资队伍结构、合作企业的星级标准、学校亮点工程建设等，尤其是学校在教学成果奖励和科研成果奖励方面的政策，使得对方院校为之一振，当场提出与我校建立院校合作的建议，强强联手，共同打造高端技能型人才的培养模式。

4 使用的快捷性

我们知道，高职院校由于升格不久，人力资源与规模数量的矛盾极为突出，许多管理部门的编制与普通高校无法比拟。事实上，211 大学和 985 大学的一所二级学院人数可能都比许多高职院校的总人数还多。因此，高职院校的管理人员就成为一个特殊的管理层。这就要求，电子档案除了由专人管理外，每位管理者都需要将与自己岗位职责有关的材料通过电子的方式多途径的存放起来，在高职教育的教务教学管理中由于高端技能型人才的培养目标，我们还要求每位管理者要承担与高职教育相关的最基本工作的咨询与服务工作，这部分内容也必须以电子的方式存放起来。由于管理者的工作平台预先储备了相当数量的工作材料，因此，在我们需要时，虽然管理人员奇缺，但我们仍弹指就可获得所需的数据、信息及制度规范。例如，查阅分析年度教学成果奖励，只要点开教学成果奖励文件包，每年度的奖励情况一目了然，一等奖几名，获奖名单，奖励金额；二等奖几名，依次类推。与此同时，还有获奖情况分析报告、获奖宣传材料、获奖图片和视频等。由于高职院校与普通高校在专职师资方面的明显差异，我们就及时地建立了各专业专家及兼职教师队伍资源库，当我们需要某一个专家或者某一个课程教师时，只需打开文件，就可即刻获取所需的全部信息，依据需求，快速联系，第一时间解决需求问题。以陕西工商职业学院为例，电子化档案管理推行三年来，使我们越来越感觉到电子化档案使用的快捷优势。尤其是网络化的电子档案最为突出，我校在 2011 年全省阳光体育评估工作中获得优秀单位称号，许多院校得知后，不同时间提出了学习与借鉴的需求，正因为我们评估材料的电子化管理，所以几分钟的时间我们的评估材料和活动材料就到了对方院校手中。这不仅扩大了院校之间的交流，增强了院校之间的感情，而且高效快捷地解决了问题，在很大程度上节省了人力、物力、财力和时间等资源。

5　检索的全面性

众所周知，高职院校工作内容比起普通高校以校内为主的教学与科研两大任务来说要复杂得多。因为它不仅仅是校内活动，更主要的是在企业体验、企业实习实训、企业顶岗、企业参观体验，不是一次集中，而是定期与不定期的有效结合。因而，在管理方面的复杂性就表现了出来。只有电子化的管理，校内外的复杂事务才能井井有条，运用自如。根据我校教务教学管理的实际情况，我们在要求所有存档材料电子化的情况下，很注重电子档案的存放方式。要求根据各自工作岗位的性质及个人的兴趣爱好等，可以分别采取文件包层次方式、自动化办公系统方式、电子邮件方式、网络网盘方式、QQ 方式、网页方式及多媒体课件方式等。其目的就是当我们需要某一个档案时，能够在第一时间通过对文档的检索快速获得所需材料。例如，我们需要全国多媒体课件大赛的相关信息，只要我们在电子档案管理平台输入关键词“多媒体课件大赛”，多媒体课件大赛的信息就全部整齐地排列出来，然后我们将全国多媒体课件大赛的信息进行锁定，从第一届直到第十二届的比赛时间、通知、操作方法、获奖情况及点评等清楚可见。在学校档案工作的中期检查过程中，教学质量工程是一个主要指标，所以检查人员仅输入关键词“教学质量工程”，有关教学质量工程中的教学团队、教学名师、学科竞赛、证书教育、专升本、重点专业、实验室训等管理文件和制度、所开展的相关活动和信息、每一个专项活动的总结与启示等都能检索出来，有的甚至可以进入二级检索，直至详细内容的出现。陕西工商职业学院五年的教务教学管理过程表明，实行教务教学档案的电子化以后，每次工作所需的档案材料都能被全面而准确地检索出来，无一遗漏，确保了工作的正常开展。显然，实行电子化管理后，文件的检索变得全面且详细。

6　管理的经济性

教务教学档案管理电子化，不仅对保存场地的面积要求不高，又可节省原有档案管理的场所、设施与经费，这是传统的档案管理方式和方法已经无法比拟的。从人力、物力、财力和时间方面都体现了明显的经济价值。尤其是教育部、省教育厅、教学指导委员会、高职高专学会等上级主管部门在管理上的规范化和统一化模块设计，使教务教学中的许多具体工作既能省时省力，又能提高效率。我校教务教学档案电子化实施以来，仅 2012 年共节省档案管理方面的费用 3 万余元。实施电子化以来，我们提倡电子文档的扫描件、照相以 PDF 等格式保存。这种方式主要是通过数据方式在计算机中管理的，因此，一般的办公电脑就可以实现管理，几乎不需要经济支持。如果按照一所高校 20 个处室来算的话，每年可节约人民币近 60 万元。近年来，许多高职院校推行的无纸化办公就是一个比较明智的决定。众所周知，高职院校的发展是在中职中专教育遇到困境的情况下所举办的，经费问题是高职院校发展的焦点。实行档案管理的电子化后，对这些院校来说，60 万可能就是一个惊人的数字。

事实上，教育部备案的高职院校，由于培养职业人的特殊性，教务教学管理工作比普通高等学校复杂得多。透其高职院校人才培养工作状态数据采集平台，其信息量之大可想而知。但目前利用电子方式进行教务教学管理的院校寥寥无几，其主要原因就是对教务教学管理电子化的优势性认识不足，没有体验到电子化管理带来的共享、高效、多途径、便捷、快速、全面的成功感和喜悦感。正因如此，多年来高职院校之间的交流不论在时间和空间上，还是在人力和财力上都造成了相当大的浪费，未能有效地发挥电子档案在高职院校教务教学管理中提高利用率、效率和增强信息时效性的作用。基于以上认识，加强高职院校教务教学档案管理电子化是一项较为烦琐但又具有挑战性的工作，在教务教学档案的管理中引入电子化手段是有效解决这一问题的关键所在，它可以使教务教学工作的每一个环节逐步实现简化与简便的目标。因此，教务管理干部要充分认识电子档案的重要性，从意识心理上高度重视，有效发挥电子档案的优势作用，全面推动高职院校的教学管理、教学质量、教学研究、教学资源建设及校企合作迈上一个新的台阶。

（原文发表在《兰台世界》2009 年第 10 期，略有修改）

关于多媒体课件标志性成果取得的策略分析
——以“全国第十二届多媒体课件大赛”为例*

刘志选
（陕西工商职业学院，西安 710119）

【摘　要】多媒体课件标志性成果已成为各级各类学校教学质量提升和教师专业发展追求的理想目标。本文对多媒体课件标志性成果的取得从内涵界定、优势作用、关键因素、培育策略、成果启示等方面进行了分析，但愿对打造精品化的多媒体课件有所裨益。

【关键词】教学资源；多媒体课件；建设策略；关键因素

随着教育信息化程度的不断提高，优质化的教学资源已经成为学校办学水平的重要标志。而多媒体课件已成为学校教学资源的领头羊，多媒体课件的社会认可度，尤其是课件获奖及应用程度成为每所学校发展的焦点问题。但这些成绩的取得都取决于实施过程中的关键因素，每一种因素都成为教学团队打造的对象和智慧活动的聚焦点。自从 2008 年 5 月接到第八届全国多媒体课件大赛之日起，截止到 2012 年 11 月的第十二届全国多媒体课件大赛，我们经历了第八、第九、第十、第十一、第十二连续五届的课件比赛，以及三届的单位集体预赛、选拔赛、决赛等亲身体验活动，每一次的现场决赛都会使笔者从一个比较新的角度审视下一届提交作品的框架蓝图与创新之处。因此，笔者担任主讲的五门课程分别获得了大赛组委会的表彰奖励，如“创新教学”（第八届三等奖）、“班级管理”（第九届二等奖）、“教育简史”（第十届二等奖）、“小学语文教学论”（第十一届二等奖）、“陕甘宁边区教育史”（第十二届二等奖）。但促使笔者静下心来对五届全国多媒体课件大赛进行盘点的当属 2012 年刚刚揭晓的第十二届全国多媒体课件大赛，正是这次大赛上一等奖美梦的破灭，才使我们多年的课件设计思想、课件制作软件、课件创新点的打造等发生了一场深刻的革命。或许只有亲身参与课件制作的人才会有这种彻底的思想解放，才会从学科知识的精粹与现代教育技术的表现技巧上实现跨越式的结合、融合、整合，以致一部又一部共享精品课件的诞生。

1　多媒体课件标志性成果的界定

众所周知，多媒体课件是以图、文、声、像并茂的方式进行的形象化教学辅助手段，它立足直观感、立体感和动态感等方面的优势作用，有效地缩短了学生学习

---

*[基金项目]陕西省高等职业教育教学改革研究项目“基于网络多媒体环境下的高职教育实践教学资源整合机制探索研究”（编号：11Z34）。

时间、提高了教学质量和教学效率，实现了教学过程的最优化，从而最大化地推进了学校现代教学的质量工程建设。正因如此，信息技术和网络技术引领下的现代教育技术正在发生着一场彻底的革命，使多媒体课件的开发与制作由过去的录音带、录像带向电子教案、单机课件发展。令人不解的是这场革命在数以千万计的教育工作者还没有彻底掌握与应用的情况下，新的革命又开始了，多媒体课件、网络课件、精品课程等又以迅雷不及掩耳之势使课堂教学发生了深刻的巨变，上至高等学校的课程教学，下至幼儿园的启蒙教育，多媒体课件似乎成了各级各类教育教学质量工程的核心与关键。诚然，应运而生的各级教育行政部门和教育团体组织的比赛活动层次与级别不断得到新的提升，尤其是近年来全国多媒体课件大赛的举办，将各级各类教育的多媒体课件制作与应用推向了高潮。往届比赛暂且不说，仅以第十二届全国多媒体课件大赛而言，全国共有3867所学校参赛，为了取得优异的成绩，许多学校千里迢迢组团助战，校级领导、课程设计指导、技术演示专家等都成为优异成绩取得的坚强后盾。其最终目的就是最大化地追求课件比赛的获奖等级，这些等级的获得和比赛过程赢得的热烈掌声可以说是多媒体课件取得的标志性成果，这些成果不仅是对课件制作与开发团队辛勤劳动成果的认可，更是对课件在教育过程中重大作用发挥的一种宣言。不难看出，多媒体课件取得标志性成果的内涵就在于从根本上获得各级政府的表彰与奖励，在一定程度上成为学校教学质量工程的重要标志。

2　多媒体课件标志性成果优势作用的思考

“台上一分钟，台下十年功”，虽说这是对演艺界的一种辛苦表白，但如果用于信息化时代教育教学活动的多媒体课件制作与开发来说，也不为过。对一个连续参加过五届全国多媒体课件大赛的我们来说，每一部课件的制作与开发都是经过课件团队的辛勤付出而完成的，一般要经过课件申报—课件评审立项—课件设计论证—课件制作开发—课件反馈完善—课件应用提升—课件评奖申报—课件演示比赛—课件成果取得等主要环节。正是这些环节的有机结合才使多媒体课件在教与学的过程中能够有效地发挥应有作用，成为教学质量提升的重要手段。

2.1　多媒体课件有利于高素质人才培养目标的实现

众所周知，具有创新意识、创新能力、创新精神等特征的人才培养是我国各级各类学校教育教学的目标。只有在对传统教学手段进行改革，科学而有效地全面推进现代教学技术手段的应用，才能快速而有效地培养现代化建设需要的新型人才。事实上，多媒体课件作为教学辅助手段聚集了丰富的教学资源，通过多种形式的有效表达，快捷、灵活地将理论与实践知识传播给学生，同时通过不同的交互方式，加深学生对知识的理解与掌握，这种方式不仅拓展了学生的知识广度，而且增加了学生专业知识的深度，有利于学生全方位的发展。

2.2　多媒体课件有利于教育教学质量的提高

多媒体辅助教学作为重要的现代教学技术手段，其要求远高于传统教学技术手段。它是现代学校教师适应现代教育教学的巨大挑战。多媒体辅助教学要求教师不仅具有熟练的计算机多媒体课件制作技术，而且具有丰富的多媒体教学经验。如果使用多媒体教学手段不当，教学效果将适得其反。因此，现代学校教师仅仅具有扎实的理论与实践知识是不够的，他们还必须具备制作多媒体辅助教学课件的技术基础，同时要将这些知识和自己的见解以多种灵活的形式传授给学生，让学生理解和掌握。这就要求现代教师不断提高自身素质，提高教学质量。

3 多媒体课件大赛评审指标引领下的关键因素

第十二届全国多媒体课件大赛共有一级指标5个，即教学内容（30分）、教学设计（25分）、技术性（25分）、艺术性（20分）、加分（20分）；二级指标11个，即科学性规范性（10分）、知识体系（10分）、资源应用（10分）、目标组织（8分）、学习设计（17分）、运行状况（10分）、设计效果（15分）、界面设计（10分）、媒体效果（10分）、应用效果（10分）、创新创意（10分）。如果对一级和二级指标消化吸收，即纳入到原有知识评价体系的话，不难看出整个多媒体课件大赛分值的取得，一级和二级指标只是一个理论指标，而决定多媒体课件标志性成果取得的关键就在于三级指标，即科学性（5分）、规范性（5分）、知识覆盖（5分）、逻辑结构（5分）、资源形式（5分）、资源引用（5分）、目标设计（4分）、内容设计（4分）、教学交互（4分）、习题实践（4分）、学习评价（4分）、活动设计（5分）、运行环境（5分）、操作情况（5分）、软件使用（5分）、设计水平（5分）、媒体应用（5分）、界面效果（5分）、美工效果（5分）、媒体选择（5分）、媒体设计（5分）等21个细化了的指标。换句话来说，多媒体课件的主持人和参与的主要成员只要在三级指标上下工夫，标志性成果的取得就可能近在咫尺。通过第十二届多媒体课件大赛的三天整体观摩与学习，在体验的129个多媒体课件中，有78个课件的整体印象在良好以上，但使人深思的问题就是获得一等奖的23个课件，这些课件可以说代表着课件标志性成果取得的奥秘，即他们的成功就在于紧紧围绕指标体系进行开发与打造。虽然这是一个观念的转变，但事实上却是一个技巧的问题：如果我们把游戏规则暂且不顾的话，第十二届多媒体课件大赛中课件标志性成果的取得完全依赖于一系列关键因素的合力作用。

3.1 立项建设是多媒体课件取得标志性成果的先决条件

从第十二届全国多媒体课件大赛现场的唱分结果可以看出，凡是在比赛过程中的同名称课件第一次演示的课件分值一般都高于后边重复的课件；凡是以往比赛已经取得标志性成果被纳入教学资源库的课件，本次参赛课件与其名称相同的话分值一般都比较低。用心理学原理解释的话就是“前摄拟制”发挥了作用。

学校如果在多媒体课件取得标志性成果上下工夫的话，立项之前，甚至申报通知中就应该为一线教师提供以往教学资源库中的课件信息，尤其是同类院校同类专业的课程资源建设信息。预先避免因上述因素影响标志性成果的取得，这就说明，立项过程极为重要，课程选择、课程应用、课程价值、课程地位、课程作用、课程影响力、课程开发者的身份、团队成员结构、教学业绩、学历学位、职务职称等都是需要考虑的重要因素。

3.2 整体设计是多媒体课件取得标志性成果的基本法则

在信息化时代的冲击下，不管哪一个行业，竞争都给行业的快速发展带来了强大的推动力。事实证明，凡是成功者的背后都在很大程度上显示出整体设计所起的无可比拟的作用。比赛过程演示的每一部课件，评委仅从界面和课件结构及导入过程三个观察点上打分，可以说 80%的课件是可以定性的。这就说明，整体设计过程“第一印象”的重大作用。

从第十二届全国多媒体课件大赛获奖的 23 个课件来看，68%的课件从内容上并不令人满意，但却取得了一等奖的佳绩。究其原因，就在于整体设计上取得了分值。例如，评委首次看到的呈现方式、评委感到技术含金量极高的 3D 场面、超前的知识学习交互过程、一体化的成绩检测提交自动生成系统等都是高分值取得的关键。

3.3 运行环境是多媒体课件取得标志性成果的关键因素

虽然西方发达国家的多媒体课件制作技术的运用已有近五十年的历史，我国的学校教育把多媒体课件作为教学辅助手段不过只有三十年的经验可供借鉴，但现代网络技术和信息技术的飞速发展，已经从根本上打破了国界的限制，尤其是近三年来国内外学校教育中举办的多种形式的远程教育，“教学即资源，资源即教学”的观念已经为学习者普遍接受。最引人注目的就是优质化的多媒体课件资源，这些资源的有效运用在很大程度上决定了远程教育的教学质量。事实上，许多学校投入了相当多的人力、物力、财力及时间资源后，所建设的多媒体课件资源在比赛过程中杳无音信，最根本的原因就是课件的运行环境出现了问题。据不完全统计，全国多媒体课件大赛选拔赛中，每年约有 18%的多媒体课件因运行环境问题悄然出局；约有 46%的多媒体课件因运行环境比较落后严重地影响了课件的比赛分值。依据第十二届全国多媒体课件大赛决赛现场的参观，不难看出，决赛演示过程中如果有内容打不开、点击后显示过慢、要求下载运行、链接不正常等与运行环境相关的问题，课件内容再好都不可能获得较高的分值，基本上都成为淘汰的对象。所以，要使多媒体课件取得标志性的成果，选择课件的运行环境极为重要。

3.4 导航交互是多媒体课件取得标志性成果的焦点

众所周知，信息化时代人们对信息的获得已经从线性学习向非线性发展。学习者只要选取自己所需的学习资源，都可以在任何时间、任何地点，自主化的进行有效学习。但这一学习模式最引人注目的就是多媒体课件学习过程中的导航系统的明晰程度。从第十二届全国多媒体课件大赛现场决赛来看，凡是主界面导航设计到位，页面前后及跳转快速，首页随时返回，每页同时能总览全局结构的多媒体课件比赛的评分值都比较高。事实上，每次比赛都有相当数量的多媒体课件因导航交互存在问题而与重大奖项失之交臂。这就说明，多媒体课件标志性成果的取得导航交互问题应该精心设计，精心打造，甚至可以将其作为课件成熟的一个亮点进行渲染。

3.5 技术创新是多媒体课件取得标志性成果的杀手锏

在第十二届全国多媒体课件大赛决赛中，许多人认为一些参赛的作品整体效果很一般，但其分值评委评定的很高，究其原因就是多媒体课件在某一个环节或知识点表现中运用了技术创新的手段，赢得了评委的高度好评，尤其是那些技术含金量较高的表现方式。例如，某部课件中的自测题，要求学生根据自己的学习情况进行测试，但整套测试题进行了逻辑设计，测试要求按顺序进行。一道题做对了，有动画祝贺，才能进入下一道题；如果做错了，有动画批评，但提示链接到学习内容要求重新学习，重新测试提交，如果连续三次提交还不正确，测试才能进入到下一道试题。整个试题全部提交后，系统自动生成测试成绩，并可打印出成绩单。显然，课件标志性成果的取得是技术创新点起了重要的作用，也就说整部课件的分值是由光环效应决定的。

3.6 演示技巧是影响多媒体课件取得标志性成果的内化条件

透视第十二届全国多媒体课件大赛决赛现场，令许多人不解的问题就是一部在投入许多人力、物力、财力和时间等资源的情况下制作与开发的多媒体课件，在决赛场上仅仅五分钟的演示就决定了价值，不管公平还是不公平，但这些都是现实。我们只有正确地面对现实，立足现实，在现实中寻找机会，实施策略，课件的标志性成果的期望值就一定能够最大化地表现出来。因此，课件决赛就是一种演示技巧上的较量，只要能够抓住五分钟的每一秒，课件标志性成果的取得就成为必然。这就是说，事先必须对课件的演示过程进行精心策划与设计，怎样进入、哪些栏目一扫而过、哪些模块重点演示、哪些内容可以吸引评委、哪些内容不能点击等都成为一种智慧的聚焦。如果要总结的话，文本的呈现和前言后语最好不要占用时间，应该将哪些能够提升档次的内容作为重点用于五分钟的演示上，如短暂的音频展现、清晰的视频播放、技术的交互反馈、3D 动画表现、关键部位的定位讲解等。

事实上，在多媒体课件标志性成果的取得过程中，除了上述关键因素外，制作与开发过程中专家多次反馈意见的改进与完善、课件内容关键页面和表现方式的亮点打造、课件整体栏目的合理设置、知识点的层次结构处理、多种表现方式的有机搭配、课件整体上的美工处理等都是影响多媒体课件标志性成果取得的重要因素。

4 多媒体课件标志性成果培育的基本策略

目前，各级各类学校的决策者和领导者都不约而同地将多媒体课件标志性成果的取得列入学校年度工作的基本要点，尤其是将多媒体课件重大奖项的获得作为学校教学资源建设工作的奋斗目标。根据参加“第十二届全国多媒体课件大赛”部分高校参赛者的访谈结果表明，多媒体课件大赛中参赛的课件 89%都是学校机制和政策培育的结果。

4.1 权威化建设机构的决定作用

根据访谈调查，参加第十二届多媒体课件大赛的单位，58%的学校在多媒体课件的制作与开发问题上，专门成立了教学资源建设委员，积极开展多媒体课件的建设计划、评审、立项、实施指导、过程监控、反馈验收及成果推荐等各项协调和服务工作，确保标志性成果培育工作的顺利进行。

4.2 咨询专家组的指导作用

根据调查显示，参与比赛活动的学校，46%的学校在多媒体课件的培育方面专门成立多媒体课件制作与开发专家咨询组，从整体设计和技术运用等方面整体推进精品课件的打造进程，根据工作性质的需要重点进行多媒体课件标志性成果的包装与推广工作。

4.3 资金资助的保障作用

据不完全统计，96%的学校都设立了多媒体课件专项经费，为培育具有标志性成果的多媒体课件提供资金支持。以陕西工商职业学院为例，学校对获得全国多媒体课件大赛的特等奖课件奖励人民币 5 万元，一等奖课件奖励人民币 2 万元，二等奖课件奖励人民币 1 万元，每年仅获得校级以上的政府等级课件奖励在 15 万元左右。这充分说明了学校以文件制度的方式为多媒体课件取得标志性的成果创造了良好的条件。

4.4 管理部门的激励作用

透视比赛现场的访谈过程，39%的学校都制定了多媒体课件制作与开发的激励机制，提高争创标志性成果的积极性。以陕西工商职业学院为例，为鼓励一线教师积极主持或参与多媒体课件标志性成果取得的积极性，学校规定对获得第十二届全国多媒体课件大赛等级奖的课件团队，除给予立项完善建设费 8000 元外，还纳入到教学成果奖励范畴，尤其是明确提出了课件主持人年终考核可以直接界定为优秀等级的规定。此外，学校对在多媒体课件方面取得标志性成果的主要成员提供国内外考察与学习的机会。

基于以上的多媒体课件标志性成果打造措施，许多学校都在不同的程度上取得了一批又一批高水平、有影响的标志性成果，可以说从根本上充分调动了广大教师从事多媒体课件制作与开发的积极性，不断提升了教师的多媒体课件设计、制作与开发水平和应用能力。

5 多媒体课件标志性成果取得的启示

多媒体课件标志性成果的取得成为许多学校教学工作的重中之重，在人力、物力、财力与政策等方面都为优质化的多媒体课件成为标志性成果的打造提供了优越的建设平台。因此，对教学一线的教师来说，必须正确认识多媒体课件在教学质量提升中的重要性，尤其是多媒体课件取得上级政府主管部门的奖励，以及应用到一线教学活动带来的重大积极影响。所以，每个教师都必须牢固树立精品意识，以取得标志性的成果作为最大目标，打造建设一部又一部优质化的教学资源，将学校教学质量提升活动推向一个新的高潮。基于这种认识，多媒体课件标志性成果的取得带给我们下列启示。第一，课件的设计要确立元片思想，充分体现课程内容的层次结构，在网络的构建中实现教学的终极目标。第二，有效整合课程资源，按照相互弥补的法则，形成多种资源优势组合的真正合力。第三，课件建设立足评价指标，从取得标志性成果的角度确立课程的个性特色，一切工作都以成果的取得为原则。

第四，多媒体的运用最好综合化，课件内容的呈现力求多样化的予以实现。第五，课件导航系统要体现灵活化的原则，在层次的转换过程中要充分实现运用过程的便捷化。第六，课件学习过程要坚持交互化的原则，树立学生的主体意识，为学生的自主化学习营造良好的模拟学习氛围。

（原文发表在《陕西广播电视大学学报》2014 年第 2 期，略有修改）

现代职教高本贯通人才培养模式的几点思考*

刘志选

（陕西工商职业学院，西安 710119）

【摘　要】高职本科是现代职业教育体系的重要组成部分，已有本科的职业人才培养与我国职业教育体系的高层次人才培养差距较大，只有探究高职院校毕业生的本科贯通机制才是职业教育本科的实质问题。政府政策、培养意识、师资成长、教学资源、教学团队、经济利益等因素是高本贯通的关键因素；入学资格的界定、学习方式的确立、专业的合理设置、管理与考核的有效化是现代职业教育体系高本贯通培养方案的核心问题。

【关键词】职教体系；高本贯通；关键因素；核心问题

翻开近年来国内正式出版的教育书籍、报纸杂志，以及各大网站的平台信息资源，不难看出，现代职业教育体系与教育层次“贯通”词语的信息量浩如烟海，不管是各级政府主管部门的权威性文件，还是职业教育战线的专家学者，尤其是那些在教学一线为中国职业教育现状发出创新声音的一线教师，现代职业教育体系成为他们奉献中国职业教育的一个梦想与平台，既然是平台，技术技能型人才的培养就需要依靠这个平台予以实现。目前，我国中职教育与高职教育的贯通机制基本成熟，但高职教育与应用型本科的贯通就成为众多院校所关注的焦点，即高职教育“层次”必须适应现代产业体系的需要。

1　“现代职业教育体系”理念引发下的高本贯通人才培养模式的背景

众所周知，《国家中长期教育改革和发展规划纲要（2010-2020年）》强调了现代职业教育体系适应需求、有机衔接、多元立交的基本精神。正因为这样的精神，就要求我们思考一系列职业教育实实在在的问题，如人才的需求类型、标准、数量与质量；教育层次间中职、高职专科、高职本科、专业硕士、专业博士的规模、数量与贯通；职业教育阶段的知识结构与能力结构衔接；学校课程设置与内容重复问题；贯通教育过程的学制与证书问题；教学资源的梳理与整合问题；行业企业的责任与用人机制问题；普通高等学校与校企合作单位的参与程度问题；继续教育与终身教育政策的引领问题等。从表面上看，现代职业教育体系的建立与完善布满了荆棘，但事实上，只有一个又一个矛盾问题的解决，才能使现代职业教育的“立交桥”迈

* [基金项目]陕西工商职业学院2013年度重点课题“基于学分银行的高等职业教育与本科教育的贯通研究”成果（编号：13G-04-A03）。

上科学化发展的轨道，才能培养出国家现代化建设需要的数以千万计的技术技能型人才。

目前，由于各级政府对职业教育的主导作用，全国中职学校和高职院校在生源数量的增长问题上基本上都得到了有效地解决，如 2013 年，全国中职教育已全部实现免试入学，高职院校的生源质量已达到报考人数的 75%。事实上，我国的高职院校具有先天发育不良的特点，但借助国家出台的《国务院关于大力推进职业教育改革与发展的决定》《国务院关于大力发展职业教育的决定》《国家中长期教育改革和发展规划纲要（2010-2020 年）》等一系列发展职业教育的文件、政策，以及各级政府的大力支持，通过十几年的努力建设，基本上实现了理论上的跨越式发展，已从量态扩张转向质态提升，从外延扩展转向内涵建设。因此，学校内涵建设和生源素质的提升不约而同的成为这些学校的政府主管部门和学校决策层的核心问题。而贯通式培养就成为学校内涵建设的根本问题之一。以我国经济最发达的上海市为例，早在 2010 年，就开始构建以专业为主线、相关专业对应中高职院校联合培养初中毕业生的中高职教育贯通培养模式。上海市中高职教育贯通培养模式虽然使总学制缩短了一年，但课程进行了一体化设计，制订出具有职业发展阶段特点、素质和技术均衡发展的培养方案，人才培养的质量有了更加可靠的保证。从 2012 年开始，我国大部分省份，都不同程度地开始了中高职教育贯通的培养模式试点工作，尤其是辽宁、江苏、福建、上海、天津、广东、云南、河北、四川、贵州、山东、陕西等经济发达的省份已经开始积极探索高本贯通的职业人培养模式。与此同时，全国职业教育培养硕士研究生的呼声也日益高涨，上海正在研究建构高职专科教育与技术型本科教育、专业学位研究生教育之间“立交桥”的方案，天津职业技术师范大学从 2013 年开始面向全国高职院校招收“双师型”博士研究生等都在一定程度上预示着职业教育层次贯通培养已成为职业教育人才培养的一个趋势。

2 现代职业教育体系高本贯通人才培养模式的关键因素

构建现代职业教育体系是一项重大教育改革和制度创新，是对我国职业教育发展思路、功能定位、体系结构、基本制度、保障机制等关键问题所做的全面梳理、全新设计、全盘安排。这项工作的难度很大，它要受到经济社会制度和生产力发展水平的明显制约，又要受到现代文化和传统文化的双向影响，以及教育内部和教育外部的双重作用。由此看来，我国高职院校举办本科层次的条件目前还不成熟，但本科院校的现有办学理念、思路、模式、专业、师资和职业教育实验实训条件又无法满足高职院校技术技能型人才学历层次提升的需求。在这一现实面前，技术应用型本科院校不失为一个良策，但怎样才能实施这一良策，有效解决高职毕业生与应用型本科生这一突出问题，衔接问题就成为最根本的突出问题。例如，学制、培养目标、专业设置、课程、教材、职业能力等，其中课程衔接是教育衔接的核心和落脚点。目前，虽然我国部分省份表面上开展了高本贯通的培养工作，但基本上不外乎高职教育与自学考试本科、高职院校与地方高校本科贯通两种模式。透视两种模式的实质，不难看出，其本科层次的培养完全脱离了应用型本科的培养目标，是一个地地道道的理论型培养基地，而不是基于高职教育的人才成长基地。虽然，这个问题不可能在短时间内找到切实可行的解决方案，但最核心的问题是找到高本贯通人才培养过程的关键因素。

2.1 政府政策因素

构建现代职业教育体系，必须充分发挥各级政府的主导作用，只有政府主导作用的有效发挥，才能从办学体制、招生对象、学制年限、经费支持、资源调配等宏观层面解决一系列核心问题。这方面的因素在教育层次贯通中的作用尤为明显，如江苏省教育厅很重视职业教育体系的贯通机制，2012 年就开始了现代职教体系教育层次的贯通试点项目——高职院校与普通本科“3+2”分段培养项目；高职院校与普通本科联合培养项目；中职教育与本科“3+4”分段培养项目；五年制高职与普通本科“5+2”分段培养项目等。由此可见，高本贯通培养政府的政策支持首当其冲，否则，一切都成为空谈，那样势必会造成高本贯通体制机制建设的延误与机遇的错失，从而严重影响现代职业教育体系的建立与完善。

2.2 培养意识因素

目前，全国百所高职示范院校和百所高职骨干院校，以及那些特色比较鲜明的高职院校，其共同的心态就是向应用型本科方向发展。所以，难免有个别院校在培养意识上出现偏差，如“升本”“脱职”、专业“同质化”，尤其是在机制上也像本科那样设置众多的二级学院，使百校千校一面的不正常现象一浪高过一浪，从根本上脱离了职业教育的本来面目。因此，高职院校应该认真领会《教育部关于推进中等和高职教育协调发展的指导意见》的文件精神，充分发挥高职院校的引领作用，探索应用型本科层次职业教育技术技能型人才培养途径和技术技能型人才专业硕士培养制度。我们在进一步完善中高层次贯通机制的基础上，应积极探索现代职业教育体系框架下的职业教育专科层次与应用型本科及专业硕士层次的贯通机制。这种机制的形成，必须建立在人才培养开放心态的基础上，一切从人才的成长角度出发，进行有意识的人才培养，而不是将精力集中在自身的升格问题上，尤其是那种从自身经济利益出发的狭隘观念必须得到真正纠正。

2.3 师资素质因素

根据中国职业教育的现实因素，要建立现代职业教育体系，尤其是高本贯通，师资素质是最关键的因素。其原因如下：第一，高职院校基本上是由过去的中等专业学校和技工学校升格后转化而来，在其教师资格方面问题众多，与高等学校教师标准的差距尤为明显，所以很难承担高职层次的教学工作，至于应用型本科教学的问题就更为复杂；第二，普通本科院校教师虽然在数量上满足高本贯通后的师资需求，但那仅仅只是理论层面的解释与推测。事实上，普通高校的现有教师绝大部分是不能适应高本贯通，即应用型本科教育需求的。这些教师缺少高职专业的实践体验，缺少行业企业的一线经验，在职业教育的资格证书方面凤毛麟角，尤其是传统本科的教育理念模式很难在职业教育的应用型本科人才培养过程中有所突破。基于以上认识，目前我国还没有一所学校能够完全承担高本贯通的培养任务，其最关键的问题就在于应用型本科职业师资的缺失。所以，高本贯通的师资素质就成为高本贯通的核心要素之一。

2.4　教学资源因素

目前，我国高职院校占据高等院校一半天下的事实已经不容置疑，但如果国家开展现代职业教育体系的高本贯通人才培养机制，其教学资源问题就成为大家关心的焦点——是低水平的建设，还是的高水平的建设。如果一窝蜂地上马，那必定就是低水平的教学资源，不但谈不上发展，更是一种浪费。如果在政府主管部门的主导下，有计划、有目的、有意识、有系统地按阶段逐步推进，那么优质化的教学资源就可能成为高本贯通的核心要素之一。这种资源的建立必须在政府主管部门的主导下，以开放的心态，以人才培养的目标为出发点，深刻认识职业人培养的基本规律，依据专业建设教学标准，在国内外开展大规模的教学资源建设活动，可以采取招标与评标相结合的方式建立一大批优质化的精品共享资源，满足高本贯通模式下的教学资源需求，当然包括文字教材建设、网络课程建设、网络平台资源建设、多媒体课件资源建设等。这些资源的有效建设，可以集中国内外最优秀的教师，利用最先进的教育技术，将职业教育的实验实训现场模拟到学生学习的课堂中或实战中，使学生能够在最短的时间内实现学习效果的最大化。因此，我国现代职业教育体系的高本贯通，必须在具有优质化的精品共享教学资源的基础上进行运作。

2.5　教学团队因素

虽然我们提倡高职院校的“双师型”教师队伍建设，但高职院校发展十几年来，许多高职院校“双师型”教师仍然没有突破个位数，究其原因，国情因素固然重要，但最根本的问题是违背职业教育规律的结果。高职教育与普通高等教育具有实质性的不同，既有理论又懂实践的教师的确屈指可数，人人看齐是不现实的，最多是理论指导下的实践体验与了解，不可能达到教练的作用。因此，只有建立专兼结合的“双型”性质的教学团队才能有效解决职业教育的实质问题，尤其是高本贯通教学团队更应如此。实施高本贯通院校要加强贯通专业师资队伍的配备，按照优质教学资源配置原则，组建高本贯通培养模式专业和课程教学团队。教学团队应该体现学校和企业“双主体”的师资结构，理论课程应以学校教师为主体，实践课程与实践环节教师应以企业行业教师为主体，尽可能的吸收学校和企业行业的一线师资成为团队成员，实现高本贯通师资的强强联合。众所周知，优秀师资和教学团队的配备是教育成功的基础，高本贯通师资的素质提升是高本贯通机制运作的关键。所以，在高本贯通的过程中，第一，加强专兼职教师的培训与提高，强化他们对高本贯通培养模式的理解，尤其是自身的定位的明晰，既非高职教师亦非本科教师，而是高本贯通的教师；第二，加强团队成员对高本贯通学生的理解，教师必须对学生的原有知识水平、企业行业经历、学习动机兴趣、学习能力等有恰当的了解与把握；第三，倡导教师转化教学理念和教学方法，从课程设计、教材开发、课堂教学、学生管理、专业技能等方面有针对性地进行贯通培养的实践探索，边研究边实践，积极探索适合中国国情的现代职业教育体系下的高本贯通培养模式。

2.6　经济利益因素

经济利益因素是高本贯通机制中不可回避的问题，虽然“教育不以盈利为目的”的法则在我国已经推行了近三十年的历史，但除极少数的985院校和211院校外，其余的高等院校基本上都对教育的经济利益比较关心，尤其是现代职业教育体系下的有意向实施高本贯通的院校，如国家高职示范院校、国家高职骨干院校、地方普通高等院校等。我们且不说最好的贯通机制如何，仅就经济利益来看，这种机制是具有100%的可行性。我国的高职院校每年毕业生有200多万，透视这些学校的招生简章，就业率一般都在 90%以上，远远高于本科生的就业率。他们的企业行业实践能力的确远远高于本科生的适应能力，但在理论上的欠缺却又成为他们成长途中的软肋，使他们不能挺起腰板，勇往直前。因而，本科学历与学位对他们来说不仅是诱惑的问题，更重要的是成人、成长与成才的问题。对陕西省 39 所高职院校 2013 年毕业生随机抽样的 100 名学生调查发现，有本科需求的毕业生占到 49%，遗憾的是寻不到提升学历的渠道。如此看来，如果实行专本贯通机制，生源数几乎接近毕业生数的一半，假如按每年5000元学费来计算，贯通后本科学制按两年计算，每个学生的学费为10 000元，一所学校按1000名指标，那么就可能有1000万元的经费。这就是目前众多学校关注高本贯通的原因之一。因此，谁来承担、谁来实施、如何合作、怎样分割利益等一系列问题就成为高本贯通中比较突出的焦点问题。

3　现代职业教育体系高本贯通培养方案核心问题的探究

2011 年以来，高职教育围绕着“专科与本科”学历学制衔接这一关键问题，陆续探索了高职延伸模式、联合培养模式、分段培养模式等。盖棺而论，我国目前的高职本科教育不外乎本科院校独立试办的高职本科，以及在国家示范性高职院校和国家骨干高职院校试办的高职本科专业，前者如昆明理工大学、四川理工学院等，后者如深圳职业技术学院、贵州交通职业技术学院等。诚然，这些都是现代职业教育体系的重要组成部分，对现代职业教育的发展具有极其重要的意义。但这些形式不属于高本贯通的范畴。高本贯通的实质主要是针对现有高职院校的毕业生而开展的专业发展空间，它是一种与现行国家本科教育招生政策不一致的教育形式，需要在现有政策的前提下，进行创新来实现。

3.1　入学资格的界定是现代职业教育体系高本贯通培养方案的焦点

我国目前开展高职本科的生源主要来自全国普通高等学校统一入学考试录取的二批本科学生，一是在本科院校直接就读；二是录取后在高职院校就读，颁发其他本科院校毕业证书和学位证书。但高本贯通教育，目前本科阶段主要是自学考试，根本不是应用型本科，与贯通机制相关系数过小。2013 年 5 月 20 日《中国教育报》刊登了《搭建“立交桥”职教快步跑——广东佛山探索现代职业教育体系建设采访纪行》，从真正意义上提出了“高职本科一体化”分段培养新模式，即“专插本”模式，高职三年，本科两年，高职学生毕业后经过考试直接进入到大学本科四年级就读，本科院校认可接收学生高职阶段学习所获得的成绩和学分，即学生在本科学习两年与其他本科生一样取得毕业证书并获得学位证书。基于以上认识，真正高本贯通的入学资格可以从三方面予以考虑。一是参加全国普通高等学校统一入学考试、成绩在本科分数线以上且被高职院校录取的学生，综合考核合格，如本人同意，可直接进入应用型本科的高本贯通班学习。二是通过高职院校的单独招生考试录取，且专科阶段学习期间获得政府主管部门或全国行业协会组织的技能大赛获得等级奖的学生，可直接进入应用型本科的“高本贯通”班学习。三是高职院校在籍学生，第一学年和第二学年的学习成绩优秀、各方面表现出色，综合考核排名在同年级同专业前 20%的学生，经本人申请，学校审查合格，可直接进入应用型本科的高本贯通班学习。

3.2 学习方式的确立是高本贯通一体化的根本

在就业极度困难的今天，职业对年轻人来说太珍贵了，珍惜他们的职业是天经地义的哲理。但在职业与学业不可缺失的两难困境下，合适的学习方式对他们来说就是最好的护身符。只有这样，他们才有可能利用职业教育的“立交桥”实现自己的人生梦想。因此，在学习方式上，我们可以考虑以下几种方式。第一，全日制学习。高等职业院校在籍学生在完成专业人才培养方案规定的课程学习任务的基础上，从第三年的顶岗实习阶段开始，就可以插到应用型本科院校或本科对口专业的三年级学习，在第四年修完本科阶段的专业人才培养方案规定的学习任务，即可向本科院校申请毕业，取得应用型本科毕业证书。第二，网络学习。学生通过在应用型本科学习平台注册的方式，在高职教育的第三年和毕业后的第一年，通过应用型本科院校所提供的本科阶段网络学习平台上的优质学习资源和自主化学习支持服务完成专业人才培养方案规定的学习任务，经本人申请，学校审核合格，即可获得应用型本科院校毕业证书。事实上，高职学生选择全日制学习方式的比较少，约占学习者总数的 30%；而选择网络学习的学生约占总数的 70%，这主要在于网络学习可以使学生在不同的地点、不同场所、不同时间，选择不同章节，学习任何内容。因此，将高职教育专科与网络教育本科贯通的模式应该是今后现代职业教育体系贯通机制的主要方式。

3.3 专业的合理设置是高本贯通模式比较棘手的问题

在高本贯通的实施过程中，不可回避的问题就是高职专科与本科阶段专业的不一致性。我国高职院校涉及的专业数约有 1500 个，本科院校涉及的专业数约有 506 个，但没有一所学校或者哪一类院校的专业设置能满足高本贯通的需求。因此，原则上按照学生专科阶段所学专业与本科专业基本相同或相近的要求，以及本科高等学校的办学条件统筹设置高本贯通专业。当高等学校本科阶段的专业设置不能满足高本贯通需求时，由高职院校提出专业需求，本科高等学校负责申报建设，上级教育主管部门根据专业目录予以审批增加。目前，高本贯通的这种专业建设模式许多院校正在积极地探索中。

3.4 管理与考核的有效化是高本贯通模式的强大内驱力

学籍管理与课程考核是学生们普遍关注的问题，究竟采取什么样的管理机制与考核方式是高本贯通模式必须要解决的实质问题，如学生的学籍管理责任学校、课程的重复现象与成绩认定、实践类课程的成绩互换、技能竞赛成绩的替代等。随着学分银行的创新问世，高本贯通的培养模式有了更为合理的学籍管理方式，尤其是高本贯通过程中的课程互换、学分替代、成绩认定、远程考核等关键环节的规范与灵活，使得高本贯通模式充满了生命力。高本贯通模式的全日制学生，本科阶段原则上组班学习，由本科高等学校统一管理，采取动态监控和评价淘汰相结合的考核原则。非全日制的学生实行网络学习平台的系统管理模式，按照远程学习的资源结构实现人才培养方案规定的学习任务。高本贯通学生的课程学习采取认定与考核相结合的方式进行，充分体现应用型本科对人才的考核标准，使专科阶段与本科阶段的学习有机地结合起来。

总之，20 世纪下半叶，美国、德国、英国、澳大利亚、日本、印度、新加坡等国和我国台湾地区相继建立的技术型本科及以上层次的高职教育，为生产一线提供了大量高级技术型人才，有效地提升了产品的国际竞争力。这就给我国目前的高职教育培养技术人才突破“层次”障碍提供了极其重要的启示作用，我们必须在发展方式、人才培养、体系建设、制度建设、质量体系等方面有计划、有目的、有意识地进行创新与建设，才能从真正意义上培养适应经济社会发展的更高层次的技能型人才。

（原文发表在《陕西广播电视大学学报》2015 年第 1 期，略有修改）

关于高职教育专业教学资源库建设的思考*

孔令军
（陕西工商职业学院，西安 710119）

【摘　要】建设高职教育专业教学资源库，对促进职业教育专业建设、深化教学改革、提高人才培养质量具有重要的意义。本文首先回顾了高职教育专业教学资源库的建设背景，然后基于建设发展中存在的问题，提出了促进专业教学资源库科学发展的建议：科学确定建设思路和建设内容，并要注重资源的共建共享。

【关键词】高职教育；专业；教学资源库；建设

建设职业教育专业教学资源库是《国家中长期教育改革和发展规划纲要（2010-2020年）》规定的具体任务，是促进优质教学资源开发共享、推动职业教育专业教学改革的重要手段，是提高职业教育人才培养质量、增强社会服务能力的重要举措，为促进学习型社会建设和学习者自主学习提供条件和保障。国家教育部在不同文件和会议上，要求各地、各职业学院深刻认识建设数字化、共享型专业教学资源库的重要意义，切实把资源库建设作为推动职业教育改革发展的重要抓手，加快推进现代职业教育发展。

1　高职教育专业教学资源库的建设背景

1.1　各类高校资源库建设现状

近年来各类高校均不惜成本地构建数字化校园，基础设施不断完善，但相应教学资源建设的问题也凸现出来。在很长时间内，各校“有车少货”，以及重数量、轻质量、教学资源建设简单化、教学资源建设不规范等现象非常突出，致使网络及大量现代教学设施低效率利用，网络多媒体教学模式的探索还停留在表面，严重阻碍了教育信息化的发展。

1.2　国家积极开展高职教学资源库项目建设

2006年教育部、财政部启动了“国家示范性高等职业院校建设计划”（以下简称示范校项目），先后分三批遴选出100所建设单位。至今首批28所已顺利通过教育部、财政部验收。各示范院校在工学结合人才培养模式改革、工学结合课程改革、行动导向教学实施方面做了积极的探索，形成了大量的优质教学资源，如专业建设成功经验、课程改革成果和优质的数字化教学资源。但是，示范校的建设成果普适性不强，主要是建设成果仅适应于本校的教学和实训特点，而对其他高职院校，特

---

*［基金项目］陕西工商职业学院2013年度教学改革研究项目“‘双主体’培养模式下的课程教学资源建设研究”（编号：GJ1312）。

别是资源不足院校的同类专业难以共享。

教学资源库建设是“示范校项目”中的重要任务，教育部《关于实施国家示范性高等职业院校建设计划，加快高等职业教育改革与发展的意见》（教高〔2006〕14号）文件中对创建共享型专业教学资源库做了以下描述：对需求量大、覆盖面广的专业，中央财政安排经费支持研制共享型专业教学资源库，主要内容包括专业教学目标与标准、精品课程体系、教学内容、实验实训、教学指导、学习评价等要素，以规范专业教学基本要求，共享优质教学资源；针对职业岗位要求，强化就业能力培养，为实施“双证书”制度构建专业认证体系；开放教学资源环境，满足学生自主学习需要，为高技能人才的培养和构建终身学习体系搭建公共平台。另外，教育部《关于全面提高高等职业教育教学质量的若干意见》（教高〔2006〕16号）文件中也提到：“重视优质教学资源和网络信息资源的利用，把现代信息技术作为提高教学质量的重要手段，不断推进教学资源的共建共享，提高优质教学资源的使用效率，扩大受益面。”

截至2014年年底，教育部已确定立项56个国家级高职专业教学资源库。具体年度与数量分别是：2010年，11个；2011年，9个；2012年，8个；2013年，14个；2014年，14个。这些国家级高职专业资源库的立项建设，不仅极大地推动了牵头建设学校的专业发展水平，也为其他高职院校的专业建设提供了良好的借鉴，在一定程度上实现了优质教学资源的共享，推动了职业教育专业教学改革与资源开发，推进了职业教育教学信息化建设，为提升职业教育人才培养质量和社会服务能力发挥了重要的示范效应。

2　高职教育专业教学资源建设存在问题

2.1　对高职专业教学资源建设的重要性认识不足

观念问题是高职教育学习资源建设的主要障碍。对于学习资源的建设，很多人的观念还停留在原有的增强教学辅助手段的基础上，并没有随着学习环境的变化而及时更新。过多地强调教师的讲授与演示性资源，轻视自主学习与研究性学习所需要的学习资源的建设。

2.2　高职专业教学资源建设目的不明确，缺乏对学生认知规律的把握

目前的高职教育教学资源建设仅处在起步阶段，缺乏完整、科学的教学资源建设的整体设计方案。很多学习资源的建设只是盲目追求数量，在建设过程中缺乏对高职学生认知规律的把握，并未考虑高职学生对资源的适应性；忽略了各种媒体之间的有机衔接，因而很难实现多种媒体的优化配置和综合利用。

2.3　高职专业教学资源建设质量不高

现在的高职教育学习资源多数是文字教材的搬家或课堂教学的翻版，内容还不够丰富，高职专业和课程特色体现不够明显，资源的模块结构及质量不能完全满足高职学生学习的需要，缺乏真正有效的资源，缺乏真正符合教学需要的资源。而且，现有的课程资源又存在着简单的低层次重复建设现象，不合技术规范、难以共享的

资源造成资源丰富的假象，已建资源没有形成广泛共享，共享性差、利用率低，远远不能满足教学的需要。

2.4 高职专业教学资源交互性差

目前的高职学习资源，可交互性资源不多，难以对学生实行有效的指导。因此，加强隐性学习资源与显性学习资源的设计，增强交互控制，为学习者提供有效的学习支持，真正促进学习，是当前高职教学资源建设中的核心问题。

3 科学建设高职教育专业教学资源库的思考

3.1 确定科学建设思路

按照“国家急需，全国一流”的要求，国家级资源库主要面向专业布点多、学生数量大、行业企业需求迫切的职业教育专业领域，组建一流团队、汇聚一流资源、提供一流服务，为全国相同（相近）专业的教学改革和教学实施提供范例和优质资源。通过优质教学资源共建共享，推动职业教育专业教学改革，扩展教与学的手段与范围；带动教育理念、教学方法和学习方式变革，提高人才培养质量；探索基于资源库使用的学习、培训等学习成果认证、积累和转换机制；为社会学习者提供资源和服务，增强职业教育社会服务能力，为形成灵活开放的终身教育体系、促进学习型社会建设提供条件和保障。

资源库功能定位于“能学、辅教”。“能学”指凡有学习意愿并具备基本学习条件的职业院校学生、教师和社会学习者，均能够通过自主使用资源库实现系统化、个性化学习，并达到一定的学习目标。“辅教”是指教师可以针对不同的学习对象和课程要求，利用资源库灵活组织教学内容、辅助实施教学过程，实现教学目标；学生可以在课堂教学以外，通过使用资源库巩固所学知识、实现拓展学习。

资源库建设须遵循“碎片化资源、结构化课程、系统化设计”的组织建构逻辑，强化共享应用的功能与制度设计。资源是资源库的基础，库内资源要尽可能设计成最小学习素材，碎片化存储，以便用户检索和根据不同学习需求组建课程；课程是资源库的支撑，资源库要为用户提供完整的结构化课程；系统化设计是提升资源库适用性的保证，资源库应针对不同用户提供个性化服务。

3.2 确定科学建设内容

3.2.1 建设与集成

（1）基本资源。应以专业教学内容与课程体系改革为前提系统设计，以碎片化的资源建设为基础，以结构化的课程建设为骨架，充分发挥多媒体技术展示资源的优势，开发建设以学习者为中心的必要数字资源。基本资源须覆盖专业所有基本知识点和岗位基本技能点。

（2）拓展资源。根据产业发展要求和不同用户的个性化需求，有针对性地开发建设拓展资源，增强资源建设的普适性。拓展资源应体现行业发展的前沿技术和最新成果。

（3）资源冗余。库内资源应力求丰富多样，在数量和类型上大大超出库内提供课程所调用的资源范围，实现资源冗余，以方便其他教师灵活搭建课程和学生自主拓展学习。

（4）分层建设。库内资源应包括素材、积件、模块和课程等不同层次。素材指最基础的、碎片化的资源；积件指以知识点、技能点为单位，多个内在关联的素材结构化组合形成的资源；模块是以学习单元、工作任务等项目为单位，多个知识点、技能点结构化组合形成的资源；课程应包含完整的教学内容和教学活动，包括教学设计、教学实施、教学过程记录、教学评价等环节，支持线上教学或线上线下混合教学。资源库提供的课程体系应涵盖所属专业的全部专业主干课。课程建设可参考大规模在线开放课程的建设理念。

（5）资源类型。资源类型一般包括文本类素材、图形（图像）类素材、音频类素材、视频类素材、动画类素材和虚拟仿真类素材等。应充分发挥信息技术有效表现资源吸引学习者的优势，杜绝“书本搬家”式的资源建设；注重各种类型资源的深度开发，文本、图形类以外的其他资源应占较高比例；努力实现资源类型多样化。

（6）资源属性。应按照资源的内容和性质，科学全面地标注资源属性，方便资源重组与检索。加强资源的智能组合功能。资源的形式规格应遵循行业通用的网络教育技术标准。

（7）主要内容。资源库内容应包括专业介绍、人才培养方案、教学环境、网络课程、培训项目及测评系统等，主要有：职业标准、技术标准、业务流程、作业规范、教学文件等；企业生产工具、生产对象、生产场景、校内教学条件等；企业生产过程、学生实训、课堂教学等；工作原理、工作过程、内部结构等；虚拟企业、虚拟场景、虚拟设备及虚拟实验实训实习项目等；企业案例、企业网站链接等；数字化教材、教学课件等；习题库、试题库等；与专业、课程、知识点相关的导学、助学系统。

3.2.2　应用与服务

（1）实现功能定位。强化资源库“能学、辅教”功能，支持学生自主学习、测评，方便教师个性化搭建课程和组织教学；完善线上与线下学习过程的管理与服务，便捷自主学习、支持个性化学习。鼓励项目团队组建共建共享联盟，边建设边使用，充分运用需求导向、应用激励的策略，把资源库使用融入参与建设学校专业教学全过程，促进教师率先使用，引导学生全面使用；探索基于资源库学习、校际学分互认的共享实现形式。

（2）扩大服务范围。拓展资源建设应充分考虑企业员工继续教育、技能提升的需求，鼓励合作企业使用资源库进行员工继续教育培训，支持企业员工广泛使用；发挥资源库服务学习型社会建设作用，吸引社会学习者更多使用。

（3）完善运行平台。切实强化资源库运行平台的资源存储、资源评价、资源关联及资源再生等作用，强化针对不同使用者的资源检索、学习方案推送、在线学习、讨论互动、跟踪评价等功能，把资源库建设成为智能化、开放性学习平台，满足“终身性、全民性、泛在性、灵活性”的学习型社会要求。

3.3 确定科学的评价指标

高职教育专业教学资源库应确定一个统一的科学的评价指标，只有这样，才能科学判定资源库的建设成效，也便于其他高职院校共享。这是国家推动高职教育教学资源建设的必要条件。评价应主要从资源开发与建设、资源管理与共享、教学实践应用、行业企业融合、社会服务、特色与创新、长效机制七个方面。具体指标内容有以下几方面。

（1）资源开发与建设。专业资源系统、丰富，集合本专业领域全国不同地域特色和技术特色的优质资源。资源包括新技术介绍、职业岗位描述、行业技术标准、职业标准、实践案例等，覆盖专业领域 80%以上的核心技术环节与内容，资源组成碎片化、内在逻辑清晰合理，建设形式与标准遵循通用的网络教育技术标准；资源使用无知识产权争议。

（2）资源管理与共享。资源内容涵盖教学设计、教学实施、教学评价等各个环节。通过搭建虚拟仿真学习训练环境，实现课堂教学、虚拟仿真、远程互动一体化教学。支持个人自学、学历教育、职业培训与认证。以学习者为中心，针对专业所对应岗位（群）的核心环节，按照每个岗位的技能要求，重构资源体系，逐一订制典型学习方案。共享平台框架设计合理、先进，交互性好，界面视觉表现规范、美观，导航清晰、操作便捷，满足 10 万人同时在线、每日 100 万人次访问量的使用要求，网站运行环境良好，响应速度快。

（3）教学实践应用。促进教与学的双重改革，形成教与学、教与教、学与学全面互动的专业教学模式。教师率先使用，项目主持学校相应专业教师使用资源库进行专业教学的学时数占专业课总学时的 60%以上，项目联合建设学校相应专业教师使用资源库进行专业教学的学时数占专业课总学时的 40%以上。学生广泛使用，项目主持学校 50%以上的本专业学生使用资源库，项目联合建设学校 30%以上的本专业学生使用资源库。发挥示范效应，辐射带动建设学校其他专业及相关中职专业教学改革。

（4）行业企业融合。行业企业为资源库建设提供实际案例和技术支持，在资源库平台发布新产品和新技术。项目联合建设行业企业把资源库平台纳入其职工继续教育培训系统。企业员工应用资源库学习提升达 1000 人次以上。

（5）社会服务。为学生、教师、行业企业人员、社会学习者等各类用户提供资源检索、信息查询、资料下载、教学指导、学习咨询、讨论答疑、就业支持等服务，社会学习者应用资源库学习提升达 500 人次以上。形成服务学习型社会建设的品牌影响力，吸引媒体宣传报道。

（6）特色与创新。校企合作改革专业课程体系、更新专业教学内容、创新教学方法手段成效显著。提升职业教育社会服务的技术含量和附加值明显。

（7）长效机制。资源库建设与管理模式先进，项目团队持续建设、行业企业持续支持、资源内容持续更新、持续推广应用等运行机制设计完善，支持优质资源共建共享，可操作性强。资源内容年更新比例不低于存储总量的 10%。

4 专业教学资源库的建设应注重共建共享

4.1 建立共建共享的观念与共识

资源共建共享的难点在于传统教育观念的制约。许多学校都认为本校为什么要用外校的课程、外校的教师，似乎一所学校的某些课程选用外校教学资源会有损本校的形象。实际上，谁都知道任何一所学校不是每个专业、每门课程、每位教师都是最优秀的。因此，改变观念，首先要改变过去认为共享外校资源会削弱竞争能力，甚至丧失品牌的老观念。转变观念，达成推动建立共享机制这一工作，有助于提高教育质量和效益，增强学校和整个中国高职教育实力的共识。毋庸置疑，这一过程不会是一帆风顺的，在这一过程中，许多学校的确会失去什么，但得到的将是中国高职教育新的繁荣。在转变观念，达成共识的基础上，还要制定参与资源共建共享的有关规则，形成和构建相应的共建共享机制。

4.2 构建共建共享机制

建立共享机制需铺垫共享的基础。一是政策基础，即国家在高职专业教学资源库资源共享上应提供政策上的保障，特别是制定学分互认的政策，协调学分互认的关系，并确定院校共享优质资源在教学中应用的比例范围。从政策上既鼓励推动共享，又保持了各院校自身的特色。二是技术基础，各院校的资源建设应执行国家相应的技术标准。执行相应标准，才能实现平台的互操作，建设的资源在院校间不同平台上才能顺利运行，才能从技术层面保证实现资源的共享。三是教学基础，教学基本内容和基本要求应达到一定程度的规范和统一，在这一基础上制作出内容、要求适用面宽的资源，从教学内容和要求上保证共享。在优质资源的评价上，专家、教师、学生和社会的意见都应尊重，并各占一定的比例，以完善评价指标体系。对于职专业教学资源库，专家、教师、学生和社会（如用人单位）都会有不同的看法，建设真正的优质资源，听取多方的意见，尤其是学生和社会的意见是非常重要的。恰如其分地利用共享优质资源和本校资源，处理好规范办学行为、共享优质资源和各校保持特色和竞争力的关系。建立资源的共建共享机制，并非让全国高职院校“大统一”，相反要求各高职院校在共享的过程中，争取做出可供共享的优质资源，增强竞争力，并且无论利用共享资源，还是本校资源都要注意突出自身的特点，办出有特色的教育。建立和形成共享的机制，实现有偿共享，需制定有关的规则，签署有关的协议，要特别注意处理好知识产权和利益分配等问题。

使资源共建共享要实现标准化、市场化和产业化。标准化是资源共建共享的基础，也是政策、技术、教学和管理的基础。没有标准化，资源的共建共享将无从做起，因此应从共享的需求出发，尽快整合、建立和完善相应的标准，构建完整的标准体系。市场化，有偿共享需建立资源可交换的平台和市场、形成资源交换的市场机制、按照“有限”市场法则进行资源共享。产业化，教育是产业，高职教育有可能在教育产业领域中率先实现产业化。教育资源的产业化反过来将促进教育资源的建设和共享。

推进共建共享，建立共享机制的程序和步骤。共建共享机制的建立至少包括五个方面的力量：政府、学校、专家、协会和企业。政府应承担起政策制定、标准制定、资金支持和宏观指导四方面的工作，并帮助学校协调其他三方的行动。专家主要提供咨询，进行认证和评价。学校是共建共享的主体，应在教学模式、教学内容、资源建设和实施共享这些最重要、最具体的工作中发挥作用。协会作为民间机构，可以处在中立的位置上制定规则，制定同行之间的约束条例，监督共享共建过程当中的一些违规行为。企业主要提供资金和技术上的支持，其运作机制也可能为共建共享注入活力。资源的共建共享从程序上来说应该是先易后难，分步实施。第一步，实现校内外资源的共建共享，在此基础上或同时以院校自主行为的形式，主动为外校提供共享资源和（或）主动争取共享外校资源。第二步，整合同地区或同类型学校的资源，实现本地区和同类型学校的资源共享。第三步，将第二步行动与国家和地方教育行政部门的项目挂钩，作为新时期教育振兴行动计划的一部分实施。第四步，全国化和社区化，联合全国高职院校的力量，使共享成为全国高职院校的共同行动，并为社区共享资源服务。第五步，国际化和社会化，实现国际范围的资源共享，同时为构建我国终身教育体系和学习化社会服务。

发达国家校企合作的模式分析与启示*

孔令军
（陕西工商职业学院，西安 710119）

【摘　要】国外职业教育的校企合作形成了多种较为成功的模式，研究并借鉴其成功经验，对促进我国职业教育科学发展具有重要的意义。本文首先研究了德国、澳大利亚、英国、加拿大、美国和日本等发达国家的校企合作模式，然后分析了其共性因素，最后总结出了发达国家校企合作机制给我国带来的启示。

【关键词】职业教育；校企合作；模式；启示

谈到职业教育，就离不开校企合作，可以说，学校与企业的合作程度如何、合作成效如何，直接影响了一个国家职业教育的发展层次与水平。目前，世界各国根据本国的不同情况，形成了各具特色的职业教育校企合作模式，尤其是在德国、澳大利亚、英国、加拿大、美国和日本等几个发达国家，经过校企合作共同发展职业教育的成功实践，已经形成了适合其本国职业教育发展的成功的校企合作模式。环顾国内，我国校企合作教育还处于探索阶段，还没有形成一个较为成熟的模式，借鉴发达国家校企合作的成功经验，对促进我国职业教育的快速并科学发展，无疑具有重要的现实意义。

1　国外校企合作的主要模式

1.1　德国“双元制”模式

“双元制”是指学生职业培养过程中，由企业和培训机构共同完成对学生的培养任务，学校和企业是两个同时存在且不可或缺的人才培养主体，其“双元”就是指企业和学校。在整个人才培养过程中，企业往往起着核心作用，这一点是“双元制”培训模式的核心特征。当然，在德国，政府对校企合作给予了足够的立法保障和财政支持，企业因此愿意为学生无偿提供一切实习实训条件，学校和企业在职业人才培养过程各负其责，且紧密合作，校企合作成为了一种自然的形成习惯和默认规则。目前，综合来讲，“双元制”是世界上最为完善的校企合作运行体制，其核心优势表现在政府提供政策保障，企业和学校充分发挥两个主体作用，共同培养学生并使学生成为企业和社会需要的职业人。可以说，在德国，校企合作不是某个学校和某个企业自己的事情，而是国家倡导下的一种校企各负其责、共同培养人才的办学模式。

1.2　澳大利亚 TAFE 模式

澳大利亚的职业教育培训（technical and further education，TAFE）模式为新型的

*［基金项目］陕西工商职业学院 2014 年度科研课题“高职教育‘产教结合、校企合作’模式研究”（编号：14G-04-B05）。

现代学徒制度，其核心是“以职业能力为本位”。TAFE 是学院，其学员 80%的时间是在工作场所，进行工作本位的学习，只有 20%的时间在 TAFE 进行学校本位学习。其特点是，针对性强，实用性强。为此，要求专职教师要保持与产业界的密切联系，要求他们每周要有一天，每月要有几天，每年要有一段时间离开学校到行业或企业内进行专业岗位实践。TAFE 开设的课程也要求很强的针对性和实用性。这些课程有长有短，短的 12 周，长的有两年。凡是在全国开发的课程每五年修改一次，平时的小修改更是及时。TAFE 模式非常重视学院学习条件的改善和优化，投巨资建设实验室、实习工场，配备先进仪器设备等。澳大利亚的 TAFE 模式还有一点，不与普通教育截然分割，而是可相互衔接的。它采用职业资格框架将二者结合起来，实行学分制，依靠学分的多少发给相应的结业证书、资格证书或文凭。但是 TAFE 一般不授学位，要取得学位，需进入高等教育学院或综合性大学深造。

1.3 英国“三明治”模式

“三明治”模式（sandwich courses）是一种“理论—实践—理论”的人才培养模式，其实施方式是在两学期之间，通过在校授课和到企业实习相互轮替的教学方式实现以职业素质，综合应用能力为主的人才培养目标。在英国，这种培养模式主要有两种形式：第一种形式分为三个阶段，学生中学毕业后，先在企业工作实践一年，接着在学校里学习完两年或三年的课程，然后再到企业工作实践一年，即所谓的“1+2+1”或“1+3+1”教育计划；第二种形式是第一、第二、第四学年在学校学习三年理论，第三学年到企业进行为期一年的实践，即所谓的“2+1+1”教育计划。但是不论用哪种方式完成“三明治”课程，学生都需要在最后一年回到学校完成学业。一般情况下，学生的工作实习单位和实习岗位由企业招聘及学校推荐共同完成。许多企业及政府部门已经和学校之间建立了长期的合作关系。企业定期向学校公布拟聘用岗位的情况，学生工作的情况；学校则设立专门的部门负责推荐，联系和落实学生的实习工作。学生还可以登录网站直接查询工作实习信息，找到合适自己的招聘岗位并联系企业应聘；也可以自己公布个人信息寻求相对应的企业职位。如果学生没有找到合适的企业完成实习，那么该生就不能完成学业直到其找到单位为止。值得一提的是，学生在实习期间是可以获得企业报酬的，而且待遇不低，通常情况下每年 1 万英镑到 1.5 万英镑。一年的工作经历不仅使学生变得成熟自信，同时也掌握了工作技能，积累有用的工作经验。这段经历使学生能够轻松就业，甚至有可能在实习的公司最终就业。

1.4 加拿大、美国 CBE 模式

以培养能力为基础的教育（competency-based education，CBE）是以加拿大、美国为代表的人才培养模式。这种人才培养模式以能力为基础，它的核心是从职业岗位的需要出发，确定能力目标。通过有代表性的企业专家组成的课程开发委员会，制定能力分解表（课程开发表），以这些能力为目标，设置课程，组织教学内容，最后考核是否达到这些能力要求。CBE 首先进行的是职业分析，通过问卷的方式，了解近期服务区域内人才需求的情况，然后筛选相对紧迫和集中，学校又有能力开设的专业进

行课程开发。课程开发的工作是由本职业的专家组成，这样能更符合教育规律，也沟通了企业和学校。CBE 的教学活动基本上都是在实训课堂完成的。CBE 模式实际上是一种以胜任岗位要求为出发点的教学体系。自第二次世界大战以来，在西方许多国家的职业技术教育与培训中相当广泛地以胜任岗位要求为出发点来安排教学计划，组织教学与培训，在教育学的理论与实践的基础上逐步形成了 CBE 这种教学体系。CBE 的最大特点是整个教学目标的基点是如何使受教育者具备从事某一种职业所必需的能力，因此目标很具体，针对性强。为了做到这一点，就必然要强化行业（用人部门）和学校（教育部门）间的紧密合作。在制订教学计划时把各项岗位要求进行系统分析，再组成一系列教学模块或单元，使不同起点、不同要求的受教育者都能根据自己的情况取舍，所以具有很大的灵活性。对沟通职前和职后的培训，正规和非正规的教育都有好处，在教学的组织管理上也自然突出了个别化的特点。

1.5 日本“产学官”模式

以日本为代表，伴随着知识密集型经济的转型，由政府主导，通过创设新的企业和新的产业，打破经济低迷状态，创造就业机会，大学在传统的教育和研究职能之外又被赋予了技术转让这一新的使命。日本的“产学官”结合是法案、制度、中介并举，社会、企业、学校顺畅沟通。首先，政府以法律的形式保证产、学、研合作的顺利进行。为了促进大学科研成果的产业化和产学研的合作，日本政府制定了《研究交流促进法》《大学技术转让促进法》《研究交流促进法》的部分修正案，这些法律的制定和实施，为产学研合作的顺利进行提供了法律保障。其次，完善与产、学、研合作相关的制度与体制。

2 发达国家校企合作模式的共同点

2.1 学校和企业缺一不可

在发达国家的职业教育人才培养过程中，学校和企业是两个重要的培养主体，作用十分重要，且缺一不可。德国“双元制”职业教育中企业参与培训的机制，这恰恰是德国“双元制”职业教育取得成功的关键。企业参与培训可以获得国家的经费补助、可降低劳动力成本，有《联邦职业教育法》的制约、行业协会工会的参与等。职业院校根据人才培养的需要，将企业的参与纳入办学体系之中，强化人才培养的针对性和适应力。通过建立董事会、校企双方共同参与的专业指导委员会、共建功能完善的实训基地等合作机制，企业为学校的建设和发展提供必要的实训场地、办学经费和设备保障，从而有效解决职业办学资金短缺、资源不足、实践环节薄弱及学生就业安置等问题。学校则充分发挥科研、技术优势，为企业提供应用研究和技术开发服务，达到双方互赢的目的。在人才培养过程中，企业发挥了重要的主体作用。在 TAFE，专家委员会成员一部分是学校的教育专家，另一部分是企业家。其中的教育专家不仅具有教学经验，而且参与企业管理咨询；企业家不仅具有管理的实践经验，而且具有教学的经历。可见企业与学校之间的交流丰富且是双向的，企业家也参与学校人才的培养。在其他几个国家的职业教育中，同样证明了学校和企业是人才培养的两个主体，缺一不可。

2.2　政府发挥重要作用

在职业教育中，培养主体是学校和企业，这是毋庸置疑的，但是光有这个培养主体在发挥作用，职业教育还是无法持续健康科学地发展。在发达国家的培养职业人的过程中，有一个因素始终发挥了重要的作用，而且发挥了重要的基础性、保障性作用，这个因素就是政府。无论是在德国，还是加拿大、美国、英国、澳大利亚、日本，政府在职业教育中发挥了重要的保障作用，协调和保障着校企合作的向前推进。例如，在产学研三者相互关系中，政府协调包括财政、法规等各种政策支持是义不容辞的责任，也是产学研合作的重要保证。日本的"产学官"在这方面表现突出，强调产学研合作中的制度建设，政府成为产学研合作的主要推动者。

2.3　政策法规是保障

各国职业教育政策和法规对政府、社会团体、行业组织、企业、学校、公民个人等职业教育办学主体的职责、权利都有明确具体的规定，可操作性强；普遍关注提升职业教育质量、扶持社会弱势群体接受职业教育、促进社会公平，引导性强；法案对职业教育机构的举办和撤销、职业教育实施和管理的监督、处罚内容规定明确，制约性强。可以说，一个国家职业教育发展的好坏，看一下这个国家的职业教育方面的法规政策的多少及其完善与否，就可以得出一个基本的判断了，发达国家的职业教育发展现状，恰恰有力地证明了这一点。

3　发达国家校企合作机制的启示

3.1　学习与工作融为一体

校企合作共育人才，不是简单的校企签署一个合作协议。企业为学校提供一些实训实验设备，或者接纳一部分学生到企业实习，这种合作形式是简单的初级的合作形式，在人才培养过程中发挥不到企业应有的主体培养作用。在发达国家中，校企有很多合作，学生的学习环境和工作环境融为了一体，实现了一体化教学。很多校企合作做到了教室就是实验室，学习环境就是工作环境，学生在工作环境下学习，在学习过程中适应工作环境，毕业后可直接上岗。

3.2　学分制为校企合作提供条件

澳大利亚 TAFE 模式有很多优点和特色，但是它的实施和成功是在一定的条件下才能完成的，目前在我国这样的条件不足。虽然我国的职业教育引入了学分制的概念，并提出了一些相关的制度和措施，如学生修满一定学分可申请提前毕业等，但是目前看来还没有达到这样一个水平，而且我国的证书体制也还没有澳大利亚的证书体制那么完善，要累计达到一定学分取得一定级别的证书和文凭存在较大的困难。因此，应借鉴澳大利亚证书制的有关做法，建立和完善我国学分制的框架体系，积极推进学分制的实施，为校企合作提供条件。

3.3　充分发挥政府的作用

政府在校企合作中发挥了推动者、协调者、监督者的作用。在市场经济条件下，校企合作需通过政府、企业、社会及高校间的伙伴关系来实现。职业院校为了生存发展，提高办学实力，积极寻求特色发展之路，合作积极性相对较高；而多数中小企业对新技术及高技术人才虽十分渴求，但多数缺乏人才培养的动力与实力。此时，政府必须在立法、财政等诸多方面给予支持，制定和完善各种有关法规，成为校企合作强有力的推动者。校企合作是企业、高职院校在各自不同的利益基础上寻求共同发展、谋求共同利益的一种组织形式，合作过程中二者均可获益，但因二者所属系统不同，它们之间存在本质的差异，也存在着不可避免的矛盾，需要政府部门的协调。地方政府作为学校与企业的公共管理部门，发挥着协调者的作用，协调建立合理的企业、学校和其他要素间的互动关系，使校企合作教育的机制正常运转。在校企合作中，企业和学校通过契约等形式确定各自的权利义务，但在运行过程中不管是否顺利，政府的监督显得至关重要，它不仅可以使合作顺利的校企双方实现合作内容，而且可以推动合作不顺利的校企双方承担各自的合作职责，履行各自的义务。此外，政府部门的监督也有利于合作双方互动，保证企业应有的地位和利益。

校企合作的现状分析与促进机制研究*

孔令军
（陕西工商职业学院，西安 710119）

【摘　要】本文研究了影响校企合作的因素和存在的问题，针对问题提出了解决策略，这对于促进校企合作具有重要的现实意义。本文首先分析了国内校企合作的主要模式及存在的问题，其次对建立校企合作的动力、激励和约束机制进行了研究，最后提出了促进校企合作的实施策略。

【关键词】校企合作；模式；机制；实施策略

研究校企合作，推动校企合作，就要首先研究清楚是什么因素影响了校企合作，是什么因素制约着校企合作，也就是研究校企合作的现状，尤其是存在的问题是什么，这是认识论的基本要点和基本要求。任何事物都不是也不能孤立存在，同样，校企合作模式不仅涉及学校和企业双方，政府的推动和市场的调节也构成了校企合作重要的外部力量，此外，社会历史文化传统、法律法规、行政和行业管理体制、企业生产方式等都构成了校企合作的外部因素。成功有效的校企合作机制的建立有赖于各相关因素的相互作用。

1　国内校企合作的现状及存在的问题

1.1　国内校企合作的主要形式

（1）订单式。“订单式”培养模式，是由用人单位根据其对不同规格的人才需求情况，提出订单，由学校按照用人单位提出的规格、数量进行培养。教学计划由校企双方共同制订，根据岗位知识结构、能力结构和素质要求确定培养方案，构建理论和实践教学体系。企业通过校企合作会议参与学校的培养方案的制订，通过讲课等形式把企业的用人要求传达给学生。

（2）校企联合式。“校企联合式”培养模式，是由学校与用人单位共同办班的一种办学形式。在这种培养模式下，企业与学校成了办学的伙伴，双方共同出资、共同建设。学校得到了企业办学经费及师资支持的同时，企业得到了符合自身人才规格需求的未来的高素质技能人才，校企双方成为了利益共同体。

（3）产学合作式。“产学合作式”培养模式，是由企业直接进驻学校，通过企业的生产让学生在学校零距离接触生产过程的一种人才培养方式。什么样的企业可以进入学校，企业怎么进入学校，企业进入学校后应履行什么样的义务，都有严格的

*［基金项目］陕西工商职业学院 2014 年度科研课题“高职教育‘产教结合、校企合作’模式研究”（编号：14G-04-B05）。

规定。通过“产学合作式”培养模式，学校获得企业资助是次要的，重要的是师生可以通过观摩和师傅的指导，学到了企业生产最前沿的知识与技能。

（4）双主体式。“双主体”人才培养模式是一种近几年才提出并探索的创新型模式，强调校企合作中的学校与企业是人才培养的两个主体，两者在人才培养过程中地位平等、责任共担、利益共享，比较有效地调动了校企双方的积极性和创造性，陕西工商职业学院等几所院校积极探索实践并取得了初步成果，形成的“双主体”人才培养模式得到了社会的好评。

1.2 国内校企合作存在的问题

（1）政策法规缺失与政府职能缺位。目前我国还没有出台校企合作的专门法律法规，政府、行业、企业、学校在校企合作中的责、权、利不够明晰。寻求校企合作多数是学校的自发行为，常会遇到企业积极性不高，甚至不理解、不合作的情况。在校企合作过程中，企业存在较大的随意性，学校则处于相对被动的位置。因此，有必要出台产教融合、校企合作的法律法规，明确各方的责任与义务，特别是企业在参与教学和管理、接收学生顶岗实习等方面的责任，明确规定企业的优惠激励与惩罚措施，使产教融合、校企合作成为国家制度稳定下来。同时，严格执行职业资格准入制度、规范劳动力市场用工行为，营造校企合作的良好环境。

（2）企业参与办学的动力不足。我国的校企合作多数属于以学校为主的模式，作为技能型人才需求和使用终端的企业如何想、希望怎样做，尚未得到政府和学校的充分重视。市场经济条件下，企业进行校企合作是市场竞争、政策激励、科技发展的共同作用，但这些因素也会因企业的规模、所有权结构、文化等企业内部特征的不同而变化。企业最终会以利益最大化为目标，做出参与职业教育的决策。单纯强调企业的社会责任是不能充分调动其积极性的，应站在企业角度考虑问题，允许并保障企业对利益的追求，通过完善社会利益机制，保障企业参与职业教育的利益，促使校企合作形成良性循环，真正实现校企共赢。

（3）职业院校自身优势不足。职业院校自身优势不足是制约校企合作的重要瓶颈，其主要表现有办学条件不完善，师资队伍素质还不高，教育教学改革还不快，科研服务能力还不强等，特别是高素质、高技能人才培养水平还不高，很难适应市场变化和满足企业需要。造成这些问题的原因很多，职业院校特别是公办职业院校缺乏办学自主权是症结之一。长期以来，职业院校作为教育或行业行政主管部门的附属机构，人事任免、专业设置、招生计划等诸多事项的自主权十分有限，学校的积极性和创新性被严重削弱。当前，随着我国工业化、城镇化加快推进，尤其是产业结构转型升级，加快经济发展方式的转变，迫切需要数量充足、结构合理的高技能人才作为支撑，而此时职业教育的发展并不能很好地满足经济社会发展的需要。当职业院校纷纷开始寻找相关企业开展校企合作时，发现自身在基础设施、师资素质、人才培养、内部管理等方面都很难形成对企业足够的吸引力，这也直接导致校企双方在信息沟通和彼此信任上花费了大量的成本。

2 校企合作模式的合作机制分析

构建有效的校企合作模式，需要加强校企合作机制建设，建立校企合作的动力、激励和约束机制，将有利于保障校企合作保持长期、稳定、健康发展。

2.1 动力机制

强烈的利益驱动是校企合作的动力所在。职业院校参与校企合作是为了培养社会经济发展所需要的人才，而企业参与校企合作是为了获得提高竞争力所需要的人才，二者的结合点是学生，而学生在校企合作中提高了职业能力，提高了就业预期，同时通过参与顶岗实践可获得一定的经济收益。因此，构建校企合作的动力机制关键在于校企合作如何在最大限度上满足学校、企业和学生三者的利益追求，形成多赢的利益驱动机制。

对于职业院校，国家要坚持“以就业为导向”的职业教育办学方针，以人才培养的适需对路来评价职业院校的办学效益，并将其与国家对职业院校的财政拨款相挂钩，深化职业院校对于校企合作重要性和必要性的认知。对于企业，应保护企业参与校企合作的积极性，确保企业在合作中能获得预期的利益，包括优先获得毕业生的挑选权；可以利用学校资源对职工进行继续教育，从长远观点，通过刺激、激励以潜移默化的方式转化为学习型企业，提高企业竞争力；依法享有一定的财政补贴或税费减免。对于学生，国家应以法律的形式确保学生在参与顶岗实践中能获得真实的工作体验，并能取得一定的报酬，提高学生的职业能力和综合素质，促进其更好的就业。

2.2 激励机制

由于目前我国校企合作的瓶颈在于企业的积极性不高，通过制定和完善相关的法律法规，从政策和制度层面激励企业参与职业教育显得尤为重要。只有解决好企业参与职业教育的激励机制，即解决好企业在参与职业教育过程中的近期和长远利益问题，才能持久、稳定地吸引企业参与到校企合作中来，形成稳定的校企联合办学机制。

首先，国家应建立相关的法律、法规体系，从法律上规定企业参与职业教育的权利、责任和义务。因此，建议制定《校企合作教育法》，进一步明确和规范政府、学校、企业、学生在校企合作教育中的权利、责任和义务。政府在这一法律的框架下，建立校企合作办学的体系、制度和章程等，建立各级校企合作教育委员会加强对合作教育的指导和协调。国家应指导和鼓励企业建立现代企业制度下的企业教育制度，形成一套具有现代企业特色的职前、职后人才培养制度，建立学习型企业，并将此作为对企业家和企业的考量标准之一。

其次，国家应该建立企业职业教育利益补偿机制，开征企业职业教育与培训税，规定达到某一经营规模的企业必须承担相应的职业教育与培训责任。参照发达国家的做法（如英国政府规定，企业和学校实施“三明治”计划，联合培养学生，企业可减少缴纳教育税额；加拿大也通过退税政策来鼓励用人单位参与校企合作），对于参与校企合作教育的企业按一定比例减免职业教育与培训税，或税收返还企业专款用于企业职业教育，让企业切实感到参与职业教育既是履行一种社会责任，又是从事一项对本企业经济效益有明显促进作用的事业，激发其参与职业教育的动力。

2.3 约束机制

将企业参与职业教育的鼓励性政策与不履行职业教育义务的惩罚性政策法规化，已被证明是激励和约束企业参与校企合作非常有效的举措。可以考虑由国家或行业中介组织制定企业参与校企合作的实施细则，明确企业应承担的具体义务和责任及相应的惩罚措施，并加强政策的执行力，对于未能履行职业教育义务的企业给予经济上一定的惩罚，以此从法律上形成企业参与职业教育的约束力。

强化行业组织的管理和监督作用，形成行业组织对于企业的约束机制。政府应鼓励建立非政府非市场的公法性行业组织团体，通过立法赋予行业组织应有的法律地位，在政府的引导下，让行业性组织参与企业的管理。通过发挥行业性组织的桥梁作用，建立起连接企业、学校和政府的中介组织和机构，为政府提供政策建议和咨询，向企业和学校宣传、推广校企合作的成功经验等，在行业内形成企业参与职业教育的良好氛围。扩大行业组织的管理和协调职能，如制定行业内企业参与职业教育联合办学的规章、人才培养规格的标准等，使行业组织在维护企业利益的同时，约束和监督企业履行职业教育的义务。

3 促进校企合作的实施策略

3.1 完善就业准入

职业院校要主动与行业企业配合，及时了解市场需求的变化信息，主动适应区域、行业经济和社会发展的需要，根据学校的办学条件，有针对性地调整和设置专业，扩大学生就业空间。职业院校要根据市场需求与专业设置情况，建设以重点专业为龙头，特色专业为支撑，新专业为发展的重特新专业，增强学生就业能力。以政府为主导，发挥行业企业和专业教学指导委员会的作用，加强专业教学标准建设，构建专业认证体系，建立职业技能鉴定机构，开展职业技能鉴定工作，推行双证书制度。企业按照法律、政策的要求，保证招收的雇员上岗前必须经过培训，优先录用合作院校培养的“双证书”学生。

3.2 创新校企合作的运行模式

2011 年，黑龙江省教育科学研究院副院长张志强提出了校企合作的几种运行模式。

（1）校企股份合作模式。根据校企双方投入资产的比例，以企业或学校为主体成立董事会，共同管理、经营学校与企业，建立校企股份合作一体化发展模式。

（2）实训室进入企业模式。依托企业、园区建立院校与企业共用的生产性实训基地，由企业或园区提供实训场地、管理人员和实训条件，实训设备项目列入职业教育建设项目规划中，校企共同投入，按照符合企业生产要求建设生产性实训基地，将校内实训室建在企业，使单纯的实训室转变成生产车间。基地以企业为管理主体，将其纳入企业的生产、经营和管理计划当中，由企业和学校共同设计学生的实训课程。

（3）生产车间进驻院校模式。职业院校引进企业进驻学校，企业按生产要求提供建设生产车间的标准、加工产品的原材料和产品的销售，学校提供符合企业生产要求的环境、场地和设备，建立生产型实训基地，实训基地享受校办产业税收优惠政策。

（4）校企资源整合模式。校企双方利用各自的资源优势共同签订联合培养人才协议，企业依据自身的生产设备和技术人员情况，提出人才需求规格、专业设置的要求，由校企双方共同制订培养方案和教学计划，将企业文化、生产工艺、生产操作等引入教学课程内容。学校负责学生的基础理论课和专业基础课的教学；而学生的实践教学和技能操作到企业，企业全程参加人才培养过程。将校企联合培养人才的教育教学内容贯穿到每一个教学环节当中，通过整合校企资源联合培养人才，使学生毕业后就能直接上岗，成为熟练的技术人才。

（5）产学研用一体模式。利用有条件职业院校的专业教师和学生研究开发的人力资源优势和先进的实验实训设备，与企业共同创立集科研、生产、应用和高级技能型人才培养于一体的经济实体，利用经济杠杆把双方的利益紧密地结合起来，形成经济利益共同体，建立产学研用长效合作机制。

3.3　完善政策保障

在政策法规方面，要加快出台和落实支持职业校企合作的相关政策，将校企合作纳入经济社会发展规划，进一步突出各级政府特别是地方政府的责任，加强对有关部门履行教育服务职能的考核，充分发挥政府对职业校企合作的主导与指导作用；要加快制定和实施关于职业校企合作的专项法规，进一步明确合作各方的权利、义务和相互关系，维护校企双方的合法权益，约束可能发生的机会主义行为，着力降低职业校企合作的交易成本。在经费投入方面，要将职业校企合作逐步纳入政府公共财政预算，为合作的顺利达成和正常运行提供基本的资金保障；要以捐赠、资助、奖励、基金等形式，广泛吸纳社会及民间资本，构建多渠道的资金筹措体系，切实降低合作各方的直接成本支出。另外，要加强对职业校企合作专项经费使用的监管。

3.4　增强学校社会服务能力

为进一步增加学校对企业的吸引力，学校应增强社会服务能力。每个学校都应制定合适的《关于促进产学结合提高社会服务能力意见》，鼓励教师广泛联系承接横向课题，加强应用技术成果的转化工作，提高为企业开展技术咨询和技术改造的服务水平；加大与企业、研究机构的联系力度，确立科技创新平台、应用技术推广中心和研发中心等共建方案，积极参与合作企业的科研项目开发与研究工作；通过多种途径，积极寻求与行业、企业合作开展多种形式的技能培训，扩大校内外各层次职业资格培训和鉴定的范围，建立与学校办学特色相一致的职业技能鉴定站，提高社会服务质量。

高职院校校企合作实践与思考
——以陕西工商职业学院为例

林静[①] 古永司[②]

（陕西工商职业学院，西安 710119）

【摘 要】本文以陕西工商职业学院为例，小结校企合作工作进行的探索与实践，着重分析当前校企合作存在的问题，并对今后继续推进此项工作提出具体设想。

【关键词】高职院校；双主体；校企合作；机制

高职教育作为高等教育的重要组成部分，具有高等教育与职业教育的双重属性，它的目标是培养出适应社会发展、满足企业需求的高素质技能型人才。这就要求高职院校人才培养模式必须与企业实现无缝对接。企业不应是高职教育的陪衬或可有可无的一方，而应是与学校居同等重要地位的办学主体。没有企业充分参与的高职教育必然是不完整的教育，培育出来的人才必定是有瑕疵的。

基于对这一教育规律深刻、清醒的认识，陕西工商职业学院建立之初，就确立了旗帜鲜明的人才培养模式，即“双主体”人才培养模式。目的就是要通过建立良好的校企合作机制，充分发挥学校与企业各自在知识传授、素质养成、技能训练和创业就业等方面的优势，共同组织教学和技能训练，强化学生的职业技能训练，形成“校中有企”“企中有校”的育人环境和人才培养机制，把学生培养成现代服务业发展需要的具有良好职业道德、过硬职业技能并具有大学文化素养和创新精神的职业人。经过三年的积极探索，校企双方初步形成了地位平等、责任共担、资源共享、互利互赢的育人工作机制。

1 校企合作的实践探索

“校企合作、工学结合”是职业教育人才培养的主要模式，它体现了职业教育的本质特征，是技能型人才培养的有效途径。校企合作是产学合作的表现形式，工学结合是其实施途径和方法。

三年来，学校与洲际酒店集团、西安天域凯莱大饭店、西安皇冠假日酒店、曲江惠宾苑宾馆、西安索菲特大酒店、鸿业大酒店、西安（阿房宫）唯景国际酒店、西安创业物业发展有限公司、西安市万科物业服务有限公司、西安天朗物业管理有限公司、中国海程邦达物流集团公司、中储发展股份有限公司西安分公司、西安海纳集团物流总公司、西安宅急送快运有限公司、西安恒诚国际物流有限公司、陕西

---

① 林静，陕西工商职业学院合作办学处，处长。

② 古永司，陕西工商职业学院合作办学处，副处长。

省物流与采购联合会、陕西省报关协会、金花企业集团、陕西苏宁电器有限责任公司、人人乐股份有限公司、大成建设监理有限公司、陕西宏泰工程造价有限责任公司、陕西兵器建设监理咨询有限公司、陕西丰辉房地产开发有限公司、西安青年旅行社有限公司、海南三亚凤凰机场、西安绿地国际会展中心、雁塔区财经培训中心、联想集团阳光雨露客户服务中心、西安君兰影视动画制作有限公司、陕西人民艺术剧院有限公司、中国大地财产保险股份有限公司陕西分公司、西安益合典当有限公司等 34 家企业开展了合作。截至目前，我校基本上实现了重点专业有 3～5 家合作企业，开设的 26 个专业合作企业覆盖率已经达到了 100%。

经过不断探索、磨合，校企双方初步建立了良好的合作机制。

（1）与行业、企业组建了学科（专业）建设委员会，双方共同制订并组织实施人才培养方案。我校的物业管理专业、物流管理专业、酒店管理专业及财经类专业等都成立了有企业、行业相关人员参加的学科（专业）建设委员会。

（2）校企双方共同商讨实验实训基地（实验室）建设方案，实现资源共享。学校建有会计电算化、财务管理、物流管理、建筑工程及工程造价、酒店管理等 25 个专业实验室和实训基地，配备“广联达”工程造价软件、沙盘软件、会计用友 ERP 软件和厦门网中网财务管理软件，保证了学生实践教学的开展。

（3）企业遴选经验丰富的管理技术人员担任学校实践课程指导教师，学校派教师赴企业进行顶岗实践锻炼，学校与企业共同建设“双师型”教师队伍。据不完全统计，三年来合作企业累计派出的员工近百余人次承担教学任务，我校派出 30 余名教师在企业顶岗实践。

（4）共同协商，科学安排学生的专业实践和顶岗实习。截至目前，我校学生 60% 的实践教学都在合作企业得到了很好的落实。

（5）聘请合作企业老总及高层管理人员为我校兼职教授，企业中层管理人员为职业发展导师，由他们来校为学生做专题讲座，与学生分享成长经历，指导学生科学规划职业生涯。

（6）企业每年主动拿出部分用人计划，用于吸收学校毕业生在企业就业，如陕西兵器建设监理咨询有限公司就表示愿意将当年招聘计划的部分名额交由我校推荐。

以上合作机制的建立，为“双主体”培养职业人奠定了良好的工作基础。随着与企业的合作形式不断丰富，合作领域不断拓宽，合作层次不断提升，企业越来越感觉到，校企合作绝不仅是学校的单方需求，还是企业追求自身长远发展的必由之路。合作企业开始更加关注人才培养过程，与我校共同商定人才培养方案，参与教学改革，校企合作由最初的被动逐渐转入主动。

目前深度合作取得一些阶段性成果，一是与全球酒店行业领军者——洲际酒店集团共建英才培养学院，成立了洲际酒店集团英才培养学院陕西工商职业学院分院，这是该集团设在西北的首家英才学院。二是开设冠名班、订单班七个：西安皇冠假日酒店冠名班、苏宁云商冠名班、西安创业物业冠名班、洲际酒店集团英才班、西安索菲特大酒店未来之星班、君兰动漫订单班、恒诚国际物流订单班。

2　校企合作带来的共赢局面

校企双方务实、自觉的合作换来的是校企双方真正的共赢，几年下来，大家都尝到了实实在在的“甜头”。对合作企业来说，首先，更便利地获取了优秀人才。学校结合企业特色专门培养出来的劳动者，比起从社会上招聘来的一般员工，综合素质更高。从学校选拔出的好苗子，会更加认同企业文化和价值取向，适应企业的各项管理制度，熟悉企业的工作氛围，有更高的职业忠诚度和较全面的职业技能，能够成为企业宝贵的人力资源，为企业创造更多的价值。其次，大大节约了培训成本。企业与院校合作培养人才，相当于把内部员工的培训工作外包给学校，提高了企业职工队伍的素质，缩短了员工和企业的磨合期，降低了企业的培训成本和劳动成本，有力地提升了企业的竞争力。最后是提升了企业形象。通过与学校合作办学，企业既履行了社会责任，又借此扩大了企业的知名度，提高了企业的社会声望，赢得了社会美誉。

对陕西工商职业学院而言，通过校企合作，弥补了课本知识的不足，使学校教学与企业需求同步，企业参与学校人才培养方案和人才培养过程，深化了学校的教学改革。学校通过校企合作为教师提供了在企业实习、见习、调研等机会，使教师了解了企业，提高实践技能，培养了一批既懂理论又了解企业运作的“双师型”教师队伍，为培养创新型人才提供了保障。

在校企合作中获益最大的当属学生。他们通过在校期间接受“厚德、强技、敬业、有为”的养成教育和在企业期间接受严格规范的职业人管理约束，塑造了爱岗敬业、踏实肯干、谦虚好学、与人合作的良好职业道德。他们通过与未来工作岗位的零接轨，亲临职场接受职业指导、经受职业训练，将理论学习与社会工作实践相结合，练就了过硬的职业技能。他们置身于优美的大学校园，接受积极向上的文化熏陶，系统学习扎实细致的理论知识，具备了良好的大学文化素养和创新意识；他们走出校园，接触社会，直面挫折，大大提高了适应社会、正视竞争的生存发展能力。

3　推行“双主体”职业人培养模式的反思

通过与企业的合作，我们也发现了以下几方面的问题。

3.1　企业参与职业教育发展的持续动力不足

企业作为市场经济的主体，以盈利为主要经营目标，其参与职业教育发展的动力源自其经营目标。有相当部分的企业将参与职业教育视为直接或间接的利益损失，是否参与职业教育的发展，对于企业的投入和收益均不能产生影响，所以，企业在没有相应激励政策和法规约束的机制下，企业并不一定通过直接参与职业教育来获得人力资源。企业合作意识淡薄，没有把培养人才纳入企业价值链中，把校企合作当成是选择人才的途径，对职业教育人才培养过程不关注。

企业不愿意与职业院校合作的主要原因有以下几点。

（1）给企业增加管理成本。企业要安排专人管理；企业要安排学生吃住，需要费用，甚至无法解决吃住问题；学生生产效率低，而且在操作中易出废品，增加原材料费用。

（2）给企业增加风险。学生在生产的实际操作中一旦发生事故，企业要承担医疗费或抚恤金等费用。

（3）很难保证产品的质量，影响企业声誉。

从我们与企业合作的情况来看，劳动密集型专业好找合作单位。例如，酒店管理、物业管理等专业是企业主动找我们联系的，仅酒店管理专业现在已经签了七家，而且还有许多储备资源；人人乐、苏宁电器、天朗物业、西安宅急送等都愿意与我们合作，而且专业不限。但建筑行业、航空企业基于学生安全或其他原因仅愿意接受学生实习，而不愿受合作协议书的约束。

3.2　职业院校适应行业企业需求的能力不强

职业院校的专业设置、培养方式、课程设置、教学过程等方面与企业需求不符，校企联合培养人才的体制机制没有形成。职业院校自身合作能力不强，产品研发能力和技术服务能力较弱，缺乏对合作企业的吸引力。例如，目前学校部分专业校企合作就仅停留在企业接收学生实习的浅层次上，没有从培养目标、专业设置标准、实训基地建设、课程开发、实践教学体系、人才培养与评价等方面进行深层次合作。

3.3　校企合作的有效模式尚未形成

目前还没有形成有效的校企合作模式，不能使校企合作变成来自学校和企业自身内在发展的一种动力需要，急需创新校企合作的有效模式。校企合作多数是短期的、不规范的、靠感情和人脉关系来维系的低层次合作，尚未形成统一协调的、自愿的整体行动。校企合作缺乏有效的合作模式和机制、缺乏校企双方沟通交流的平台，企业利益得不到保证、传统的职业院校管理体制、运行机制、投入政策等因素，都不同程度地影响了校企之间的合作，校企合作的有效机制模式没有形成。

4　政 策 建 议

做好顶层设计，建立一个学校、企业长效、融合、深度合作的体制机制是“双主体”职业人培养模式成功的必要条件。

（1）建立一个由学校、企业、行业人员组成的机构，定期沟通。“双主体”职业人培养模式的关键在于校企合作，而这种合作教育参与者的选择策略都是以自身利益最大化为原则，要使他们做出完全一致的决策判断是非常困难的。因此，必须考虑企业的需求，因为这才是企业参与教育行为的源泉和起点。学校作为控制层应该做好与企业的持续沟通和交流，建立企业或行业组织参与的专业合作委员会，加强企业和职业学校的沟通。

（2）建立收益保障机制。据了解，德国职业教育实行的是“双元制”，它的特点是以企业为主，先招工，学习地点分别在企业与学校交替进行，学生毕业要经历行业的技能证书考核。德国企业之所以能够实施“双元制”，很大程度上是因为毕业学徒流失率低，而独享培训投资收益，当然这也取决于其企业本身的吸引力。所以，“双主体”职业人培养模式要考虑并建立适合国情的企业教育培训投资收益保障机制。

（3）引入竞争和激励机制。“双主体”职业人培养模式要培养出高质量的学生，不但要有规范的中长期过程性评价，还要有对学生平时的考核。例如，学生在学习中表现不好，随时就会被淘汰，如果学习出色会获得由企业提供的奖学金，这无疑给学生一种压力，但更是一种学习的动力。

（4）校企共建实践教学基地。“双主体”职业人培养模式需要有较好的校内或校外实验实训条件，那么目前由企业建造综合实训中心，在学校建立实训过渡阶段的实验室，是较为合理的选择，为学生顺利实现角色转换提供了可能。

（5）营造浓厚的企业文化氛围。为了让学生感受到公司的企业文化，在实验室建设中需要注重企业文化的引入。校内实训基地（实验室）管理工作要注重营造企业文化气氛，如张贴许多包含公司生产、营销、服务、管理理念的企业文化知识宣传单，实训基地（实验室）日常建设和管理工作也可以采用公司的各项管理制度。也可在合作企业建立校外实训基地，这些实训场所直接设置在生产第一线，实训工作管理直接采用企业生产管理模式。

综上所述，通过深层次的“双主体”职业人培养模式，学校依托企业的优势提高了办学的活力，而企业有了符合自身要求的劳动力资源及人才储备，增强了企业可持续发展的竞争力，在合作办学中还节省了企业人力资源成本，使学校和企业实现了真正双赢。

（原文发表在《陕西广播电视大学学报》2013 年增刊，略有修改）

高职物流管理专业实践教学改革与实践——以陕西工商职业学院为例*

王友青[①]　苗晓锋

（陕西工商职业学院，西安 710119）

【摘　要】高职院校物流专业毕业生难以找到专业对口的工作，企业又苦于招聘不到具有实践经验的技能型物流人才，培养符合社会发展需要的物流人才，这是高职院校亟待解决的问题之一。实践性是物流管理专业最显著的特征，但目前高职院校实践教学存在的问题较多。如何改革传统的培养模式，建立与物流人才需求相适应的教学体系，特别是建立有效的实践教学体系是一个值得探究的问题。本文以陕西工商职业学院为例，介绍了物流管理专业实践教学体系的构建方案及其评价体系。

【关键词】物流管理；实践教学；评价体系

高职教育是培养高端技能型人才的高等院校，所以在教学体系的安排中，除了理论课程外，实践课程也是同等重要的，它不但能使学生学以致用，还能在实际操作中更加激发学生的学习热情，真正发挥学校学习和企业工作的桥梁作用。但是，目前绝大多数高职院校的实践教学不尽如人意，收效甚微。这就要求物流管理专业在设置时就应思考如何构建一个科学合理的实践教学体系，加强实践教学环节，确保人才培养目标的实现。

1　高职物流管理专业实践教学现状

1.1　课程设置和培养目标不清晰

通过对部分高职院校物流管理专业教学计划的分析，发现存在一些不足：一是在制订专业教学计划时因缺乏充分的社会调研和论证，专业培养目标不够明确，课程设置不够科学，有盲目设置课程的现象存在，造成学生的知识结构、技能水平不能适应用人单位的要求；二是受高职院校师资和实验实习等教学条件的制约，实践教学在教学中的比重较低，无法从学科特点、区域特点、经济特点和物流需求等方面构建专业培养体系，进行特色学科设置。

1.2　校内实训条件投入不足，实训效果无保障

物流管理专业实践教学要以必备的硬件作为支撑，实训基地的建设是必要条件。没有必备的实训基地（实训室），就无法进行相应的实践教学活动。相对于其他管理类专业，物流管理专业对实践场地、物流技术、设施设备等应有更高的资金投入。

① 王友青，陕西工商职业学院工商管理系，副教授。

但是，大部分高职院校校内实训条件简陋，实验实训基本停留在中职教育水平上，很难向学生提供全面有效的实训机会。一些高校连物流基础设备的需求都无法满足，更谈不上模拟实训和全景教学，这对学生物流管理综合能力的培养很难实现。

1.3 “双师型”教师比较缺乏

“双师型”师资队伍建设是构建高职物流管理专业实践教学体系的基础，也是高职教育可持续发展的决定因素。物流专业“双师型”师资队伍是具备系统的专业物流知识和丰富物流实践经验的教师团队，有专业的学科带头人和不同职级的专职教师组成。目前国内许多高职院校物流专业符合要求的“双师型”教师较少，大多等同于“教师+第二职称或职业证书”，缺乏物流实践技能和应用能力，讲授内容很难与生产实际相结合。

1.4 重理论轻技能，重证书轻实践

由于实践教学条件的限制，不少高职院校的实践教学是专业教师采用理论式的讲解或进行操作示范来组织实施的，教师从头到尾采取“满堂灌”的教学方法。专业设置和学习目标都以理论为本，学生的实践学习时间在整个学习中的比重较小。部分学生认为证书等同于业务能力，很多高校也强调职业资格证书的通过率，而对学生实践动手能力较少关注，无法使个人业务能力提升和综合素质发展符合专业培养目标和社会需求。

1.5 校企合作深度不够，校外实习难以保障

为解决实践教学资源缺乏的问题，学校也加强了同企业的联系，建立校外实训基地，但校外实训模式比较单一，大多企业只是接受学生毕业实习或参观。学校与物流企业的联系不够密切，校企合作深度不够，学生缺乏校外实习机会，物流专业学生即使有机会参与校外物流实践，也仅仅局限于参观，理论和实践无法有机联系，应用技能很难得到有效的提升。

1.6 教学手段单一，考核方法简单

实践教学手段比较单一，缺乏现代教学手段。一张嘴、一支粉笔、一块黑板式的教学手段早已不能满足现代物流职业教育发展的新要求，如在讲授“运输与配送”课程时，教师仅在黑板上不断画出和讲解现代配送业务流程管理而不演练，就很难让学生真正理解配送管理理论，也无法掌握配送业务流程的实际管理技能。在实践教学考核方法上，大多数高职院校仍以实习或实验报告作为实践能力考核的唯一方式，基本不进行过程模拟和综合测评，考核结果大同小异，很难反映学生的综合能力和实际应用技能。

2 高职物流管理专业实践教学体系制定的原则

2.1 以就业为导向原则

以就业为导向，是高职课程体系建设的指导思想，主要体现在对课程目标确立、课程内容选择、课程模式设计及课程评价等方面。

2.2 以能力培养为核心原则

高职课程不管是理论体系还是实践体系，都必须以应用为主旨，以能力培养为核心，以相对完整的职业技能培养为目标的基本要求，让学生懂得“怎么做”，并且“能做”“会做”。落实能力培养的核心地位，首先要突出职业性，以应用为主线构建专业基础能力、职业通用能力和职业核心能力，明确各层能力培养的要求；其次要对现有的课程模式做彻底改革；最后要强调课程模式的实践性，除了增强实践性教学环节的比重，保证学生有充分的实践训练的机会，更要重视课程实施模式的创新，突破以课堂为中心的教学模式，通过校企结合等途径，使教学与职业实践紧密结合。

2.3 整体优化原则

实现整体优化原则，首先要考虑三组关系，一是社会需求、学生基础水平、课程目标之间的协调关系。社会需求是出发点，学生的基础是前提，课程目标应结合这二者的实际要求合理设计。二是知识、能力、素质之间的比例关系，要根据培养目标的要求，统筹考虑，找到三者之间最佳的平衡点，使学生的知识、能力、素质得到协调发展。三是课程与课程之间的关系，不同的课程，对培养目标所起的作用不同，应在目标统一的基础上，确定课程在整个课程体系中的主次地位与作用，明确核心课程、技能课程、基础课程之间的关系。

2.4 层次性原则

课程体系的层次性体现在课程之间的层次性和课程内容的层次性。课程之间的层次性表现为正确处理课程之间的先后顺序和衔接关系；课程内容的层次性应按照人们的认识事物的规律组织课程内容，体现知识和能力形成的循序渐进的规律。

3 高职物流管理专业实践教学体系的构建

以陕西工商职业学院为例，学校在物流管理专业实践教学整体设计上，始终以项目为导向，围绕人才培养目标及专业方向定位，采取“教、学、做、赛”合一的实践教学模式，“点、线、面一体化”的实践教学体系。依托学校已建的物流实训室、合作企业海程邦达国际物流有限公司两大实训平台，以岗位（群）所需职业能力为框架，确定典型工作任务，将之整合、归纳形成综合能力的行动领域，并在确定行动领域的基础上解构原有学科型课程体系，建立以项目为导向的模块化课程体系，实现由行动领域向学习领域的转化，并将设计的课程项目模块融入到基本素质实践阶段—专业认知实践阶段—课程教学实践阶段—专业综合实践阶段—工作岗位实践阶段五个实践教学环节，根据项目模块化的特点建立过程化、多元化的实践管理考核体系，最终达到以实现职业核心技能的能力目标和以获取学历证书和职业资格证书的“双证书”知识目标的实践教学目标体系。

3.1 校内课程实践教学内容体系

（1）单项实训项目。主要是对实验室的软件系统和硬件设备的讲解与单独演练，影视录像观摩、以往实训录像观摩、物流核心理论体验，让学生能够完全掌握系统和设备的性能和操作规范，为今后的学习做好准备工作，实训内容包括七大项目，分别是物流认知实训、物流硬件设备实操训练、物流软件模拟实训、物流沙盘实训、职业资格考证介绍、合作企业介绍、合作企业参观，安排在第一学期完成。

（2）课程实训项目。学生在学习专业课程的过程中，同步开展物流作业实训，涉及实验的课程有“仓储与配送实务”“运输管理实务”“供应链管理”“物流信息技术”“电子商务概论”“国际货运代理”“报关与报检实务”等多门课程，要求学生在硬件及软件实训中，学会具体的操作技能，了解物流的运作过程，逐步对物流有全面、直观的认识。

（3）物流综合实训项目。物流综合实训是对整个物流过程（或完整的供应链）进行业务训练，是真正学习在实际的企业经营中的物流管理流程，学生通过物流综合实训，走上具体岗位就可以开始工作，综合实训项目分别安排在不同的学期完成。

3.2 校外实践教学内容体系

没有一定时期的企业顶岗实习，学生根本无法把所学技能和物流各操作环节有效联系起来，不清楚各岗位的职责和联系，也无法从系统的观点考虑物流管理问题，在走上工作岗位后需要较长时间去适应环境，综合技能和实操能力均无法达到社会和企业的需求。

目前，物流管理专业与海程邦达国际物流有限公司、陕西苏宁电器销售有限公司、西安海纳集团物流总公司等企业协议建立了稳定的合作关系，并聘请了企业技术骨干为专业的技能型指导老师，较好地满足了学生始业教育、轮岗实习及顶岗实训的要求，也满足了教师顶岗实践培训、课题及专业技能研发、教学案例搜集的需要，为“岗位导向、双主体”人才培养模式的实施构建了交流与合作的平台。

总之，学校实践教学内容分别以主要工作岗位（群）的主要业务为基本内容，以合作企业相关部门的工作过程为实训目标，以任务或项目驱动的方式，建成了国际货代、仓储配送和物流信息等课程实训项目和综合物流实训课程，实现了实训内容改革创新、教学方式创新、学习组织创新、教学管理与教学质量评估创新。

4 物流专业实践教学评价体系的构建

建立科学、完整的实践教学评价体系，是重视实践教学和促进实践教学质量快速提高的主要手段。评价体系中包括学生自我评价、学生相互之间的评价和教师评价。评价不仅指对完成项目或工作任务的结果评价，而且要对学生开展项目的整个过程和学习过程进行评价；教学评价重点体现能力本位评价；评价不仅包括教师对学生的评价，也包括学生对教师的评价。

4.1 建立科学、完整的学生评价体系

校内实践教学和校外实践教学都要加强指导和管理，每次实训都有实训报告或成果，由专业指导教师和学生共同评定成绩并做好记录，按实践教学学时占总学时数的比例记入课程成绩。

实训成绩按优秀、良好、中、及格、不及格五个等次单独记录成绩档案。对学生参加实验、实习的各个实践教学环节的效果提出严格要求，加强学生综合实验能

力的考评，制订综合实验能力考评方案，确定考评内容与方法，提出考评成绩的学分比重。对于实习考核可通过实习报告、现场操作、理论考试、设计和答辩等形式进行。可以由学校实验室和校外实践基地联合考核，不仅考核学生的素质和能力水平，而且考核学生的工作实绩。

4.2　建立教师评价体系

根据培养目标的要求，制定出实践教学各个环节的具体明确的质量标准，并通过文件的形式使之制度化，严格规范执行。再结合同行评价结果、学生评教结果，在学期末给每位教师写出评语，同本人见面，并纳入人事考核。

4.3　建立实践教学督导体系

实践教学督导员进行实践教学全过程检查，不仅要检查实践教学的完成情况，而且要重点检查实践教学的质量。

物流专业实践教学是一门综合性科学，不仅要全面传授和培养学生物流专业知识，参加物流实践和综合训练，而且要系统地结合社会、人文、经济、管理等方面的实践教学，不断丰富和完善物流教学内容、方式和方法。各高职院校应根据市场需求来寻求专业发展方向，调整专业设置，整合课程体系，着力培养学生的实践能力、创新能力和创业意识。

（原文发表在《陕西广播电视大学学报》2014 年第 3 期，略有修改）

高职酒店管理专业人才培养模式的探索与思考
——以陕西工商职业学院为例

王中锋[①]
（陕西工商职业学院，西安 710119）

【摘　要】本文从国外高职教育的主流模式出发，分析其特点。阐释了陕西工商职业学院酒店管理专业人才培养的方式和机制，并对其发展存在的障碍和需要解决的问题进行了再思考，以期对我国高职教育的发展有所启示。

【关键词】工学交替；酒店管理；人才培养；高职教育

1　国外高职教育的模式及其对我国的启示

（1）德国“双元制”模式是指由学校和企业共同担负培养人才的任务，按照企业对人才的要求组织教学和岗位培训。这一模式的特点是以企业为主，学校为辅；以实践为主，理论为辅；以能力为主，知识为辅。德国“双元制”模式是一种为未来工作而学习的模式，在这种模式下课程体系开发特点是：无论是课程目标制定，还是课程方案的描述，无论是教育和实践训练时间的分配，还是培训机制的运行与教学方法的运用，都体现出强烈的实用性、综合性、岗位性、技能性等特点。

（2）CBE 模式以美国、加拿大为代表，以职业能力为本位，由本职业专家组成课程设计委员会制定出能力分析表。然后将相同、相近的各项能力进行总结、归纳并排序，通过教学分析和教学设计开发出教学软硬件环境和学习包（即教学模块）。CBE 模式下课程体系所培养出来的学生职业能力强，但职业范围窄，难以适应多变的社会职业需求。

（3）澳大利亚 TAFE 模式是把技术教育与延续教育（中学后教育）结合起来，统一进行开发、实施与管理的模式，该模式是由劳动部门主导，从顶层对职业教育进行设计的现代学徒制国家框架教育模式。澳大利亚 TAFE 模式下课程体系开发思路是：由行业咨询委员会或已得到认证的机构、企业按岗位将应具备的知识和技能进行分解，并将行业标准转换成课程，开发出职业资格证书培训包，该课程体系下学员 80%时间是在工作现场通过工作进行学习，只有 20%时间在 TAFE 学院学习。

（4）英国“三明治”模式下课程体系开发思路是：由英国商业与技术教育委员会通过初、中、高三个层次九个大类上千种国际上较有影响的职业资格教育证书开发课程，课程设置围绕培养学生的通用能力和专业能力展开，以课业代替考试，并采用内外结合的质量监控体系，颇具职业性。其培养的人才可直接就业而无需再经

---

① 王中锋，陕西工商职业学院现代服务与管理系主任，副教授。

过岗前职业资格培训考试。

（5）国际劳工组织模块技能培训（modules of employable skills，MES）模式不追求知识的系统性，它将知识、能力分成一个个模块，各技能模块可组合，学员需要什么技能就学什么技能。因此，其课程开发也是围绕技能模块进行的。国际劳工组织 MES 模式下课程体系适合岗前培训、继续教育，而不完全适合正规职业学院教育，因为它的长处是进行技能强化训练。

综上所述，德国“双元制”模式下课程体系的实施对教学条件要求较高，如师资、教学设备和校企合作等。澳大利亚 TAFE 模式和英国“三明治”模式下的课程体系开发出的培训包更适合于职业资格证书教育。与国外职业教育相比，我国在职业教育的制度建设上还有着很大的差距，在德国，规范职业教育的法律、法规很多，基本法律有三个，即联邦《职业教育法》、联邦《职业教育促进法》和《手工业条例》，此外还有《青年劳动保护法》《企业基本法》《培训员资格条例》等。正是这些法律、法规，还有一套包括立法监督、司法监督、行政监督、社会监督在内的职业教育实施监督系统，使德国的职业教育在培养目标、专业设置、经费来源等方面有了明确而具体的要求，保护了学生接受职业教育，在德国，企业均把职业教育作为企业行为来看待，企业内不仅有相应的生产岗位供学生生产实践，还有规范的培训车间供学生教学实践；不仅有完整的培训规划，还有充足的培训经费；不仅有合格的培训教师和带班师傅，还有相应的进修措施，这一切均使“双元制”的机制层面更为健全、更为完善，而使整个职教体系得以有效而顺利地开展。因此，在目前我国职业教育的制度、机制都不完善的情况下，完全照搬国外的职业教育模式的条件是不完善的。但是，他们在职业教育的目的、理念上和我们是一致的，我们更多是要学习其理念。

2 我国酒店管理专业人才培养存在的问题

2.1 高职教育整体处于初级发展阶段，体制和机制都不健全

改革开放三十多年来，特别是扩招后中国高职教育快速、持续发展，高职教育的教学逐步规范，办学规模迅速扩展。虽然中国的职业教育在体制、规模、层次、效益等诸多方面取得了长足的发展，但依旧面临着众多障碍和困惑，如职业教育的最高层次仍然定位在专科，并且具有教育终结性，在人们心中的地位较低，被看成是“次等教育”；从官方到民间，对职业教育重视不够、政策不配套、认识不到位、办学不规范、特色不显著、投入无保证等因素，依然制约着中国职业教育的发展。国际职业教育中的特色教育，为中国职业教育的发展提供了广阔的想象空间与借鉴模式。

2.2 课程设置不尽合理

培养目标、课程设置上缺乏针对性，对于要把学生培养成什么样的人才，并没有明确的目标，套用传统酒店管理专业的人才培养模式，缺乏自身特色。

2.3 社会适应性差

酒店管理专业从某种程度上仍然沿袭着“以课堂为中心，以教师为中心，以知

识为中心”的传统教育模式，忽视学生毕业后所从事的职业特点，教学内容与行业实际有脱节现象，滞后于市场需求，更难以与国际接轨。校企联合目前还停留在低水平的合作层次，缺乏长期可持续的、系统的合作。学生实习往往只能做一些简单而重复操作的劳动，得不到很深的感性认识，更没有机会去亲身体验未来所要从事的管理工作，因此社会适应性低。

2.4　对非智力因素培养的重视度不够

酒店业的特点要求从业人员具有宽广的知识面、高尚的职业道德、主动的服务意识、良好的文化修养、灵活的应变能力和娴熟的服务技巧，最不可或缺的是较高的政治思想素质及职业道德水准、人际沟通能力、热情且富有亲和力的团队精神，以及应对挫折的能力等情商方面的内容。在人才培养中重专业知识，轻思想道德、情商的训练等非智力因素的教育，培养出来的学生难免因自负、孤傲、缺乏吃苦耐劳精神、得不到企业重视，而感到压抑、无法实现自我价值，并最终流失。

3　陕西工商职业学院酒店管理专业人才培养的方式和机制

3.1　校企联合制订工学结合的人才培养方案

高职工学结合的教学计划必须打破传统的学科型教育模式，要充分体现高职教育“培养面向生产、建设、服务和管理第一线需要的高技能人才”的目标。为此，学校在建设初期，就提出了“双主体”办学的理念，由企业和学校共同培养学生，同多家五星级酒店签订了共同办学的协议，并共同成立了酒店管理专业建设委员会，校企双方共同探讨，紧贴市场需要，以就业为导向，构建以能力为本位的课程体系。根据市场需求及时调整课程体系，即随时围绕职业能力要求的变化调整课程设置和课程内容，及时修订教学大纲，确定职业岗位所需要的能力模块，并在此基础上，确定课程科目，选择教学内容。在专业核心课程设置上，构建了一套以应用能力为主线的课程体系，突出实践教学，以及专业知识和岗位技能的应用，并实现了学生在校期间连续三年实践教学不断线。

3.2　四学期制下工学交替人才培养模式的构建

四学期制下工学交替人才培养模式首先是建立在四学期制的基础上，即将传统的两学期中的每个学期分为两个小学期，一般为10周时间。学生在学校进行三个学期的基础理论和文化素养课学习，然后进入酒店进行两学期（六个月）的岗位技能课学习，再回到学校进行三个学期的理论课学习，最后进行四个学期（一学年）的顶岗实习。这样的模式同时考虑到了酒店的最基本最重要的两个需求，一是学习周期是六个月，时间较长，二是进入酒店的时间基本在每年的4月至10月，这是我国旅游的旺季，也是酒店用人的旺季。该模式既不同于传统的“2+1”模式，也有别于常说的“三明治”模式，与一般所说的工学交替（周末帮工和在校实训室实训）也不相同。

4　陕西工商职业学院酒店管理人才培养的再思考

陕西工商职业学院酒店管理人才培养模式是同多家五星级酒店共同探讨的结果，也是实践的结果，是符合市场需求的。既考虑了企业的核心利益——时间和成本，也考虑了人才培养——有专门的师傅在实际工作岗位进行指导，同时也兼顾了学生的利益——在五星级酒店的岗位学习和享受一定的生活补助。目前，酒店管理专业人才培养的基本模式已经形成，但是，该模式与学校传统的教学、教务、学生管理及其他相关职能部门，还需要更多的沟通和磨合。要想培养出国内一流的酒店职业经理人，向国际水平看齐，如瑞士酒店管理学院、康奈尔大学，还需要做到以下几点。

4.1　走产学研道路

衡量高职教育教学质量高低的根本标准是用人单位的满意度，这是由高职教育的性质和内涵所决定的。高职教育的主要任务是培养高技能人才，使其毕业后能够顺利地进入社会。职业教育是和市场联系非常紧密的，这就需要我们面对市场办学、针对需求施教。作为老师首先要了解市场、研究市场，这就要求必须到酒店实际工作岗位中去，而不仅仅是在校内实训室。因为实训室不能提供一个真实的场景，模拟只是技能上可以提升，但根本无法获得职业感受，缺乏服务对象的服务是和实际脱节的。

4.2　“走出去”和“请进来”

从国外著名的酒店管理学院的办学模式来看，他们教师的聘请都是在酒店有着一定经验的管理者，甚至是高管。在目前的职业教育的初级阶段，需要我们“走出去”和“请进来”。走出去可以是一般的酒店短期培训，深层次的合作可以相互挂职锻炼。“请进来”是聘请有着丰富经验的酒店管理人员和高技能的技术人员，来校任教。这两方面，都需要完善的就是用人的体制和机制，做到责权利相对等，这样才能落到实处。否则，这都只能是一纸空谈，企业的只能忙于企业的工作，学校的人才培养也只能是学校自己的事情。

4.3　自建教学型酒店

从国际和国内的实践来看，目前工学交替做得比较好的方式，都是采用“校中企”的方式，如瑞士酒店管理学院的前身本身就是一座五星级酒店，上理论课和技能课都是在酒店的真实环境中进行，做到“边做边学、做学结合”。其他在国内酒店管理专业人才培养方面比较突出的学校，都建有自己的酒店，至少是三星级的。三年的时间都在这样的环境中进行，将使得良好的素质、技能变成了习惯。同时，教师可以在学校中的酒店任职，进了酒店是中高层管理人员，进了教室是任课教师，真正做到“双师型”教师，而不仅仅只是考取了相关的资格证书。

在目前我国职业教育的初级阶段，还缺少相关的法律、法规，更没有相关的体制机制。学校自建教学型酒店，将会化解技能教师、实训室（基地）、教务教学矛盾，以及企业和学校的矛盾等诸多问题。

（原文发表在《陕西广播电视大学学报》2013 年增刊，略有修改）

基于校企合作的现代职教师资队伍建设思考*

吴宏梅①
（陕西工商职业学院，西安 710119）

【摘　要】近年来，我国高职教育发展迅猛，办学规模迅速扩张，但职教师资队伍建设相对薄弱。本文对我国职教师资现状进行了分析，从职教师资队伍建设面临重要机遇出发，基于校企合作，提出了职教师资建设的原则与实施策略。

【关键词】高职院校；师资队伍；双师

1　建设现代职教师资队伍的意义

1.1　职教师资队伍建设的现状

虽然近年来高职教师总规模增长很快，但相对于高职院校数和在校生数占整个高等教育的比例，高职教师数量仍显不足。2009 年，高职专任教师占本专科专任教师总数的 30.5%，而同期高职教育在校生占到整个高等教育的 38.2%，如果考虑高职教育教学工作对教学条件特别是教学、指导教师的更高要求，高职目前的专任教师数量仍很紧张。正因如此，高职院校教师的计划内教学时数大多高于普通本科院校水平。

当前高职教育的校企合作办学途径已经日趋走向成熟。然而，目前高职院校校企合作大部分情况下都是硬件（实训基地或设备等）的拓展与丰富，教师作为教育的主体之一却依然没有进入校企合作的中心，大部分教师依然以理论教学为主，少部分教师虽然更新了教学观念与思路，但没有深入合作企业研究与学习，很难胜任校企合作下的“基于工作过程”的课程教学，这样导致校企合作更多地注重硬件建设，而无法形成长效机制。而少量的企业兼职教师的来源、资质等也很难快速提升教学质量。只有教师能力发展了并胜任目前的高职教育教学，学生的岗位技能才能提升，才能成为高素质、强能力的实用型人才。因此，从理念导向、政策机制、运行机制、评价机制等方面进行教师队伍优化研究，具有理论指导与实践发展意义。

在教师构成上，“双师型”教师数量更远远不能满足专业教学需求。教育部《关于加强高职高专师资队伍建设的若干意见》要求“双师型”的教师数不低于学校专业课教师总数的 80%，而目前在我国高职院校中“双师型”教师的比例与此相去甚

*［基金项目］陕西工商职业学院 2014 年度教学改革研究项目“高职‘双师型’教师队伍研究与探索”（编号：GJ1409）。

① 吴宏梅，陕西工商职业学院人事处处长，研究员。

远。由于判定标准上的差异，其中真正能够符合“双师”能力要求的比例恐怕更低。外聘教师与专任教师的比例也还不能达到教育部《关于加强高职高专师资队伍建设的若干意见》关于“逐步加大兼职教师的比例，逐步形成实践技能课程主要由具有相应高技能水平的兼职教师讲授的机制”的要求。目前，教育部要求高职教师队伍中的专职教师与企业技术型教师比例要趋于 1∶1，因此，高职教师队伍建设成为未来高职发展中的重要挑战，只有不断优化专兼职教师队伍，才能不断改善目前的教师素质比例，解决师资队伍结构不合理的难题。“双师型”教师是高职教师队伍的主体，然而，目前高职院校的“双师型”教师认定中“至少下企业半年锻炼”的规定只是流于形式，没有实质性的操作机制和激励机制，因此，“双师型”教师的成长需要一个切实可行的教师成长机制。高职院校教师的岗位准入制度、教师绩效考核制度、岗位胜任力等评价制度是师资队伍发展的保障，通过对“行企校”联动办学条件下教师队伍优化机制研究，逐渐完善师资管理制度，提高教育教学质量。

1.2 职教师资队伍建设面临重要机遇

2014 年，国务院召开全国职业教育工作电视电话会议，贯彻落实习近平总书记、李克强总理的重要指示精神和《国务院关于加快发展现代职业教育的决定》，进一步明确和部署今后一个时期加快发展现代职业教育的方针政策、目标任务和重大举措。习近平总书记日前就职业教育改革发展做出重要指示，强调要高度重视、加快发展职业教育，努力培养数以亿计的高素质劳动者和技术技能人才，努力让每个人都有人生出彩的机会。我国职业教育面临着大的变革，也面临良好的发展机遇。发展职业教育，必须教师先行。教学设施、设备可以快速投入，但教师队伍建设却不能一蹴而就。此次国家对于职业教育发展的目标和定位，对师资队伍提出了新的标准和要求。首先，明确职业教育坚持市场需求导向。充分发挥市场在资源配置中的决定性作用，扩大职业院校办学自主权，推动学校面向社会需求办学，增强职业教育体系适应市场经济的能力。这就对我们师资队伍的结构提出了新要求，我们过去一些与市场脱节的专业，或者市场在萎缩的专业就面临着转型，相应的教师队伍也面临转型。可以说，职业教育今后的专业设置要面向市场，师资队伍建设更要面向市场。其次，提出职业教育要坚持产教融合发展。走开放融合、改革创新的中国特色现代职业教育体系建设道路，推动职业教育融入经济社会发展和改革开放的全过程，推动专业设置与产业需求、课程内容与职业标准、教学过程与生产过程对接，促进经济提质增效升级。职业教育要与技术进步同步，要与社会公共服务的提升相匹配，这就要求职业教育院校的教师要紧跟科技进步和社会发展的步伐。最后，要求职业教育建立真实应用驱动教学改革机制。职业院校按照真实环境真学真做掌握真本领的要求开展教学活动。推动教学内容改革，按照企业真实的技术和装备水平设计理论、技术和实训课程；推动教学流程改革，依据生产服务的真实业务流程设计教学空间和课程模块；推动教学方法改革，通过真实案例、真实项目激发学习者的学习兴趣、探究兴趣和职业兴趣。这就要求职业教育的师资要具有实际经济活动的经验和操作能力。

2 职教师资队伍建设的对策

2.1 师资队伍建设的原则

既然职业教育要贴近市场、跟进技术、真实实用，那么教师队伍建设也就必须符合这些原则。具体而言，职业教育院校师资队伍建设的理念应该做出调整。

一是要实现师资队伍建设跟着市场走，而不是跟着专业走。市场需要什么样的人才，我们就设置什么样的专业，就聚集什么样的教师队伍。

二是师资队伍的来源要转变，主要向社会、企业要人才，而不是主要招聘学校毕业生。向社会和企业挖掘的人才，是动手能力强、有丰富实践经验的专业技能人才。

三是师资队伍建设进一步走专兼结合，以兼为主的路子，专职教师主要从事基础课程或专业研究，大量的技能型课程由兼职教师来完成。兼职教师来自实践一线，他们把握实践环节的最新动态，可以教授给学生最新、最实用的专业操作技能。

四是师资队伍也要终身学习。国家职业教育规划提出劳动者终身学习。增强职业教育体系的开放性和多样性，使劳动者能够在职业发展的不同阶段通过多次选择、多种方式灵活接受职业教育和培训，促进学习者为职业发展而学习，使职业教育成为促进全体劳动者可持续发展的教育。职业院校的教师也是普通劳动者，也要终身学习，不断更新知识结构，不断追踪技术前沿，这样才有可能培养出符合市场需要的实用人才。

2.2 师资队伍建设的策略

国家对职业教育提出了新的要求，做了新的规划。在这种新形势下，职业教育师资队伍建设比以前任务更重，工作难度也更大。所以，职业教育院校要在师资队伍建设方面早动手、早行动，同时要拓宽思路，多渠道发现人才、培养人才，师资队伍先行，为下一步职业教育的发展打下基础。目前可以考虑的师资队伍建设策略包括以下几个方面。

（1）按照建立职业教育集团的目标规划师资队伍建设方案。职业教育集团化发展是政府主导、行业指导、企业参与的职业教育办学体制的重要实现形式，对促进教育链和产业链有机融合有重要作用。到2020年基本覆盖所有职业院校，初步建成 300个富有活力和引领作用的骨干职业教育集团。开展多元投资主体依法共建职业教育集团的改革试点。按照市场导向、利益共享、合作互赢的原则，吸引各类主体参与职业教育集团建设。通过中央企业和行业龙头企业牵头、骨干职业院校牵头、行业和职业院校联合、地方政府整合职业教育资源、区域内职业院校资源共享等方式多样化发展职业教育集团。鼓励各地在重大产业建设工程中，同步规划覆盖全产业链的职业教育集团。可见，职业教育集团是未来职业教育院校的发展方向，所以我们现在就必须站在发展职业教育集团的高度上，重新对师资队伍建设的方案进行修订。

（2）尽快筹划从企业引进有实践经验的专业教师。国家职业教育新的规划提出要改革教师资格和编制制度，根据职业教育的特点完善教师资格标准、专业技术职务（职称）评聘办法，探索在职业学校设置正高级教师职务（职称）。新增教师编制主要用于引进有实践经验的专业教师，到2020年，有实践经验的专兼职教师占专业教师总数的比例达到60%以上。要改革职业院校用人制度。落实职业院校用人自主权，鼓励职业院校按照国家相关规定聘请企业管理人员、工程技术人员和能工巧匠担任专兼职教师。从现在起，职业教育院校就应该积极与相关企业接洽，发展合作办学单位，把合作办学单位建成学生实训、教师实践、兼职教师来源的基地。

（3）采取“引进来、走出去”的思路优化师资队伍。有计划地学习和引进国际先进、成熟适用的人才培养标准、专业课程、教材体系和数字化教育资源。国家大力支持引进国外智力，支持职业院校申办聘请外国专家（文教类）许可。实施跟踪和赶超战略，鼓励职业院校与国外高水平院校建立一对一合作关系。鼓励职业院校举办高水平中外合作办学机构和项目。鼓励职业院校以团队方式派遣访问学者，系统学习国外先进办学模式。加强同联合国教科文组织、世界银行等国际组织和职业教育先进国家开展职业教育领域的合作和交流。职业教育院校应抓住机遇，积极筹划加强同国外职业教育机构的合作，并积极引进国外教师，引进成套的专业课程体系。

（4）以市场化的策略提升师资队伍。专业领头人是各专业师资队伍的关键，此次国家对职业教育新部署也为领军人才的引进提供了路径。国家鼓励企业和公办职业院校合作举办混合所有制性质的二级学院。允许社会力量以资本、知识、技术、管理等要素参与办学并享有相应权利，鼓励专业技术人才、高技能人才在职业院校建设股份合作制的工作室。这些新的资本运营层面的路径，是解决职业教育尖端师资人才和专业领军人才的有效手段。通过与企业合作举办二级学校，可进一步调动企业合作办学的积极性，为从企业引入技能型人才夯实基础。通过建立股份制工作室的方式，可以极大地调动专业技能人才加盟职业教育的积极性，以更为灵活有效地解决目前师资队伍建设中引进尖端人才的瓶颈问题。

总之，国家对于职业教育的新规划、新部署为我们职业教育的进一步发展打开了空间。现在更关键的是我们如何抓紧用足、用活相关政策，以超前的思维、超常的勇气、超越的方式去落实。不仅在师资队伍建设方面如此，在职业教育院校的总体发展上也是如此。

高职院校“双师双优”专业教学团队建设研究——基于德国“双元制”模式*

李卓娅①

（陕西工商职业学院，西安 710119）

【摘　要】高职教育是我国高等教育的一种类型和层次，强调教育的职业针对性和职业技能培养。高职院校师资队伍如何适应这一人才培养要求，是高职院校进行专业建设与可持续发展的重要内容。本文在分析我国高职院校师资队伍现状与特点的基础上，对基于德国“双元制”教育的“双师双优”型教学师资模式进行了思考，并从校内教师职业人与企业专业职业人两个角度对高职院校专业教学团队的构建提出建议。

【关键词】高职教育；双师双优；教学团队；建设

1　我国高职教育及其师资队伍现状与特点

高职教育是国民教育体系中高等教育的一种类型和层次，是和高等本科教育不同类型不同层次的高等教育。它是根据一定职业岗位（群）实际业务活动范围的要求，培养一线实用型、应用型和职业型的专业职业人才。因此，这种教育更强调职业针对性和职业技能培养，是以社会人才市场需求为导向的就业教育。

我国高职教育以 1995 年深圳职业技术学院的创办为开端，经过近二十年的跨越式发展，高职教育已迅猛发展为中国高等教育的“半壁江山”，成为国家教育事业的重要组成部分。然而，传统的职业教育观、有限的经费投入、落后的办学体制，特别是薄弱单一的师资队伍结构，依然是制约高职教育发展的重要因素。

根据《教育统计年鉴》数据，截至 2011 年，我国高职院校共计 1280 所，教职工人数达到 61.4717 万人，其中专任教师 41.2624 万人。尽管我国高职教师队伍建设在专任教师总规模、教师学历结构、“双师”结构、教师培训等方面取得了长足的发展，但仍面临进一步发展的瓶颈。突出表现在以下几方面。

（1）高职教师总体规模增长较快，但相对于高职院校数和在校生数占整个高等教育的比例，高职教师数量仍显不足。2011 年高职院校占普通高等院校总数 53.13%，高职教育在校生占整个高等教育 39.8%，而高职专任教师占本专科专任教师总数仅是 29.6%。

*［基金项目］陕西工商职业学院 2013 年度科研项目“我校物业管理专业‘双元双师’型师资培养机制建设研究——基于德国‘双元制’模式”（编号：13G-04-B17）。

① 李卓娅，陕西工商职业学院工商管理系，讲师。

（2）教师构成方面，“双师型”教师数量不能满足专业教学需求。当前高职教育师资队伍群体结构与个体素质不能满足教学需要，尤其是具备职业教育特色的“双师素质”教师和实习指导教师严重短缺，“双师型”教师队伍建设的总体水平仍不理想，总体上结构不尽合理。目前我国高职院校“双师型”教师占专业课教师总数的比例为30.4%，这与教育部《关于加强高职高专师资队伍建设的若干意见》要求“双师型”的教师数不低于学校的80%的比例相去甚远。

（3）教师缺乏系统的职业教育理论知识，职业素质标准普遍不高，职业教育业务水平存在一定差距。我国高职院校的“双师型”教师主要来自普通高等非师范院校，专业理论水平较高，比较容易承担专业理论教学，但这类教师相对来说缺乏教育理论知识，特别是职业教育理论知识，思想观念上还没有完全脱离学科模式的影响，对职业教育的认识不够深入。另外，职业教育教师的业务水平一定程度上来源于其解决实际生产问题的能力，当前高职学校的社会服务很大程度上还仅限于为行业企业输送人才，协助或牵头解决企业技术难题的能力还比较弱，基于解决实际生产技术问题的科研水平还比较低，实践技能与职业技术教育还存在一定的差距。

2 基于德国“双元制”教育的“双师双优”型教学师资模式

2.1 德国“双元制”教育模式

“双元制”是源于德国的一种职业培训模式，所谓双元，是指职业培训要求参加培训的人员必须经过两个场所的培训，一元是指职业院校，主要职能是传授与职业有关的专业知识；另一元是企业或公共事业单位等校外实训场所，主要职能是让学生在企业里接受职业技能方面的专业培训。这种模式在德国的企业中应用很广，近几年也被我国的一些企业借鉴或采用。

由于“双元制”大学极强的实践性、应用性的教学特征，其对理论和实践的教学人员具有不同的要求。因此，德国“双元制”大学的教学人员绝大多数不是专职的，而是由部分专职教师和众多兼职教师（承担课时约占总课时的80%）组成的。专职教师必须获得博士学位，且要求有在企业至少五年的专业实践的经历，其中至少两年半在高校以外的工作领域中工作。兼职教师主要来自应用科技大学、学术型的大学和职业实践领域。他们掌握最新的技术和工艺，熟悉企业生产过程和管理过程，保证“双元制”大学的教学内容紧紧跟上科学技术和企业生产发展的步伐，永远保持先进水平。各类教师承担不同的教学任务，入门性质的教学任务由应用科技大学教师担任，基础学科的教学任务由从事科学研究的大学教授负责，应用性的教学活动由专科大学的教授负责授课，而职业专业学科和实践性教学任务由来自企业等职业实践领域富有实践经验的专业人员担任。

2.2 对我国高职院校“双师双优”型师资模式的思考

我国高职院校由于受传统职业教育观和办学模式的束缚，其在师资结构方面存在薄弱和单一的问题。“双元制”职业教育要求专任教师具备一定的实践技能和经验，然而我国高职院校的专任教师主要来自普通高等非师范院校，专业理论水平较高，职业技能和时间技术水平普遍欠缺。这就要求我国高职院校的专任教师向“双职称型”“双素质型”过渡，概括起来就是“双师型”教师，即教师在获得教师系列职称外还需取得另一技术职务职业资格；教师既要具备理论教学的素质，也应具备实践教学的素质。因此，“双师型”教师是高职教育对专业课教师的一种特殊要求，专业课教师要求一方面类似文化课教师那样，具有较高的文化和专业理论水平，有较强的教学、教研及教学能力和素质；另一方面类似工程技术人员那样，有广博的专业基础知识，熟练的专业实践技能，一定的组织生产经营和科技推广能力，以及指导学生创业的能力和素质。

“双优”的含义一是将校内专任教师培养成为优秀的教师职业人；二是从大量专业从业人员中遴选出优秀专业职业人队伍（行业兼职教师）。优秀教师职业人的特征主要体现在校内专任教师要掌握先进的职教理念，拥有较高的职教能力；熟悉重点专业业务操作，具有较强的业务操作能力，具备这两种能力的校内专任教师得以构成优秀教师职业人队伍。优秀专业职业人的特征主要体现在校外兼职教师要深谙专业业务操作要求，具有丰富的从业经验，拥有丰富的行业资源；同时，具有与学校共同努力为重点与特色专业行业培养合格人才的意愿，具备这种主客观条件的校外兼职教师得以构成优秀专业职业人队伍。两者共同参与重点与特色人才培养全过程，将学生培养成为合格的专业职业人。

3　校内优秀教师职业人队伍建设

优秀教师职业人的特征主要体现在专任“双师素质”教师要掌握先进的职教理念，拥有较高的职教能力；熟悉重点专业业务操作，具有较强的业务操作能力，具备这两种能力的校内专任教师得以构成优秀教师职业人队伍。德国、日本等发达国家对职业技术教育教师有较高的标准和要求，教师任职资格的取得，必须经过严格的专业资格培训和职业教育理论进修，或是具备技术专业和教育专业双学士学位。我国高职教师在符合高职人才培养要求的前提下，应当具有学科知识多元化、知识更新能力，具备创新意识的复合性、开放性、创造性的知识结构。

首先，全面提升教师综合职业素质。高职教育的教学活动具有一定的复杂性、综合性，教学中既要重视专业理论教学，又要重视对学生技术应用能力的培养。所以，高职教师要具有专业学科的理论知识，这就要求在专任教师的学历准入上有严格的标准。高职院校的所有专业教学活动都涉及技术科学、劳动科学与教学理论，因此要求高职教师要具有整合职业教育学、心理学、教学法及专业科学诸学科知识的能力。同时，作为一种职业类型的教育，高职教师应当结合地方经济特点，从职业的角度审视、研究、创新和突破职业教育的教育教学规律，结合区域经济发展的特点及市场变化规律研究课程改革。在调研、分析、讨论本地区实际情况、了解企业及社会需求的基础上，有预见性地开设专业，因地制宜地开展适合地方经济建设、适应学生发展的课程优化和改革。

其次，提高教师职业技能和业务操作水平。鼓励专业教师参加职业资格及技术职称考试是推进教师职业技能水平的有效途径之一，高职院校应出台相关文件，对取得职业资格或职业技术职称的专业教师给予一定奖励，并在时间上给予一定政策保障。同时，学校采取校企合作的形式为专业教师赴企业顶岗实践创造有利条件，选择教师阶段性的赴企业进行顶岗实践，培养教师实践操作能力；也可以通过建立和企业专家一对一“朋友式”结对方法，在和企业专家的交流学习过程中提高教师业务操作水平。“双师型”教师通过结合企业实际开展实用性技术研究，配合企业的工程技术人员开展企业具体技术革新和技术改造，与企业、行业从业人员交流沟通或组织协调相关事宜，通过与企业的合作锻炼，从中找寻自己存在的差距，提高自身业务水平，行业技能和实践能力。

4 企业“专业职业人”兼职教师形成机制

专兼职结合的师资团队是高职教育培养适应社会经济发展需要的高素质应用型人才的关键性因素之一。德国职业学校师资队伍的特点是兼职教师数量很大，一些学校专兼职教师比例可以达到1∶5。我国高职教育由于法律政策、社会观念、高校管理等因素的制约，行业兼职教师不仅数量和来源有限，而且现有兼职教师也缺乏相关职业教育教学、实训等方面的水平和能力。对此，建立健全校外企业兼职教师聘用管理制度，形成企业支持参与的“专业职业人”兼职教师合作长效机制尤为重要。

第一，完善兼职、实训教师的聘用和管理制度。一方面，依托高职院校与企业“行业、校友、集团共生态”的合作办学，与企业职业经理、部门经理或业务骨干确立教学聘用关系，聘请相关技术、管理人员承担相应专业课程的教学和实训工作；另一方面，建立兼职教师信息网，扩大兼职教师的选择范围和来源渠道，择优聘用。兼职教师一旦受聘，应保持相对稳定性，以减少教学过程的磨合期。兼职教师管理方面，应当严把关、重考核，完善兼职教师资格认定制度，统一兼职教师资格标准。对兼职教师要以有效的激励机制调动其授课的积极性和主动性，通过优质优酬，提高兼职教师薪酬待遇水平和奖励教学表现突出、教学效果良好的兼职教师，吸引更多优秀工程技术人员来校兼职。对于积极到高职院校任教的兼职、实训教师，相关部门和社会应当给予广泛支持，尤其在其专业技术职务评定或晋升时，应当予以优先认可，以此促进企业工程技术和管理人员的教学兼职积极性。

第二，建立和完善高职兼职教师的培训制度，以提高其教育教学能力和水平。来自行业或企业的兼职教师，大多有着丰富的实践经验和实际操作能力，但其对理论知识水平和职业教育教学工作不很熟悉。做好兼职教师的岗前培训和继续教育，采取多种途径和方法，对其进行基本职业教育和教学知识技能的培训。通过职业教育理论、方法、手段的培训，加强其对教育规律和方法的认识和掌握；通过观课、听课、说课等形式，增强教学过程、环节、课堂组织认知，了解高职院校教学特点和学生学习特点；通过组织兼职教师参与专业建设、教研活动、教学经验交流座谈等，逐步树立正确的高职教育人才观、质量观和教学观，以适应高职教育培养高技能人才的需要。

（原文发表于《陕西教育》（高教版）2014年第4期，略有修改）

高职院校“双师型”教师队伍建设探索
——以会计电算化专业为例

李彦蓉[①]
（陕西工商职业学院，西安 710119）

【摘　要】高职院校是普通高等学校的重要组成部分，为社会生产建设一线培养适用的高等技术应用型人才。建立一支既具有本专业扎实的理论知识和丰富的教学经验，又具有较强的从事本专业实际工作的能力的“双师型”教师队伍，是高职院校培养合格人才的关键。本文以会计电算化专业为例，结合专业特点，探讨高职院校开展“双师型”教师队伍建设若干方法。

【关键词】高职院校；“双师型”教师；队伍建设；会计电算化专业

高职院校是我国普通高等学校的重要组成部分。高职院校实施高等职业教育，以培养技术应用型人才为主要目标，即为生产、建设、服务、管理第一线培养适用的具有大学知识，又有一定专业技术和技能的人才。这是高职院校承担的一项重要社会责任。高校教育离不开教师，一支高效率的教师队伍是一所院校培养出合格人才的关键所在。高职院校的培养对象和目标决定了高职院校与需要的是既具有扎实的本专业理论知识和丰富的教学经验，又具有较强的从事本专业实际工作能力的“双师型”教师。因此，建设一支高效率的“双师型”教师队伍是高职院校形成办学特色、实现高职院校培养目标的基础和关键。

1　高职院校会计电算化专业“双师型”教师队伍建设的必要性

1.1　会计电算化专业人才培养目标的需要

会计电算化专业为社会企事业单位培养具有良好文化素养及会计职业道德，熟悉会计制度及财经法律法规，掌握会计基本知识，能熟练运用计算机和网络技术进行会计实务操作和财务管理，能够胜任出纳、会计、审计、财务管理等岗位工作的高素质技能型应用人才。学生在高职院校就读期间，不仅要学习全面系统的知识，还要掌握会计实务操作能力。毕业前一年，学生应完成岗前的实践锻炼，具备一定的工作经验。毕业时实行“双证书”毕业制度，学生在获得学历证书的同时，至少获得一个该方向上的职业资格证书。人才培养目标要求我们的教师不仅能讲好课，还需要懂操作，具备丰富的实际操作经验。

1.2　会计专业建设和教学改革的基础

高职院校的教育指导思想是“以学生为主体，以能力为根本，以实践为导向”。

---

① 李彦蓉，陕西工商职业学院合作办学处，讲师。

会计专业建设和教学改革应符合高职院校的教育理念，以就业为导向。当前一段时期是我国从原来的劳动密集型产业向技术密集型产业转变的重要产业结构调整时期，各种新兴行业和产业都需要大量的技术应用型专门人才。人才需求结构的不断变化对专业建设和教学改革不断提出新的要求。“双师型”教师因为具有教学性和实践性的综合特质，一方面他们熟悉高职院校的各个教学环节，另一方面他们又非常了解市场，能够及时洞察行业发展变化，捕捉行业人才供求信息，及时调整专业设置以适应市场的需求，对于高职院校的专业建设和教学改革起到重要作用。

1.3　高职院校生存、发展的保障

高职院校在教育领域的生存和发展是由它的办学实力决定的，即是否为社会供应了急需适用的人力资源。高职院校的办学实体强弱，可以体现在两个方面。一方面是学校的教学环境、设施、实验实训条件等硬件设施，另一方面就是师资力量。硬件设施的提高只要资金充裕，很容易模仿和复制。因此，高职院校把师资队伍的建设作为提高办学实力、突显办学特色的重要途径。特别是建设一支既具有扎实的本专业理论知识和丰富的教学经验，又具有较强的从事本专业实际工作能力的“双师型”教师队伍，才能培养出一批真正下得去、留得住、用得上、做得好的高素质技能型应用人才，才能满足社会企事业单位的需求，从而使高职院校的生存与发展得以保障。

2　高职院校会计电算化专业“双师型”教师的内涵

2.1　“双师型”教师的内涵

“双师型”教师的概念是在中国20世纪80年代职业教育发展的背景下产生的。王义澄先生在《建设“双师型”专科教师队伍》一文中首次提出“双师型”教师的概念，指出教师不仅具备教学能力，还应具备专业实践能力，引起社会各界的广泛关注。官方“双师型”教师概念的提出是在1995年《国家教委关于开展建设示范性职业大学工作的通知》（教职〔1995〕号）中。继首次提出后，“双师型”教师的内涵经历多次修订，不断完善。

2000年教育部高等教育司在《教育部关于加强高职高专教育人才培养工作的意见》（教高〔2000〕2号）中指出：“双师型”教师队伍建设是提高高职高专教育教学质量的关键，并把“双师型”教师的内涵界定为“既是教师，又是工程师、会计师”。这一时期的“双师型”教师的内涵带有鲜明“双职称”特色。

2004年教育部办公厅在《关于全面开展高职高专院校人才培养工作水平评估的通知》（教高厅〔2004〕16号）的《高职高专院校人才培养工作水平评估方案（试行）》中提出：“双师素质教师是指具备讲师（或以上）教师职称，又具备下列条件之一的专职教师：（1）有本专业实际工作的中级（或以上）技术职称（含行业特许的资格证书及其有专业资或专业技能考评员资格者）；（2）近五年中有两年以上（可累计计算）在企业第一线本专业实际工作经历，或参加教育部组织的教师专业技能培训获得合格证书，能全面指导学生专业实践实训活动；（3）近五年主持（或主要参与）

两项应用术研究，成果已被企业使用，效果良好；（4）近五年主持（或主要参与）两项校内实践教学设施建设或提升技术水平的设计安装工作，使用效果好，在省内同类院校中居先进水平。”这一时期“双师型”教师的内涵得到了拓展，逐步趋于成熟。在认定标准上更加侧重考查教师的专业实践经历和专业实践能力，复合高职院校对教师的实际要求，但是仍带有“双职称”“双证书”的特点。

2008 年教育部在《高等职业院校人才培养工作评估方案》（教高〔2008〕5 号）中对 2004 年提出的双师素质教师的界定进行了修订。“具备讲师（或以上）教师职称”改为“具备教师资格”，另外四个条件改为三个，取消了对本专业实际工作的中级（或以上）技术职称的要求。这一举措使得“双师型”教师的界定更加科学、合理和完善。既突出强调了高职院校对教师的教学基本能力、专业实践经历和专业实践能力的要求，又避免以“双职称”“双证书”为标准衡量“双师型”教师的一些弊端。

对于“双师型”教师的内涵可以从两个角度把握。首先，从个体教师的角度，如果个人具备双师素质教师的条件，能够在教学过程中将知识准确传播给学生，能够把专业实践技能传授给学生，就可以认定为“双师型”教师。其次，从教师队伍整体角度，如果一支教学队伍在构成上既有专职教师，又有兼职教师；既有来自学校的教师，又有来自企业的实训师；既有侧重于专业理论教学的教师，又有侧重专业技能培养的教师，这支教学队伍就能在整体上实现双师型素质教师的功能，就可以认定为“双师型”教师队伍。因此，高职院校在建设“双师型”教师队伍时，可以从教师个人培养和整体教师队伍机制建设两个途径去开展。

2.2 高职院校对会计电算化专业“双师型”教师的素质要求

为了实现高职院校人才培养的目标，具体到会计电算化专业，“双师型”教师不是机械化的“教师+会计师”，而是既具有会计专业扎实的理论知识和丰富的教学经验，又具有较强的从事会计专业实际工作的能力的教育者。会计电算化专业“双师型”教师应具备的基本素质包括以下三点。

（1）达到高职院校教师任职基本条件。高职院校会计电算化专业“双师型”教师，首先，应该经过笔试和试讲两部门考核合格，取得高校教师资格证书。其次，作为一名教育工作者，应该具有高尚的职业道德，热爱教育事业，甘于奉献，既能教书更要育人。最后，作为一名专业教师，必须具有扎实、系统的会计专业理论知识。当今社会，知识更新很快，特别是会计制度、政策法规的变化会使会计实务发生变化，要求专业教师树立终身学习的目标，与时俱进，不断更新自己的知识体系。

（2）具备扎实的教育教学能力。作为一名专业教师，不光自己对专业知识很精通，重要的是能够准确的传授给学生。教学能力主要体现在教学组织能力、教学设计能力、教学研究能力、专业和课程建设能力等四个方面。教学能力是教师在整个职业生涯中需要不断改进、提高的一项技能，要充分运用现代化多媒体教学技术、以学生乐意接受的方式传授知识，理论联系实际，完成教学任务。

（3）具备会计专业实践经历或实践能力。负责会计电算化专业实训课程教学的教师应具备会计专业实践经历或通过国家认可的技能培训认定其专业实践能力。只有自身具备丰富的实践经验，才能够在教学环节很好的动手示范，才能够深入、全面的指导学生。例如，“双师型”教师在讲授账簿处理的内容时，能够自然地将书本上的理论知识和自身有关账簿登记、审查的经历结合起来，使教学过程生动形象，使学生不仅理解有关账簿的理论知识，还能够熟练进行登账、查账等实务操作，从而提高教学质量。

3　高职院校会计电算化专业“双师型”教师队伍建设的措施

3.1　完善“双师型”教师队伍制度保障体系

（1）严格专业教师准入制度。高职院校对专业教师具有严格的要求，既具有本专业扎实的理论知识和丰富的教学经验，又具有较强的从事本专业实际工作的能力。因此，应该严格专业教师准入制度，在源头保证高职院校师资的整体水平。根据高职院校对专业教师的要求，可以从两个方面设立准入标准：一是取得国家承认的高校教师资格证书并经过规定学时的教师岗前培训；二是经认定能够独立完成所授课程的实践性教学环节。取得“双职称”或“双证书”，在所授专业领域的工作实践等附加条件不是“双师型”教师的必要条件，高职院校可以结合自身实际考虑是否列入准入标准。

（2）建立科学的考评体系。科学的考评体系可以促进“双师型”教师队伍朝着组织期望的方向发展。高职院校应该从两个方向去建立考评体系：一是对专业教师教学和科研能力的考核，包括课时量、教学质量、科研成果等方面；二是对专业教师从事本专业实际工作能力的考核，包括实训课程的完成情况、教师参与企业实践的情况、教师为企业解决业务难题的情况、教师承担横向课题的情况等方面。

（3）改进教师职称评定标准。当前国内高职院校专业教师职称评定标准都是参照普通高校的标准实施的。仅根据高职院校的实际情况提高了课时量的要求，适当降低了科研成果的要求。现行的评定标准不符合高职院校的教师培养目标，不仅不利于“双师型”教师队伍的发展，甚至因为教师忙于应付评职称所需的论文和科研课题，而疏于对自身实践教学能力的提升。因此，相关部门应尽快出台适合高职院校发展的教师职称评定标准。

3.2　优化“双师型”教师队伍知识结构和来源结构

（1）发掘“双师型”教师培养对象。高职院校专职教师培养应该和专业人才培养方案相适应。对于会计电算化专业，首先要认真分析本专业学生的就业去向和可能从事的出纳、会计核算、税务会计等岗位，然后调研专职教师是否具备相关领域的职业岗位的实践能力，是否能够胜任相关领域的实践性教学环节。例如，通过调研发现，会计电算化专业财务管理教师应当具备财务分析和项目投资决策等方面的能力，如果该专业教师不具备这些能力，就应该将其列入培养对象范围。

（2）多种途径，加大专职教师培养力度。一方面，选送缺乏实际工作经验的中青年教师到合作办学企业去实践培养。高职院校有很大比例的专职教师都是一毕业就进校，从事教学工作，缺乏相关专业的实际工作经验。将这些教师送到对口的合作办学企业去顶岗锻炼，可以使他们亲身了解行业、企业的用人需求，从而改革教学环节，丰富教学素材，更好地培养出企业需要的人才。另一方面，和高职院校取得合作意向的企业是有限的，高职院校应该鼓励专职教师在校外专业相关行业兼职。让他们在真实的工作环境中不断提高自身实践技能，提升实践教学水平。

（3）多种渠道，壮大兼职教师队伍。通过聘请具备专业实际工作能力的兼职教师来校担任实践教学环节任课教师可以在较短的时间内实现“双师型”教师队伍的整体功能。一方面，充分利用校内兼职教师资源。例如，学校财务相关的工作都是会计电算化专业教师选聘的兼职工作对象。相对于校外聘用教师，校内兼职教师更稳定和便于管理。另一方面，选聘在相关行业企业具有实际工作经验又具有一定理论水平的优秀人才来校任教。高职院校可以从合作办学企业的校外实训基地选聘优秀人才。

（原文发表在《陕西广播电视大学学报》2012 年第 3 期，略有修改）

高职教育土建类“双师型”师资队伍建设研究

马　钊[①]　强宇明[②]
（陕西工商职业学院，西安 710119）

【摘　要】随着国民经济建设对土木建筑（简称土建）类职业技术人才需求数量和层次的不断提高，在教学环节引入更多的双师型师资是必要的。本文在分析土建高职教育特点和现状的基础上，对双师型师资队伍的建设途径进行了分析，提出了认定“双师型”师资的设想。

【关键词】高职；土建；双师

随着国民经济的不断发展，土建作为国民经济的发展的硬件基础，其社会需求量不断增加，由此带来的对相关职业技术人员的需求也不断增加，需求层次不断提高。而土建类高职教育的师资数量、结构都不能满足社会发展的要求。建设既具有较高教学能力又具有丰富实践经验的“双师型”师资队伍，无疑是推动当下土建类高职教育的重要途径。

1　土建高职教育的特点及师资队伍现状

1.1　土建高职教育的特点

（1）对理论知识的要求高、范围广。土建相关专业的高职学生的学习，包括一定数量的理论性极强的课程作为其知识构成的基础，如数学、理论力学、结构力学、钢筋混凝土结构等。这些课程的教学，要求教师具有较高的理论知识基础，具有对复杂逻辑内容的教学能力。

（2）教学内容的实践性强。土建相关专业的部分教学内容实践性极强，如建筑施工、工程招投标、工程合同管理等课程与工程建设实际紧密结合，不是仅靠理论知识就能掌握并应用的，这类内容的教学不仅要求教师能将理论性知识讲述清楚，而且要求教师对相关工作的实际操作过程比较熟悉，能结合工程实际，讲解相关知识在工程实践中的应用。对类似工程施工这类课程，部分内容需要在工程现场进行讲解，才能保证学生对操作细节的掌握。

（3）课程之间的关联性强。土木工程学科的构成，是一个有机的整体，其课程之间关联性强、理论知识与实践环节的关联性强。在教学过程中，如果不强调或有意识的着重对关联性知识的扩展，很容易使学生因为一部分知识没有掌握，而丧失了对整个专业的学习信心。因此，在教学过程中要不断听取学生的反馈，强化对知

---

① 马钊，陕西工商职业学院基建处，工程师。
② 强宇明，陕西工商职业学院工程管理系，副教授。

识体系的整体性构建。

1.2　土建类高职教育师资队伍的现状

由于现在高校的用人制度的限制，作为传道授业的土建类教师，很多都是直接从相关大专院校毕业的具有相关专业较高学历的学生成长起来的。这部分师资理论基础扎实，知识体系完备，通常对教学方法的掌握也比较快速。但是缺少在施工、设计、监理、造价等相关岗位上的实践经历，对实践性较强的课程，只能围绕理论知识为基础，很难把教学内容拓展到工程实际。

由于师资队伍现状与现实矛盾的凸显，部分院校已经开始认识到这个问题，并开始着手引进“双师型”人才。但由于人事制度和薪资待遇的问题，现有师资队伍中的“双师型”人才并不稳定，很难构成一个能不断发展成长的“双师型”师资团队。

部分院校直接聘用一些工程技术人员，充实到实践性环节的教学，虽然弥补了原有教师实践经验的缺失，但是这部分工程技术人员缺少教学方法的培训，更不了解学生的知识结构现状，不能将自己的实践知识充分的传授给学生。因此，这部分引入到教学的工程技术人员也不能构成高质量的“双师型”师资队伍。

2　土建类高职教育“双师型”师资的含义及构建

实践环节的缺失，必然造成难以教好实践性强的课程。凭着书本和想象去讲授类似建筑施工这种实践性很强的课程，很难达到良好的效果。因此，必须具备一定比例的既具有教学能力又具有丰富实践经验的“双师型”教师才能满足教学要求，才能满足土建类高职教学与应用实践环节的对接。

2.1　“双师型”师资的含义

（1）作为教师个体的“双师型”师资。作为教师个体，“双师型”师资是指能够承担本专业的主干课程的教学任务，并能够担任本专业相关的企事业单位岗位工作的教师。这类教师不仅具有足够的理论基础，能胜任教学工作，同时具有相关专业岗位的执业能力和经历。

（2）作为团队的“双师型”师资队伍。从教师群体层面来讲，“双师型”教师即指双师结构的教师团队，或称结构型双师，是由具备专业理论知识，熟悉教学规律，但缺少实践经历的教师和实际动手能力很强，能够胜任实践指导课的外聘的兼职教师构成的教师队伍。

2.2　土建专业“双师型”师资队伍的构建

具体到一个学校、一个院系往往是一部分教师个体，具有教学能力，同时具有相关岗位的从业经历。这部分教师无疑是典型的“双师型”师资人才。但是，这类教师只是教师队伍中的少数，很难成为师资队伍的主体。需要从多种渠道拓宽“双师型”师资队伍来源。

（1）学校原有教师派出锻炼成为“双师型”师资人才。一个学校或者学院的正式师资队伍在数量上是基本稳定的，对“双师型”师资队伍的强化不是否定传统概念下教师队伍的价值，而是要把师资队伍看成是具有极强可塑性的可进一步优化的人力资源要素。注重对现有师资队伍的培养，让部分教师从传统的侧重理论教学的教师转化为具有“双师型”教学能力的教师，不断提升原有师资队伍教学水平，优化师资结构。对原有教师向“双师型”转变，最直接的方式之一是将部分教师派送到相关专业技术岗位上去实践、锻炼，使其增加土建专业方面的从业经历，在原来专业理论知识的基础上，增加实践环节的锻炼，完善其专业知识结构，增强在教学过程中对实践环节的指导能力。另外，还可以通过专业培训，增强在职教师的实践能力，乃至获得相关专业的执业资格证书，增强对实践教学环节的指导能力。

（2）引入相关行业的专业人员参与教学工作。将在职教师派出锻炼学习，获得一定实践能力是一种可行的方式，但是这种派出式的学习，一般时间较短，很难媲美行业内从业人员几年乃至几十年的专业积累，对专业技术岗位的掌握、感悟也难以达到长期从事专业技术岗位工作的专业技术人员程度。因此，引进在专业岗位工作的工程师、技师到学校工作或兼职，是一种快速构建“双师型”师资队伍的有效方式。需要注意的是，在专业技术岗位工作的专业技术人员虽然实践经验丰富，但往往缺乏系统的教学技能锻炼，如何以有效的方式将自己在实践中积累的经验、知识传递给学生成为关键，应在教学前进行一定的教学技能培训。

（3）在建筑企业设置实训基地。课堂教学本身就具局限性，尤其是对于实践性极强的土建类专业，在从事相关专业工作的企业或机构建设相对稳定的实训基地，不仅为学生提供了实训、实习机会，同时这种相对稳定的校企关系也便于学校与企业的交流活动的开展，准确判断教学与实际岗位工作需求的连接的薄弱环节。有利于学校在职老师与企业机构的专业技术人员进行交流，提高对教学实践环节的指导能力。实训基地的建设不仅是实训场地的稳定提供，更主要的是构建一种校企交流的机制，通过交流，强化教学与实践环节的对接。

3 合理认定“双师型”师资

构建“双师型”师资队伍，在不断增加其数量的同时，应注重“双师型”师资队伍的质量提升的问题，不是简单的有过相关行业从业经历又加入教师队伍就认定为“双师型”教师人才，应该对个人教学能力及实践能力进行综合的系统评价，对从业经历与教学内容的衔接性进行分析判断。判断其获得从业资格后是否经过实践环节的锻炼，并评判其涵盖内容与教学内容的衔接性。加强对实践环节的教学能力的合理认定是进一步加强“双师型”师资队伍的基础性工作。

（原文发表在《陕西广播电视大学学报》2015年第1期，略有修改）

浅谈高职院校内部教学质量监控体系的构建与探索

任　林[①]

（陕西工商职业学院，西安 710119）

【摘　要】全面质量管理的理念不仅在企业的产品生产中得到了广泛应用，也越来越多地被高等教育的人才培养所吸收。在其指导下构建的内部质量监控体系是提高教学质量和促进学校可持续发展的有力举措。本文通过对目前高职院校教学质量监控的现状和存在问题的分析，提出了高职院校教学质量监控体系构建的原则。从监控机构与网络的建设、制度的建设、教学信息系统及监控运行机制的建设、考核与评价体系的构建、保障监控的激励、约束机制的建设等方面探讨了高职院校内部教学质量监控体系的建立及基本运行机制的形成，希望借鉴企业质量管理的思想和方法，探索符合高职教育特点的、更加科学合理的教学质量监控模式。

【关键词】高职院校；教学质量；质量监控；监控体系

1　高职院校教学质量监控体系的现状

教学质量的监控包括监督和控制两个方面。高职院校的教学质量监控应该包括对教学工作的检查、监督、考核和为实现人才培养目标而进行的教学活动，可由教学管理系统、教学信息反馈系统和教学督导系统等组成。教学质量监控应建立在及时有效的信息反馈机制的基础上，将实际教育教学效果与计划目标之间的差异作为反馈信息，纠正与目标之间的偏离，从而有效地保证教学质量。“监”是基础，是手段；“控”是反馈，是调节，是目的。建立一整套完整、严谨的教学质量监控体系是提升教学质量的重要保障。

高职教育作为高等教育的一个新类型，在规模得到大幅度扩张的背景下，如何加强内涵建设，提高办学水平和人才培养质量，成为社会关注的焦点。高职院校的教学质量监控体系是遵循教育、教学规律，根据学校制订的人才培养方案，对高技能人才培养的全过程进行评价和调控，使之达到最优化状态的组织、程序及方法的总和，以保障人才培养质量的不断提高。目前高职院校一般形成以院、系领导为负责人的两级人才培养质量管理的组织机构，建立了教学质量管理及教学督导机构，重视教学活动的过程和结果控制。大部分高职院校对理论教学、实践性教学、成绩考核等各主要教学环节质量进行规范和监控，建立了一系列教学检查及教学督导等人才培养质量管理的规章制度，并与教学计划、课程建设、专业建设、学生学习、考试考查、顶岗实习等质量评价相结合，来加强各教学环节质量的调控，为高职教育的人才培养质量监控

---

① 任林，陕西工商职业学院督导与评估中心主任，讲师。

奠定了基础，初步建立了高职教育教学质量的监控体系。

2 高职院校教学质量监控体系存在的问题

高职教育区别于普通高等教育的重要特征之一是具有鲜明的职业岗位针对性，这点在培养模式上表现得最为明显。由于我国的高职院校基本上是由中专独立升格或成人高校改制而成，传统人才培养模式和教学方式仍占主导地位，或模仿本科院校的人才培养模式，搞本科压缩型，片面强调学科的系统性；或直接使用原有的中专、技校的人才培养模式，搞职业技能培训，片面强调职业的技术性。加之目前高职院校存在教学质量监控的理论研究不足，生源整体质量低，教学条件滞后，“双师型”教师数量短缺，监控手段陈旧落后等现状，导致培养目标定位不够准确，特色不明显，没有针对高职学生的实际情况制订可行的教学方案，对什么是高职学生必需的知识和技能，什么是高职学生够用的知识和技能，以及高职教育要遵循“必需、够用”的原则把握不准，致使高职教育人才培养质量不能得到充分的保障。具体表现在以下几个方面。

（1）许多管理者对教育质量在学校发展中的重要性认识不足。近十年来，在高等教育的不断扩招中，许多高职院校片面追求学校规模和学生人数的增长，放松学校内涵建设。缺失对教学质量的监控或者将监控流于形式，对教学质量在学校的长远发展中起的重要作用认识不全面，导致在教学质量监控体系的构建上不愿投入过多的人力、财力和精力。

（2）教学过程监控不全面。现有的大多数高职院校的教学及管理，沿袭的是以学科为中心的教学模式和管理模式，在对教学过程的监控中也往往偏重于课堂的理论教学。再加上“双师型”教师的缺乏及教师培养力度与实际教学需求有一定差距，以及企业的“冷淡”，使得建立较高水平的实践教学基地较为困难。这也客观造成了高职院校对实验、实习、实训等其他教学环节和教学过程监控较少或监控不力，使实践教学质量不能达到预期效果。

（3）教学质量评价不完善。目前大多数高职院校都在不断完善校内的教学质量评价体系，但在评价过程中更多注重的是学生主体的评价、同行的评价和专家评价，这些评价都是局限于学校内部的自我评价，是内视质量。评价过程中较少或根本没有注重吸收社会行业（企业、部门）人员的参与，忽视了社会化质量评价。

（4）对教学质量考核与评价的结果不够重视，对问题缺乏有效的跟踪反馈与落实，没有相应配套的奖惩约束机制。许多学校在做大量的监控和信息采集工作发现问题后，往往只是提出问题，而没有找到解决的方法，或者虽然有了解决方法但没有落实到具体的部门和个人，或没有明确的整改限期和方案、整改跟踪检查和意见反馈，或因对出现问题的部门、个人没有奖惩约束机制，使得一些问题在每次的信息收集时依然存在，在一定程度上削弱了教学质量监控的权威性。

3 高职院校教学质量监控体系构建的原则

（1）目标性原则。教学质量监控体系的建立和运行，要围绕教学质量控制进程，结合教学各环节的目标实施管理，要根据人才培养目标的要求，合理选择在教学活动中需要监控、考查和评价的关键要素，科学构建教学质量监控体系。

（2）系统性原则。在构建教学质量监控体系时，充分运用系统论思想方法，全面分析教学过程中需要监控、考核和评价各个要素之间的相互关系，系统确定监控程序、办法、标准、对象，使各个环节之间、要素之间紧密联系，形成科学、合理、有效的教学质量监控体系，从而保证质量监控的有效运行。

（3）规范性原则。建立健全教学质量监控的规章制度，确保在教学质量监控过程中符合国家和地方政府有关教育法规，同时通过规范对教学质量的监控和评价标准，建立完善的教学督导制度、学生评教制度、听课制度、评课制度、考试分析制度、座谈会制度和毕业生质量跟踪反馈等制度，确保教学质量监控的制度化、标准化，杜绝在实际操作过程中的主观随意性。

（4）可操作性原则。对教学活动进行质量监控是实践性强的工作，教学质量监控体系的构建必须注重实用性，突出操作性，以减少在具体操作过程中出现因不可操作带来的随意性和不公平，影响监控部门的权威性和被监控方的切身利益，由此挫伤质量监控管理部门和被监控教师双方的积极性，对提高教育教学质量产生负面影响。

（5）反馈性原则。教学质量监控的最终目标是确保教学质量的稳步提高，培养满足社会需求的高素质技能人才，而不能仅仅满足给监控对象一个考核结果或评价结论。在教学质量监控过程中必须注意对存在问题的跟踪验证，特别是行业企业、用人单位对毕业生的反馈意见的跟踪验证，并通过有效渠道进行沟通反馈，包括向学校决策部门和领导反馈，向教师、教学管理工作人员和学生等被监控对象反馈，及时反映情况和交换意见，对教学活动中存在的问题要提出改进和加强的建议和意见。

4　教学质量监控体系的构建

4.1　充分认识提高教育质量的重要性

众所周知，企业发展到一定规模，特别是市场竞争日趋激烈时，产品质量便成为企业的生命线。随着高职教育入学门槛的取消（注册入学）、越来越激烈的招生竞争，教育质量越来越多地受到社会、教育行政部门、学校管理者和广大师生的高度重视。全面质量管理的理念也逐步被高等教育的人才培养所吸收。相当一部分学校管理者已充分地认识到构建内部质量监控体系是提高教学质量和促进学校可持续发展的有力举措，教育质量同样也是学校的生命线。要想教育质量稳步提高，就必须有教学质量监控组织领导体系的正确决策，有明确的质量管理指导思想、理念，创造优良的环境和氛围，提供组织、机构、人员及经费保障；有确定的质量目标，并制定配套的管理制度和规范的奖励和惩罚制度；协调学校各部门的关系；总结各项管理经验；建立科学、规范、切实有效的运行机制。

4.2　建立健全教学质量监控机构与网络

科学地设置教学质量监控机构和健全监控网络，是保证教学质量监控信息畅通、实施有效监控的重要基础工作。高职院校应根据已有的院、系两级管理机构，按学生教育控制维、教师教学和学生学习行为控制维、教学质量辅助监督维的思路构建多维立体化质量监控网络。由学生工作处、团委、学生辅导员（班主任）队伍、学生会等构成学生教育控制维，主要对学生的学习行为和成才因素进行控制，促进学生健康成长。由分管教学的院长、专家型的学院教学委员会、教务处、各系（部）、教研室等构成教学控制维，对教师的教学行为和学生的学习行为进行控制，实施对教学过程各环节的管理，共同促进教师加大教学投入、进行教学改革、做好教书育人工作，同时负责学生学习质量的管理工作。由教学督导机构和各系（部）教学秘书、各班级的学习委员及学习积极分子组成的教学信息员队伍构成教学质量监控监督维，主要是对教学过程中各项工作进行监督与指导，为教学管理部门提供教学动态信息和提出改进工作的建议。

4.3 加强教学管理制度建设

加强教学管理制度建设是实现教学质量控制的有效措施，是提高教学质量，实现质量管理科学化和规范化最重要的基础工作。高职院校应依照国家有关教育方针政策和教育发展要求，在不断总结经验的基础上，制定和完善教师教学工作规程，以及教学考核、学生测评、考试规程和教学督导等一系列教学管理和监控制度，从而使教学质量管理和监控做到有章可循，为教学质量监控体系的正常运行提供可靠的保障。

4.4 构建教学信息系统及监控运行机制

教学信息系统是教学活动各因素在教、学、管过程中基本状况的网络组织系统，是教学质量监控的依据。只有建立并不断完善教学信息的收集、处理、分析、反馈、跟踪系统，才能加强教学质量的监控与管理。为此，学校需要成立教学督导组，建立教学督导制度；建立领导听课制度，提高教学质量监控力度；建立期初、期中、期末三段式的教学检查制度；建立教学信息员制度，及时发现和解决教学中存在的问题；建立校领导、教学督导部门、教务处、系（部）主任巡考及广大教师参与监考的制度；建立教学事故认定及处理制度等。通过这一系列制度的建立并有效运行来提升教学督导的效力。

4.5 健全教学质量考核与评价体系

教学质量考核评价机制是教育教学的重要内容，它既能反馈重要的教育教学信息，又对教育的发展具有重要的导向作用。考核评价机制是判断高职教育效果和质量的主要手段。考核评价机制包括考核和评价两方面内容，一套完整的考核评价制度再辅以完善的考核方法和对考核结果的科学评价，就形成了全面、科学的考核与评价体系。考核评价机制是测量教育效果的工具，它既有定性描述又有定量分析。考核评价的结果是对教育教学信息的反馈。这种信息反馈给教研人员，能使教研活动更具针对性和实效性；这种信息反馈给教师，能使教师及时改进教学方法，提高教学效率；这种信息反馈给学生，为学生改进学习方法提供依据。考核评价机制也对教育教学的发展具有重要导向作用。学生会根据考核评价机制的要求进行学习，教师会按照考核评价机制的要求进行教学，学校会按照考核评价机制的要求布置教学任务。由此不难看出，教学质量考核评价体系直接影响着教育教学机构的最终产品——毕业生的质量状况。

教学质量考核与评价体系主要包含以下三个部分。一是开展对系（部）教学工作的考评，加强对系部教学工作的监控。通过考评，可以使各系（部）能够了解本系（部）教学工作的全面信息，清楚本系（部）各方面的工作水平，找出教学中的薄弱环节，为改进教学工作提供较为详细的依据。二是开展教师教学质量考核与评价，加强对教师教学质量的监控。可以通过学生对教师教学的满意度测评、专家（督导组）及领导的评价、同行之间评价等教师教学质量考核与评价方案来全面评价和衡量教师的教学工作，并将考评结果反馈给教师本人，让教师对照找出自己在教学中的不足及影响教学质量的主要因素，促使教师改进教学方法、精心备课和组织教学，努力提高授课水平。三是规范学生课程考核工作，全面评价学生学习效果。教学管理部门应根据高职教育及专业技能的特点，注重教学内容更新和技能知识的培养，科学制定课程教学大纲和实验、实训及实习教学大纲，明确课程考核的内容、方法和要求，为全面评价学生的学习效果提供依据。对学习效果的评价不能简单的局限在课程的及格率或学生毕业率上，更重要的是要看学生的综合素质、实践技能水平及社会最终对毕业生的评价（就业率、就业质量、工作成果及社会影响等）。只有将各方面的评价信息进行综合分析和反馈，不断完善课程考核及教学效果评价，才能对教与学都起到一定的监控和督促作用，并进一步调动学生学习的主动性与积极性。

4.6 构建多部门合作的校内外实践教学质量监控体系

实践教学的水平是一所高职院校实力的最高体现，也是高职人才培养过程中最为重要的一个环节。要保障实践教学质量的提高，需要建立以下几方面的实践教学监控机制。首先，需要为高水平的实践教学创造一个有力的外部环境。学校应加强与明星企业的合作，建立校外实习实训基地，使实践教学在一个较高的平台上开展。调整教学计划，保证实践教学能够有充足的时间；配备具备丰富实践经验的校内、外实习指导教师，引导学生不仅强化基本的理论知识，而且提升实际操作技能。其次，建立健全校内实践教学规章制度及教学文件，使得实践教学达到制度化、规范化管理。再次，加强实践教学过程检查，来保证实习工作高效率、高质量的运行。依照有关文件，学校的教务、督导、纪检（审）应对实践教学文件的制定、落实等各环节都开展不定期、不同形式的检查，在过程管理的基础上，实现目标管理的要求。最后，对实践教学效果建立科学的考核、监控和信息反馈机制。

4.7 建立教学质量校外监控体系

高职院校创新型人才培养不仅仅是学校自身的事情，教学质量监控不能仅仅在学校内部进行。高职院校是为社会培养应用型、实用型、职业型专门技术人才，因此，需要来自社会的多方面评价与监控。首先是政府的教育行政部门的监控。政府是高职教育的投资者，同时也是受益人，所以政府必将通过行政手段对教育质量进行必要的、有效的监控。其次是人才市场及用人单位对教育质量的评价与监控。学校培养的人才，最终是要“投入”市场，经过市场“检验”的，因此，要不断强化市场和用人单位的评价与监控。最后是建立和完善毕业生就业信息，实行毕业生长期跟踪调查制度，成立校友会。通过与毕业生的互动，及时了解教学中的不足，以促进教育教学的改革。

4.8 建立教学质量保障监控的激励、约束机制

教学质量的管理与监控是一个与多种因素相关的复杂的系统工程，要取得高效，必须建立相应的激励与约束机制。为保证不断提高教学质量，学校应开展一系列的教学评优活动，建立起教学活动中的激励机制。将学生对教师教学的满意度测评，专家（督导组）及领导评价，同行之间评价等教师教学质量考核与评价综合考评结果直接与教师职称评聘、评优、年度考核等利益挂钩，来激发教师的工作热情，充分调动全体教师的主观能动性和从事教学改革研究的积极性，激励和鞭策教师不断提高教学质量。同时，学校应通过完善和严格执行教学质量管理制度，如制定《教学工作规范》《教学事故认定及处理规定》《教学督导条例》等相应的教学基本文件和规章制度，在学校管理者、教师、学生的管理与教学活动中形成自我约束、自我规范的机制，通过对师生员工行为的规范要求以促进教学质量、教学水平的不断提高。

教学质量监控体系的构建是一项涉及面广，参与主体多的系统性工程，需要国家、企业、学校、学校管理者、教师、学生等各方面共同协作、努力、探索才能不断完善和更加科学，并使之与时俱进，来适应新技术对高职教育的颠覆性变革要求。

（原文发表在《陕西广播电视大学学报》2013 年增刊，略有修改）

行业文化与高职专业教育对接初探

张克明[①]　郝　源

（陕西工商职业学院，西安 710119）

【摘　要】行业文化赋予行业特色和时代特色，蕴含行业共同的理想信念、道德规范、品质与能力等行业核心价值。职业专业教育教学中融入行业文化，是彰显职业教育特点的必由之路。从行业文化内涵的提炼到与高职专业教育机制的对接是本文的研究重点。

【关键词】物流行业；行业文化；专业教育；文化对接

本文基于全国教育科学“十一五”规划2010年度教育部重点课题《职业教育校企合作中工业文化对接的研究与实验》（课题批准号GJA104009）下的《职业教育“双主体”人才培养模式下工业文化对接的研究与实践》子课题的研究，对物流行业文化和在高职专业教育中的对接进行了初探。

1　行 业 文 化

文化的含义随着人类历史丰富和发展，也在不断地丰富和发展。追溯文化之源，在西方思想史上，“文化”一词源自拉丁语“Colere”的派生词，其原意指人在改造外部自然界使之适应自己食住需要的过程中，对土地的耕耘、加工和改良。古希腊罗马时代演说家西塞罗的名言“智慧文化即哲学”，丰富了文化外延和内涵，智慧文化的内容是指改造、完善人的内心世界，使人具有理想公民素质的过程。培育人和公民具有参加政治生活和社会生活，所必需的品质和能力等。1871年，泰勒（Edward B Taylor）把社会科学意义上的文化定义为包括知识、信仰、道德、法律、习俗，以及包括作为社会成员而获得的其他任何能力、习惯的复合体。按照文化的含义，行业文化赋予行业特色和时代特色，蕴含行业共同的理想信念、道德规范、品质与能力等行业核心价值。

2　行业文化与高职专业教育对接的意义

职业教育是工业化的重要支撑力量，无论是物质的工业化还是精神的工业化。职业教育不只是获取生存技能的途径，而且成为提升人的境界、丰富人的精神世界的一种方式。早在十六届七中全会胡锦涛指出：“与我国经济快速发展相比，我国文化发展相对滞后。”教育部的鲁昕提出了“把工业文化融入职业学校，做到产业文化进教育、工业文化进校园、企业文化进课堂”，这是站在新的历史起点，对推进职业教育改革创新提出的新的命题，是把教育部对职业教育提出的“着力推进教育与

① 张克明，陕西工商职业学院教学指导委员会副主任，高级工程师。

产业、学校与企业、专业设置与职业岗位、课程教材与职业标准、教学过程与生产过程的深度对接”的五个对接要求，提升到了从文化对接层面做顶层设计和全局谋划。“工业文化就是工业化时代的文化”，行业文化是工业文化在行业中的具体表现，是工业文化进校园的具体落脚点。从教育层面而言，我国职业教育专业设置是与行业对接的，职业教育要融入工业文化，实际体现在行业文化进入相关专业教育课堂。我们强调高职专业教育融入行业文化，而不是企业文化，是因为企业文化带有企业个性，正如中国机械工业联合会的于清芨所说“企业的文化更多的是企业家的文化”。如果说企业文化进课堂，那么所指的企业文化也是泛指的企业文化。行业文化是职业专业教育教学的重要组成部分，在职业专业教育中，如果不融入行业文化，就不能体现职业教育的特点。当前职业教育普遍存在的突出问题就是行业文化与职业专业教育的融入过少，与其他高等教育相比，显示不出职业专业教育的特点和优势。因此，行业文化与职业专业教育的对接，有着特别重要的现实意义和深远的历史意义。

3　行业文化与高职专业教育对接——以物流专业为例

3.1　现代物流人才需求分析

物流能够创造价值和利益是驱动物流企业主导自身发展的原动力。20 世纪 80 年代，在经济发达国家出现了第三方物流。第三方物流特指的是供方与需方以外的第三方。一般而言，第三方物流不拥有商品，不参与商品的买卖，是为客户提供以合同为约束、以结盟为基础的“融合运输、仓储业、货代业和信息业等的复合型服务产业”，具有服务性、契约性和联盟性的特点。第三方物流标志着现代物流的产生，由此，物流经历了从企业内部分散化物流、企业内部专业化物流到现代物流三个阶段。目前，国际上现代物流向着电子化物流业、供应链管理、专业物流、绿色物流及第四方物流趋势发展。第四方物流是第三方物流的协助提高者，也是货主的物流方案集成商。世界物流前十强，都有显著的第四方物流特征。

我国现代物流业起步虽晚，但发展迅猛。尤其是近几年，物流公司市场以每年 16%～25%的速度增长，2009 年被列入国家十大振兴产业之一，而且是世界上唯一一个把物流业作为国民经济重大产业规划与运作的国家。但与国际物流业相比，“我国物流企业总体上散、小、差、弱，服务功能不全，缺少具有国际竞争力的物流集团”。物流专业人才缺口较大，集约式的第四方物流，需要吸收大量懂得物流知识且具有信息技术、人力资源管理、网络技术等方面的人才，员工素质要求提高，物流一线操作技能的岗位需求增长。在“2011 年中国职业教育与物流行业发展对话”会议上，中国物流与采购联合会副会长、全国物流职业教育教学指导委员会主任任豪祥介绍，“十二五”期间，我国物流行业领域每年需要新增就业人员约 130 万人，其中 85%是一线操作技能岗位，而目前职业院校物流专业毕业生人数约 40 万人，缺口率达 63.8%，远不能满足物流一线技能人才的需求。

3.2　物流行业文化内涵研究

行业文化是行业凝聚力、创造力的源泉，是行业软实力的重要表现，为行业的后续发展起着重要的支撑作用。当前，我国物流行业正处在一个大变革、大发展时期，在激烈行业竞争中，优秀的行业文化必将在综合实力的竞争中凸显其不可替代的作用。“先进企业是工业文化建设的先锋，先进企业文化的主流就是现代工业文化主体”。行业是同类企业的集合体，行业文化是基于优秀企业文化的积淀。我们以最能代表我国物流企业水平的首批 5A 级企业、首批 3A 级信用企业、中国民营物流企业十强、物流百强企业，以及 2009 年度最佳服务质量企业、最佳创新能力物流企业和最佳信息管理等企业中，考虑企业资质、规模、企业类型、业务类型、行业地位等多方面因素，选取 50 多家企业作为调查对象，对其企业文化进行了全面调研，并在此调研的基础上，在文化含义的规范下，结合现代物流行业的原动力及行业发展趋势和要求，归纳提炼了我国物流行业文化的基本内涵。物流行业文化的基本内涵由三部分组成：一是核心价值观；二是行业品质；三是服务理念。

3.2.1　核心价值观：物畅其流，服务社会，传递文明

行业核心价值观反映出行业基本属性和根本宗旨。

物流行业的基本功能定位和服务特征简而言之就是“物畅其流”。“物畅其流”是物流与商流、信息流、资金流相配套，物流业与制造业、商贸业、农业、服务业、金融业等多业相融合，在统一开放，竞争有序的物流服务市场条件下，物流资源规范、公平、有序和高效流动。物流业作为国民经济的基础产业和关系国计民生的服务性行业，它的根本宗旨是服务社会，促进国内外、城乡和地区间商品流通，满足社会大众对多样化、高质量的物流服务要求。具体表现在几个方面：一是加快商品流通和资金周转，降低社会物流成本，优化资源配置，提高国民经济的运行质量；二是提高服务业在国民经济中的比重，优化产业结构，促进经济发展方式的转变；三是提高运输效率，降低能源消耗和废气排放，缓解交通堵塞，实现经济和社会的协调发展；四是增加城乡就业岗位，扩大社会就业；五是国家救灾应急处理突发事件，保障经济稳定和社会安全。当今人类文明已经进入到生态文明时代，生态文明的重要标志是人与自然的亲密和谐。新兴起的现代物流业在优化产业结构、节约社会资源、降低能源消耗、减少环境污染等方面发挥着重要作用，成为“传递文明”的使者。

3.2.2　行业品质：诚信致远，共赢发展，绿色环保

行业品质指的是行业品性、行业共识和行业素质。

正如我们前面分析所说，第三方物流是现代物流行的重要标志，其发展程度反映了一个国家物流业发展的整体水平。第三方物流完全以信用制度、信用体系为基础，其服务行为实际上是一系列委托与被委托、代理与被代理的契约关系。契约是第三方物流存在的前提，是物流经营者、物流消费者及物流联盟参加者的纽带，没有契约也就无所谓第三方物流，遵守契约是物流行业发展的核心要素之一，遵守契约的实质就是诚信。没有诚信，第三方物流将不复存在。诚信对于物流行业来说，是生死存亡的第一要义，诚信方能致远。现代物流活动汇集各种运输方式（铁路、公路、空运、航运、海运、管道）、仓储、装卸、流通加工、包装、配送等众多合作

伙伴，战略联盟间的长期互利机制，互补专业优势，分享约定资源和能力，相互依存，携手、协商、协作，共识、共赢、共发展。物流业是能源消费的大户，油品消耗量已占全国消耗量的1/3。我国政府已将减排目标作为约束性指标纳入国民经济和社会发展的中长期规划，低碳经济对绿色物流形成倒逼机制。低碳型物流成为无法回避的重要课题，随着物流需求快速增长，节能减排形势更加严峻。正如业界所提出的那样，“精益就是绿”，采取多种科学方式，打造一个高效率的供应链，绿色供应链，已成为我国物流产业实现可持续发展的必然选择。

3.2.3 服务理念：安全便捷，优质高效，客户至上

物流行业的服务理念概括来说就是安全便捷、优质高效、客户至上。只有在从业人员共同遵守的法律法规、行业标准、管理制度等基础上，恪守职业道德，才能将行业服务理念最终“落地”。

安全便捷是物流行业的生命线，是物流行业永恒的主题。便捷就是方便、及时、准确、完好、周到。便捷是物流的基本要求，安全是便捷的前提，没有安全，也就无所谓便捷。物流的安全性关系到经济发展和社会稳定的大局。物流行业应以人为本，遵循“安全第一、预防为主、综合治理”的方针，强化安全运行和经营的责任感、使命感。要实现物流的安全便捷，就要夯实安全运营的保障基础，必须依法依规从事运营，强化和完善安全运营规章制度，各类从业人员安全责任落实到位。优质高效是现代物流行业可持续发展的核心竞争力。优质指的是功能专业化、服务个性化、作业标准化、组织网络化、手段现代化、信息电子化。高效就是理顺物流、商流、信息流和资金流在供应链中的关系，减少不确定性，实现精细化控制。要实现优质高效核心竞争力，提高从业人员职业道德、专业素质、实操技能是关键。具体到意识行为，表现在客户至上、诚实守信、勤奋向上、精益求精、团队协作、沟通协调、善于学习等行业精神和综合能力上，最终达到为客户增值服务，为企业实现利润，为行业求得发展，为社会做出贡献。

3.3 “双主体”校企合作行业文化对接

3.3.1 “双主体”校企合作模式

“校企合作是职业教育的本质要求。”“职业教育的成果要回到企业并接受企业的检验。”“双主体”是陕西工商职业学院校企合作的基本模式，也是陕西工商职业学院办学形式。“双主体”的核心理念是校企之间以企业评价为导向，以“合作、对接、共赢”为主线，以“共建、共管、共享”为原则的人才培养模式。具体而言，“双主体”是指在以理论教学为主导的教学过程中，利用学校在专业知识教学方面的优势和经验，充分发挥学校的主体地位和能动性，培养学生扎实的理论基本功、学习学习新知识的能力、创新思维的能力；以动手能力、综合实践能力训练为主导的教学过程中，利用企业的技术设备、岗位环境、文化制度、专业技术人员和能工巧匠等软硬环境资源优势，充分发挥合作企业的主体作用和能动性，实现工作的初步涉及、岗位（群）工作能力训练、职业资格证书考试培训、操作规范认知、职场礼仪要求等为主的基于员工岗位工作过程的学习、训练和顶岗实习，完成从学生到员工的蜕

变。校企双方优势互补深度合作，形成学校与企业在人才培养、人力资本的开发、新员工的岗前培训、技术公关、学生实训、顶岗实习、职业资格考试、新产品的开发和使用等领域中各取所需、相互协调、资源互补、互惠互利、相互联系、相互影响又相对独立，同时按照各自的发展规律和特色运营的两个相对独立主体，即“学校”与“合作企业”。

“双主体”高职人才培养模式，企业成为了高职人才培养的另一个主体，除了有利于学生技能培养外，更大的优势在于学生置身于企业文化中，有利于学生行业文化基础价值观的形成，缩短了从学生到职业人的蜕变历程，这也是鲁昕提出的“把工业文化融入职业学校，做到产业文化进教育、工业文化进校园、企业文化进课堂”的直接体现。

“双主体”办学模式是教育与生产结合的有效形式，是教育理念和教育方式的创新。“双主体”高职人才培养模式关键在于保证学校与企业双方利益得以实现，改变以往企业在职业教育人才培养中利益不能保证的被动地位，以形成更深层次和更稳定的校企合作。

3.3.2　对接机制

陕西工商职业学院“双主体”机制是建立由学校有关领导、教授和行业协会领导、专家组成学校教学指导委员会，在学校教学指导委员会指导下，各专业成立由合作企业参与的专业建设委员会，对专业建设进行统一协调、指导、监督和组织实施。专业建设委员会在专业人才培养方案设计上，充分发挥行业和企业在区域行业发展、人才需求、岗位能力、素质结构、企业资源等诸多方面的作用，形成了在人才定位、专业建设、实践教学、学生就业等方面由校企双方主导的专业建设和培养的机制。改革课程体系、课程内容、教学组织及教学方法；共同建设实训基地、共同开展生产性教学、共同开发项目、共同营造企业化的校园文化。这种机制，可以实现教学环境与企业生产环境的零距离对接、教学内容和工作岗位技能要求零距离对接，让学生参与到生产的各个环节，在学习过程中接触到企业的最新技术、管理方式及行业文化。同时，这种机制也是人才培养动态调整机制。行业协会和行业企业的参与，可敏锐把握区域经济发展和行业人才需求的变化，适时调整专业的人才培养方案，有效地实现了学校服务社会的功能。

3.3.3　对接做法

一是营造氛围。文化尤其是精神层面的文化，不仅是一些口号，还是一种氛围。不同的行业文化带有各自行业特质的气息，一种精神就如同一个学校的校风一样，好与坏是要感悟的，感悟行业文化精神，不是一日之功，要全方位、全过程营造氛围，搭建平台。与企业对人才的需求对接，与行业文化对接，培养具有大学文化素养和创新精神的职业人，是我们办高职教育的目标，“双主体”人才培养模式本身就是一种宏观层面的氛围营造。校园精神文化中渗透了行业文化精神。我们的校训是“厚德、强技、敬业、有为”，就是强调学生在校学习中职业素养的渗透和逐步养成。我们的校风是“乐学、勤思、实践、创新”，就是提倡学生通过各种途径和方法了解企业实际，学校通过与行业企业的联合办学，利用学校和企业的不同资源优势，行业企业为学生提供一定的实践机会，加大学生模拟实训和岗位实训的比重。让学生通过在校的学习，养成良好的素养和习惯，将来在工作中不断勤思考、实践和创新，为企业解决各种难题，做一个有为学生和有为员工，实现行业文化和校园文化在精神层面、执行层面等深度对接和交融。校企一体的文化氛围，在新生跨入校门的那一天就开始了，在开学典礼上，请“双主体”的企业方老总祝词；请合作企业高管阶段性来校，进行系统讲座，如企业人力资源管理培训、企业文化与企业战略培训、企业员工职业素质与技能培训、企业员工团队意识培训等；设立以“双主体”合作企业冠名的奖学金，如“海程邦达”物流专业奖学金，合作企业参与定期进行奖评和颁奖等。

二是教学组织形式的对接。校企之间的最大差异是社会责任不同。与企业“合作、对接、共赢”就必须尊重企业的社会责任，减少双方在合作中对企业的影响和负担，教学组织形式和管理体制的改变就是学校顺应差异的一种表现。为更好地实现“双主体”合作，灵活教学和管理体制，学校进行了学期制改革，采用了四学期制的教学组织形式，将传统的学年秋、春两个学期分成A、B和C、D四个小学期。即每个小学期学习10周，复习考试一周，A、B和C、D小学期之间，不再安排假期，寒暑假期不变。四学期制调整，不单纯是时间的切割，其实质是课程设置、课程内容的变革。高职教育强调理论够用、重于实践，课程设计具有多课程、小学时、实践训练相对集中等特点，采用四学期制，不仅更能适应高职教育的课程特点，加快学习节奏，提高教育效率，增加学生实践能力和教师的“充电机会”。同时，也更方便适应企业生产，在现场教学、师傅带徒、工学交替、顶岗实习等教学时间安排方面与企业达成一致意见。

三是课程对接。我们的物流专业课程体系是双证融通情境教学、工学结合的模块化课程体系，该模块化课程体系由基本职业素质模块、双证融通情境教学模块和职业定位顶岗实习三大模块构成。物流专业教育中物流行业文化的熏陶可分为两部分，理性教育和感性认识，分别融在三个模块中。第一模块是基本职业素质模块，是以学校为主导的理论教学模块。在模块中，改革思想品德课程内容，即在原有思想品德课程内容的基础上，根据专业增加相应的行业相关内容，行业文化与专业思品教育对接。例如，物流专业的思想品德课程，增加物流行业的产生与发展、物流行业现状及动态、物流行业的特征与物流行业核心价值观、行业品质、服务理念等，以理论的层面、行业的视角、企业的语言全方位解读物流行业及其文化特质，培养学生对职业情感和行业文化的初步认识。第二和第三模块是以现场教学、顶岗实习为主线的企业为主导的教学模块，除了岗位技能训练以外，在教学内容上融入行业法规、行业规范、岗位规范，通过观看企业培训录像、发放企业读物、参观企业荣誉室、现场演示、现场实践、师傅带徒、优秀员工报告等各种形式，让学生感悟企业文化的氛围和各种形式的行业文化渗透。

四是岗培前移。通过调研我们知道，企业对招聘的学生综合能力评价不高，如职业素养较差，不十分了解职场，心理需求与现实严重脱节，心理素质，抗压能力也比较差，对职场的高强度快节奏工作环境，很不适应，工作效率比较低；不能吃苦，好高骛远，不愿意从基层做起，不稳定，易流失。这使企业在留人用人上，也确实很苦恼。为此，我们与企业合作，将新员工的岗前培训前移，学生在校期间就开展岗前培训。具体来说，一方面，与企方一起探索课程改革，将职业岗位技能与岗位规范融入的相关课程；另一方面，在学校搞一些企业讲座、路演，介绍行业、企业情况，融入行业、企业文化，及早发现认同行业文化、对行业和相关企业有兴趣的学生，提前进行双向选择，让企业选拔出彼此双方感兴趣的学生，再进行专项的、深度的培训。这部分放在学生入校第二年下半年和第三年上半年来做，到最后一学期现场实习基本就是企业确定选用的员工了，毕业签订用工合同，直接上岗了。这种合作模式，对企业来说，以学生身份进行岗前培训，没有工资成本，不用考虑三金，这会大大地缩减成本型员工培养期限和培养成本；对学生来说，了解企业，选择适合自己行业和企业，减少频繁跳槽带来的负面影响，及早实现人生目标定位；对学校，完成了人才培养目标，为社会输送了合格人才。可以说是三赢。

4　校企文化对接的困惑

从社会分工来说，培养合格的人才是学校的社会责任。企业的社会义务是创造财富，盈利是企业生存的前提。从现行的体制看，企业已经通过向国家缴纳“教育附加费”的形式尽了企业培养人才的义务。尽管职业教育与企业对接是必需的环节，但企业不想承担额外的义务，也有其合理的一面。因此，国家要鼓励企业配合学校完成人才培养，就要在政策、资金上给予支持和鼓励，在法律上明确校企双方的责任和义务，给予合作双方一定约束和保障。在合作培养、实训实习和就业等环节，避免多口径、多渠道的分散式、条块式的补贴政策，要统一政策，统一部署，集约管理，准入管理，行业集团化协作，以实现在制度保障下的校企合作。

（原文发表在《职业技术教育》2012 年 11 期，略有修改）

高职院校酒店管理专业学生实习现状和对策探究

冯雅力[①]

（陕西工商职业学院，西安 710119）

【摘　要】随着产业结构不断升级，企业对人才技能要求不断提高，应用性较强的酒店行业更是如此。本文结合酒店行业发展背景，对酒店管理专业学生实习情况进行调研，发现学生对于实习认同度较高，但对实习模式选择尚不满意，本文根据学生实习中出现的问题，通过模式比较，探寻解决对策，以期高职教育健康发展。

【关键词】高职；旅游类；实习；对策

1　背　　景

教育部关于《全面提高高等职业教育教学质量的若干意见》中指出：高职教育要以服务为宗旨，以就业为导向，走产学结合发展道路，应积极推行任务驱动，项目导向，顶岗实习等有利于增强学生能力的教学模式。《国务院关于加快发展现代职业教育的决定》中指出：职业教育要强化校企协同育人的原则。坚持校企合作、工学结合，强化教学、学习、实训相融合的教育教学活动，推进人才培养模式创新，提高人才培养质量。政策对于高职院校提高教育教学水平，改进人才培养模式起到了积极的指导作用。各高职院校也在积极探索新型的教学培养模式。

由于旅游行业的特殊性，对从业人员提出了更高的技能要求，高职院校人才培养难度随之增大。首先，酒店部门庞杂（包括前厅、客房、餐饮、康乐等各个部门），设备价格昂贵，实训室建设成本较高；其次，学生在实训室进行技能训练，其效果远不及在酒店实际操作。因为酒店是一个服务行业，高星级的酒店有着更为科学、严格的管理制度和更加规范的操作技巧。相对于实训室实习，酒店实习可使学生学到更为实用的“实战技能”和“实战经验”，因此实习对酒店管理学生尤为重要。

2　调 查 说 明

笔者自主设计一份结构性调查问卷，对三所开设酒店管理专业的高职院校的学生实习情况进行调查，随机发放课题问卷 100 份，回收 99 份，有效问卷 97 份，问卷有效率 97%。

在笔者调查过程中，绝大多数学生认为专业实习可以提高技能、增长经验，因此十分必要。但是大多数学生实习并没有达到预期的效果，实习环境、收获和预期相差甚远，因此大多数学生对学校组织的实习并不满意。

---

① 冯雅力，陕西工商职业学院现代服务与管理系，助教。

3　现 状 分 析

现阶段，全国各高职院校在人才培养上与学生实习相关方案很多，一种模式为很多院校采取“2+1”的人才培养模式，即学生在校学习两年，外出企业顶岗实习半年，毕业实习半年。在实际操作中，最后一年的顶岗实习和毕业实习没有明显区分。此种实习方案的优点是：学生在校学习的两年时间提供了充分的心理和技能提高的缓冲时间，可以从容的完成高中到大学的角色转换和理论知识积累，为以后的实习打下基础。但此种方案也有弊端：在理论学习阶段，学生无法全面认识酒店行业，无法清醒意识到自身理论和技能的缺失，无法做到有效、有针对性的学习，等实习阶段发现自己的不足，最好的理论学习时间已经错过，人才培养效果大打折扣。另外，此种模式培养下，实习设置到学生大三时期，此时学生面临毕业、就业的压力，即将走向社会，对实习重视程度不足，会带来管理上的难度，实习学生往往处于“放羊”状态，实习效果可想而知。

另一种模式为毕业实习和其他实习分开的模式。整个实习分为三个阶段：课程实习、顶岗实习、毕业实习，人才培养过程采取“1+0.5+0.5+1”的模式，即在校学习一年，赴企业课程实习半年，返校学习半年，顶岗实习半年，毕业实习半年，课程实习和顶岗实习为学校联系企业，企业均为世界知名顶级酒店管理集团，课程实习和顶岗实习实行强制实习，学校为学生安排酒店，制订详细的实习计划。此种实习方式克服了前一种模式的固有缺点，即学生在经过一年的理论学习后进店，半年的时间可使其充分的体验到酒店文化、岗位性质，认识到自身的不足。接下来学生可以有针对性的弥补知识的不足。此种模式也有其固有的缺点：学生经过半年的实习之后，眼界大开，社会经验比较丰富，回到学校后，一些纪律性较差的学生变得更难管理。学校的校规校纪和老师的说教对于这些“见多识广”、习惯于企业化管理模式的学生，越来越不起作用，笔者在与其他高职院校的老师进行沟通过后发现：但凡实行这种教学模式学校的辅导员和相关教师均存在较大困扰。

笔者发现无论何种模式均存在一个共同的问题，就是很多酒店无法做到为学生轮岗，即在半年或者更长的时间内，很多学生只能在一个岗位上工作。对此，学生和家长颇有微词。笔者认为：出现此种状况的主要原因归结于学校和企业的合作模式，学校和企业的合作不能仅仅局限于为企业输送劳动力，而应该上升到校企共同培养行业人才的高度。酒店作为企业，逐利是其本质，学生入店实习，大多从事的是一线的服务员工作，如果前两个月是学习阶段的话，两个月之后如果不给学生提供更多的实践机会和更为广阔的发展平台，则很容易沦为“廉价劳动力”。建立校企合作机制，完善学校对于企业的约束制度显得尤为重要。

4　建 议 对 策

4.1　模式选择

相对于两种模式的比较，笔者认为后一种实习模式具有更大的优越性，相对于后期的管理难度，第二种模式遵循了人类的学习规律，即学习—认识—知不足—再学习，从长远来讲，人才培养质量更高，但课程实习的时间如何分配？笔者认为可以将其分为两到三个阶段，这也为学生轮岗提供了可能，学生在大二上学期进入酒店，经过大一公共基础课和专业基础课的铺垫，对酒店行业有了初步认识，但此时头脑中尚未形成固定的思维模式，此时进入酒店，利用半年的时间从事1～2个部门的基层一线工作，既可使其学到规范的操作技能，又能近距离认识到这个行业，认识到自身不足。作为酒店来讲，还是希望学生固定在一个岗位，这样可使学生更加熟练、高效的为其工作，符合其利益最大化的诉求，这需要酒店和学校有更深层次的沟通和博弈。

4.2 实行项目引导，加强项目管理

所谓项目引导就是师生通过共同实施一个完整的项目工作而进行的教学活动。

项目可采取两种方式选题，一种是学校给出选题范围，学生从范围中选择自己感兴趣的题目，一种是学生自由设定题目。在实习的过程中，根据选定的题目，去观察、探索、研究，最终形成项目成果，项目成果根据题目和题材的选择有多种形式，如论文、调研报告或者操作流程手册等。在项目结束之时，学校和酒店共同组织项目答辩和成果展示，根据成果展示情况由酒店和学校共同打分作为项目得分并以此作为学生实习成绩的重要参考。这样可以使学生带着问题去实习，有助于实习效果的改善。

实行项目导师制度，在教师队伍中和酒店管理人员中选拔业务精英担任学生导师，从专业角度对学生的整个实习过程进行控制，定期检查学生项目进展情况，及时解答学生的问题和困惑，指导学生项目论文的写作和成果的完成以及项目答辩。

4.3 加强实习过程的控制

建立完善的实习管理制度和奖惩机制。由于酒店行业属于服务业，工作本身比较辛苦，如今很多学生在家里娇生惯养，在实习过程中由于受不了酒店严格的管理和繁重的工作而出现“逃跑”的现象屡见不鲜。甚至，家长由于心疼子女，帮助其逃避实习，当学校和酒店寻找学生时，家长则站到学校的对立面。学生逃跑不仅为酒店和学校的管理带来了难度，由于学生私自外出，人身财产安全得不到保障，一旦出现意外，家长、学校、酒店之间极容易产生责任纠纷。因此，对于加强实习过程的管理显得尤为重要。

在实习酒店的选择方面，可以有两种方式，即学生自主选择和学校分配。学生自主选择的优势在于学生可以根据自己的兴趣、具体情况和酒店的特色文化，选择自己心仪的酒店，这有利于缓解学生的抵触情绪，有利于后续工作的开展。学校分配的优势是操作简单，易于日后管理，但是如果学生被分到自己不喜欢的酒店容易产生抵触情绪，就不利于学生实习的顺利进行和日后的管理。因此，在实际操作过程中可以将两者结合起来，即先由学生对指定的酒店进行选择，如果某酒店满员，则酒店要进行选拔，落选的学生要服从学校的分配，这样可以最大限度的结合两种方式的优点而软化学生的抵触情绪。

在学生入店实习之前，应专门抽出时间由学校和酒店组织培训，培训应主要包括几个方面的内容。

（1）由学校向学生说明本次实习的基本性质、实习目的、期限，无论是课程实习还是顶岗实习，其最短的期限都是半年，因此通常将寒暑假也包含其内，讲明期限的目的是让学生清楚本次实习包含寒暑假，以防学生出现各种问题。

（2）由酒店向学生讲述他们将要从事的岗位性质，以及要承担的工作量（此过程可以在酒店入职培训中进行）。

（3）由酒店和相关负责老师向阐明实习管理规定和奖罚方法，包括学生在酒店出现违反酒店各项规定的处理办法，为学生打好预防针。

（4）由项目导师向学生讲解项目引导的相关事项：指导学生选题，向学生讲述项目如何实施，以及最后项目成果的说明等。

在实习过程中，负责实习指导和管理工作的老师要定期与酒店沟通，与学生交流，了解实习学生的相关状况，了解学生在实习过程中遇到的问题，解决学生的困惑，并对项目执行情况进行指导。实习结束后由酒店根据学生表现填写学生实习表现鉴定材料，结合项目答辩情况形成学生最后实习成绩。实习结束后，学生应向学校提交以下几种材料：实习报告，项目成果、实习鉴定表和对酒店的反馈意见。

4.4　规范学校与企业合作

（1）制定完善的实习酒店准入机制，严格筛选程序。由学校牵头通过各种渠道选择酒店作为学生实习合作单位，首选具有国际影响力的大型酒店连锁集团，这些酒店普遍采取国际先进的管理方式和手段，规范化操作，可以使学生切实学习到大品牌酒店的操作技能，感受到国际酒店的文化氛围。酒店选定之后，由学校和酒店签订正式的校企合作协议，规定双方的责任和义务，切实保证学生学习的权利和人身财产权益。

（2）完善考核机制，及时淘汰不合格酒店。完善考核制度，采取期中考核和期末考核相结合的考核制度，从对学生的实习安排、培训安排、学生培训效果、实习效果、期末考核和学生的反响等各个方面对酒店进行考核，对于考核优秀的酒店予以表彰，并在下期实习生选送方面予以倾斜，对于反响较差的酒店予以整改，直至终止协议，予以淘汰。

（原文发表在《陕西广播电视大学学报》2015 年第 1 期，略有修改）

第三篇　项 目 研 究

职业教育“双师型”教师培训模式研究报告*

张新华

高素质专业化的教师队伍，对于提高技能型人才培养质量、完善现代职业教育体系、推动职业教育科学发展具有十分重要的意义。培训是加强教师队伍建设，提高教师队伍整体素质的主要途径。

1999 年 9 月教育部令第 7 号《中小学教师继续教育规定》发布，提出“中小学教师继续教育原则上每五年为一个培训周期”；2011 年 12 月教育部相继出台《教育部关于进一步完善职业教育教师培养培训制度的意见》（教职成〔2011〕16 号）和《教育部关于“十二五”期间加强中等职业学校教师队伍建设的意见》（教职成〔2011〕17 号），提出“提升职业教育教师培养培训工作整体水平”“‘双师型’教师占专业教师的比例达到 50%”等要求。

陕西省十分重视职业教师的培训工作，相继出台了《陕西省教育厅、陕西省财政厅关于实施中等职业学校教师素质提高计划的意见（2011-2015 年）》（陕教职〔2012〕35 号）和《陕西省教育厅关于加强中等职业学校教师队伍建设的意见》（陕教职〔2012〕39 号）等文件，为我省“双师型”教师培训工作做了进一步部署，加快了“双师型”教师培训的步伐。

为确保“十二五”时期陕西省职业教育事业持续健康快速发展，为全省经济社会提供强大智力支撑，2013 年，陕西省教育厅将“职业教育‘双师型’教师培训模式研究”列为陕西省 2013 年职业教育科研重大招标课题之一。

1　陕西省职业教育“双师型”教师培训的现状

在 2013 年 11 月初召开课题开题会议后，课题组依据专家的意见和建议及时增加课题组成员，重新修订课题研究计划，确定以调研为基础，了解我省职业教育“双师型”教师培训的现状，分析存在的主要问题，提出切实可行的培训模式，促进我省“双师型”教师培训工作的顺利开展的研究思路。

基于以上思想，我们确定了 8 家培训基地为调研对象开展实际调研。从 11 月 19 日开始，12 月 24 日结束，历时 35 天，分别与 125 名学员、42 名教师和项目主管进行了座谈，参观了部分学校的实训和实习场地，现场发放问卷调查表 125 份，回收 125 份。通过访谈、参观和问卷调研，课题组对我省职业教师的培训工作有了一个较为清晰的了解。

---

* [基金项目]陕西省 2013 年职业教育重点招标课题“职业教育‘双师型’教师培训模式研究”。

1.1　培训基地基本情况

各培训基地都很重视“双师”教师培训，每个专业都印有《培训指南》，开始培训前都召开座谈会，了解学员基本情况，依据学员实际情况对培训计划做微调整；培训都采用理论和实操相结合形式；考核也都采用结业论文答辩结合实际讲课的形式；在每期培训结束后，都能通过学员反馈、学员回访等方式，根据他们对培训的不同需求调整下次培训计划和培训内容，以改进培训。在规范培训管理方面，陕西科技大学职业技术学院提出了“4563”的培训和管理模式；西北农林科技大学继续教育学院则采用“六元一体”的培训模式，具体包括专题讲授、实习实训、学员论坛、训后服务、研讨交流、导师制。西安交通职业技术学院校内有校企共建培训基地，如和丰田合建的汽修基地等。

八家基地管理上采取两种模式，即以陕科大为代表的培训部管理模式（培训教学的组织由培训部组织安排）和以西北农林科技大学为代表的院系管理模式（培训教学交给学校的院系来组织）。

八家基地本年度第二期学员实际报到人数为 230 人，完成计划的 39.6%，占 2012 年全省职业专业教师 19 515 人的 1.18%。报到率最高的为陕西学前师范学院 73%，最低为西安航空职业技术学院 19%，其余为 25%～53%；到课率为 47%～90%，具体见表 1。

表 1　八家培训基地报到情况

基地名称	计划专业与人数	实际报到数	报到率/%	调研时到课人数	到课率/%
陕西学前师范学院	70	51	73	33	65
陕西交通职业技术学院	80	42	53	38	90
杨凌职业技术学院	80	35	44	外出实习	—
陕西工业职业技术学院	60	23	38	11	48
西安交通大学职业技术学院	90	33	37	28	85
陕西科技大学	70	18	26	12	67
西北农林科技大学	60	15	25	7	47
西安航空职业技术学院	70	13	19	11	85
合计	580	230	39	—	—

1.2　学员和所在学校培训的基本情况

1.2.1　学员的基本情况

学员的年龄分布情况：30 岁以下占 18.2%，30～39 岁占 58.6%，40～49 岁占 20.2%，50 岁以上占 3%。学员年龄分布呈梭形，中年和青年教师比例相近，以壮年教师为主。壮年教师群体正逢人生中年富力强时期，教学经验也较为丰富，多为单位的一线骨干，他们是我省职业教育的中坚。

学员的学历普遍较低，参与调研的 125 名学员中，大专毕业的有 28 人，占 22.4%；本科学历 89 人，占 71.2%；研究生学历 6 人，占 4.8%；其他 2 人，占 1.6%。这与我省提出的“专任教师学历达标率达到95%”的要求尚有一定的差距。

学员的职称和资格证书情况为：初级24人，占23.3%；中教二级37人，占35.9%；中教一级35人，占33.4%；中教高级8人，占7.8%。一线教师参加培训的占80.7%，管理和其他岗位人员占19.3%。有教师证学员占75.4%，有技师证、会计证、高级工证等的教师占38.6%。表明一方面我省职业教师职称普遍较低，另一方面各类技能证书拥有者很少，“双师型”教师单从数量而言远远不足，与50%的目标要求差距较大。

学员参加培训的情况为：41.6%（52人）的学员以前没有参加过培训，为第一次参加培训；58.4%（73人）的学员参加过两次及两次以上培训。两次及两次以上参培学员已成培训主流，对培训的期望和要求更高、更成熟、更实际。

学员对培训的评价：效果方面50.4%（63人）的学员认为培训“收获很大”，但也有37.6%（47人）的学员认为“实际技能收获不大”，5.6%（7人）的学员为了“形式上拿个双师结业证书”，6.4%（8人）的学员认为“收获较小”；培训单位方面65.3%（66人）认为“国内企业、国内大学”培训较好，13.9%（14人）的学员认为“国外企业、国外大学”培训较好，也有20.8%（21人）的学员选择“无”，表明仍有35%的学员对目前培训单位和场所的选择不甚满意。这表明学员对实践技能方面培训的期望较高，培训收益有限，对一些培训基地不甚满意。

“双师型”教师对职业教育的影响方面：33.6%（42人）的学员认为“影响较大”，26.4%（33人）的学员认为“影响很大”，24%（30人）的学员认为“一般”，7.2%（9人）认为“影响不大”，4.8%（6人）认为“没有影响”。表明“双师型”教师在学校有一定的影响力，但有进一步提升的空间。

1.2.2　学员所在学校培训的基本情况

学员所在学校对“双师型”教师的培养工作，有63.7%的学员认为学校“很重视”和“比较重视”，27.4%的学员认为“一般”，还有8.9%的学员认为“不大重视”和“不重视”。表明一些学校还没有意识到教师培养工作的重要性，没有将教师的专业发展与学校的长远发展结合起来考虑。

专任教师中“双师型”教师的主要来源，64.1%的教师由“高校毕业直接任教”，19.7%的教师由“其他单位调入”，仅有16.2%的教师由“企业调入”。可见“双师型”教师的来源比较单一，主要由高校毕业生担任专业教师，他们普遍理论知识强，实践动手能力弱。

学员所在学校参与培训的频率，76.5%的学员所在校“每年都有”，“两年才有”的占11.8%，选择“多年才有”占8.4%，3.4%选择“以前从来没有”。这说明，培训的计划的安排、培训名额分配过程中存在问题。

2　我省职业教育“双师型”教师培训存在的主要问题

培训学校对“双师型”教师培训非常重视，部分培训基地通过调研总结提出并完善了自己的培训模式，并获得了一定成效。课题组调研发现，首先，所有基地都普遍存在对职业教师培训缺乏长远的五年、十年规划，即使现有的也仅仅是年度培训计划，忽视了教师的专业发展是一个长期的渐进过程；其次，普遍存在着理论与实践相脱节现象；最后，缺乏教学能力、教学技能等方面的实训。具体表现在以下几个方面。

2.1 培训目标不甚明确、针对性不强

目前，八家基地基本上每个专业都开设 13～18 个学习模块，学习实践 35 天，中间一般穿插 3 天公共讲座，实际专业课的学习时间大约 25 天，报到、结业、参观、考评（讲课和论文答辩）大约占一周时间，都施行一周六天的作息制。

没有清晰地设定基础轮训还是提高培训的目标，短短 25 天的培训，实际上是专业知识、师德和教学法等方面的综合培训，蜻蜓点水式将培训内容粗糙地过一遍，效果大打折扣；也没有设计针对学员的教学实际，以解决问题为导向，专门针对教师的教育理念、知识结构、专业能力的专项培训，欠缺针对性。

调研培训学员中有 53.6%认为“忽视教师专业化发展”；48%认为“以集中培训为主，培训方式单一，缺乏针对性或专项培训”；45.6%认为“在职为主、脱产为辅的形式，时间和深度不足”；32.8%认为“大多关注学历培训，忽视技能培训，缺乏实践”；还有 26.4%学员认为“不重视产学研一体化培训”；而且访谈时大部分学员反映培训内容比较松散，缺乏系统性。

2.2 培训生源结构发生变化，专业、课程设置不合理

参与培训的学员中只有 30%学员与原专业相同，剩余 70%的学员参培专业与原专业不符，而且专业比较分散。例如，某培训基地计算机专业 29 名学员中，相同专业只有 8 人，其余 21 人涉及汉语言、数学、舞蹈、会计、美术、化工、医药、汽车营销、政治教育、物理等 11 个专业，参培学员已经由过去“本专业提高培训为主、其他专业参培为辅”变为“转岗培训为主、本专业提高培训为辅”的状况，但我们培训的课程设置没有做大的变动，只是每期学员报到以后做微调。

专业设置也有待改进。一是有的专业该撤销，调研中我们发现一个比较突出的例子就是前几年办得很火的数控专业，近几年职业学校已经基本招不到学生，而我们的培训专业设置每期都有；二是缺少基础课专业的设置，基础课教师的培训意愿也很强烈。

调查发现，56.8%学员认为“基地教学内容方面大多数培训重视理论，轻视能力”；36.8%的学员认为“重视教学形式，忽视教学内容”；25.6%的学员认为“培训计划不切合职业教学实际需求，无法做到学以致用”；22.4%的学员认为“重视职业教育理念，轻视职业道德培训”；20.8%的学员认为“设备陈旧，技能更新缓慢”。访谈时部分学员反映目前“双师型”教师培训教学内容系统性不强，教材不配套，缺乏对培训学员的摸底调查，导致学与教之间脱节，学员缺乏相应的基础知识，培训收益较小。教学方法方面，传统讲授占主导，有些教师照本宣科，缺乏与教学内容和培养目标相切合的灵活多变、丰富多彩的教学方式。

2.3 培训制度与政策不健全

虽然国家和陕西省都出台了关于中职教师培训的诸多文件，但都侧重于宏观上

的指导和管理，缺乏具体的实施性的指导意见，导致许多好的政策无法落实。调研结果也印证了这一点，如在问题“国家应该建立或完善那些制度保障‘双师型’教师的成长”多选项中，53.6%的学员选择“资格认定制度”，48%的学员选择“激励奖惩制度”，46.4%的学员选择“职称评审制度”，32.8%的学员选择“职业准入制度”。

从政策制定和制度实施角度来看，具体到培训的规划、职业准入及资格认定制度、激励机制的建立、培训教师培训期间的待遇、培训证书的用途、监控考核机制的确立、培训后的待遇等问题都需要相应的具体的、细化的、可操作性的实施条例来明确和界定。

2.4 培训基地建设存在薄弱环节

培训基地的建设水平包括培训计划科学性、培训教师的专业性、培训设备的先进性及适用性等对“双师型”教师培训质量几乎起着决定性作用，因此培训基地建设是关键。课题在调研发现，各个基地对自身建设比较重视，部分基地通过调研等方式对自身培训模式、培训计划等进行了反思和改进，并获得一定成效，但是也存在一些共同的问题和薄弱环节。例如，培训基地“双师型”培训师比例偏小，缺乏技能型的培训师；培训师再培训或再学习缺乏；设备较陈旧，培训专业设置不合理，缺乏灵活变通；培训方案设计不尽合理，教学能力培训重点不突出，理论教学课程门数偏多，时间短进度快，不利于消化吸收；教学方法单调，示范引导不得当等问题。

2.5 职业学校存在困难和问题

职业学校是直接培养高技能职业人才的摇篮，所谓百年教育，重在教师。大部分职业学校对选送教师参加培训比较重视，甚至个别学校在职称评审中明确要求必须有一定课时的培训经历。但一些学校也存在认识不到位，表现在对参培教师克扣绩效工资、不提供出差补助、不减少工作量，以及对参培人员的选送随意性大等方面；也有一些学校骨干教师紧缺，存在着若派骨干教师参培则无人代课的情况，只好派其他老师完成培训计划，导致培训内容与教师专业不一致；还有一些学校，生源逐年下降，处于生存的困境中，学校领导和教师整天为招生而四处奔波，根本无暇顾及培训。

2.6 学员个人自身的问题

部分学员对“双师型”培训的认识不够，仅停留在“培训拿证”阶段，没有将培训纳入自己的专业发展规划，因此学习意愿不强，学习的积极性不高，出勤率较低，对于伙食、住宿等方面的关心程度远远高于培训。有个别学员因为家庭、工作等方面的事情没处理好，一报道就请假回家，形成单位和培训基地两方面监管的“真空”。

另外一些客观原因也造成一线教师对培训不积极，如培训无法与职称待遇挂钩、工作量不计入考核、证书得不到认可、无经费保障等原因，以及由于培训内容与专业无关造成参培学员对培训内容不感兴趣等。

2.7 培训缺乏统一监管平台

由于培训指标的下发到培训间隔较短，准备仓促，导致学校无法正常合理的安排教学管理任务，无法抽派专业一致的教师参与培训；整个培训缺乏统一的信息发布、监管、考核平台，导致培训基地的信息发布渠道不畅、国内外优质资源无法共享、培训过程及培训效果无法监控，管理方式和手段有待进一步改进。

随着高考扩张、就业压力及人们传统对职业认识偏差，多数人盲目选择高中，认为高中后哪怕考上大专，就业也比较体面，而轻视技工类职业，导致职业教师的工作不能得到应有的尊重，不能充分体现自己“为人师”的价值，也影响着教师参加培训的积极性，影响着教师的专业发展。

3 陕西省职业教育“双师型”教师培训存在问题的归因

“双师型”教师培训目前出现的以上问题，与我国当前的人口变化、高中招考制度变化、职业学校学生结构和教师结构的变化、教师培训需求与培训基地师资课程间的矛盾、培训的激励措施不完善、职业学校和教师的认识不到位等因素有关。

3.1 高等教育毛入学率的提高和人口结构的改变

《国家中长期教育改革和发展规划纲要（2010-2020 年）》在战略目标指出：“到 2020 年……普及高中阶段教育，毛入学率达到 90%……新增劳动力平均受教育年限从 12.4 年提高到 13.5 年；主要劳动年龄人口平均受教育年限从 9.5 年提高到 11.2 年，其中受过高等教育的比例达到 20%，具有高等教育文化程度的人数比 2009 年翻一番。”而我省榆林市神木县和府谷县、安康市的宁陕县、石泉县和镇坪县已经实施 12 年义务教育。国家政策的导向使得高中阶段的录取人数逐渐增加，加上几千年来封建传统思想对职业教育的偏见，以及人们对高水平、高层次和高质量教育的需求不断增加，高等教育普及化已成为一种必然趋势，选择上高中的学生远大于上职业院校的学生，上职业院校的学生大为减少。近几年陕西省高考的录取率一路攀升也印证了这一现实，如表 2 所示。

表 2 陕西省近年高考录取率

年份	录取率/%
2011	60.2
2012	67.0
2013	76.2

由表 2 可以看出，陕西省高考录取比例在逐年上升，由 2011 年的 60.2%上升到 2013 年的 76.2%，上升了 16%。陕西省的高等教育机构和学校数量在全国名列前茅，高等教育的大众化和部分地方推行 12 年义务教育等客观因素导致了职业生源的减少。职业院校普遍存在生源不足和招生规模逐年下降等问题所带来的生存压力。

另外，随着我国计划生育政策实施多年累积效应的显现，优生优育的思想已经在城乡深入人心，人口出生率不断下降，职业适龄人口不断减少，导致人口结构的变化，对职业教育带来了很大冲击，以我省 2000 年、2010 年和 2012 年 0～14 岁的人口数为例，可以清楚地看到以上变化，如表 3 所示。

表 3 陕西省职业适龄人口变化情况

年份	总人数/万	0～14 岁人数/万	占总人口比重/%
2000	3605.00	902.00	25.00
2010	3732.74	548.94	14.71
2012	3753.09	541.20	14.42

由表 3 可以看出 14 岁以下的人口由 2000 年占我省总人口 25%下降到 2012 年的 14.72%，下降了 10.58%，下降的人数为 36 万多。人口结构的变化导致职业院校生源的急剧下降，职业院校的招生规模呈现逐年下降的趋势。在参与调研的 125 名学员中，只有 4%的学员认为自己学校的生源稳定或处于增加状态，96%的学员认为自己学校生源一直减少。

3.2 培训师资的优势与培训对象需求之间的矛盾

职业教育招生近年困难，直接导致生源来源多元化，有多年外出打工回来继续求学的、有社会上闯荡回校的，有家里管不住来学校增长年龄的等，相比以前大部分为考不上高中的初中学生而言，生源质量逐年下降已经成为不争的事实。这直接导致职业教学方式的改变，即教师必须先引入实验操作，引导学生有兴趣的情况下再去讲解相关理论知识，如果直接讲理论，学生没人感兴趣，也听不懂，导致参培教师实践操作方面的培训很迫切。

根据我们对八家培训基地的调研，培训基地培训师主要来自二级学院的老师，专业课的讲解主要由大学老师完成，他们理论功底深，实践能力较差，这与职业老师重实践操作的需求有一定的差距。职业学生普遍基础差，底子薄，老师的教学重点事把抽象的理论形象化、具体化，通过实践教学吸引学生参与教学。这一情况在我们对培训学员的调研中进一步得到证实，具体如表 4 所示。

表 4 影响培训的因素归因 1

影响因素	人次
培训模式不科学，缺乏实践操作的能力培养等	46
培训与实际教学关联不大	39
培训师自身素质和教学水平需提升	26

125 名培训学员中有 46 人次认为培训模式不科学，缺乏实践操作的能力培养等；有 39 人次认为培训与实际教学关联不大，还有 26 人次认为培训师自身素质和教学水平需提升。

培训基地“双师型”教师比例偏低，以某国家培训基地为例，在该基地 2011 年国家基地评估材料中，10 个专业任课教师结构信息表中，“双师型”教师所含比例在 10%以下的有 1 个专业，比例在 10%以上 30%以下的有 5 个专业，30%以上的有 4 个专业。

培训基地教师的专业水平参差不齐，多数教师能够理论结合实际，有针对性地开展讲授，也有学员反映个别教师上课条理不清晰，照本宣科，教学方法古板，缺乏教学的艺术性，上课学员昏昏欲睡，到课率也不高，调研中有学员说“看到课情况就知道老师讲的好与否”。

3.3　培训的激励与评价体系不完善

目前职业学校没有独立的职称评审系列，一般和普通高中一起评审，评审条件也一样，没有突出职业教育“双师型”的特点，造成职业教师在职称评审中处于不利地位。职业学校对培训后拿到证书的教师也没有兑现相应的待遇，导致部分老师培训的积极性不高。这也从我们的调研中得到了证实，如表5所示。

表5　影响培训的因素归因2

影响因素	人次
培训与职称评审、工作量和待遇没有联系	58
培训证书认可度不高	53
学校没有相关鼓励政策	50
学校重视不够	42
培训时间较短，学习深度和宽度不够	40
教师积极性不高	30
培训制度不健全	19

从表5可以看出有58人次认为培训与职称评审、工作量和待遇没有联系，有53人次认为培训证书的认可度不高，有50人次认为学校没有相关鼓励政策，有42人次认为学校重视不够，有40人次认为培训时间较短，学习深度和宽度不够。以上因素在整个因素调研中占的比重较大，对培训工作的绩效有重大影响。

3.4　培训的专业和学校的实际需求间的矛盾

目前我们的培训主要对象是公办职业学校，而专业设置和指标的分配都是行政计划方式下达。从计划下发到学员报到前后时间约为一个月。而且一般学期中间下发培训计划，使培训与职业学校的教学计划安排发生冲突，导致重点专业的老师忙于日常教学抽不出时间参加培训，而非专业的教师出来培训与日常的教学工作不相关等矛盾，甚至出现“培训专业户”的现象。

据统计，本期125名参培学员中，专业对口的学员只有37人，约占参培学员总数的30%，可见70%的学员培训专业与所学专业（或任教专业）不对口，属于“转岗培训”。相较于以前大多数培训学员专业对口的学员结构已经发生了很大的改变，直接影响到培训方案的制订、培训课程的开设、培训的实践设计、培训的考评等各环节，培训需要变革以应对生源结构的变化。

另外，计划的分配中也存在急需培训的学校却没有安排计划，不需要培训的学校却年年有计划，有的甚至年年计划相同。民办职业一般对“双师型”教师培训较积极，但没有纳入培训计划，缺少培训指标。培训计划的安排与分配也需要进一步的改进和完善。

3.5 职业院校“双师型”教师培训的信息平台需要进一步完善

虽然我省建立了“陕西职成教育网”，但是“职教师资”“职教研究”等栏目还没有建设，“学籍管理”栏目的数据库建设也待完善。平台功能的不完备已经严重制约着我省职业教育相关信息的便捷地双向传递，制约着省厅对全省职业学校管理与服务水平的进一步提高，制约着省内省外优质职业教育资源的共享范围的扩大，直接影响着我省职业教育的发展。

4 对策与建议

根据我省培训工作的现状，我们提出了“政府主导、主体提升、平台驱动”的培训模式。该模式基于管理部门转变职能，弱化“管理”强化“服务”，通过改造陕西省职成教育网这一平台，实现管理主体和培训主体各方面都得到有效提升，提高我省“双师型”教师培训工作的针对性和有效性，提高培训质量，促进我省职业教育的快速发展。

4.1 政府主导，强化服务

教育行政部门的主导主要体现在以下几个方面。

4.1.1 制订“双师型”教师培训中、长期规划

着眼于教师的专业发展是贯穿其职业生涯一生的观点，分别制订我省职业教师培训五年、十年、十五年规划。例如，近五年规划可适应我省目前职业学校师资大部分属于转岗培训的现实，分层次对职业教师开展培训；开设专业教师培训、管理人员培训、基础课教师培训；专业课培训也可开设基础班与提高班，提高培训的适应性，同时规划中也要明确培训基地培训教师的再培训，培训教师素质的高低，直接影响到我省“双师型”教师培训项目的成败。

4.1.2 制定有关“双师型”培训的规章制度

教师培训除已经颁布的一些宏观层面的文件外，需要一些具体的实施细则，指导规范我省“双师型”教师培训工作。例如，制定有关职业教师的职称评审文件，明确规定职业教师的职称晋升基本条件中除要有教师资格证外，还必须要有本专业相应的专业同等级资格证书的要求。要联合省级财政部门，共同下发有关“双师型”教师待遇的文件，以体现“双师型”教师的工作价值，解决“师型”教师奖惩措施缺失的问题，鼓励广大教师积极参与培训。

4.1.3 创新培训思路，加强培训基地建设

创新培训思路，主要实施内外共建：对省内可拓宽培训基地的甄选范围，尝试将示范职业校中在师资和办学方面有特色、能够引领全省职业教育的学校也纳入培训基地候选名单，通过专家实地考察，试点培训，考核合格后正式列为培训基地；对外可采用委托培养的方式，对于一些我省培训效果较差或培训条件不完备专业，可委托东南沿海省份来培养，条件许可时甚至可以委托国外机构来培养。这样引入

竞争机制，也促进省内培训基地提高软硬件建设，提高培训质量。

4.1.4　变革管理模式，突出效益优先

管理模式的变革，首先要改变目前职业教育管理条块分割的现状，将涉及职业教育的事务统一划归职成处，形成职业教育管理体系化，较突出的就是职业教师的职称评审，建议划归职成处。其次要改造陕西职成教育网，完善我省职业学生学籍信息库，着手建设“职教师资”和“职教研究”等栏目，使我省每个职业学校的专业开设情况、每个专业招生情况、在校生情况、师资情况一目了然，省厅根据每年专业招生人数和我省社会经济发展需要制订教师培训计划，提高培训的针对性。“职教研究”等栏目的建设，给广大职业教师提供教育研究平台，分享职业教育教学经验，促进职业教育健康发展。

4.2　主体提升，实现培训各方都得到发展

“双师型”培训项目包括管理者、计划实施者及参培者三大主体，通过新模式的实施力求实现三者间的需求都能得到较好地满足。

4.2.1　管理者变革管理的方式与方法

通过陕西职成教育网的改造，对每学年、每学期各职业学校的学生、教师、所开专业等信息及时汇总，根据全省专业招生和经济发展对人才的需求现状，结合学生情况、学校发展情况、教师个人实际情况（专业、培训），采取“从下到上”和“从上到下”相结合的方式分层次、分类别制订下一年度的培训计划，并依据职业学校实际，提前一学期下发培训计划。在下发培训计划纸质文件的同时，通过职成网加以公布，各基地的培养方案也同时公布，减少文件下发环节的时间延迟现象，避免有学校和教师会收不到、看不到文件的情况发生（依据传递的衰减效应，执行中，传递环节越多，决策的贯彻及影响力就越弱）。培训计划提前发布，也利于职业学校提前调整教学计划，安排骨干教师参加培训，最大限度在培训的程序层面透明、公开，服务于广大一线基层教师。

对于培训计划具体的落实环节，可借鉴国培的一些做法：计划下发后，采取职成网在线报名或培训基地在线报名的方式，一旦名额报满，后边的人不能再申报；采用参培教师所在学校提前汇一部分培训费到培训基地、参培教师拿到培训合格证书后再报销的办法，如果一定时间内培训费没有到账可将名额分配给下一位申请者，保证网上报名的有效性和培训计划指标的稀有性，使计划真正落实到需要学习、想学习、想提高自身素养的教师头上。

除此之外，还要积极加强对培训基地的服务与管理，一方面完善对基地的管理手段与方法，如借鉴国培的做法，在学员结业前通过登录陕西职成教育网直接对基地的培训情况做一评价，加上后继的跟踪调研，再次针对性的提高培训计划安排，使整个培训各环节的质量都能得到有效的监控和保障；另一方面也积极申报和争取各类国家和省级出国培训项目，派遣骨干培训师定期到国外参加培训，为他们做好出国各项手续的办理、护照的申请等各项服务工作，使培训师的教育理念、专业知识和实践技能等方面能够不断更新，紧跟世界职业教育潮流，提高培训师的综合素养。

通过变革管理的方式与方法，提供相应的服务来提升管理水平，以适应我省职业“双师型”培训不断发展变化的实际需要。

4.2.2 培训基地要严格执行和认真落实培训计划

好的计划，只有在得到切实的执行和落实后，才能达到预期效果。各培训基地是执行和落实培训计划的主体。各培训主体应该在以下六个方面加强改进。

（1）优化培训内容，突出能力提升。我们组织实施“双师型”教师培训的最终目的是通过培训提高教师的教育教学能力，即使理论知识的培训，最终的效果也要体现在教师能力的改变上。也就是，通过外显性的培训课程设置，达到教师内隐性能力提升的效果。这就要求我们优化培训内容，紧密围绕教师能力的提升来组织教学内容，变革教学方式方法，从而达预设目标。

（2）严格按照培训方案来组织实施培训。针对调研中学员反映个别培训基地所开设课程内容与所发的培训教材内容不符、培训教师讲授内容随意性大、培训教师素质参差不齐的状况，切实加强对培训基地的督导和检查，听取培训学员的意见和建议，督促基地严格把好教师聘请关，聘请有实际教学和操作经验的优秀教师任教，同时可组织学员评课等方式，淘汰不合格教师。

（3）拓展培训教师的来源。培训教师的来源面过窄，也是制约我省“双师型”教师培训快速发展的一个原因。尽管我们一直提倡聘请企业一线有经验的师傅到课堂开展实践课程教学，但实际培训中由于时间安排、待遇、人员选聘等现实问题一直没有得到很好的组织实施。尝试组织我省职业教师教学基本功大赛，通过大赛方式筛选优秀的一线教师担任培训教师，这样更接近职业教育现状，更接近培训的实际要求，也更接近参培教师的培训需求。

（4）及时更新基地的设备。培训中我们发现数控专业的机床设备基本上都是国产的，实际操作课基本上都和在校生大学生一起共用一个实验室，有学员反映自己学校的数控机床都要比培训基地设备先进，导致学员学不到新的知识和实践操作技能，更不用说开眼界看最新技术了。调研中很多机房、实验室的计算机都还使用的是 Windows XP 操作系统，现有主流计算机都已经使用 Windows Vista、Windows 7、Windows 8 等操作系统，仅就软件而言，已经落伍 3～4 年，新的技术和应用的培训成为一句空话。基地设备的更新和维护周期要加快，实在不能满足实践教学需要的，可考虑租用设备。

（5）试点实施项目包培训模式。目前“双师型”培训存在的一个问题是理论课程偏多，实践操作过少，甚至没有，有的仅仅是参观工艺流程而已（受制于生产企业生产任务、安全等一系列问题的制约，工厂见习、顶岗实习等实践环节都没有落到实处）。我们应该尝试将实践课程以项目形式让企业来申请，通过专项经费的划拨方式，使学员能够接触到一些新工艺、新设备，弥补在校培训实践操作环节的不足。

（6）积极探索在线远程培训模式。利用现有的陕西职成教育网，结合目前项目开发包计划的实施，鼓励各基地开发网络课件、虚拟实验包，开展远程网络培训。这不仅可以节省大量的人力和物力，也便于教师合理安排自己的时间，利用课余和闲暇时间开展学习。

4.2.3 培训者要转变教学理念，提升教学能力和教学技能

作为培训者首先要对培训有着正确的定位，要将"双师型"培训与个人的职业生涯、职业发展结合起来，将培训作为提高自己专业素养的一次机会，而不能仅仅停留在拿个结业证书和技能证书等浅层次的追求上。通过在线培训和理论面授、实际操作等培训途径，使自己的教学理念能够适应现在的教学实际，教学能力有所提高，实践教学技能也有所提升，能够更好地适应自己的岗位要求，不断提升自己的专业素养。

4.2.4 职业学校对教师培训工作要有正确的认识

利用陕西职成网这一信息平台，积极联络各职业学校针对性地开展"送培上门""送教上门"活动，在培训教师的同时也对我省的职业教育现状、教师群体现状、教学的现状等都有一个清晰的了解，也便于培训计划的制订和调整。同时结合在线培训的开展，可以很好地解决职业学校骨干教师派不出、培训经费短缺等现实矛盾，利于学校正常工作的有序开展。是学校对培训的认识有过去的"随便派个人，应付完成培训计划"转变为"积极派人参与培训、提高教师素质、提升教学质量、提升办学质量、质量立校"。

4.3 平台驱动，促进管理手段与服务水平提升

依托改造后的陕西职成教育网这一平台，实现了对全省职业教育的精细化管理，为职业学校提供更多的服务，以信息化平台促进我省"双师型"教师培训工作的顺利开展。具体而言体现在以下六点。

4.3.1 创建信息互相交流的平台

陕西职成教育网改造后，将成为全省职业教育集管理与服务于一体的数字化平台，通过对省、市、区（县）、职业学校、职业教师、职业学生、培训基地等多用户不同权限的设置，实现在线培训信息的发布、文档信息上传与下载、论坛讨论、数据的上报与下发、培训反馈评价、培训调查、培训评优等功能，实现培训各主体间信息的快捷、畅通地交流。

4.3.2 创建提升管理与服务水平的平台

陕西职成教育网的改造，首先可以使省上的有关文件和制度、政策能够尽快地传达到市、县（区）、职业学校及职业教师等各层级，甚至关心和支持职业教育发展的社会各界人士也可以浏览相关网页，了解我省职业教育的有关文件精神，这样就提高了管理的效率；其次基层各职业校根据文件要求及时上网上报各类数据信息，也减少了人力物力的巨大浪费；再次通过平台联络实施"送培上门""送教上门"，拓展服务基层的方法与途径；最后培训反馈评价、培训调查等栏目的开设，也使基层参培教师能够对培训提出积极的意见与建议，利于职能部门调整培训计划，更好地服务于我省广大一线职业教师。

4.3.3 创建职业教育系统相互协作的桥梁

陕西职成教育网的改造，将使我省职业教育工作成为一个有机的系统，从学生

的入学注册、各专业的生源状况、教学环节的监控与督导、到毕业环节的验印、教师的培训、资金的划拨、培训基地的建设等要素和环节一起构成职业教育系统。平台成为各要素间相互协作的桥梁。

4.3.4　创建资源共享的平台

陕西职成教育网是一个资源共享平台，如各类国培计划信息、出国培训信息、示范职业校的经验交流、优秀教师的观摩课、各类实践大赛的信息、省培训基地的培训方案、世界职业教育信息等资源，吸引关心支持职业教育的各阶层民众分享这些资源和信息，以促进职业教师的专业发展，促进职业教育质量的提高。

4.3.5　创建校企合作的平台

陕西职成教育网也为一线的企业积极承担社会责任，接纳学员并开展现场实地操作培训，培养学员的实践教学能力提供支持。企业可根据自己生产任务的季节性变化，适时调整生产任务，申报实际培训项目，可专门开辟一些一线生产场地使学员在有经验师傅的带领下开展实际操作活动，使学员在实际操作中逐渐了解和消化课堂所讲理论。

另外，陕西职成教育网通过完善“就业创业”栏目，可刊登一些企业的用工招聘信息，利于职业学校毕业生的就业，进一步缩短社会人才需求与学校培养人才间的差距，也利于职业学校调整专业结构，提高教学质量。因此，陕西职成教育网也是校企合作的平台。

4.3.6　创建远程培训的平台

除“送培上门”“送教上门”外，针对目前职业学校骨干教师教学任务重、抽不出时间专门参加培训的现状，在各基地招标制作培训课程包时，明确要求要能够应用于网络教学，并且能够实现虚拟试验和实践操作。陕西职成教育网平台可以添加在线培训栏目，利用培训课程包开展远程培训，既增加了课程包的受益对象，提高了利用率，也解决了“工培矛盾”（工作和培训），节省了时间和差旅等费用的开支，最大限度减少了培训对正常教学秩序的影响。

5　保 障 措 施

基于“双师型”教师的特点，其培训需要依靠政府、基地、企业、学校、教师个人等各方面共同合作，齐心协力，才能达到提升教师知识和技能，提升我省职业教育质量的效果。因此，要从制度建设、平台建设、经费投入等方面着手，为我省“双师型”教师培训的顺利开展提供保障。

5.1　加大培训资金投入，提高培训质量

根据培训专业的不同，理工科类培训的资金投入要大于文科类培训的资金投入，因此要加大培训的资金投入，改善培训条件，提高学员的实习费、课时费、生活费等培训经费，提高培训质量。

5.2　构建信息共享管理平台，驱动“双师型”教师培训的更好开展

构建“双师型”教师培训信息共享管理平台，实现“双师型”教师培训相关信

息的及时上传和下达，通过对信息的组织和管理实现对“双师型”教师培训的统一规划、统一组织，为“双师型”教师培训提供平台保障。

5.3 整合职业教育资源，优化职业教育结构

针对目前职业学校生源逐年减少的事实，可尝试逐步缩小职业教育规模，减少职业学校数量，力求以县为行政单位保留一所职业中学，实施职业专业和任课教师的优化组合，突出强势专业的发展，突出地方特色专业的发展，突出新农村建设中技能型新市民的培养，为我省经济和社会发展提供人才和智力支撑。

5.4 制定相关制度，保障“双师型”教师培训的顺利开展

5.4.1 制定“双师型”教师的资格认定制度

制定并完善陕西省“双师型”教师的统一认定标准体系，组织编制“双师型”教师专业技术证书目录，目录中规定中职学校各专业大类主要专业对应的专业技术证书名称、级别、发证部门等内容，使“双师型”教师的认定科学化、规范化，以文件形式统一政策，统一实施标准，统一颁发“双师型”教师证书。例如，中职学校认定“双师型”教师标准，可在受聘中级及以上教师职称的同时，应取得《“双师型”教师专业技术证书目录》中规定的最低等级专业技术证书；2020 年以后，应取得核心技能中级以上证书。

5.4.2 制定“双师型”教师培训的激励奖惩制度

首先，制订职业教师终身培训计划。教师终身培训制度要针对教师不同成长阶段，提供不同的培训服务。针对不同职务和岗位，开展包括教育教学、教学管理等任务的各类人员在内的分类培训。结合教育部令第 7 号文件《中小学教师继续教育规定》的要求，依据我省职业教师实际，开设转岗培训和本专业提高培训；拓展培训面，将基础课培训纳入到培训任务中。加大宣传力度，让教师意识到参加培训是专业发展的重要途径。信息技术的发展和知识经济的到来要求职业教师不断学习，不断提高自身的专业素养。各职业学校应当建立专业教师定期轮训制度，支持骨干教师到企业进行工作实践，提高教师的实践技能。

其次，完善职业教师职称晋升制度。把专业教师参加“双师型”教师培训和到企业顶岗实践作为教师职称评审的必备条件，纳入评审办法中；将获得“双师型”资格证书作为教师职称晋升的条件之一，使教师可以通过不同的渠道得到职称的晋升；将具有“双师型”资格证书的教师在薪酬中得以体现；将教师参加专业实践技能竞赛并获奖纳入教师职称评审的条件之一，从而鼓励教师从事专业技能培训及竞赛工作，实现自发向“双师型”教师转型。

再次，建立企业人员进学校和教师进企业制度。企业人员进学校，承担技能实践教学、指导技能实践教学轮岗制；在企业建立一批专业教师实践基地，通过参与企业生产实践提高教师专业能力与执教水平；从而让企业在“双师型”教师培训中承担其应有的社会责任和应履行的教育义务。

最后，制定培训师的再培训制度。在对八家培训基地的走访和调查过程中发现：95%的培训师来自高校的二级学院或教学系，切实加强加大培训师的企业经历、技能

水平，是切实做好“双师型”教师培训的关键。

5.4.3 职业学校制定培训的相关制度和规定

首先制定培训的相关制度和规定。将学校教师参加“双师型”教师培训作为教师工作量考核项目之一；根据专业特点建立教师培训轮训制度；出台教师参加培训工作与教学工作量之间的转换标准，使培训真正达到提升教师专业实践技能的目的。

其次制定“双师型”教师授课奖励办法。要求承担实践技能课程的教师一般要求是“双师型”教师，由“双师型”教师承担的实践技能课的课时系数远大于非“双师型”教师的授课课时系数，以此鼓励教师向“双师型”教师转型、发展。

5.4.4 制定“双师型”教师的职业准入制度

要求进校的专业教师应具有一定年限的行业企业实践经历且必须通过技能实操测试；职业学校在选择教师时，对实践操作技能强，具备教师条件的专业人才，可适当降低学历要求；建立从企业一线畅通选拔优秀工程技术人才的职教人事制度，以确保引得进、留得住、用得上，从而使职业教育的办学质量得到保障。例如，具备与申请讲授的学科相同或相关的本科及以上学历，同时获得教师资格证书和专业技能等级资格证书，并具备1～3年的行业工作经历。

5.4.5 完善“双师型”教师培训的学员考核制度

细化培训学员培训结果的考核方式，尝试变革考核的方式方法，改变目前以说课、撰写论文为主的考核方式，改为本专业或行业职业资格证书的获取为考核标准的考核方式。加大实操考核力度，可借助集中考核、网络考核或者课程开发包的虚拟考核等多种考核途径，优化考核方式方法。

5.4.6 建立各类教育间的衔接的相关制度

制定相关制度和政策打通职业教育与普通高校之间有效衔接的壁垒，使职业到高职、职业到普通高校的衔接更便捷、更紧密；尝试高职、普通高校与职业的联合办学，普通高校的大学生也能学习如烹饪、汽车维护、家电安装与维护等日常生活中必备的知识和技能。

5.4.7 制定培训基地定期检查评估办法，促进基地健康发展

制定基地定期检查评估办法，对基地的培训工作进行定期检查与指导，以评促建，以评促改。通过评估，引导基地加强自身建设，健全组织机构、管理制度和工作规范，创新校企合作培养培训职教师资的模式和机制，提高培训工作质量和水平。

基于网络多媒体环境下的高职教育实践教学资源整合机制探索研究报告*

刘志选

1　课题提出的背景与意义

1.1　课题研究背景

1.1.1　高职院校实践教学现状的思考

目前我国高职教育发展中实践教学问题尤为突出，这是目前我国高职教育近年来生源短缺的关键之所在，也是许多高职院校差距的根本问题，重理论轻实践的现象依然存在，在实践教学，即强化学生专业技能问题上，政府决策、领导讲话、文件精神、会议主题、校企活动、参观交流等一系列看似正确但无法落实的事实是任何一所高职院校都不可回避的问题。试想，一所高职院校平均专业在30个左右，按照教育部及专业教学指导委员会制定的专业教学标准，平均每个专业涉及实践教学的课程有15门左右，也就是说每所院校的课程实践教学课程在450门左右。这只是理论上的数字，事实上许多高职示范及骨干院校远远超过了这个估值。当然，“校企合作”在一定程度上解决了一些课程的实践教学问题，但不是解决了所有课程的实践问题。截至目前，我国的高职院校究竟有多少“双师型”教师，比例如何，发挥了什么样的作用，至今没有统一的结论。我国的高职院校大多数是通过中等专业学校升格及地方或地区为了解决经费困难的问题进行合并、整合而建立起来的，甚至许多院校都有几个校区的现象，可想而知，实践教学的资源如何能够得到有效的利用，学生怎样才能从真正的意义上掌握专业技能，不断提高自己的实际操作能力和解决问题的能力。一个外行教师担任内行教师课程的现象比比皆是，严重的，一个外行教师可能承担内行专业教师的4～5门课程。由此可见，高职院校的实践教学问题极其复杂，“以其昏昏想使人昭昭”是不可能的。但要解决这一问题，目前还没有一个比较科学的方法和捷径可循。近年来，美国麻省理工学院“开放式课程网页计划”的提出和推广，即教学资源的共享机制可以带给我们一些重要的启示。假如将全国高职院校的实践教学资源在政府主管部门的主导下予以整合与共享，无疑也是解决高职院校实践教学资源短缺问题的一种有效途径。

1.1.2　高职院校网络环境下实践教学资源的优势性分析

我们不难看出，网络环境下实践教学资源的有效建设，其优势作用主要体现在

*［基金项目］2011 年陕西省高等职业教育教学改革研究项目“基于网络多媒体环境下的高职教育实践教学资源整合机制探索研究”（编号：11Z34）。

以下几个方面。第一，透过网络环境，可以不断扩展实践教学的基本内容，有效培养学生的探索能力、自学能力、创造能力、信息搜集和加工能力。第二，利用网络环境，可以使那些课程内容中比较枯燥、难于理解的知识变得生动有趣和便于理解，丰富学生的感性认识和实践能力。第三，网络环境下的实践教学，可以有效降低实践教学对客观物质条件的依赖，弥补学校实训设施不足，避免危险性实训带来的伤害，有效地促进教学实践中时间与空间的延伸。第四，网络环境下的实践教学资源库建设已成为当今高职教育创新的重要机制，其重要性将对许多高职院校，尤其是普通高职和新建高职院校的专业和课程建设起极其重要的作用，这一点，已在全国许多地级市的高职院校发展中得到了充分的验证。第五，高职院校的实践教学师资将得到有效的整合，许多实践教学的资源共建与共享已成为一种崭新的理念，政府主导的实践教学资源库建设成为各高职院校快速发展和迅速转型的重要因素。

1.1.3 目前网络环境下高职院校实践教学存在的问题

网络教育的迅速发展，我国许多高职院校关注到了网络教学的巨大优势作用，不同程度地在实践教学资源的建设上做了初步尝试，积累了许多丰富的经验与教训。但是，这些实践教学资源离教学资源的优质化还存在许多差距。

第一，实践教学资源存在着形式主义现象。由于没有从本质上了解网络环境下的实践教学的真正功能与作用，许多实践教学活动的开展大都流于形式，对教学过程至关重要的教学内容没有进行精心的设计与呈现。一是对多媒体技术的潜能未能有效地发挥，使许多教学资源处于一种低水平的运作状态；二是在网络环境下的实践教学资源建设过于注重了外表上的华丽，而忽视了课程实质性问题的解决；三是许多实践教学资源不能针对学生的原有知识水平进行创新，而是采取了拿来主义的做法。这些现象的存在都不利于实践教学资源的优质化建设。

第二，实践教学资源运用过程的单向性突出。以高职院校所谓的网络环境下实践教学的优质资源来看，几乎很少有教师与学生的互动场景，根本不可能将课程内容中的抽象理论具体化和形象化。不难看出，整个网络教学资源中，教学内容的罗列现象严重，许多资源的呈现都是教材的变相搬家，尤其是有些教师过多地依赖教材内容进行机械性地讲述和演示，忽视了学生学习过程的主体地位与作用的发挥，以致学生实践过程的动手与操作能力就成为一种奢望。

第三，实践教学资源的针对性较差。透视高职院校的已有实践教学资源，问题一个接一个。尤其是教学理念的缺失，形成了面面俱到的现象，教学资源没有充分体现专业与课程特色，没有一个完整科学的教学设计，没有很好的融合现代信息技术，导致教学资源的针对性较差。

第四，实践教学资源制作的技术含金量较低。趣味性和技术性是高职实践教学资源的重中之重。但目前，已有的高职实践教学资源，由于实践教学模拟演示或开发制作过程中的技术含金量不高，不能有效地把高职教育内容中的实质问题演示出来，不利于高职教育课程教学资源的作用的真正发挥。据不完全统计，目前高职教育中需动画形式展示的实践教学内容还有 99%未得到设计与开发，亟待政府主导下的实践教学资源技术团队开发与制作，缓解许多院校实践教学教师奇缺的问题。

第五，实践教学资源脱离了企业行业的主体成分。我国实践教学尚未真正过渡到“双主体”，即以学校和企业为主体。“双主体”办学模式是高职院校发展的必然趋势，但现有的实践教学资源喧宾夺主，把本来在实践教学中为主体的企业行业地位予以剥夺，使企业行业的主体地位不能有效地发挥。事实上，我国由于缺少企业行业主体地位的法律依据，大多数高职院校的校外实践教学基地主要是靠人际关系予以建立和维持，稳定性极差。尤其是许多企业行业，他们追求经济效益的最大化与高职教育追求人才培养“零适应期”的目标存在着种种矛盾，许多企业从内心深处是不太愿意接受学生实训、实习的。所以，要建成以“企业行业为主体”的实践教学资源必须依靠政府的政策和激励措施来实施。

1.2　课题研究意义

众所周知，高职院校是我国普通高等学校的重要组成部分，可以说已经占据着半壁江山，其最突出的特点就是教学过程的实践性和应用性。但由于我国的高职院校实践教学还处于发展的初级阶段，因此不可避免地出现很多问题，解决这些问题的有效途径就是实施网络环境下实践教学资源的有效建设。

1.2.1　网络化的实践教学资源可以全面提高师生对实践教学的认识水平

目前，由于我国高职院校中的领导班子仍然存在外行领导内行的现象，尤其是专业素质的原因对实践教学的实践性与应用性没有得到充分的认识，形成了“上有政策，下有对策”的尴尬局面。从本质上讲，这些领导只求办学的经济效益，至于教学质量仅停留在口头上而已。因此，学校的实践教学环节无法落实，在资金、人员分配、教学内容、教学方法等实质性问题上体现不出职业教育的工程性、技术性、实践性等显著特点。此外，与国外发达国家的职业教育相比，我国高职教育只有二十多年的发展过程，但其发展速度是任何一个国家都无法比拟的，正因为这种速度才间接造成了人们心理准备上的不足，使人们不能从根本上对高职教育有一个到位的认识。所以，在实践教学中，不管是领导层面，还是教师层面，难免沿袭原来的教学模式或盲目效仿普通本科高校的做法，只注重理论教学而忽视实践教学，把课堂教学、理论知识传授放在首位，把实践教学、操作能力的培养和训练作为课堂教学和理论知识灌输的补充形式。

1.2.2　网络化实践教学资源可以有效地解决实践教学资源严重不足的问题

由于我国高职院校缺少发展基础地陆续扩招，几乎所有的院校都采取了招生过程中最绝的招数进行生源大战，以满足其经济利益的最大化需求。结果，由于招生人数的暴增，具有高职教育特色的实践教学只能成为口头上的一个承诺，有的院校学生即将毕业也没有见到一个招生时承诺的兑现，这使得高职教育的特色受到社会的质疑与唾弃。究其原因，就在于实践教学资源的严重不足，有的专业甚至就没有什么实践教学资源。根据教育部相关规定，专业人才培养方案中，文科实践教学课时不低于 40%的总课时，理工类实践教学不低于 50%的总课时，时至今日，我国没有一所院校能够达到这个标准。在国家级示范高职院校和国家骨干高职院校所举办的40个左右的专业中，升格前衍生下来的专业可能会实现这个标准，但其他新增的专业是根本不可能实现的。另外，实践教学的课程学习实验室建设、专业实训基地建设、实践教学软件硬件建设等均需要大量的经费投入，但目前由于大多数职业院校办学经费比较紧张，学校基本上都缺乏必要的实践教学场地和设备。即使为数不多的一些设施也都较为简陋、落后，难以满足正常教学需要。特别是对校外实训基地软件建设投入的缺乏，很多企业把学生实习看成一种负担，认为学生实习会影响企业正常的工作秩序，这就使得实践教学的数量和质量均处在相对比较低的水平。一些高职院校为了让学生可以有好的实践机会，会与一些单位达成协议，在条件允许的情况下，学生可以到单位体验、实习或顶岗。但是，由于时间和动机的缘故，实习单位绝不会将学生安排在关键岗位或技术性较强的岗位上，从而造成了实习的表面形式而已，很难起到理论联系实际的作用。

1.2.3　网络化实践教学资源可以解决优秀教师和双师教师的短缺矛盾

实践教学需要足够的、有一定实践经验的专业教师，这是高职教育的最基本法则。但是，我国的高职院校却是由一些职业大学、成人高等学校、中职学校、中等技工学校、职业培训机构整合或升格而成为的一所大学，许多教师缺乏必要的、真正的专业实践或技能技巧，大部分教师都是从学校直接到学校，对实践知识缺乏真正的了解与认识。事实上，我国高职院校优秀教师和“双师”奇缺的现象大家都已意识到。以陕西省高职院校为例，民办院校几乎都是退休教师和研究生代课族，谈何“双师”；公办院校几乎都是找课组，想着“双师型”；示范院校的确有“双师型”教师，但达标的“双师型”教师很少。因此，我国许多高职院校真正的“双师”教师极度缺乏，严重不足。目前大多数教师的背景莫过于转行或新进人员，缺乏专业实践教学工作经验，使得理论与实际脱节，不少课程的实践教学流于形式。尤其是一些高职院校新增的专业建设中，实践教学师资只能从企业行业的领导层或一线工作人员中进行聘请来实施部分教学活动。

2　课题研究的指导思想与理论基础

2.1　课题研究指导思想

目前职业技术教育事业发展非常迅速，随着高职教育人才培养方式和目标定位的清晰，以“必需、够用、管用、实用”原则下的课程体系改革成为必然。专业课程的实践教学资源既然成为当今高职院校职业人才成长的一个根本瓶颈，就需要我们认真研读党和国家颁布的一系列职业教育政策与法规，研究国家“十二五”职业教育发展规划纲要，研究市场经济体制下人才培养的素质与规格要求，研究人才的成长规律与最优化的培养方式。但是，传统的思想与理念在高职教育中仍占重要地位，使得学生的学习状况令人担忧。本课题就高职教育发展中种种问题之一的网络环境下的专业和课程实践教学资源建设问题高进行深层次的分析，旨在高职教育理念的指导下，引进国外先进的教育理论，探索一种新的网络环境下的实践教学模式，为高职教育的快速发展探寻一条行之有效的途径。

2.2 课题研究理论基础

2.2.1 建构主义理论

建构主义认为，人的认识并不是对外在被动的、简单的反映，而是一种以已有知识和经验为基础的主动建构活动，其认知发展涉及两个基本过程：同化和顺应。认知个体就是通过同化与顺应这两种形式来达到与周围环境的平衡的，其认知结构是通过同化与顺应过程逐步建构起来的，并在“平衡—不平衡—新的平衡”的循环中得到不断的丰富、提高和发展。建构主义学习理论提倡在教师指导下，以学习者为中心的学习，教师是意义建构的帮助者、促进者；学生是信息加工的主体，是意义的主动建构者。这一阐述为本课题研究的组织、实施提供了实质性理论支撑。

2.2.2 教学最优化理论

教学最优化理论认为，要达到教学最优化的目的，就必须分析学生状况和教学任务，明确教学内容，选择教学方法、方式，拟定教学进度，对教学结果加以测定和分析等。要达到最优化的关键：一是分析教材中主要的和本质的东西，确保学生能掌握这些内容；二是选择能有效地掌握所学内容、完成学习任务的教学方法、方式，进行有区别地教学。这一理论为一线教师的资源建设内容和资源的开发与征集筛选提供了科学化的前提。

2.2.3 有效教学理论

有效教学理论的核心是教学的效益。一是关注学生的进步或发展；二是关注教学效益，要求教师有时间与效益的观念；三是需要教师具备一种反思的意识，要求每一个教师不断反思自己的日常教学行为；四是需要教师掌握有关的策略性知识，以便自己面对具体的情景做出决策。这种理论为教师在资源建设过程中建立优质资源提供了课程实践教学设计层面的反思基础。

2.2.4 需要层次理论

需要层次理论强调人的尊严、价值、创造力和自我实现，把人的需要由下而上依次划为生理需要、安全需要、归属与爱的需要、尊重的需要、认知需要，审美需要、自我实现需要。人在满足高一层次的需要之前，必须先部分满足低一层次的需要。尤其是代表人物马斯洛强调的“顶峰体验”，即自我实现需要的满足对该项目研究中一线教师资源建设的参与度具有很高的指导价值，对教师的荣誉奖励在很大程度上可以解决资源建设经费方面的困惑问题。

2.2.5 组块教学理论

组块教学理论强调将零散的构件组成有意义的单元。从信息加工的角度来看，组块是人对信息进行组织或再编码。所以，在实践教学资源的建设中，组块是关键。按材料内容之间的关系，形象化的图表组块可分为相似归类图表、对比归类图表、从属归类图表等。除了用图表式来说明材料的内在联系外，还可以采用图解方式来呈现材料内隐的结构关系，如关系图示、流程图示等，使材料形象化，促进整体把握和记忆。课程实践教学资源的网络课程及多媒体课件的开发都需要依据组块教学理论在平台上实现资源的有效展示。

3 课题研究的目标与内容

3.1 课题研究的目标

根据全国教育工作会议精神和国家“十二五”教育事业发展规划纲要基本精神，结合陕西省高职技术教育的发展现状，立足陕西教育强省的发展思路，构建适合陕西省省情的高职教育实践教学资源体系，确保我省高职教育技术技能型人才培养过程中实践环节教学资源的优质化。

（1）聚集国内外最优质的专业和课程实践教学资源，使学生的职业教学实践环节享受到一流的教育资源，从而实现优质教育资源的公平与共享目标。

（2）为学生的自主化学习提供使用方便、操作简单、资源丰富、形象直观、趣味浓厚、资源拓展与检索快捷的实践教学平台搭建模式。

（3）满足我省高职教育市场机制的变换需求，使各高职院校在市场需求的呼声中快速设立新专业和改制已有专业，在最短的时间内，确保新建专业和改制专业的专业与课程实践教学资源的需求，使正常的教学秩序有条不紊的进行。

（4）通过实践教学资源的整合研究，从根本上解决公办高校专业和课程教学师资与经费的多种困难，从而集中精力，用于教学改革与发展模式的创新上。

（5）有效解决当前校企合作中高校一方的被动局面和形式主义，努力构建高校与合作企业双方共同满意的办学机制。

3.2 课题研究解决的主要问题

（1）陕西高职教育实践教学资源平台的建设思路。

（2）陕西高职教育优质资源库的建设方案。

（3）专业和课程师资短缺与不足的矛盾。

（4）西部省份高职教育经费不足的矛盾。

（5）校企合作过程中矛盾冲突的有效解决。

（6）当前高职教育生源与实践环节薄弱问题的解决策略。

4 课题研究方法与技术路线

4.1 项目研究的方法

（1）以调查法为主，不断积累教学资源运用的一线真实材料。

（2）以比较研究法和统计法为辅，对教学资源进行对比研究，确立资源的优势点。

（3）关注文献法，通过前人已经研究的基本材料，吸收一些可供借鉴的经验进行升华。

（4）从整体角度出发，要将定量研究与定性研究有机结合。

4.2 项目研究的技术路线

（1）对高职实践教学资源建设理念进行提升，提出网络环境下高职教育实践教学体系下的整合机制构想。

（2）以全省高职院校为依托，以教学团队为核心，对高职教育实践教学资源现状进行调查与有效化的分析。

（3）梳理与整合全国高职院校实践教学资源，使其优势和弊端清晰化。

（4）从国家教育发展规划纲要的规范性要求出发，提出高职院校实践教学教育教学资源整合的前提条件。

（5）针对我国高职教育实践教学资源现状分析结果，对课题研究进行多项分解，并根据课题研究团队成员的兴趣、爱好与研究水平进行理论分工和时间分工。

（6）以课题研究团队形式提出我国高职院校实践教学资源建设与整合的创新机制，即共建与共享机制。

（7）对部分研究问题进行论证与推广。

5 课题研究的实施步骤

5.1 准备阶段（2011 年 9 月～2012 年 1 月）

（1）做好课题的选题、申报、立项、论证等工作。

（2）做好课题研究方案的制订和评选工作。

（3）组织课题开题，举办课题研究人员培训班。

5.2 实施阶段（2012 年 1 月～2013 年 3 月）

（1）按课题研究方案组织研究，完善课题研究方案。

（2）对课题研究进行阶段性评估，开展阶段性研究成果评价。

（3）采取自评和他评结合的方式，对研究工作进行评定，适当调整人员和工作布局。

（4）对部分研究成果进行论证并发表。

5.3 总结阶段（2013 年 3 月～2013 年 9 月）

（1）进行阶段性成果总结，召开课题研究经验交流研讨会。进行项目验收结题，提交项目实验报告。

（2）课题组收集整理课题研究的数据资料，并进行统计分析。

（3）课题组撰写课题研究报告，做好课题结题工作。

（4）完成课题研究的总结材料。

6 课题研究过程的主要问题

网络环境下高职实践教学资源的建设是目前高职教育教学资源建设中最为关键的问题，是一个教学资源库建设的过程，是一个需要统一规划、长期进行的过程，建设的质量与数量从根本上决定着整个高职教育职业人培养素质的共同提升与职业教育体系的整体发展。

6.1 政府主导是高职院校实践教学资源建设的可靠保证

目前，我国教育行政主管部门对高职院校的办学规模、专业建设、经费划拨、质量监控、内涵发展等履行着统筹规划，有效管理的职能。不管体制机制是否合理，但在相当长的时期内，这种体制机制仍将发挥其对高职院校发展的决定作用。因此，对实践教学资源短缺的高职院校来说，资源的共建共享机制已成为大家的共同愿望，实现政府主导的高职教育实践教学资源的共建与共享机制是网络环境下高职实践教学资源建设的根本前提。问题的焦点就在于如何来实现实践教学资源的共建与共享。

6.1.1 梳理与整合已有实践教学资源是网络实践教学资源的基本前提

以陕西省为例，教育厅每年要进行新增专业的审批，以及重点专业和重点实训基地的评审，其中重点专业划拨 5 万～7 万元的资助建设费用，重点实训基地划拨 50 万～70 万的资助建设费，每年评审 50 个左右的重点专业，40 个左右的重点实训基地。也就是说每年教育厅划拨重点专业建设费用 250 万～350 万元，重点实训基地建设费用 2500 万～3500 万元，两项合计约 2750 万～3850 万元，如果前推按五年计算，这项费用已经划拨 13 750 元～19 250 元，按照用 20%的比例用于实践教学资源建设经费，那么现在已经 2750 万～3850 万元用于资源建设了。按照每门课程 2 万元建设标准，仅陕西省高职院校的实践教学资源就可以梳理与整合 1375～1925 门课程的实践教学资源。

6.1.2 交换与购买的现实性

陕西省共有高职院校 39 所，每所院校都有自己的优势表现。如果陕西省教育厅从已经梳理与整合的 1375～1925 门课程中拿出 50%的课程实践教学资源进行交换的话，那么陕西省的实践教学资源就增长到 2062～2887 门课程，这个数字对于陕西的 39 所高职院校实践教学活动来说不能达到优质，但至少是需求的满足。此外，陕西省每年财政按招生人数划拨每个学生培养费 9000 元，按照 10%用于实践教学资源建设费的话，每个学生的培养费中就有 900 元用于实践教学资源的建设。陕西省 2012 年全年招生 10 万名，政府可以统筹的实践教学资源建设费就达 9000 万元，如果用 4500 万购买资源，按照 4 万元购买他省一门课程资源的话，每年可够买 1125 门课程实践教学资源。

6.1.3 自建资源的可能性

假如陕西省的重点专业和重点实训基地经费标准不变，后推五年，教育厅将有 13 750～19 250 元统一进行实践教学的资源建设，按照用 20%的比例用于实践教学资源建设经费，那么就有 2750 万～3850 万元用于资源建设了。按照每门课程 2 万元建设标准，仅陕西省高职院校的实践教学资源就可以在原有实践教学资源的基础上，再增加 1375～1925 门课程的实践教学资源，即五年之后，陕西省的高职院校实践教学资源库将拥有 2750～3850 门课程实践教学资源。另外，如果从陕西省每生每年划拨培养费 9000 万元中拿出剩余的 4500 万用于自建资源，按照 2 万元建设标准，又可建成 2250 门课程资源。

6.2 整体规划是网络实践教学资源体系完善的基本要求

目前各省教育主管部门管理权限划分的差异性较大，建议高职院校的实践教学资源平台采取以省为单位或者多省联合共建共享的体制机制运作。至于平台资源的收集方式可以采取大开放的理念，从全国各省份选取优质的资源进行交换、购买，甚至从国外借鉴一部分资源。这样，就需要以省为单位建设管理机构来对实践教学资源进行统一管理和运作。在有效梳理与整合现有实践教学资源的基础上，按照全省高职院校的专业布局、特色专业、重点专业、教学团队及新增专业的实际情况，尤其是要结合各高职院校的课程教学团队情况，采取政府指令和个人申报相结合的方式进行实践教学资源建设。为了确保数量和质量的共同提升，我们可以采取“共性模块+个性特色”相统一的建设模式，在确保数量有效增长的情况下，实现质量的保证。只有这样，才能使一门又一门的课程文本资源在共性的技术模块中得到有效的体现，通过课程性质与特色的有效组合，使得每门课程带上自身应有的光环和价值。也只有“模块+特色”的实践教学资源建设模式的有效实施，才能加快高职教育的快速发展，尤其是新建院校和新建专业的快速发展与建设。

6.3　资格准入制度是网络实践教学资源建设的基本法则

职业院校不同于普通本科院校，它的固有特质就决定了高职院校办学行为上的实践性。这就决定了高职院校实践教学资源建设过程中师资层面的复杂性和资源建设过程的复杂性，整个建设过程囊括了校内专职教师、兼职教师、教辅人员、技术人员，以及校外企业行业高层管理人员、一线管理人员，尤其是还要吸收一些专业相关的社会人员进入教学队伍中来。这种现实性的存在，就预示着实践教学资源的建设大军鱼龙混杂，尤其是激励机制的实施，难免经济利益驱动下的实践教学资源进入平台。因此，平台必须依靠行政手段来进行有效管理，出台一系列管理措施来确保资源的有效性和合理性。实践教学资源资格准入制度就是最为关键的制度，它是实践教学资源平台的一个门户和形象标志。以陕西省为例，网络实践教学资源平台可设置资源上传模块、资源检录模块、资源评价模块、资源使用模块、资源展示模块、资源奖励模块等。通过后台管理的方式，资源上传模块是每一个人都可以以真实的个人信息上传开发完成的实践教学资源模块，但除上传者外无密码的人是看不到的；资源检录模块、资源评价模块只有授权的管理人员和评价人员用特定的密码才能浏览与审阅；资源使用模块、资源展示模块、资源奖励模块是学习者用自己的用户名和密码登录进行学习的自主化模块。经过严格的模块筛选，学习者将会得到一些比较优质的课程学习资源，如网络课程、多媒体课件、视频课堂等趣味性比较浓厚的学习材料，使自己在有限的时间里，将抽象的知识具体化和形象化，弥补课程内容中实践性方面的不足，不断增强自己的感性认识和直观体验。

6.4　激励机制是网络实践教学资源质与量统一的根本体现

网络实践教学资源平台必须依靠数量的提升满足学习者的基本需求，依靠质量的提升激发学习者的学习动机，在数量与质量的统一中满足学生的自主化学习需求，最大程度地提高实践教学资源的点击率和应用率。要实现这一目标，激励机制的建立是一个不可忽视的手段。众所周知，政府主导下的教育管理体制，从各个层面依靠权力可以解决许多难以解决的问题，这也是这种体制的优势作用之所在。第一，实践教学资源评奖机制的建立在很大程度上可以调动许多教师参与实践教学的资源建设。一是可以征集许多实践教学资源解决平台数量不足的矛盾；二是可以促使教师做出比较优质的资源来；三是可以解决教师一线教学工作中的工作量问题、奖励证书问题、职称评定问题、评优问题、年终考核问题及个人档案发展问题；四是解决了政府实践教学资源平台建设上经费不足的问题；五是在很大程度上刺激与调动了高职院校领导班子实践教学资源投资的积极性。第二，实践教学资源平台实行共建共享机制，以制度管理为先导，实行“能者上，不能者看”的法则，从全省整体实践教学资源建设总经费中进行二次划拨使用，按照实践教学资源库的数量与质量的合理比例，尤其是实践教学资源的点击率与下载率进行有效奖励，把院校奖励与个人奖励有机结合起来，充分调动各方面的积极性和主动性。第三，将实践教学资源建设与院校示范性建设，以及重点专业、重点实训基地、特色专业、教改成果、教改项目、专项活动的考核等挂起钩来，以促进实践教学资源的量与质的提升。尤其是要明确地将实践教学资源建设的数量与质量要求纳入到各项活动的承诺之中，使每个项目的拥有者都必须将实践教学资源的建设工作当做主要任务来完成。由此看来，教师荣誉的建立是加快建设优质实践教学资源的重要途径，我们要以大开放的理念实现实践教学资源建设团队的最佳组合，使实践教学资源的建设建立在团队的基础之上，使“要我做”真正的变成“我要做”。

6.5 晋级建设机制是网络环境下实践教学资源平台正常运作的根本保证

实践教学资源网络平台是一种整合机制资源平台，所以在整合过程中，资源的质量及重复现象是不可避免的，尤其是在资源缺口较大的情况下，政府主导下的一系列激励机制，很大程度上可以调动数以千万计的教学一线教师和企业技术人员有偿或无偿地将自己开发与制作的资源上传到网络平台上，不管上传机制怎样完善，资源的使用必须进行严格审核，也就是说只有审核过的资源才能正式提供到平台进行使用。即使以往获得过各种奖励的资源，也必须有一个审核的程序。基于这种现实，我们认为实践教学平台资源必须实行晋级建设机制，只有这样，才能在保证质量的情况下，也能保证数量的增长。因此，实践教学网络平台应该建立资源上传运作流程。

（1）一级流程阶段。凡实名注册的用户都可以上传资源，一旦提交即视为同意资源可以共享。只有管理人员和资源审定学科专家通过用户名和密码可以查看所有内容，其他用户只能浏览上传资源标题。

（2）二级流程阶段。凡是经过学科专家初审合格的资源可进入二级阶段，这个阶段的资源，由学科委员会成员进行规范标准式的视频会议审阅，一是对拟使用的资源进行点评，提出修改与完善意见；二是对重复性的资源进行“优中选优”或提出整合建议，但这个阶段其他用户不能进入，只能看到审查合格的资源名称。

（3）三级流程阶段。将二级阶段返回修改完善的资源按专业大类及专业建设标准方案提交使用，这个阶段，所有注册用户都可以上网浏览资源全部内容，也可以提出完善修改意见。

（4）四级流程阶段。政府主管部门对使用两届以上的资源进行评审，根据资源数量的多少按比例进行等级奖评审活动，凡是评审结果为优秀以上的资源均视为优质资源，一是以政府主管部门的名义，通过文件或证书的方式对资源建设者予以表彰，作为今后工作考核、职称评定、专项活动评审、职务晋升、参加会议、外出考察等活动的主要依据之一；二是界定为优质资源的实践课程，管理部门可以按照平台使用人数或点击率的多少按年度支付劳动报酬；三是扩大实践教学资源建设范围，吸收成果完成人员担任学科资源初审人员，将其纳入到专业实践教学资源建设委员会成员，必要时可以授予一定的称号或荣誉。

（5）五级流程阶段。这个阶段，向教育部推荐参加全国精品共享课程的评选活动，政府主管部门组织专家对推荐课程进行打造包装，积极向社会推荐宣传，通过舆论氛围扩大课程资源的使用范围，从根本上实现资源真正意义上的共享，以各种政策激励资源建设者做好精品资源的维护工作。

6.6 高职院校实践教学资源网上平台建设机制

建立政府主导下的高职院校实践教学网络学习平台是目前适合中国国情的一种可行的途径。为了从根本意义上实现实践教学资源的共享理念，必须建立实践教学资源应用平台。实践教学网络资源平台建设可以考虑以下机制：一是由政府出资建设与管理；二是委托一所高职院校或机构来实施；三是建立政府主导下的高职院校共享资源提供与使用经费机制。不论采用哪一种机制，平台的建设都必须按照最先进的理念和最科学的机制进行建设，在运行环境、资源标准、技术人员、服务人员、管理机制等方面定位在领先的水准上，确保有路有车，有好路有好车，使每一个资源的使用者都能站在这个平台上实现自己的学习目标。要做到这点，首先就必须制定政府主导下的实践教学网络资源建设标准；其次以红头文件的形式要求各高职院校采取多种措施对已有实践教学资源按规范标准进行梳理与整合，按期提交网络平台；最后根据已有实践教学资源的整合情况，公布实践教学资源平台资源需求信息，通过多种激励措施，激发各高职院校教学管理部门和一线教师参加所缺资源的开发与建设的积极性。当然，平台实践教学资源的上传与提交必须按照教育部已审定的专业类别和专业及课程进行建设，以便使用者注册后能够快速找到所需的学习资源。目前，课程网络实践教学资源主要包含文本导读、动画演示、录音录像、名师课堂、素材库、氛围营造、技能比赛、证书教育等模块。这些模块原则上，必须体现课程实践教学的基本要求，包括环节流程、动作训练、技能提高、模拟操作和比赛与欣赏等。

6.7 网络环境下的实践教学资源建设机构的决策作用

教育行政主管部门组织成立高职院校网络实践教学资源建设工作领导小组，主要依靠行政权力和政策机制，实施各高职院校实践教学优质资源的入库工作，召开多种形式的会议研究解决已有资源和未建资源的梳理整合与共建共享实施方案，建立专业课程资源入库审核工作标准和流程，开展优质实践教学资源评审活动，举办实践教学资源建设经验交流活动，牵头组织实践教学资源开发与建设培训班，负责优质实践教学资源的推广应用、交流、互换、租用、奖励等管理工作。

事实上，政府主管部门只要将其主导作用发挥出来，尤其是将这项工作与政府经费划拨、重点专业建设、特色专业建设、普通专业审批、评估检查与验收及重大评审活动有机结合起来，高职院校之间的实践教学资源整合与共享是完全可以实现的。

7 课题研究取得的主要成果

7.1 研究报告

基于网络多媒体环境下的高职教育实践教学资源整合机制探索研究报告。

7.2 研究论文成果

（1）《论网络环境下高职实践教学资源建设的创新》，《黑龙江高教研究》2013 年第 6 期——北图核心期刊。

（2）《参加五届全国多媒体课件大赛的启迪》，《中国医学教育技术》2013 年第 3 期——中信核心期刊。

（3）《论网络精品课程建设的“四阶段”评价模式》，《国际继续工程教育和终身学习（IJCEELL）》2012 年）——EI 检索期刊。

（4）《谈影响教师多媒体课件制作积极性的主要因素》，《中国医学教育技术》2012 年第 6 期——中信核心期刊。

（5）《现代远程网络教学的问题与对策》，《黑龙江高教研究》2012 年第 6 期——北图核心期刊。

（6）《论我国高职院校内涵发展的关键因素——以陕西工商职业学院为例》，《广东技术师范学院学报》2012 年第 1 期。

（7）《对高职院校学习支持服务创新的思考》，《2012 年首届创新与创业：与中国相关的理论与实践》论文集。

（8）《论现代远程高等教育网络精品课程建设的几个关键问题》，《2012 年高等教育课程建设与教学改革研讨》论文集。

（9）《网络教育精品课程功能模块呈现最优化研究》，《2013 年教育技术与管理科学》论文集。

（10）《论现代远程高等教育课程学习环节的关键因素》，《2013 ICASS 国际学术会议》论文集。

（11）《网络环境下高职院校实践教学资源整合共享机制探究》，《2013 年创新教育大会》论文集。

8 课题研究存在的问题与今后研究思路

8.1 课题研究存在的问题

（1）在项目研究未被认可结题前，由于权限及技术上的缺失，许多课程实践教学资源的建设与展示很难予以实现。

（2）各高职院校一线实践教学优秀教师的教育技术培训和课程资源开发技术制作人员的培训工作缺乏科学化的培训机制。

（3）各高职院校教学过程多媒体技术及优质学习资源的共建共享活动的开展与方案完善工作的制度化规范化。

（4）政府主导下的激励与奖励机制的建立还需政策层面及各级学校制度的支持与创新。

8.2 课题今后研究的思路

（1）建立科学理论指导下的网络实践教学资源整合机制。

（2）从根本上解决一线教师及企业技师对课程网络平台实践教学重要性的认识。

（3）政府主导下的网络平台运行机制的建立与运行机制。

（4）一线教师专业和课程教学团队实践教学积极性的参与机制。

（5）网络平台实践教学资源的共建与共享机制运行的保障机制。

9 课题研究成果推广范围及社会效益

9.1 项目研究的推广范围

课题研究成果在陕西工商职业学院进行试行和推广后，受到学校、专业与课程教师的一致肯定。在实践教学中，研究成果较好地适应了目前高职教育专业和课程“双师型”紧缺的需要，对许多院校的专业人才培养方案的修订与完善起了极其重要的作用，多次受到高职教育专家的好评与肯定。

（1）为陕西高职院校专业和课程实践教学提供有效的自主化学习保障平台，确保理论知识学习能够根据艾宾浩斯学习曲线的遗忘理论对所学知识进行有效地巩固与提高，为快速学习其他理论奠定坚实基础。

（2）有效实现陕西高职院校实践教学资源的共建与共享，不断完善陕西高职院校的实践教学资源库建设。

（3）为政府主管部门统筹规划教育经费提供借鉴与启示作用，尤其是为解决各高职院校实践教学经费短缺所造成的教学质量下滑提供强大的动力和反思依据。

（4）以此为标志，全力推动我省高职高专院校各级精品课程的建设，尤其是多媒体课件的建设。

（5）全力实现我省高职高专院校实践教学资源的有效整合，在一定程度上确保教学经费的合理使用与有效使用。

9.2 项目研究的社会效益

项目研究成果以多种方式对远程教育的资源建设和发展改革产生重大影响，先后多次在重大国际学术会议平台交流并引起许多国家学者的关注。

（1）网站：正式发表的研究论文多次出现在中国知网、维普网、万方医学网、吾喜杂志网等著名网站，如《论网络环境下高职实践教学资源建设的创新》已被下载 21 次、《谈影响教师多媒体课件制作积极性的主要因素》已被下载 58 次、《现代远程网络教学的问题与对策》已被下载 79 次、《参加五届全国多媒体课件大赛的启迪》已被下载 80 次等。

（2）国际期刊：《论网络精品课程建设的‘四阶段’评价模式》发表在国际期刊

《国际继续工程教育和终身学习（IJCEELL）》上，多次在国外被转载及运用。

（3）国内期刊：北图核心期刊《黑龙江高教研究》2 篇、中信核心期刊《中国医学教育技术》2 篇、《广东技术师范学院学报》1 篇。

（4）国际检索机构：项目研究的成果分别被 EI、ISTP、ISSHP 世界三大检索机构检索。其中 EI 检索 2 篇，ISTP 检索 3 篇，ISSHP 检索 2 篇。

（5）国际学术会议：2012 年教育技术国际学术会议（长春）、2012 年第四届国际职教论坛学术会议（广州）、首届创新与创业：与中国相关的理论与实践国际学术会议（武汉）、2012 年高等教育课程建设与教学改革国际学术研讨会（长沙）、2013 年教育技术与管理科学国际会议（南京）、ICASS2013 国际学术会议（台北）、2013 年创新教育研讨国际学术会议（宜昌）等都将相关项目研究论文予以交流。

10 课题进一步研究的主要理论与实际问题

10.1 项目研究结果引起的理论与实际问题的反思

高职教育的教学改革是一个系统工程，其涉及的教育理论和实际问题是极其复杂的。虽然课题组已做了大量的研究工作，取得了一些具有启示与借鉴的成绩，但由于理论高度不够，课题研究方面还存在种种问题，尤其是要在理论上进一步的提升。课题组应该在高职教育理论、教育教学创新理论、现代教育技术理论和教学设计理论等起主导与指导作用的这几个理论方面进行深层次的学习、研究与探索，以便使实践教学资源建设方面存在的下列问题得到有效解决。

（1）实践教学资源建设基本内容的界定和学生探索能力、自学能力、创造能力、信息搜集及加工能力的培养问题。

（2）实践教学对客观物质条件的依赖程度的降低方案，解决学校实训设施不足和危险性实训带来的负面影响。

（3）实践教学资源库建设方案的科学化运作机制。

（4）高职院校的实践教学师资的有效整合与团队建设。

10.2 尚待解决的主要问题

（1）截止到 2013 年 9 月，陕西省高职院校教学平台上专业和课程实践教学网上资源严重不足，数量与质量都存在这样那样的棘手问题，需要政府主管部门管理机制的科学化主导。

（2）我省高职院校在发展方面极不平衡，3 所全国示范院校、3 所全国骨干院校、10 所省级示范学校、2 所省级培育学校和其余的公办、民办院校，院校网站建设、教学模块建设、教学资源建设、实践教学资源建设等差距过大。但各院校由于自身利益问题，自我保护意识很强，整合与建设的难度比较大，速度可能受到一定影响，必须通过政府主导作用，采取荣誉激励措施调动全体教师从事教学资源建设的积极性。

（3）研究过程中政府主导作用的缺失，研究过程沟通与资料收集工作困难重重，数据失真现象依然存在。

总而言之，在中国，高职教育的起步始于政府振兴经济的决策，在政府的主导下，高职院校都不同程度地得到了快速的发展，尤其是政府在政策机制、激励机制、经费支持、机构设置、师资队伍建设、教学设施设备、教学资源建设等方面给予的外力作用，使高职院校内力作用得到了有效地激活与发展，教学特色更加鲜明。许多院校围绕教学质量工程而掀起的一系列标志性教学成果也在示范性院校建设、骨干院校建设、人才培养水平评估等专项活动中发挥着极其重要的作用。目前，实践教学的网络环境已成为高职教育发展的关键问题之一，只有在政府主管部门的主导下，通过多种渠道和措施，将平台建设及资源建设的共建共享科学化运作，才能有效解决高职院校专业和课程实践教学的根本问题，信息化时代数以千万计的技术技能型人才的培养才能在数量和质量两个方面得到落实，高职教育的真正职能才能得到有效地发挥。

高等职业教育酒店管理专业校企合作四学期制人才培养模式研究报告*

王中锋

1　项目研究背景

我国高职教育以转变教育思想、更新教育观念为先导，积极推进教育教学改革，逐步明确了高职教育的根本任务是培养面向生产、建设、管理和服务第一线的技术应用型人才。人才培养要以培养职业能力和基本素质为主线，以职业能力为本位，基本形成了面向基层、针对岗位、强调应用、注重实践的教育教学特色，并在人才培养模式、教学内容与课程体系、教学方法手段改革方面取得了进展，在以强化人才培养质量控制为主题的教育质量管理模式改革等方面获得了显著的成果。

建立与经济建设、社会进步和学生个人发展相适应的，更加灵活、更加开放的人才培养制度，已成为当前高职教育改革的必然趋势。高职教育必须以科学发展观为指导，转变教学观念，与时俱进，从各个方面入手对教学管理进行切合实际的改革，培养适应市场需求的高素质技能型专门人才。高职教育改革的深入发展，使得高职院校的学制改革已成为一项重要的课题。所以，改革传统的学年制，实行新的学年制，推动高职教育的快速发展，已显得日益重要。

现行的两学期制将每学年分为春、秋两个学期，每个学期一般为 20 周，除此之外是大约 4 周的寒假和 8 周的暑假，这种冗长的学期制度给我国高等教育的改革和发展带来了许多问题。在现行两学期制中，每门课程的开设时间过长，通常 18～20 周，有的甚至要用一学年的时间，导致每个学期所能开设的课程数量有限，课程节奏慢，学生学习和教师教学、科研的效率低，无法保证高等教育改革中的弹性学制、辅修制和工学交替制等制度的有效推行，也难以实现高校对自身和国内外优质教育资源的充分利用和优化配置。现行两学期制的弊端是造成当前我国高校办学效益差的根源之一，已成为制约我国高校人才培养质量、师资队伍建设和高校办学效益的主要因素。

在四学期制和“双主体”校企合作的模式下，形成一个学习时间紧凑，工学交替，学校、企业、学生三方都获益的良好局面，真正培养出高素质、高技能的职业管理人才。

（1）在传统两学期制中，每门课程的开设时间过长，致使每个学期所能开设的

＊[基金项目]2011 年陕西省高等职业教育教学改革研究项目“高等职业教育酒店管理专业校企合作四学期制人才培养模式研究项目”（编号：11Z33）。

课程数量有限，学生必须按照固定的教学计划来选课，无法保证高等教育改革中的弹性学制、辅修制和工学交替制等制度的有效推进，无法满足学生多样化选课选择的需要，四学期制可以多开课程。

（2）两学期制中，每个学期的时间过长，造成每个学期前松后紧的学习的局面，而四个学期则时间相对紧凑。

（3）传统的高职三年的学习在最后一个学年进行顶岗实习，前两年进行文化课学习，学生没有实践的经验，使得学生很难理解和掌握课本上的知识，学校学习和未来工作岗位脱节，通过工学交替的方式，能更有利于学生对技能和文化知识的掌握。

（4）形成校企合作的深层次模式——“双主体”办学，把酒店的用人需求和学生技能的培训学习相结合，改变以往学生在酒店只是单一的在某一个岗位的实践问题，形成酒店业也成为教育主体的框架结构。

2　项 目 简 介

项目类别：2011 年度陕西省高等职业教育教学改革研究项目。

项目名称：高等职业教育酒店管理专业校企合作四学期制人才培养模式研究。

项目立项时间：2011 年 12 月。

项目立项编号：11Z33。

项目负责人：王中锋。

负责人所在单位：陕西工商职业学院。

项目组成员及分工情况，如表 1 所示。

表 1　项目组成员及分工

序号	姓名	专业技术职称	工作单位	从事专业	项目组中的分工
1	王中锋	副教授	陕西工商职业学院	旅游英语	全面主持项目
2	马永芳	高级饭店职业经理人	天域凯莱大饭店	酒店管理	资料收集、调研
3	付棋	副教授	陕西工商职业学院	旅游管理	资料收集、调研
4	刘晓花	讲师	陕西工商职业学院	教育经济与管理	论文撰写
5	田启利	助教	陕西工商职业学院	旅游管理	撰写论文、研究总结报告

3　项目研究思路

（1）本项目的研究思路分为三个方面，即宏观与微观，理念与实践，横向比较与纵向梳理。宏观与微观：从宏观上，分析不同层次和类型的高校在酒店管理人才培养的特点，研究探讨如何更好地培养我国高等技术应用型专门人才；在微观领域，不仅探究课程设置、实践体系、校企合作、工学结合与培养酒店管理人才之间的关系，而且实施了企业在培养人才过程中与学校同等重要的地位。理论与实践：在探讨工学交替制实施的方式方法、酒店如何更好参与学生技能培训等理论的基础上，构建并实施酒店管理人才培养模式。横向比较与纵向梳理：主要探讨国内外目前两学期制、三学期制、工学交替制得优缺点，以及在实施的过程中如何扬长避短。

（2）研究方法。

文献研究法：通过高校丰富的藏书和网络学术资源，对高职教育酒店管理人才培养的文献资料进行梳理和探究，掌握最新研究进展并从中寻找研究的薄弱点。

调查访谈法：通过对部分高校进行实地考察研究和对著名教育界人士、学生及企业等相关调查对象的访谈和交流，探讨我国高职教育酒店管理人才中存在的问题和改进措施。

比较研究法：通过分析国内外目前两学期制、三学期制、工学交替制的优缺点，探究我国高职教育酒店管理人才的培养，构建新型人才培养模式。

4 项目的理论依据

4.1 理论依据

高职教育的目的在于培养适应社会发展需要的高素质技能型专门型人才。要使学生能在学习期间达到具备良好的综合素质和过硬的专业技能，需要高职教育突破传统的教育教学模式，进行具有实效的教学改革来促成学生的成功发展。目前，在教学改革中具有前沿性的探索中学期制改革是一个重要课题。

学期制是一个国家的学校教育制度，它往往根据各国的国情来决定。国际上现行的学期制主要分为两学期制、三学期制和四学期制三种。学期制对高校的教学运行具有重要的意义，是高校教学管理制度中的一项重要内容，是高校据以进行教学组织与管理的框架与基础。学期制不仅能反映出教育思想与办学理念的清晰程度及实现方式，也是高校明确定位、凸现特色及实现人才培养目标的制度保障。学期制模式的确立、变化及调整，会对教育教学活动产生重要影响。

4.1.1 国际学期制运行状况

2005 年，英国《泰晤士报》对全球 2375 名学者进行调查，调查内容包括对学院同事引用科研论文的次数、职员和学生比例、海外学生和职员的数量，以及国际雇主希望聘用哪些大学毕业生的看法等，根据调查结果该报高等教育专刊公布了 2005 年全球大学排行榜，主要分属欧洲、亚洲或美洲 31 个国家的 200 所大学，我国有包括北京大学在内的 10 所高校入选。通过对这 200 所大学的学期制进行统计、分析、比较，得出以下结论。

首先，从总体上看来，在这 200 所大学中，采用两学期的学校比例与采用三学期的学校比例大致相同，分别为 48%和 43%，两学期的比例稍大；四学期制的比例还不到 10%。

其次，在排名靠前的 20 所大学中，使用三学期制的大学比较多，为 47%已接近半数，四学期次之，使用两学期的大学相对较少。

最后，随着排名的增加，使用三学期的学校比例相对减少但仍占多数，使用四学期的学校比例大幅度下降，两学期比例也上升为 37%，正逐渐接近三学期。

从数量、比例的变化可以看出学期制在这 200 所大学中分布变化的趋势，即排名靠前的大学中采用三学期制的比较多，但是从总体而言，两学期在数量上仍占优势。

对于亚洲国家的高等教育来说，近年来出现了基于美国模式的暑期课程的趋势，即在暑假提供一定范围的课程进行集中的、短期的学习。过去，亚洲地区多数国家的大学实行两学期制，开学时间都根据本国情况避开本国一年中最热的时期。但是新加坡国家大学的网页上就特别关注单元制的学期制度的先进性，提倡学生可以选择在暑期这一特殊的学期进行学习。马来西亚的几所大学也有提供周全的暑期课程，如马来西亚大学和马来西亚理工大学。日本的一些大学在暑期给国外学生提供强化的语言学习课程，但日本显然不关心为已入学的学生提供暑期课程。

4.1.2　国内学期制运行状况

两学期制是我国传统的学期制，把一个学年分为春秋两个学期，中间由暑假和寒假隔开，每个学期的时间基本一致，教学时间为 20 周。随着现代社会发展对人才素质提出更高新的要求，现代人才不仅要具有良好的专业知识，更需具备多元的经验与能力，特别是需要具有较强的实践能力、科研能力和创新能力，并且了解社会，关注社会现实与发展，具有较强的社会责任感和实际问题解决能力。在激烈的国际竞争、全面而深刻的社会改革背景下，为适应时代对高素质人才的需求，高校必须深化教育改革，改变传统的教与学的模式，提高办学效益，不断提升人才培养质量。当前，我国许多高校正在积极探索提高办学质量，促进学生能力和素质全面发展的改革措施，如弹性学制、双学位制和引进国内外优质教育资源等。然而，这些措施能否真正地得以有效实施和推进，在很大程度上依赖于是否具有高效、支持性的管理体制和运行机制。因此，如何有效地改革、调整现行的高校管理体制和运行机制，已经成为关系到我国高等教育办学效益和质量能否全面提升的一个关键性问题。

根据调查，我国目前实行学期制变革的高校有 50 多所，大约占到国内高校数量的 3%。而其中绝大多数高校采用的是三学期制，其基本构成为两长一短的三个学期形式。三学期制的实行及安排有以下几个特点。从实行的高校类型来看，既有著名高校，也有一般普通院校；既有办学历史悠久的老学校，也有近年新设立的或新独立的地方本科院校。从地域分布来看，既有沿海发达地区的高校，也有内地甚至比较偏远地区的高校。从高校的学科类型来看，既有综合性大学，也有学科比较单一的学校。从其短学期的时间安排来看，有的高校将短学期与暑假结合起来，在暑期开设小学期；有的高校则将短学期分离为一个独立的小学期。从短学期与假期的组合状况看，有的安排在暑假前，有的安排在暑假后。从短学期的教学内容安排看，不同类型的高校差别比较大，综合性的著名院校，一般在短学期侧重于安排国际交流项目与前沿性课程，一般院校则侧重于安排实践性教学活动、专题讲座类课程等。

四学期是目前国内高校中少数院校实行的一种较为独特的学期制，实行的学校不多，目前只有浙江大学、上海大学、上海交通大学、湖南大学等少数几所大学实行。在高职院校中有广西工商职业技术学院等进行了探索试行，取得了一定效果。

4.2 项目研究意义

（1）有利于学校教学资源的综合利用，可以弥补在学校教育中酒店管理专业存在的实践教学师资力量薄弱和硬件设备不足的缺陷。

（2）可以增强学校的综合竞争力和酒店管理专业学生在社会上的竞争力，能使“校企合作，工学结合”落到实处。

（3）可以充分调动学生对专业的感知，加深职业认识，增强其学习的主动性和灵活性，提高学生学习积极性，进而提高教学质量。

（4）克服在传统的学期制下，学生学习散漫的现象，集中学生的学习时间和空间，增强学习的紧迫感，提高学习效率。

（5）灵活安排较多的实践、实习机会，避免学生长时间理论学习的枯燥感，提高学习兴趣和职业认同感。

（6）能做到理论与实践的及时有机结合，合理解决在实践和理论学习中遇到的问题，提高教学效果。

（7）能为教师提供更加灵活的学习和实践机会，增强教师的实践技能，促进双师型教师队伍建设。

（8）四学期制的实施能让学生在学习和实训的合理分配下，在教、学与实际操作的高密度结合下锻炼和提高学生的综合素质和专业技能。在工学结合的模式下，学校可以根据企业的实际灵活安排和调整学生的实践教学和理论教学。

（9）更有利于高职教育从学生的专业和个性出发进行个性化、专业化教育，避免了传统两学期制按部就班的教学模式。更能从“以人为本”出发，做到个性化，专业化，技能化，素质化高度结合。

（10）有利于高职其他专业的教学改革，为其他专业的教学和人才培养模式改革提供借鉴和参考。

5 项目研究工作的简要回顾

为了进一步深化我省高职教育教学改革，不断提高教育质量，按照《陕西省教育厅关于做好2011年度陕西省高等职业教育教学改革研究项目申报工作的通知》（陕教高〔2011〕23号）的要求，经学校申报、专家评审、省教育厅研究，确定《百县千企联姻工程现代职业教育模式的研究与实践》等72个项目为2011年度陕西高职教育教学改革研究项目。我校申报的《高等职业教育酒店管理专业校企合作四学期制人才培养模式研究》获得一般项目的立项。项目组自2011年12月就着手制订了项目研究实施方案，并召开了项目研究开题会议，会议经过讨论，统一了研究思路，明确了项目研究的主要任务、内容和目标，进行了项目分工和责任落实，并于2012年3月形成了开题报告。在开题报告中，经过专家评议提出的问题及建议，根据酒店业用工的特点、教学的实际及酒店人才培养的特点，将四学期制修改为工学交替的模式，使之形成“边学边做，做学结合的”的培养方式，达到培养高素质、高技能型人才的培养目的。

在此后两年多的改革实践中，项目组主要完成了下列工作。

（1）完成了高职教育酒店管理专业校企合作工学交替人才培养模式的研究与实践。此项研究与实践工作历时 23 个月。在此研究过程中，完成了 2010 级酒店管理专业与 2011 级酒店管理专业不同教学模式的对比试验，其中 2010 级采用传统的“2+1”教学模式，而 2011 级酒店管理采用工学交替的教学模式，最终根据酒店对培养出来的学生素质和技能掌握情况进行反馈。

（2）完成了酒店技能课学习情况调查问卷。了解学生对工学交替模式的认可程度，以及需要学校在教学方面改进和加强的方面。

（3）采用文献法、调查法、网上查资料法对项目提出的背景、项目研究的必要性和可行性、项目研究的主要内容等进行全面、深入的论证，形成了教改项目中期报告。

（4）根据工学交替教学模式的需要，制定了相关的制度、协议及考核机制，在实际的教学过程中，我们将四学期制度和工学交替模式有机结合在一起，使得课程紧促，同时又根据了酒店业的特点，形成“旺入淡出”。

（5）多次召集研究人员开会商讨解决研究过程中出现的问题。研究过程中，每两个月就召集研究人员，汇总研究的各项信息，与研究的计划和目标进行对照，及时商讨解决研究过程中出现的新问题，保证研究工作按计划顺利实施，达到预期的研究目的，取得满意的成果。

46　项目研究的主要成果

（1）构建了高职教育酒店管理专业利用校企合作进行工学交替新型教学模式，即学生在学校进行 1.5 个学期的学习，然后进入酒店进行 1 学期（6 个月）的学习，再回学校进行 1.5 个学期的学习，最后进行 2 个学期（1 学年）的顶岗（毕业）实习（分两段进行，每段 6 个月。前段为顶岗实习，由学校统一安排；后段为毕业实习，学生可以自主选择）。要说明的是，三个阶段的实习均包含寒暑假，这样学生尽可能早地适应酒店的工作时间和模式。该模式既不同于传统的“2+1”模式，也不同于常说的“三明治”模式，和一般所说的工学交替（周末帮工和在校实训室实训）也不相同，基本达到了酒店、学生和学校都乐于接受的“三赢”局面。

（2）（不断修订）制订了酒店管理专业“工学交替”人才培养方案。

（3）2011 级酒店管理班技能课学习方案。

（4）同西安皇冠假日酒店签订了订单式培养——2012 级酒店管理皇冠班协议。

（5）制定了在酒店进行学习的《技能课学习鉴定表》。

（6）制定了《学生实习安全协议》。

（7）我校 2011 级酒店管理班（对照班）的学生第一次参加全国职业院校饭店服务技能大赛就获得良好成绩。参加由中国旅游协会旅游教育分会主办、太原旅游职业学院承办的 2013 年“千策杯”第五届全国旅游院校服务技能（饭店服务）大赛获得西餐比赛二等奖、中餐摆台和中式铺床优秀奖。在教育部主办的 2013 年全国职业院校技能大赛中获得西餐摆台三等奖。

（8）通过对 2011 级酒店管理班技能课学习情况的调查，了解学生对英语、管理等方面的知识的欠缺，及时调整了人才培养方案，加大了英语的听说课时及酒店三大部门的管理服务知识。

（9）通过 2011 级酒店管理班顶岗实习协议可以看出，2011 级酒店管理班的学生在顶岗实习阶段就受到了西安五星级酒店的青睐，供不应求，且给出的实习津贴水平达到了目前酒店正式服务员的工资水平。

7 项目成果的推广价值及进一步研究与实践的思路

该项研究与实践历时近两年，在大量调查研究、理论研究和改革实践探索的基础上，根据高职教育酒店管理专业教学的本质特征，针对目前高职教育酒店管理实践教学活动中存在的问题和弊端，紧紧围绕高职教育酒店管理专业人才培养目标，构建了高职教育酒店管理专业利用校企合作进行工学交替新型教学模式，即学生在学校进行 1.5 个学期的学习，然后进入酒店进行 1 学期（6 个月）的学习，再回学校进行 1.5 个学期的学习，最后进行 2 个学期（1 学年）的顶岗（毕业）实习。对于科学指导高职教育酒店管理专业利用实践教学基地开展教学实践，最大限度地发挥教学功能和质量控制功能，强化教学质量管理，加强学生职业能力和素质培养，尤其是实践能力和创新能力的培养，巩固和发展高职教育已取得的教学改革成果，推进高职教育酒店管理专业教学质量的全面提高，保证人才培养质量等都具有十分重要的现实意义。

项目成果既有一定的理论深度，又紧贴高职教育酒店管理专业教学实际，对推进高职教育酒店管理专业教学的全面改革具有直接的推广价值，对深化以人才培养模式为主题的教学改革乃至强化质量管理和建立全面质量管理体系方面也有一定参考价值。由于时间和经费等原因，该项目所构建教学模式的实践还不够系统和深入，一些理论和实践研究成果尚未形成著述和论文发表，其影响面有限。尤其是如何实现酒店的用工和技能学习相结合，实现酒店、学校、学生的“三赢”，以及如何让企业切实参与到学生的培养教学等方面还需要进一步研究。因此，我们应进一步丰富和完善高职教育酒店管理专业工学交替教学模式的内涵，研究完善该模式的所需要的体制和机制。继续开展相关立项研究，通过更深入的研究，全面梳理和总结已取得的改革经验，撰写和发表高水平的论文或论著，使该项成果得到更广泛的推广和应用，也希望听到业界不同的声音，以使和广大高职教育工作者共同切磋，协同攻关，把高职教育酒店管理专业利用实践教学基地新型教学模式改革的研究与实践引向深入，为进一步提高高职教育酒店管理专业教学质量做出更大的贡献。

高职教育“双主体”人才培养模式研究报告*

孔令军

陕西省教育科学“十二五”规划2012年度课题《高职教育“双主体”人才培养模式研究》于2012年10月立项，结束于2014年7月。

本文针对高职教育校企合作培养人才的相关理论与实践问题进行了研究分析，采用调查研究、个案分析、绩效评估相结合的方法。对相关概念进行了界定，定性研究与定量研究相结合，积极做好高职人才培养模式的研究论证，写出了系列研究论文及研究报告。充分发挥学校和企业在人才培养过程的作用，对于高职教育发展具有重要意义。在分析校企双方在人才培养过程中地位与作用的基础上，本文力图以合作机制、企业选择、师资培养、发展环境等为构成要素，构建“双主体”人才培养模式的理论框架与模型。

项目组严格按照研究计划，有计划、有步骤地开展调查与研究，顺利完成了研究任务。本项目研究分为四个阶段。调查阶段：2012年11月～2012年12月，对项目研究小组成员进行培训，制订研究计划；抽选3～4所有代表性的高职院校，通过实地考察、问卷调查和座谈等方式开展调研活动，了解各地高职院校人才培养模式构建的具体情况；搜集国内外相关研究资料。资料整理与研究阶段：2013年1月～2013年4月，对搜集的调查资料进行归类整理，进行数据分析，分专题进行研究。形成部分研究成果阶段：2013年5月～2014年5月，项目组成员分别完成相关研究论文。项目结题阶段：2014年6月～2014年7月，项目负责人完成《高职教育“双主体”人才培养模式的研究》，准备申请结题。

以高职教育“双主体”人才培养模式为研究对象，以对策分析与应用为重点，以推进高职教育“双主体”人才培养模式构建为目标，调查研究和文献研究相结合，理论探索与行动研究相结合，定性研究和定量研究相结合；针对不同问题找准切入点和落脚点，用数据和典型案例来说明问题，“以小见大”，将研究与构建工作实际结合起来，增强研究结论的说服力和成果推广应用的可能性与操作性。本文分析校企双方在人才培养过程中地位与作用的基础上，提出基于人才培养质量环境下的校企“双主体”人才培养模式的理论框架和模型，为政府有关部行政部门制定政策和高职院校开展人才培养改革提供理论借鉴。

研究内容主要包含两个方面：一是校企合作主体关系的演变和“双主体”人才

* [基金项目]陕西省教育科学“十二五”规划2012年度课题 “高职教育‘双主体’人才培养模式研究”（编号SGH12586）。

培养的重要意义，研究分析校企合作的历史演变，探讨双主体合作育人的重要性及现实意义与可能性；二是“双主体”人才培养模式的理论框架与模型，以合作机制、企业选择、师资培养、发展环境等为构成要素，构建“双主体”人才培养模式的理论框架与模型。

本文坚持系统论的观点，将校企双方结合在一起并强调双方都是不可或缺的人才培养“主体”，此种情形其实恰恰是符合事物本身整体性、全面性和不可分裂性的本质特征，符合系统论的观点。加强研究手段创新，在文献考证、专家会议等传统研究方法的基础上，更加注重调查问卷、实地访谈、数据分析等多种实证研究方法，做到了调查研究和文献研究相结合，理论探索与行动研究相结合，定性研究和定量研究相结合。强化比较研究，分析借鉴职教发达国家培养人才的方式方法，为我国高职人才培养提供可资借鉴的经验。

经过项目组的努力工作，取得了预期的研究成果。

1 研究的背景与意义

1.1 校企合作主体关系的演变

我国高职教育校企合作主体关系有“政府主体”“学校主体”“主体多元”“双主体”等多种不同模式。改革开放初期，高职教育是在政府指令和计划下进行的，企业在参与职业教育过程中为学校无偿提供专业教师、教育设备、实习场地等，此时职业教育的校企合作是政府主体的指令性合作。随着市场经济体制的建立完善和教育体制的改革，企业逐步成为适应市场竞争的法人主体，学校办学自主权增强，高职院校根据形势发展和自身办学需求，积极寻求和开展校企合作，出现了“学校主体”“主体多元”等校企合作模式，但企业在人才培养中的主体地位依然没有确立，企业培养的积极性不高，校企合作培养高职人才的预设效果没有达到，高职教育培育人才与企业需要人才“两张皮”的现象没有从根本上得到改观。为了有效解决这个问题，陕西工商职业学院在调研国内外高职院校校企合作办学模式的基础上，从区域经济社会发展现状和现代服务业的行业特征出发，积极探索学校和企业双育人的模式，发挥学校与企业各自在知识传授、素质养成、技能训练和创业就业等方面的优势，共同组织教学和技能训练，使学生接受良好的大学文化熏陶和一流的职业技能训练，形成了“双主体”人才培养模式。

1.2 “双主体”人才培养模式的重要意义

在校企合作中，学校和企业的关系一直是困扰高职教育发展的重要理论问题，“双主体”模式更多的是从学校和企业这两种分属于不同活动领域中的两个主体相互依存、共同发展的基础上提出的。首先，它承认学校主体和企业主体并不是相互对立、相互排斥的，而是相互依存、相互补充的关系。其次，它着眼学校主体和企业主体在发展过程中的协调与统一，强调满足相关合作主体的利益诉求，实现互利共赢。最后，它重视充分发挥政府在高职教育发展中的主导作用，通过政府的财政投入、税收等政策，调动企业参与高职教育办学的积极性，建立起人才共育、过程共管、成果共享、责任共担的合作机制。

“互利共赢”是校企“双主体”育人的根本动力。对学校而言，“双主体”育人模式可以提高学校办学质量，同时还可以利用企业提供的实训设备、实习基地、专业师资等，最大限度地减轻学校在实习、实训设备上的投入和专业师资培训的压力，培育出市场需要的高技能型人才。对企业而言，“双主体”育人模式可以按照自己的需要提前培养人才，并在培育人才的过程中提前锁定合适的高技能型人才，增加企业现有人力资源的数量储备，提升企业人力资源的质量，从而降低人力资源成本，解除用人的后顾之忧，增强企业发展后劲和市场竞争力，有效提高企业的经济效益。在校企“双主体”人才培养的过程中，培养出大批国家经济发展急需的高端技能型人才，为“中国制造”向“中国创造”转变提供强有力的人才保证。

2 高职教育“双主体”人才培养模式的探索情况

2.1 优选高水平合作办学单位

以本文为指导，笔者所在的高职院校积极开展“双主体”人才培养模式的探索与实践，充分重视企业的需求与作用，立足于企业和学校实现双赢，通过考察学习、研究分析和实践探索，全方位树立“双主体”人才培养的先进理念，与高水平企业的开展合作办学。在选择合作办学企业过程中，我校严格遵循以下原则：选择的企业要有较强的合作意愿，能够积极参与教育教学过程，愿意在教师培养、实训基地建设等方面为学校提供支持；相关企业的生产、经营或服务与学校的专业要对接和匹配；相关企业应是行业中管理水平高、专业技能一流、社会责任感强的企业，并且有较好的成长性、用工需求大；校企双方有一定的合作基础，彼此的价值取向、文化追求等有一定的共融性。学校以校企合作体制机制改革创新为着力点，积极搭建产学结合联盟平台，与天域凯莱大饭店、西安皇冠假日酒店、西安创业物业发展有限公司、中国海程邦达物流集团公司、金花企业集团、陕西苏宁电器有限责任公司等多家知名企业开展合作办学，高水平的合作办学企业，保证了人才培养的高起点、高要求与高水平。

2.2 构建“双主体”人才培养机制

成立由学校、行业协会、企业等多方参与的校企合作的专门组织机构、教学指导委员会和专业建设委员会，分别负责校企合作的运行、教育教学改革和专业建设等事宜。各专业均组建了由校内专业骨干教师和校外知名企业家、行业主管、专业领域专家组成的专业建设委员会，企业专家担任委员会主任或副主任，企业人员比例超过 50%，学校和企业共同完成了专业人才培养方案、校企合作计划、课程开发、课程标准、教材审定等工作，并对专业教学环节进行全程指导，增强专业建设的实效性。在校企双方按照职业岗位需求共同制订人才培养方案并组织实施，采用课堂教学与职场训练相结合、职业技能培训与职业资格鉴定相结合、课业考核与岗位考核相结合的“三结合”教学方式，做到课堂学习与职场实战并举。以校企共建专业为载体，以卓越技师教育培养计划为抓手，将技师职业资格标准融入专业人才培养方案，各专业的 1/3 教学任务均在企业完成，专业技能课程主要由企业兼职教师承担，实现高级职业资格证书与专科学历证书相互融合的“双证书”制度。探索实施了“冠名办学”“互动介入”“校企共融开发”“模块化教学”“基地培养”等多种“双主体”育人形式，创建了学校和企业在人才培养过程中地位平等、责任共担、互利共赢、运行顺畅的工作机制，促进了学校与企业的资源共享，实现校内教学场地企业化、企业生产经营场地教学化，形成“校中有企”“企中有校”的育人环境和人才培养机制。

2.3　校企共建师资队伍

我校与合作办学单位共建师资队伍，合作办学企业选拔经验丰富的技术、管理骨干担任兼职教师与专业教师，承担各个专业实践教学和实训指导课程教学，并把企业对人才规格、能力、技术、素质、态度的要求作为学校人才培养的标准。学校建立专兼职教师融合机制，兼职教师与学校专业教师结对共同开发科研项目、编写教材、设计课程和建设专业，在团队合作中取长补短，提高了专业教师的实践操作技能和对生产实践、市场动态、企业文化的理解，也提高了企业技术人员的理论素养和研究水平。学校与企业共同开展教师培养培训工作，在合作办学单位建立专业教师实践基地，建立了专业课教师定期下企业锻炼制度，通过参与企业管理和技术应用、生产技术革新、成果咨询等一系列活动，教师将在企业学到的东西引入课堂，提高课堂教学的有效性和实用性，使培养的人才主动接轨企业、接轨市场。

制定完善《师资队伍建设规划》《教师素质能力提升规划》，进一步明确学校在师资队伍建设的数量、条件和结构方向，提出具体的实施措施，建立一支高素质“双师型”师资队伍。加强具有行业企业经历的高水平专业带头人和骨干教师的引进和培养，充分发挥其在专业建设、教学改革和科研工作中的引领作用和名师效应，带动专业群的发展。完善专业教师企业实践制度，细化并落实专业教师企业实践相关措施，并与职称评聘和教师量化考核挂钩。推进《双师素质教师的认定与管理办法》实施，提高专任教师的双师素质。加大师资队伍建设经费投入，鼓励教师通过培训进修、攻读学位、企业挂职锻炼等方式，努力提高教师的教学能力、实践能力和科研能力。抓好兼职教师队伍建设，建设一支与专业技能教学、实践教学要求相适应、高水平的兼职教师队伍。完善兼职教师管理聘任办法，更加重视对兼职教师教学能力的培养和考核，促使兼职教师经常性地参与教研活动和高职教育理论培训，提高兼职教师担任专业课程的比例。深化人事分配制度改革，积极稳妥地实施突出以职责、业绩为主的分配制度改革，根据工作任务和要求，把工作业绩与岗位津贴、职务聘任挂钩，修改完善能客观评价工作实效的操作性强的部门目标管理和教师量化考核办法。实现津贴分配向教学骨干、管理骨干合理倾斜，充分调动其工作的积极性和主动性。修订完善职称评聘办法。

2.4　校企共同开发建设专业

学校深入研究专业所辐射行业企业的岗位（群），尤其重视各个专业所对应的技术岗位（群）、技术工种和技术证书等内容，动态掌握企业用人状况和职业岗位变动情况，既考虑到专业设置的稳定性，又考虑到了行业企业职业岗位（群）变动的灵活性。学校依据区域经济社会发展需要和企业岗位（群）需求调控和优化专业结构，改造提升传统专业，调整市场过剩专业。企业全程参与制定我校专业设置与建设标准，校企合作在专业设置与行业岗位（群）上有效对接，校企共同开展专业建设，提高了学校为地方经济发展的贡献率和服务能力。

建立主动适应区域经济发展方式转变和产业结构的专业结构动态调整机制，加强高技能人才需求调研和预测，积极调整和优化现有专业，合理增设新专业，使设置专业更符合地方经济、社会发展需要。遴选基础条件好、办学水平和就业率高的专业进行重点建设，尽快扩大规模，提升水平，形成优势，带动专业群发展，保持总体协调发展。以精品课程建设为引领，加强课程的集群化建设。开展说专业、说课程、教学观摩等活动，加强教学资源建设，促进课改深入发展。校企合作共同开发一批高质量的工学结合课程，带动专业核心课程的实施和评价层面的改革，全面推动课程建设迈上新台阶。深化课程教学方法和手段改革。推行工学结合、任务驱动、项目导向等有利于增强学生能力的教学模式，鼓励教师结合本课程实际，创新教学模式和方法，推进“做、学、教”一体化教学改革，强化学生能力培养，建立“过程性评价与终结性评价相结合，知识考核与技能考核相结合”的课程考核模式。

2.5 课程体系对接企业职业标准

学校与企业“双主体”培养的职业人培养模式，实现了人才培养与企业需求相融合、专业教师与能工巧匠相融合、理论教学与技能培训相融合、教学内容与工作任务相融合、能力考核与技能鉴定相融合、校园文化与企业文化相融合。我校与合作办学企业合作，共同制订和优化人才培养方案，形成了反映专业人才培养目标和规格要求、专业特色建设要求和职业资格证书要求，体现知识、能力和素质的模块化课程设计，理论和实践教学体系相对独立，基于弹性学制和学分互换为核心的学分制模式下的人才培养方案。

根据专业目标岗位的实际需要，综合各岗位的工作任务、内容、职责等要求，在分析职业岗位知识、能力、素质要求的基础上，将学科体系的课程内容进行解构，按工作过程中的行动体系选择、序化课程内容，理出的岗位典型工作任务，基于真实工作过程构建了课程体系。学校与企业共同开发专业职业能力体系标准，即专业职业能力理论知识标准和专业职业能力职业技能标准、专业职业能力理论知识相关课程体系和专业职业能力职业技能实践课程体系、理论知识考核标准和职业技能考核标准、理论知识教学体系和实践教学体系。把企业岗位需要的职业标准内容提前置换到学校人才培养的课程体系中，把学校实践教学内容置换到企业生产、经营和管理环节中，按照企业人才需求规格和岗位所需要的职业能力标准进行校企课程置换，实现课程体系与职业标准对接。

3 课题研究的实施效果与价值

3.1 实践教学得到有效落实

各专业根据行业和专业特点，坚持“双主体”合作育人，强化校企合作，形成了各具特色的专业实践教学模式，有效地落实了专业实践教学环节。会计电算化专业实施“校企一体、以岗定学；教学延伸，能力递进”的专业人才培养模式，根据合作单位的生产需求，合理安排教学计划，使学生在金花企业集团、陕西苏宁电器有限责任公司等企业以准员工的身份，切身体验企业真实工作环境，培养了学生的职业岗位能力和职业综合能力。建筑工程技术专业实施“教学做融合、能力递进”的专业人才培养模式，学生在建筑工地以承包施工任务的形式参加实践，教师现场教学，将理论知识学习与实践能力培养、综合素质塑造三者紧密地结合起来，提高了学生的就业竞争力。酒店管理专业实施“双证融入，旺入淡出，跟班实习，顶岗实习”的专业人才培养模式，安排学生分阶段顶岗实习。学生在酒店的生产旺季到天域凯莱大饭店、西安（阿房宫）唯景国际酒店、洲际酒店管理集团西安皇冠假日酒店等生产现场参加实践等，初步形成了分段顶岗特色的实习模式。

3.2 教学改革成效明显

学校坚持“以职业为根本，以质量求生存，以特色树品牌，以创新促发展”的办学理念，在“双主体”人才培养模式框架下，大力推行学校与行业、企业合作，学校与学校合作，校内学习与社会学习相结合的开放式办学模式，采用课堂教学与职场训练相结合、职业技能培训与职业资格鉴定相结合、课业考核与岗位考核相结合的“三结合”教学方式，课堂学习、职场实战、赛场竞技并举，教学改革成效明显，人才培养质量显著提高。在近两届的全国多媒体课件大赛中，我校共获得35个奖项，其中一等奖1项，二等奖5项，三等奖3项，优秀奖21项，位居陕西省高职院校第一名。学校与企业联合开展高职教材编写工作，建设完成并出版《农村经济学》《英美文学》等全国性规划教材5部。各专业均开展了职业技能竞赛活动，学生参赛率达到90%，有效提升了学生的专业职业技能水平。在校外的职业技能竞赛中，我校也取得了优秀成绩。2012 年，我校学生在“广联达”杯全国高等院校工程算量大赛中，获全国三等奖和陕西赛区一等奖；在全国大学生数学建模竞赛中，获陕西赛区一等奖 2 项，二等奖 1 项；在陕西省高职院校技能大赛英语口语比赛中，荣获二等奖。课题立项取得新突破。2012 年度，学校立项了 15 项校级重点教改课题，重点推动专业人才培养方案改革、专实践教学一体化设计和校内外实验实训室建设。2项课题获陕西省高职教育教学改革研究项目立项。2012 年，我校获陕西省高校体育科研论文报告会高职高专院校团体总分第一名，8 项课题获得省教育科学“十二五”规划 2012 年度课题，位居全省高职院校前列。

3.3 专业建设进一步加强

学校注意跟踪现代服务业和区域经济的发展变化，依据社会和市场的需求不断调整和优化专业结构，积极改造老专业，开拓新专业。我校现开设专业 21 个，基本形成了以物流管理、酒店管理、工程造价、建筑工程技术和物业管理等专业为骨干，以旅游管理、财务管理为特色，以计算机应用技术、航空服务、公共事务管理、广告设计与制作、音乐表演和电视节目制作为补充的专业布局，基本上涵盖了我省现代服务领域的各个方面。我校积极开展并加强重点专业建设，酒店管理、物业管理、建筑工程技术和物流管理专业成为省级重点建设专业，工程造价和物流管理专业为中央财政支持重点建设专业，酒店管理专业实训基地、会计电算化专业实训基地和物流管理专业实训基地为省级示范性实训基地。

3.4　企业对人才培养质量评价高

通过对 2010 级、2011 级学生在企业体验、短期实训、顶岗实习等工作情况的跟踪调查，用人单位对我校学生的思想政治表现、职业道德、文化素养、职业技能等方面的评价都较高，工作满意率超过 95%。大多数学生已被洲际酒店管理集团、中国海程邦达物流集团公司、中储发展股份有限公司、金花企业集团和陕西苏宁电器有限责任公司等用人单位提前预订，其中物业管理专业 2010 级 52 名同学已被西安创业物业发展有限公司全部录用，为学校赢得了良好的声誉。

在将来，课题组将再接再厉，准确领会习近平总书记就加快发展职业教育的重要指示和李克强总理在会见全国职教工作会议代表时发表的重要讲话，认真贯彻全国职业教育工作会议精神和国务院《关于加快发展现代职业教育的决定》要求，坚持以立德树人为根本，牢牢把握服务发展、促进就业的办学方向，坚持产教融合、校企合作，坚持工学结合、知行合一。以服务现代服务业发展为宗旨，深入研究职业教育规律，把提高职业技能和培养职业精神高度融合，持续深化“双主体”人才培养模式，强化校企协同育人，着力加强实训条件建设，加快建设具有鲜明职教特点、教练型的师资队伍，培养一大批具有良好职业道德、过硬职业技能并具有大学文化素养和创新精神的劳动者和技术技能人才，使“中国制造”更多走向“优质制造”“精品制造”，使中国服务塑造新优势、迈上新台阶，为实现“两个一百年”奋斗目标和中华民族伟大复兴的中国梦做出应有的贡献。

高职教育“产教结合、校企合作”模式研究报告*

孔令军

十八届三中全会以来，党中央、国务院对加快发展现代职业教育作出了一系列重大部署，把发展职业教育摆在了更加突出的战略位置。2014 年习近平总书记专门对职业教育工作做出重要指示。国务院常务会议进行了专题研究并颁布了《关于加快发展现代职业教育的决定》，2014 年 6 月 23 号召开了全国职业教育工作会议，李克强总理亲切接见了与会代表并发表了重要讲话，刘延东副总理和马凯副总理出席了会议并都在电视电话会议上做了重要讲话。这充分体现了党中央、国务院对职业教育工作的高度重视，为加快发展现代职业教育指明了方向。但从实际上看，当前国内职业教育的产教结合、校企合作整体上还是处在初级阶段，还没有建立起相应的长效机制，学校、企业、政府三个层面都存在不少问题。因此，进一步加强校企合作模式创新研究，深化校企合作的改革实践，对全面推进职业教育持续发展具有重要理论和现实意义。基于此，陕西工商职业学院 2014 年度科研课题《高职教育“产教结合、校企合作”模式研究》（编号：14G-04-B05）项目立项。经过一年的研究，项目取得了预期的研究成果，以下为本项目的研究报告。

1　产教结合、校企合作的理论基础

职业教育与企业的合作是现代经济、科技、生产力教育相互影响和相互作用之下发生、发展的。同时，它在教育与生产劳动相互结合、人力资本等理论、建构主义理论、资源依赖理论等指导下不断演进。

1.1　教育与生产劳动相结合的理论

教育与生产劳动相结合是马克思主义教育学说的基本原则。马克思主义的教育理论明确提出：教育必须与社会实践相结合，与生产劳动相结合。马克思在《资本论》中明确提出教育与生产劳动相结合，“它不仅是提高社会生产的一种方法，而且是造就全面发展的人的唯一方法”，是“改造现代社会的最强有力的手段之一”。列宁也谈到：“没有年轻一代的教育与生产劳动相结合，未来社会的理想是不能想象的，无论是脱离生产劳动的教学和教育，或者没有及时进行教学和教育的生产劳动，都不能达到现代技术水平和科学知识现状所要求的高度。”这些科学论断充分说明了教育与生产劳动相结合的重要性和必要性。虽然校企合作不能简单等同于教育与生产劳动的结合，但其本质是相同的。

* ［基金项目］陕西工商职业学院 2014 年度科研课题“高职教育‘产教结合、校企合作’模式研究”（编号：14G-04-B05）。

从邓小平理论中，我们也能找到社会主义初级阶段教育与生产劳动相结合、校企合作的理论根据。他对教育与生产劳动相结合，有详细的论述。他说：“为了培养社会主义建设需要的合格人才，我们必须认真研究在新的条件下，如何更好地贯彻教育与生产劳动相结合的方针。”这里他强调了在“教育与生产劳动相结合”的内容上、方法上要不断创新。为此，他对具体实施“教育同生产劳动相结合”的方针提出了自己的意见：“要做到这一点，各级各类学校对学生参加什么样的劳动，怎样下厂下乡，花多少时间，怎样同教学密切结合，都要有恰当的安排。”这是从微观方面说的，实质上是邓小平对马克思主义的“教育与生产劳动相结合”方针的具体化。但他强调：“更重要的是整个教育事业必须同国民经济发展的要求相适应。不然，学生学的和将来要从事的职业不相适应，学非所用，用非所学，岂不是从根本上破坏了教育与生产劳动相结合的方针？”这是从宏观方面论述教劳结合的。这就是说，能否做到“学生学的和将来要从事的职业”相适应，能否做到学用一致，是从根本上坚持或反对教育与生产劳动相结合的一个非常重要的问题。这样创造性地、深刻地论述教劳结合，是前无古人的。他还把教劳结合同劳动就业联系起来，指出“我们制订教育规划应该与国家的劳动计划结合起来，切实考虑劳动就业发展的需要”。

教育与劳动生产相结合是我国教育方针的一项基本要求。1995 年 3 月 18 日，第八届全国人民代表大会第三次会议通过的《中华人民共和国教育法》以法律的形式对我国的教育方针做了规定：“教育必须为社会主义现代化建设服务，必须与生产劳动相结合，培养德、智、体等方面全面发展的社会主义事业建设者和接班人。”其第 46 条规定：“国家鼓励企业事业组织，社会团体及其他社会组织同高等学校、中等职业学校在教学、科研、技术开发和推广方面进行了多种形式的合作。”“企业事业组织、社会团体及其他社会组织和个人可以通过适当形式、支持学校的建设、参与学校管理。”第 53 条规定：“国家建立以财政拨款为主，其他多种渠道筹措教育经费为辅的体制，逐步增加教育的投入，保证国家举办的学校教育经费的稳定来源。”在我国的《职业教育法》第 23 条也明确规定：“职业学校、职业培训机构实施职业教育应当实行产教结合，为本地区经济建设服务，与企业密切联系，培养实用人才和熟练劳动者。”这些法规的颁布为我国校企合作活动的广泛开展提供了坚实的保证。

1.2 人力资本理论

人力资本理论将人的能力视为资本，这种资本是指存在于人体之中的具有经济价值的知识，技能和健康等质量因素的总和。在资本要素（物质，货币，人力）的相对关系中，人力的重要性不断上升，并日益成为推动经济增长的核心因素。人力资本理论的基本观点是，对人进行投资，来增强企业自身素质的能力。这种对人的投资，包括与学校一起培养企业所需要的毕业生，企业职工的在职培训等。诺贝尔经济学奖获得者舒尔茨研究了教育对个人所得和国民收入的贡献，指出：“知识和技能在很大程度上是投资的结果，它们和其他人力投资结合在一起，是造就技术先进国家生产优势的重要原因。”舒尔茨认为，人力资源的提高对经济增长的作用，远比物质资本的增加重要得多。他更断言，教育是一项生产性投资，其结果可看做资本的一种形式。

人力资本理论已证明，对人力资本投资的最主要方式是提高劳动者的教育水平，其收益率高于物质资本的收益率。在市场经济体制下，人们对投资收益率的差异十分关注，并能及时做出合理的反应，以便正确的选择自己的经济行为，因而加大人力资源的投入，扶植教育事业的发展，便已普遍成为当今世界各国促进社会经济迅速增长和国民收入显著提高的取胜之道。而在中国，邓小平“教育强国”的目标和教育与经济相互发展的理论，从某种意义上讲也是与舒尔茨“人力资本”学说不谋而合。

教育所培养的具有知识和技能的人才要适用于实际劳动生产的需要，就要求教育在培养人才过程中与实践相联系，校企合作是培养具有实践能力的人才的一条极佳途径。人力资本理论的提出，使得整个教育体系及产业经济部门都受到挑战。一方面，产业部门逐渐认识到企业生存、发展的关键不仅在于有形资产，如物质与资本，也在于拥有高素质的技术应用型人才，因此产业界积极主动与职业院校合作，甚至直接参与学校教育的决策与管理，与学校共同培养高素质的人才，以提高企业的发展潜力与后劲。另一方面，职业院校由于教育经费与生源竞争产生的压力，希望和产业部门合作以获得资金物质支持也就成为一种必然。为此，职业院校从政府的怀抱走向社会大市场，而校企合作成为产业部门和教育部门适应社会变革的一种理性选择，企业与学校鉴于双方的利益而最终促成了校企合作。

1.3 建构主义理论

西方建构主义是认知结构学习理论在当代的发展，其最早提出者是瑞士的皮亚杰。他强调学生的巨大潜能，认为教学要把学生现有的知识经验作为新知识的生长点，引导他们从原有的知识经验中“生长”出新的知识经验。他认为学习是在社会文化背景下，通过人际间的协作活动而实现的意义建构的过程。现代学习理论的发展，经历了行为主义、认知主义、客观主义，并在近十多年来发展了现代的学习理论——建构主义。

建构主义学习理论强调学生自己对知识、技能的主动建构。职业教育的培养目标是“面向生产一线的技术应用型专门人才”，因而技能培养十分关键。因此，以建构主义理论指导职业教育的学习与教学设计，十分有益。传统职业教育教学过程观是建立在客观主义认识论基础之上的，它认为教学便是有效地传递知识、技能，而建构主义认为知识是主体在适应环境的过程中所建构的，是主体所赋予他自己的经验流的一种形式。由于学生的原始经验和学习背景不同，他们对事物的理解也不一样，因此单凭课堂描述学生是无法积极主动地进行意义建构，必须提供与“现实生产场景”交互作用的经历，学生才能在这一过程中通过判断、理解完成对知识、技能的意义建构。因此，职业教育从学习特点来看，必须实行工读结合，依托行业、企业的教育资源完成学生的技能训练，实行校企联合办学，将课堂中的学习与实际工作中的学习结合起来。无论是从职业教育的知识结构，还是从职业教育的学习特点来看，离开了产学结合，没有学校与企事业单位教育资源的共享，学生的技能训练就失去了依托，职业技能训练就无法完成，就无法实现对知识与技能的意义建构。

1.4 资源依赖理论

资源依赖理论的代表人物是费佛尔和萨兰奇科，该理论认为组织是一个开放的系统，是不同利益群体组成的联合体。每个利益群体都有自己独特的偏好和目标，并试图从组织内的互动，以及组织与环境的互动中完成自己的目标，取得自己的利益。组织为了生存需要资源，而任何组织不可能持有赖以生存和发展所需要的全部资源，以实现自我供给下的生存和发展。大量关系组织生存的稀缺和珍贵的资源都存在于组织的外部环境中，因而所有组织在某种程度上都依赖于外部环境，没有一个组织能够完全独立。

事实上，校企合作根本动因本质上是学校与企业双方优势资源的互补，互补的不仅是双方物质资源，也可以是文化、精神和制度资源。在市场经济条件下，职业院校之间，企业之间都面临着竞争的压力。对院校来讲，随着社会经济发展和技术水平的不断提高，教学质量、科研能力、社会服务能力水平也要相应不断提高，以突出特色，提高声誉，获得更多的拨款和企业的支持。而企业之间的竞争更为激烈，企业的竞争优势来源于技术、人力、组织、战略等因素，企业要想维持其生存和发展，需要保持技术领先并拥有一批先进的技能型人才，以保证企业的核心竞争优势。院校与企业各自核心竞争优势的获得使得组织间异质性资源交换和整合的需求加强，校企联盟形成的可能性增大；校企之间资源交换的成本越小，双方的收益越大。为了减小交易成本，合作双方倾向于选择能够提高组织的有效性，增强组织开发、取得并保持稀缺资源的能力、降低交易成本的措施进行合作，如订单式培养、基地共建、设备共享、顶岗实习等。

1.5 终身教育思想

1970 年，法国的保尔·朗格朗在其出版的《终身教育引论》一书中提出了终身教育的概念。他认为，终身教育是人从出生到死亡的教育，是个人及社会整个教育的统一综合。终身教育概念一经提出便得到了世界各国的广泛认可，很快成为遍及全球的一种国际教育思想。1996 年由联合国教科文组织国际 21 世纪教育委员会的雅克·德洛尔在《教育：财富蕴藏其中》一书中进一步扩大了终身教育的内涵，并提出了终身学习的教育新理念。

终身教育理论的提出打破了学习与工作的时间界限，一个人有了一定的知识和技能便可以终身应付自如的观念已经过时，人们接受一次性教育所拥有的知识不足以终生享用，为了适应生存和自我发展，教育过程必须持续地贯穿在人的一生之中。教育“正逐渐在时间和空间上扩展到它的真正领域——整个人的各个方面。由于这些方面过于广泛和复杂，以致无法包括在任何体系之内”。根据每个人的生涯发展，设计与之相适应的适合社会需求的终身持续合作系统，成为了社会的新需求。

目前中央已提出建立学习型社会的目标，终身教育要有载体，而职业教育是终身教育的重要载体。对学校而言，办学思路要进行调整，教育要向社会开放，为不同层次的需求者提供教育服务，教育对象上不仅为青少年人群，还应包括面向社会公民的终身发展进行教育；在教学内容上不应将知识传授和技能作为主要目的，更值得培养的是学生学会自己学习的能力。对企业而言，人员引进和员工培训的观念要变，不应过于着眼于员工的现有专业，要用发展变化的观念来吸纳员工，引导员工树立终身学习的思念，要为员工提供终身进修的机会。这两方面转变的完成需要双方的合作。因此，构建学习型社会、实践终身教育理念必须充分利用校企双方的教育资源，实行开放教育，走联合办学的发展道路。

2 产教结合、校企合作的现实意义

随着我国经济社会发展，党和政府积极提倡并大力发展职业教育，以提高国民文化、技术素质，促进生产力和经济发展，加速社会主义现代化建设。许多文件和会议都明确要求职业院校要实行产教结合，为地方经济建设服务，与企业密切联系，培养实用人才。产学紧密结合、校企优势互补、资源共享、社会共同参与举办职业教育，是实现职业教育人才培养目标的重要保证。

2.1 产教结合、校企合作符合职业教育发展的内在规律

目前社会急需大批能将理论知识及时转化为物质产品，为现实生产服务的技术型人才。职业教育注重理论与实践的联系，把以传授理论知识为主的学校教育环境与直接获取实践经验为主的企业生产环境有机结合于学生的培养过程中，通过校内模拟训练和校外现场实习等一系列实践性教学环节，使学生了解、熟悉并掌握企业的生产规律、设备和技术等，毕业后立即就能参加生产实践，深受社会及企业的欢迎，符合职业教育发展的内在规律。

2.2 产教结合、校企合作有利于发挥学校和企业的各自优势

企业在合作的过程中，注入资金，提供良好的实习教学场地、兼职教师、毕业生就业渠道，企业成为促进职业教育发展的重要力量。发达国家发展职业教育的先进经验也证明了这一点。例如，美国、加拿大的社区学院，日本的短期大学，德国的高等专科学校，许多就是校企合作的产物，充分体现出校企合作举办职业教育的优越性。“产教结合、校企合作”，发挥学校和企业的各自优势，共同培养社会与市场需要的人才，不仅是职业教育办学的显著特征之一，而且有助于加强学校与企业的合作，教学与生产的结合。校企双方互相支持、互相渗透、双向介入、优势互补、资源互用、利益共享，是实现职业教育现代化，促进生产力发展，使教育与生产可持续发展的重要途径。由此可见，产学结合是促进科技、经济及企业发展的有效手段，校企合作是办好职业教育，培养生产、建设、管理、服务一线人才的重要途径。

2.3 产教结合、校企合作符合企业培养人才的内在需求

职业教育处于企业需求最普遍的地位，与企业的关系尤为突出。企业积极参与举办职业教育，其核心动力来自企业对应用型人才的不懈追求。建设一支极具企业自身特色的应用型人才队伍，并不断给予补充，是企业实施人才战略的核心。企业仅关注职业教育的发展还远远不够，因为极具企业个性特征的应用型人才通过人才社会化的渠道是无法得到的，就是说，社会举办的职业教育无法直接为某一家企业

培养和输送已经个性化了的应用型人才。所以企业希望通过合作办学的方式，培养极具企业自身特色的应用型人才，这就是企业与职业院校合作举办职业教育的本质意义。企业这种参与举办职业教育的要求，随着社会经济发展会越来越强烈，也会为越来越多的企业家所认识。

2.4 产教结合、校企合作可缩短人才培养周期

随着学校教育教学改革的不断深入，即实施订单教育，企业参与教育教学的全过程，人才培养的方向性和针对性更强，实现了供给与需求、培养与就业的统一，在保证人才培养质量的情况下，大大缩短了人才培养周期。例如，有些专业由于具有专业的特殊性，采取定岗实习实训，用人单位与学生之间签订合同，学校、用人单位、学生之间签订安全协议，学生经过两年的理论学习和实训课程培养后，用人单位对学生的能力、水平非常认可，第三学年学生便可上岗工作，享受见习期工资待遇，学校与用人单位共同对学生进行管理与考核，可使学生将学习与实习在学习期间一并完成，缩短了人才培养周期。

2.5 产教结合、校企合作推动教学改革

近年来，职业教育发展很快，新兴行业的崛起孕育出一大批新兴专业。专业教材虽多，但由于没有统一版本，显得不够规范。订单教育岗位针对性强，突出的是岗位技能培养，部分现行教材势必适应不了当前的教学需要。为提高人才培养质量，更好地与企业有效对接，迫使各职业教育部门按照各项法律、规定，对专业教材进行重新编撰，以便学生掌握更加规范的专业知识，推动了教材建设。有些职业院校对有些课程及课时进行了合并调整，在教学上尽力做到“简明、易懂、实用”。校企合作是推动职业教育课程改革和教材建设的有效途径。

3 国外产教结合、校企合作模式概况与经验

3.1 国外产教结合、校企合作模式

在国外，最早起源于德国的校企合作教育的发展已有一个多世纪了。其在20世纪中叶盛行于发达的欧美国家，随后在全世界发展开来。目前世界各国根据本国的不同情况，形成了各具特色的高校校企合作模式，我国高校校企合作教育还处于探索阶段，无疑需要借鉴他们的经验。以下是国外常见的几种校企合作运行机制。

3.1.1 德国“双元制”模式

“双元制”是指学生职业培养过程中，由企业和培训机构共同完成对学生的培养任务；而且企业在整个职业培养过程中起核心作用，培训机构只起辅助作用。政府给予立法保障和财政支持，企业能够为学生无偿提供一切实习和实训条件，而学校以培养学生实际动手能力和解决问题能力为教学目标，以实践教学为主体。“双元制”是目前世界上最为完善的校企合作运行机制。“双元制”被誉为第二次世界大战后德国经济腾飞和制造业领先世界的“秘密武器”。其核心优势表现在政府，企业，学校共同打造。校企合作不是某个学校和某个企业自己的事情，而是国家倡导下的一种办学模式。

3.1.2 澳大利亚 TAFE 模式

TAFE 模式是一种国家框架体系下以产业为推动力量的政府、行业与学校相结合，以学生为中心进行灵活办学的、与中学和大学进行有效衔接的，相对独立、多层次的综合性人才培养模式。TAFE 人才培养模式中，在州政府直接领导下，成立 TAFE 教育专家委员会，专家有两组人，一组人是企业家，向学院提供教学忠告和咨询；另一组人是教育专家，进行专业设置和课程设计，并对教学效果作实际情况评价。这个专家委员会由州政府直接领导，因此在设计专业课程时，就能与各大学相关专业沟通，使 TAFE 文凭受到社会各界的广泛承认，含金量高。TAFE 自身特色显著，具有完善的校内实习、实训基地。由于澳大利亚政府的投资和企业的赞助，使得 TAFE 学院的学习、实训条件不仅数量上充足，而且技术上都是比较先进的。TAFE 的实践教学环节十分注重学生动手能力的培养，教室就是实验室，学习环境与工作环境融为一体。TAFE 的人才培养途径非常灵活，不管年龄多大，是否有工作，都可以根据自己的工作、生活情况选择全日、半日制、函授或远程教育等学习方式。只要通过评估积累到一定的学分，就可以取得证书和文凭。

3.1.3 英国“三明治”模式

“三明治”模式是一种“实践—理论—实践”或“理论—实践—理论”的人才培养模式，其实施的方式是在两学期之间，通过在学校授课和到企业实习相互轮替的教学方式。

3.1.4 加拿大、美国 CBE 模式

以加拿大、美国为代表的人才培养模式。这种人才培养模式以能力为基础，它的核心是从职业岗位的需要出发，确定能力目标。通过有代表性的企业专家组成的课程开发委员会，制定能力分解表（课程开发表），以这些能力为目标，设置课程，组织教学内容，最后考核是否达到这些能力要求。CBE 首先进行的是职业分析，通过问卷的方式，了解近期服务区域内人才需求的情况，然后筛选相对紧迫和集中，学校又有能力开设的专业进行课程开发。课程开发的工作是由本职业的专家组成，这样能更符合教育规律，也沟通了企业和学校。CBE 的教学活动基本上都是在实训课堂完成的。实训课堂从外观看相当于实习车间。但他们的设备、设施是符合时代要求的，是实际工作中最先进的而不是闲置废弃的。CBE 的人才培养主要是通过学校和教师为学生提供完善的学习条件和帮助，由学生自己努力来完成的。根据每位学员的不同起点，以及自己设计的最终目标分别为他们逐一确定教学计划。学生按教师商定的教学计划，到学习资源室、实训课堂或在教师指导下，或利用个人学习系统，逐一模块地学习、掌握专项能力。

3.1.5 日本“产学官”模式

以日本为代表，伴随着知识密集型经济的转型，由政府主导，通过创设新的企业和新的产业，打破经济低迷状态，创造就业机会，大学在传统的教育和研究职能之外又被赋予了技术转让这一新的使命。日本的“产学官”结合是法案、制度、中介并举，社会、企业、学校顺畅沟通。首先，政府以法律的形式保证产、学、研合作的顺利进行。为了促进大学科研成果的产业化和产学研的合作，日本政府制定了《研究交流促进法》《大学技术转让促进法》《研究交流促进法》的部分修正案，这些法律的制定和实施，为产学研合作的顺利进行提供了法律保障。其次，完善与产、学、研合作相关的制度与体制。确立了官、产、学三位一体的以人为中心的流动科研体制。建立了大学与企业开展共同研究的制度。

3.2 发达国家产教结合、校企合作共性分析

3.2.1 学校和企业联合

德国“双元制”职业教育中企业参与培训的机制，这恰恰是德国“双元制”职业教育取得成功的关键。企业参与培训可以获得国家的经费补助、可降低劳动力成本，有《联邦职业教育法》的制约、行业协会工会的参与等。职业院校根据人才培养的需要，将企业的参与纳入办学体系之中，强化人才培养的针对性和适应力。通过建立董事会、校企双方共同参与的专业指导委员会、共建功能完善的实训基地等合作机制，企业为学校的建设和发展提供必要的实训场地、办学经费和设备保障，从而有效解决职业办学资金短缺、资源不足、实践环节薄弱及学生就业安置等问题。学校则充分发挥科研、技术优势，为企业提供应用研究和技术开发服务，达到双方互赢的目的。

3.2.2 政府作用

在产学研三者相互关系中，政府协调包括财政、法规等各种政策支持是义不容辞的责任，也是产学研合作的重要保证。日本的产学官合作在这方面表现突出，强调产学研合作中的制度建设，政府成为产学研合作的主要推动者。

3.2.3 企业家参与人才培养

TAFE 的专家委员会成员一部分是学校的教育专家，另一部分是企业家。其中的教育专家不仅具有教学经验，而且参与企业管理咨询；企业家不仅具有管理的实践经验，而且具有教学的经历。可见企业与学校之间的交流丰富且是双向的，企业家也参与学校人才的培养。

3.2.4 政策法规

各国职业教育政策和法规对政府、社会团体、行业组织、企业、学校、公民个人等职业教育办学主体的职责、权利都有明确具体的规定，可操作性强；普遍关注提职业业教育质量、扶持社会弱势群体接受职业教育、促进社会公平，引导性强；法案对职业教育机构的举办和撤销、职业教育实施和管理的监督和处罚内容规定明确，制约性强。

3.3 发达国家产教结合、校企合作机制启示

3.3.1 学习环境与工作环境融为一体

在国内，一些职业院校的校企合作做得很浅，企业为学校提供一些实训设备，或者接纳一部分学生到企业实习，这种合作形式通常学校的教室、实验实训室和企业的现场工作环境各自独立，学生先参加课堂的理论知识学习，然后到实验实训室进行训练，有可能的话再去体验企业现场工作环境，耗时久，对企业工作环境认识

不深，毕业后不能迅速的适应工作环境。而国外很多校企合作做到了教室就是实验室，学习环境就是工作环境，学生在工作环境下学习，在学习过程中适应工作环境，毕业后可直接上岗。

3.3.2　学分制为校企合作提供条件

澳大利亚TAFE模式有很多优点和特色，但是它的实施和成功是在一定的条件下才能完成的，目前在我国这样的条件不足。虽然我国的职业教育引入了学分制的概念，并提出了一些相关的制度和措施，如学生修满一定学分可申请提前毕业等，但是目前看来还没有达到这样一个水平，而且我国的证书体制也还没有澳大利亚的证书体制那么完善，要累计达到一定学分取得一定级别的证书和文凭存在较大的困难。另外，因此，通过继续实行学分制，鼓励学生缩短学习年限，完善证书体系，为校企合作提供更好的条件。

3.3.3　充分发挥政府在校企合作中的作用

从国外校企合作的立法和政策可以看到一个共同点，就是他们的立法制度比较完善，对政府、企业、学校在校企合作中权利和义务，政府在职业院校的校企合作中起着中间桥梁的作用，同时也起着监督校企合作过程的作用。所以要充分发挥政府的作用，完善职业教育相关法律法规、政策的制定，然后规范校企合作过程管理。

3.3.4　吸收企业家参与人才培养

TAFE的成功与澳大利亚行企业家和教育专家组成的TAFE教育专家委员会是密不可分的。虽然在我国，我们的专业设置和课程设置都有企业中的人员参与，但是这种参与似乎还是浮于表面，不够深入。由于条件的限制，我国目前还没有这样的氛围和能力来引导企业中的专家参与到职业学校的培养计划制订、课程设置、学生的能力培养等方方面面。但是，从长远来看，必须要吸收企业中的专家、技能高手参与到学校的人才培养工作中去，与企业共同开发人才培养计划，开发课程，进行能力培养，这样培养出来的人才有企业需要的知识和能力，充分适应企业的需要。

4　国内产教结合、校企合作模式与问题分析

从不同视角对校企合作进行界定，有多种表述。从职业院校人才培养视角进行界定，它是职业院校谋求自身发展、实现与市场接轨、大力提高育人质量、有针对性地为企业培养技术技能人才的重要举措，其初衷是让学生在校所学与企业实践有机结合，让学校和企业实现优势互补、资源共享，以切实提高育人的针对性和实效性，提高技术技能人才的培养质量。从职业院校教育模式视角进行界定，校企合作是一种以市场和社会需求为导向，以培养学生的综合素质、职业能力和就业竞争力为重点，利用学校和企业两种不同的教育环境和教育资源，采用课堂教学与学生参与实际工作有机结合的方式培养适合不同企业需要的人才的教育模式。从校企合作本质属性视角进行界定，它主要包括两方面含义。第一，它是教育与产业这两个相

对独立部门之间的有机结合，这种结合是在社会分工日益精细和现代化大生产和科技进步基础上的结合，它既要遵循教育自身发展的规律，也要遵循生产活动的经济发展的规律。第二，校企合作是一种双向主动参与的结合，是建立在双方内在需要的基础上的结合。职业教育校企合作，其实质是使职业教育与社会、生产融为一体，形成相互依存、相互促进、优势互补、密不可分的有机整体。

4.1　国内产教结合、校企合作主要模式

自 20 世纪 80 年代中期合作教育引入我国以来，高等教育在借鉴国外合作教育经验的基础上，开展了多种多样的试验，创造了多种多样的形式，取得了很大的成就。目前国内校企合作大致分为以下几种类型。

（1）订单式。“订单式”培养模式，是由用人单位根据其对不同规格的人才需求情况，提出订单，由学校按照用人单位提出的规格、数量进行培养。教学计划由校企双方共同制订，根据岗位知识结构、能力结构和素质要求确定培养方案，构建理论和实践教学体系。企业通过校企合作会议参与学校的培养方案的制订，通过讲课等形式把企业的用人要求传达给学生。

（2）校企联合式。“校企联合式”培养模式，是由学校与用人单位共同办班的一种办学形式。在这种培养模式下，企业与学校成了办学的伙伴，双方共同出资、共同建设。学校得到了企业办学经费及师资支持的同时，企业则得到了符合自身人才规格需求的未来的高素质技能人才，校企双方成为了利益共同体。

（3）工学交替式。“工学交替式”培养模式，是校企双方在长期的合作过程中优势互补、扬长避短逐步形成的一种人才培养模式。由于学校的每一个专业不可能都建立良好的校内学生实践基地，而企业又迫切需要这方面的人才，校企双方就牵手订立协议，把企业作为学生的实习基地，学生在校接受理论知识与初步的技能培养，更高一些的技能培养由企业来承担。

（4）产学合作式。“产学合作式”培养模式，是由企业直接进驻学校，通过企业的生产让学生在学校零距离接触生产过程的一种人才培养方式。什么样的企业可以进入学校，企业怎么进入学校，企业进入学校后应履行什么样的义务，都有严格的规定。通过“产学合作式 ”培养模式，学校获得企业资助是次要的，重要的是师生可以通过观摩和师傅的指导，学到了企业生产最前沿的知识与技能。

（5）校企互动式。“校企互动式”培养模式，是学校主动为企业培训员工，参与企业技术革新，企业主动接受学校师生实践、学习的合作模式。

（6）双主体式。“双主体”人才培养模式是一种近几年才提出并探索的创新型模式，强调校企合作中的学校与企业是人才培养的两个主体，两者在人才培养过程中地位平等、责任共担、利益共享，比较有效地调动了校企双方的积极性和创造性，陕西工商职业学院等几所院校积极探索实践并取得了初步成果，形成的“双主体”人才培养模式得到了社会的好评。

但无论哪一种形式，校企联合要得以顺利进行，必须具备以下三个条件：①科学的办学理念；②具有一支良好的“双师型”教师队伍；③政府的有效支持。此外，

实施校企联合办学模式还应遵循一个原则，即校企双赢，互利互惠，建立校企合作长远机制。校企合作虽然取得了一定成就，但也存在着诸多内在不足，校企合作教育面临着很多问题。

4.2　国内产教结合、校企合作问题分析

4.2.1　政策法规缺失与政府职能缺位

国家的政策法规界定了合作各方的权利和义务。健全的政策法规将有利于经济主体在合作交易中形成合理稳定的预期并降低交易成本，不健全的政策法规将增加经济主体在合作交易中的交易成本。当某方的成本超过收益时就会停止交易，当不得不交易时就会通过偷懒、敷衍等投机方式降低实际成本支出。

目前，我国职业校企合作的政策法规尚不完善，特别是多数政策出自教育行政部门，缺少专项法律法规，对职业院校约束力较强，对行业企业约束力较弱，对地方政府的约束力更弱，其结果是职业院校缺乏支持保障，行业企业缺乏激励约束，地方政府缺乏考核问责。政策法规作为“公共物品”，只能由政府提供。政府必须切实担负起责任，加快制定职业校企合作的相关政策法规。从国外经验看，政府在校企合作中确实具有重要作用。必须着力提升各级政府特别是地方政府的公共教育服务职能。

4.2.2　企业动力不足与交易成本过高

这里所说的成本是指机会成本，即资源用于某种用途时所放弃的可用于其他用途时能获得的最高净收益，这是一种主观成本，但却是理性人的行动依据。虽然参与校企合作可获得高校的技术成果、技术服务及优质人力资本等诸多收益，但是由于目前参与校企合作的交易成本确实很高，企业作为一个理性的经济主体，很可能认为不参与或不以某种方式参与校企合作获得的最高净收益要高于以某种方式参与校企合作获得的最高净收益，以至于合作积极性普遍不高。从技术成果和技术服务看，由于信息不对称和顾忌职业院校的机会主义行为，企业常常会担心投入大量经费却不能获得预期成果。因此，技术要求不高的企业通常不会选择职业校企合作，而技术要求较高的企业通常会选择购买成熟技术或寻找科研机构、研究型大学等研发能力更强的合作对象。从优质人力资本看，企业主要采取两种合作方式。

一是投资与职业院校共建实训工厂，提供生产性实训，实施订单式培养，以获得聘用人才的优先权。但这种方式同样存在信息不对称和机会主义问题，企业会担心定向培养人才不能达到预期规格，以及企业派驻教学人员陡增成本等。

二是接纳职业生顶岗实习，虽然不需额外增加投资，但是次品风险提高，管理成本增加。此外，企业人力资本投资回报具有很大的不确定性，一方面职业生就业是双向选择，经过培训的优秀员工可以离职；另一方面即使以合约强制留人，因人力资本产权无法完全界定，留下的人才不一定愿意完全发挥其才干。因此，企业的人力资本投资很可能为他人作嫁衣，企业通常更倾向于从劳动力市场直接招聘。

4.2.3　职业院校自身优势不足与自主权限制

职业院校自身优势不足是制约校企合作的重要瓶颈，其主要表现有办学条件还

不完善，师资队伍素质还不高，教育教学改革还不快，科研服务能力还不强等，特别是高素质、高技能人才培养水平还不高，很难适应市场变化和满足企业需要。造成这些问题的原因很多，职业院校特别是公办职业院校缺乏办学自主权是症结之一。长期以来，职业院校作为教育或行业行政主管部门的附属机构，人事任免、专业设置、招生计划等诸多事项的自主权十分有限，学校的积极性和创新性被严重削弱。

当前，随着我国工业化、城镇化的加快推进，尤其是产业结构转型升级，加快经济发展方式的转变，迫切需要数量充足、结构合理的高技能人才作为支撑，此时我们发现职业教育的发展并不能很好地满足经济社会发展的需要。当职业院校纷纷开始寻找相关企业开展校企合作时，突然发现自身在基础设施、师资素质、人才培养、内部管理等方面都很难形成对企业足够的吸引力，这也直接导致校企双方在信息沟通和彼此信任上花费了大量的成本。

5 产教结合、校企合作模式的相关因素与机制建设

任何事物都不是也不能孤立存在，同样，校企合作模式不仅涉及学校和企业双方，政府的推动和市场的调节构成了校企合作重要的外部力量，此外，社会历史文化传统、法律法规、行政和行业管理体制、企业生产方式等都构成了校企合作的外部因素。成功有效的校企合作机制的建立有赖于各相关因素的正向合力的生成。

5.1 校企合作模式的相关因素分析

世界发达国家职业教育发展历程不仅证明校企合作模式是促进职业教育与社会经济协调发展的必由之路，还揭示了校企合作的顺利、有序进行需要良好的环境。可以说，校企合作不仅涉及教育界和企业界，它更是一项系统工程，只有各相关因素协调发展和相互促进，形成正向合力，校企合作才能在良好的发展环境中步入健康有序的轨道。影响校企合作模式的相关因素有很多，归纳起来主要有以下几个方面。

5.1.1 历史文化影响

任何一个民族和社会都有其特定的历史文化，而这种经由历史发展积淀的特定文化会深刻地影响着整个社会人们的价值观和行为。德国的校企合作之所以成为全世界职业教育界的典范，与其悠久的行会传统、德意志民族文化传统中独特的自由观和社会市场经济制度是分不开的。悠久的行会传统使学徒培训的企业负责制一直保持在德国企业自我负责的精神与相应的制度中；德意志民族的独特自由观深刻地体现在人们对待企业自治与国家责任的双重认同上；由社会市场经济制度培植的国家援助主义一方面充分保证企业在开展职业教育上的决定权，另一方面固守了国家在职业教育中的责任而行使必要的宏观调控权力。而我国以儒家文化为主的传统文化土壤衍生了当代极度膨胀的学历主义和文凭主义，形成了“重理论轻实践”“重科学轻技术”“学而优则仕”等文化传统，无形中整个社会形成了对职业教育的低认同度，这在很大程度上遏制了职业教育的发展，十分不利于校企合作的开展。

5.1.2 法律政策规定

政府通过制定政策、法规和条例来协调和支持校企合作。只有在一定的法律法

规体系保障下，才能实现校企双方、教育行政部门与行业组织、学生等各方面的协调与合作。发达国家发展职业教育的校企合作模式，都是依靠立法来规范职业教育体系和相应的管理体制，并不断按照经济社会发展要求进行修订。例如，德国政府制定了《职业教育法》《青年劳动保护法》《劳动促进法》《手工业条例》等法律法规来调整校企合作中多方关系，对企业、学校、学生三者的义务、责任都做了明确规定。根据德国 1969 年的《职业教育法》，凡涉及整个联邦的企业职业培训的法律、条例、方针、政策均由联邦教科部和联邦经济部制定，而各行业职业培训的具体工作则由各地区行业协会主管。德国各相关部门、行业和地方出台了配套的具有法律效力的条例或实施办法，如《实训教师资格条例》《考试条例》等。另外，美国、日本、英国、法国、韩国和新加坡等国政府都通过立法、财政或税收手段鼓励和要求企业参加教育，而我国目前只有一部《中华人民共和国职业教育法》，只是象征性、概括性、原则性地规定了企业、学校开展职业教育的义务。可以说，我国职业教育校企合作还处在一种自发和应付的状态，在相关法规执行监督方面基本处在真空状态，对于规定企业“应当”履行而事实上未履行何种责任应如何制约，政府并未制定相应的实施条例，从而使企业参与职业教育的义务流于形式。

5.1.3 行业中介组织管理

行业组织由于集中代表了本行业的共同利益，其对行业内企业有一种天然的约束力，因此，建立行业组织并由其行使一定的管理监督职能无疑有利于校企合作的顺利进行。德国“双元制”的产生，实际上正是通过发挥行业组织的规范和引导作用，促使企业摆脱不规范的传统学徒制度，建立理论与实践相沟通的现代学徒制。今天德国各行业协会（工商业协会、手工业协会等）依然负责企业内职业教育的许可、咨询、考试及监督等主要职责，其中包括审查及确认培训企业的资格；缩短与延长培训时间；登记职业培训关系；制定结业考试条例，组织与实施期中考试、结业考试；监督职业培训，开展职业培训咨询。长期以来，我国没有形成有力的行业中介组织，企业缺乏其集体利益代表的同时也缺乏行业组织的内部约束。这体现在校企合作上，由于缺乏行业中介组织对于行业内企业承担职业教育与培训的统筹和管理，不能约束企业在人力资源开发中履行责任，校企合作的开展缺乏有力的约束和监督。

5.1.4 企业生产方式

企业的生产方式或其追求的生产方式决定其参与职业教育的积极程度。技术密集型企业无疑比劳动密集型企业更关注人力资源的开发，其参与职业教育的积极性也比后者要高。随着科技进步，企业的生产方式发生了重大转变，以增加物质财富的工业社会大批量的生产方式将为灵活多变、适应性强、个性化的柔性生产方式所取代，这就要求劳动者必须具有一定的知识、智慧及掌握多项技能，这从客观上增加了企业对于人力资源开发的需求。可以说，企业生产方式的转变加速了校企合作的进程。

我国目前的经济增长方式没有真正转到依靠科技进步和提高劳动者素质上来，

企业的生产方式还是以粗放型和劳动密集型为特征。以东部沿海地区为例，这几年外向型企业发展很快，但统计数据表明，拥有我国自主品牌和自主知识产权的产品比重仅占出口贸易总额的2%，大多数外向型企业的生产只是跨国公司生产链中简单的一环，生产方式主要寄托在粗放型的一般生产要素上，而本土企业更多的是劳动密集型的，产品的劳动附加值低，企业对人力资源开发的内在需求不足，缺乏参与职业教育与培训的内在动力。

5.2 两种驱动类型的校企合作模式

职业院校、企业、政府和市场四者构成了校企合作的四要素。职业院校和企业是校企合作行为发生的主体，双方出于各自利益的需要，通过校企合作实现资源共享、优势互补、双赢互动、相互支持，又以各自的社会需求目标为依据，彼此制约，缔造利益共同体。政府作为国家和社会的管理者，为促进教育界和企业界的良性合作，制定法律法规规范和推动校企合作，为校企合作的有序进行提供政策引导和法律保障。市场机制作为资源配置的基础和手段，通过竞争机制的作用，使校企双方感受到合作的必要性和重要性，从而产生校企双方合作的内在动力。基于不同的社会经济、历史和文化条件，校企合作的驱动力主要来源会有差别，从驱动力来源分，可分为政府驱动型和市场驱动型两种类型的校企合作模式。

5.2.1 政府驱动型校企合作模式

在传统的计划经济条件下，校企合作主要是由校企外部的国家计划和政府行为来推动的，即使有一些自发的合作，也仅仅是一种补充。职业院校和产业部门的经费、设备和材料等都由国家统一调拨，经济界、企业界对员工的需求主要是通过组织调配来实现，在大多数情况下，企业只能被动接受上级组织或人事部门派遣的员工。同样，由于缺乏院校之间的竞争和不必担心毕业生就业问题，职业院校一般只按照政府的指令计划来培养人才而不过多地考虑市场的需求。在此种资源配置状态下，合作与否并不威胁到校企双方的生存与发展。这种学校和企业缺乏合作的内在动力而主要依靠政府层面推动的校企合作模式即为“政府驱动型”校企合作。

5.2.2 市场驱动型校企合作模式

市场经济条件下，市场机制作为资源配置的基础和手段，校企双方必须主动适应市场竞争的环境，不协作、不联合、不提高自己的竞争能力，其生存就随时受到威胁，更难论及发展了。随着企业经营机制的转变，企业真正成为面向市场、自负盈亏、自我发展和自我约束的法人实体和市场竞争的主体。由于人力资源是第一资源，企业为了能在竞争日益激烈的市场中立于不败之地，不仅需要一批高素质的科技创新人才和管理人才，更需要大批高素质的技术技能型人才，而与职业院校合作培养人才则能够满足企业对于技术技能型人才的需求。这样，出于市场竞争的需要，企业必须真正参与教育，深度介入人才培养的过程，这就是产业界同教育界结合的基础。就教育领域而言，职业院校逐渐从过去传统计划体制下的办学模式转为面向市场自主办学。面向市场就是面向国民经济和社会发展的要求，面向地区技术市场、人才市场、劳务市场的需要，确定专业设置、培养规格和教学内容，培养适应性强的专门人才。因此，职业院校在遵循国家人才培养政策的基础上，必须主动寻求与企业界的合作，依据企业界对未来员工的需求来培养人才，以确保培养人才的适需对路。这种在市场经济体制下基于校企双方内在利益需要而获得内生的、可持续源动力的校企合作模式即为“市场驱动型”校企合作。

虽然我国已经建立了市场经济体制，但目前我国的校企合作在很大程度上还停留在“政府驱动”的层面上，校企双方尤其是企业一方缺乏合作的内在动力，究其原因，主要有三：一是经济增长方式没有真正转到依靠科技进步和提高劳动者素质上来，企业缺乏参与职业教育与培训的内生动力；二是受生产力水平的限制，企业难以承受职业教育与培训的成本；三是真正意义上的行业组织缺失，缺乏来自外部对企业参与职业教育与培训的约束力。现阶段，由于“以就业为导向”的办学方针明确提出，职业院校已经深深感受到寻求与企业界合作的重要性和必要性。但在寻求合作的形式上，还比较单一，常见的有“订单培养”“顶岗实习”等，缺乏长久的、可持续发展的人才培养战略。

因此，从校企合作诸要素的互动关系中探求建立新机制，变“外生的计划压力”为“内生的需求动力”，逐步实现校企合作模式从“政府驱动”向“市场驱动”转变，是目前校企合作打开新局面的关键。实现校企合作模式转变关键在于转变政府职能角色，政府应从对职业院校的直接管理转为宏观管理，扩大职业院校的办学自主权，同时，通过制定和完善政策法规，明确职业院校、企业和政府在校企合作中的责任和义务，借助市场竞争和调节的手段使校企合作内化为校企双方的内在需求，从内外双向推动校企合作的健康发展。

5.3 产教结合、校企合作模式的机制建设

构建有效的校企合作模式，需要加强校企合作机制建设，建立校企合作的动力、激励和约束机制，将有利于保障校企合作保持长期、稳定、健康发展。

5.3.1 动力机制

强烈的利益驱动是校企合作的动力所在。职业院校参与校企合作是为了培养社会经济发展所需要的人才，而企业参与校企合作是为了获得提高竞争力所需要的人才，二者的结合点是学生，而学生在校企合作中提高了职业能力，提高了就业预期，同时通过参与顶岗实践可获得一定的经济收益。

因此，构建校企合作的动力机制关键在于校企合作如何在最大限度上满足学校、企业和学生三者的利益追求，形成多赢的利益驱动机制。对于职业院校，国家要坚持“以就业为导向”的职业教育办学方针，以人才培养的适需对路来评价职业院校的办学效益，并将其与国家对职业院校的财政拨款相挂钩，深化职业院校对于校企合作重要性和必要性的认知。对于企业，应保护企业参与校企合作的积极性，确保企业在合作中能获得预期的利益，包括优先获得毕业生的挑选权；可以利用学校资源对职工进行继续教育，从长远观点，通过刺激、激励以潜移默化的方式转化为学习型企业，提高企业竞争力；依法享有一定的财政补贴或税费减免。对于学生，国家应以法律的形式确保学生在参与顶岗实践中能获得真实的工作体验，并能取得一

定的报酬，提高学生的职业能力和综合素质，促进其更好的就业。

5.3.2 激励机制

由于目前我国校企合作的瓶颈在于企业的积极性不高，通过制定和完善相关的法律法规，从政策和制度层面激励企业参与职业教育显得尤为重要。只有解决好企业参与职业教育的激励机制，即解决好企业在参与职业教育过程中的近期和长远利益问题，才能持久、稳定地吸引企业参与到校企合作中来，形成稳定的校企联合办学机制。

首先，国家应建立相关的法律、法规体系，从法律上规定企业参与职业教育的权利、责任和义务。因此，建议制定《校企合作教育法》，进一步明确和规范政府、学校、企业、学生在校企合作教育中的权利、责任和义务。政府在这一法律的框架下，建立校企合作办学的体系、制度和章程等，建立各级校企合作教育委员会加强对合作教育的指导和协调。国家应指导和鼓励企业建立现代企业制度下的企业教育制度，形成一套具有现代企业特色的职前、职后人才培养制度，建立学习型企业，并将此作为对企业家和企业的考量标准之一。

其次，国家应该建立企业职业教育利益补偿机制，开征企业职业教育与培训税，规定达到某一经营规模的企业必须承担相应的职业教育与培训责任。参照发达国家的做法（如英国政府规定，企业和学校实施“三明治”计划，联合培养学生，企业可减少缴纳教育税额；加拿大也通过退税政策来鼓励用人单位参与校企合作），对于参与校企合作教育的企业按一定比例减免职业教育与培训税，或税收返还企业专款用于企业职业教育，让企业切实感到参与职业教育既是履行一种社会责任，又是从事一项对本企业经济效益有明显促进作用的事业，激发其参与职业教育的动力。

5.3.3 约束机制

将企业参与职业教育的鼓励性政策与不履行职业教育义务的惩罚性政策法规化，已被证明是激励和约束企业参与校企合作非常有效的举措。可以考虑由国家或行业中介组织制定企业参与校企合作的实施细则，明确企业应承担的具体义务和责任及相应的惩罚措施，并加强政策的执行力，对于未能履行职业教育义务的企业给予经济上一定的惩罚，以此从法律上形成企业参与职业教育的约束力。

强化行业组织的管理和监督作用，形成行业组织对于企业的约束机制。政府应鼓励建立非政府非市场的公法性行业组织团体，通过立法赋予行业组织应有的法律地位，在政府的引导下，让行业性组织参与企业的管理。通过发挥行业性组织的桥梁作用，建立起连接企业、学校和政府的中介组织和机构，为政府提供政策建议和咨询，向企业和学校宣传、推广校企合作的成功经验等，在行业内形成企业参与职业教育的良好氛围。扩大行业组织的管理和协调职能，如制定行业内企业参与职业教育联合办学的规章、人才培养规格的标准等，使行业组织在维护企业利益的同时，约束和监督企业履行职业教育的义务。

6　产教结合、校企合作机制构建的实施策略

6.1　完善就业准入机制

职业院校要主动与行业企业配合，及时了解市场需求的变化信息，主动适应区域、行业经济和社会发展的需要，根据学校的办学条件，有针对性地调整和设置专业，扩大学生就业空间。职业院校要根据市场需求与专业设置情况，建设以重点专业为龙头，特色专业为支撑，新专业为发展的“重特新”专业，增强学生就业能力。以政府为主导，发挥行业企业和专业教学指导委员会的作用，加强专业教学标准建设，构建专业认证体系，建立职业技能鉴定机构，开展职业技能鉴定工作，推行双证书制度。企业按照法律、政策的要求，保证招收的雇员上岗前必须经过培训，优先录用合作院校培养的双证书学生。

6.2　建立和强化评价机制

要强化质量意识，尤其要加强质量管理体系建设，重视过程监控，吸收企业参与教学质量评价，逐步完善以学校为核心，教育行政部门为引导，社会参与的教学质量保障体系。将毕业生就业率与就业质量，双证书获得率与获取质量，职业素质养成，生产性实训基地建设，顶岗实习落实情况等纳入评价范围，推动政府、社会、行业、企业、学校、家庭对校企合作进行质量监督。

6.3　完善政策保障机制

在政策法规方面，要加快出台和落实支持职业校企合作的相关政策，将校企合作纳入经济社会发展规划，进一步突出各级政府特别是地方政府的责任，进一步加强对有关部门履行教育服务职能的考核，充分发挥政府对职业校企合作的主导与指导作用。要加快制定和实施关于职业校企合作的专项法规，进一步明确合作各方的权利、义务和相互关系，维护校企双方的合法权益，约束可能发生的机会主义行为，着力降低职业校企合作的交易成本。

在经费投入方面，要将职业校企合作逐步纳入政府公共财政预算，为合作的顺利达成和正常运行提供基本的资金保障；要以捐赠、资助、奖励、基金等形式，广泛吸纳社会及民间资本，构建多渠道的资金筹措体系，切实降低合作各方的直接成本支出。同时，要加强对职业校企合作专项经费使用的监管。

6.4　创新企业激励机制

信息不对称、人力资本流动、产权界定模糊等造成的高交易成本和高回报风险是企业参与职业校企合作动力不足的主要原因。建立信息沟通与利益协调机制、企业人力资本投资约束保障机制可有效调动企业的积极性。

信息沟通与利益协调涉及政府、学校、行业、企业和社会团体等多方面，其中行业协会可发挥其较关键的作用。第一，行业协会可代表相关企业与职业院校就校企合作进行磋商，帮助企业了解学校、提出诉求、促成合作，降低信息成本。第二，行业协会可协调相关企业参与到职业院校的教学工作中，帮助学校外聘教师、开发课程、编写教材，降低管理成本。第三，对职业校企合作的部分公共成本，行业协

会可出面组织相关企业共同分担，以避免单个企业承担过高成本。总之，行业协会与职业院校的沟通协调和单个企业与职业院校的沟通协调相比，合作效率更高，交易成本更低，动力机制更强。

职业人才的自主择业和自由流动的确是校企合作中企业的后顾之忧，不少企业由于担心为他人作嫁衣而降低校企合作培养人才的投资力度。但如果以法规形式强制性规定所有企业必须以校企合作方式进行人力资本投资，各个企业之间的这种担心就能相互抵消。

当然，在职业校企合作中，一方面企业要加大资金、设备等投入，以顶岗实习等形式为学校培养人才；另一方面学校要依托专业、师资等优势，以在职进修等形式为企业培训职工。通过互惠互利的合作，校企之间才能加深理解和信任，进一步提升进行人力资本投资的信心。

6.5　改革职业院校管理机制

要打破当前职业校企合作中的校方瓶颈，关键要扩大职业院校的办学自主权，建立面向社会和市场、面向行业和企业的灵活的管理机制。一是建立董事会制度或校企合作理事会制度，董事会或理事会成员由主管部门、职业院校、行业企业的领导和专家组成，在学校层面形成政校企结合的领导决策机制。二是建立校企合作办公室并配备专职工作人员，与行业协会及企业进行日常沟通协调，具体落实职业校企合作相关事务。三是建立弹性学制，根据行业和企业的特点灵活安排教学活动，如与生产具有季节性、周期性的企业进行合作，可在淡季时集中安排理论教学，在旺季时集中安排顶岗实习。四是建立学校教师与企业员工的定期交流制度，选派教师特别是青年教师到生产一线挂职锻炼，聘请企业的管理骨干和能工巧匠担任客席教授。五是建立面向企业的科研服务平台，以科技服务项目为载体，与企业联合开展科技攻关，在帮助企业解决生产难题的同时，提升职业院校的科研服务水平。

第四篇　制度建设

陕西工商职业学院制订专业人才培养方案的指导性意见

人才培养方案是实现人才培养目标和基本规格要求的总体设计及实施方案，是组织教学和进行教学管理的基本依据。为适应现代服务业发展对高素质技能型人才的需求，依据《教育部关于加强高职高专教育专业人才培养工作的意见》(教高〔2000〕2号)、《教育部关于以就业为导向，深化高等职业教育改革的若干意见》(教高〔2004〕4号)、《教育部关于全面提高高等职业教育教学质量的若干意见》(教高〔2006〕16号)、《教育部关于印发〈高等职业学校人才培养工作评估方案的通知〉》(教高〔2008〕5号）等文件精神，结合我校人才培养理念与办学实际，现就制订专业人才培养方案提出如下指导性意见。

一、指导思想

以邓小平理论、“三个代表”重要思想为指导，全面落实科学发展观，坚持社会主义办学方向，贯彻党的教育方针，依法办学，以服务陕西现代服务业发展为宗旨，以社会需求为导向，以校企联合培养为途径，以职场实践为重点，着力强化学生的职业道德和职业技能，切实提高学生的大学文化素养，努力建成特色鲜明、满足现代服务业发展需要的示范性高职院校，成为陕西现代服务业发展的育人基地和精英人才的摇篮。

二、基本原则

（一）主动适应现代服务业发展需要

专业人才培养方案要在广泛的社会调查基础上，分析和研究经济与社会发展中出现的新情况、新特点，关注市场经济和本专业领域前沿的发展趋势，分析与预测职业和行业对人才培养的新要求，准确定位人才培养目标和规格，培养具有良好职业道德、过硬职业技能并具有大学文化素养和创新精神的职业人。

（二）加强校企合作，实施定向培养

校企合作是高职教育之魂，制订专业人才培养方案应邀请相关行业、企事业单位共同参与，认真研究专业岗位（群）特点，按照行业、企事业单位用人要求，确定培养的岗位人才方向，并针对岗位（群）对专业进行定位，按照岗位（群）职业能力要求和任职要求设置课程，形成专业教学课程体系。要将职业资格考证内容融入专业课程教学体系，理论知识和技能训练覆盖职业资格标准的所有知识点、工作内容和技能要求。考证课程的选择，应与人才培养目标一致，与核心能力培养一致。

（三）以职场实践为重点，实施“工学结合”教学模式

“工学结合”即课堂教学与职场训练相结合、职业技能培训与职业资格鉴定相结

合、课业考核与岗位考核相结合。要求课程设置和内容是以真实的工作任务或产品为载体，进行整体设计。打破传统的学科课程构架，以“典型”工作任务为课程设置和课程内容选择的依据，以工作岗位要求和工作过程知识为重点，对专业课程的理论与实践教学内容，进行项目改造，以项目为单位组织教学内容，以项目活动为主要学习方式，将工作现场复制到学校，实现理论与实践一体化，课程与工作一体化，教室与实训室一体化。

（四）加强大学生文化素养教育，重视学生个性化发展

在大学生文化素养教育方面，要对学生的文化素质教育进行全方位设计，形成基于中国传统文化、国际交流文化、计算机文化的人文素质教育课程体系，立足学生，为学生服务。重视学生个性化发展，拓宽学生成长空间，尊重学生个性发展，对同一专业可根据岗位需求、学生兴趣和教学条件等设置多种岗位知识课程模块供选修，给学生更大的自主选择空间，形成独具特色的人才培养模式。

三、培养目标及基本要求

（一）培养目标

培养德、智、体、美全面发展，具有较强的敬业精神、实践能力、创新能力和自我发展能力，能主动适应现代服务业发展需要，具有良好职业道德、过硬职业技能并具有大学文化素养和创新精神的职业人。

（二）基本要求

（1）素质要求：热爱社会主义祖国，拥护党的基本路线，具有坚定正确的政治方向；了解和掌握马列主义、毛泽东思想和邓小平理论的基本原理；具有正确的世界观、人生观和价值观，具有良好的诚信品质、敬业精神和责任意识、遵纪守法意识；具备从事本专业及相关专业工作所必备的基础理论和专门知识，掌握从事本专业领域实际工作的基本能力和基本技能；自觉接受人文精神、科学精神及大学文化教育的熏陶，具有健康的体魄、文明的行为习惯、良好的心理素质、健全的人格和正确的审美观念。

（2）能力结构要求：通过本专业基础理论知识和专业技能的学习和培养，促使学生取得职业资格证书及专业技能证书，使学生具备较快适应生产、建设、管理和服务等第一线岗位需要的实际工作能力。

（3）知识结构要求：既要从现实出发，又要实现办学理念，采取多种措施构建学生合理的知识结构，尤其要体现职业道德、基础理论和基本专业知识及职业技能的学习和训练，原则上要求学生初步掌握计算机文化基础和一门外语并达到本专业岗位实际需要所规定的基本要求。

四、人才培养方案的结构与安排

（一）人才培养方案的内容

人才培养方案的内容应主要包括专业名称、招生对象、学制、培养目标、人才规格、课程结构和毕业要求。

（二）教学周数

每学年 52 周，暑假 8 周，寒假 4 周，教学周数为 40 周。每学年按两个学期安排，每个学期 20 周。

第一学期新生晚入学 1 周，法定假 1 周，实际教学周数为 18 周（含考试时间）。第二学期法定假累计 1 周，实际教学周数为 19 周（含考试时间）。第三学期法定假累计 1 周，运动会及机动安排 1 周，实际教学周数为 18 周（含考试时间）。第四学期法定假累计 1 周，实际教学周数为 19 周（含考试时间）。第五学期和第六学期统筹安排，法定假 2 周，6 月下旬毕业，实际教学 36 周。第五学期 10 月前，除完成相关专业课程教学，为顶岗实习岗前准备阶段；第五学期 10 月至次年第六学期 3 月，为顶岗实习阶段；第六学期 4 月至 6 月，为毕业论文（设计）辅导修改完成及顶岗实习考核、毕业资格审核阶段。

（三）课程及学时安排

1. 课程设置

课程设置主要包括素养课、专业课、技能课、选修课等模块。专业课课程体系和技能课教学内容的选择，要根据技术领域和职业岗位（群）的任职要求，参照相关的职业资格标准进行设置。

（1）素养课：该模块课程是各专业学生都必须掌握的基础理论、基本技能方面的课程，包括思想道德修养和法律基础、毛泽东思想和中国特色社会主义理论体系概论、形势与政策教育、公共英语、计算机应用基础、心理与健康、中国传统文化概论、职业生涯规划、体育、军事理论与训练等课程，约占教学计划总学分数的 20%。所有专业的素养课统一开设。

（2）专业课：该模块课程是指与专业知识、技能直接联系的基本课程，包括专业理论基础课和专业技术课，其作用是为学生掌握专业知识、学习专业技术，发展专业能力打下坚实的基础，约占教学计划总学分数的 30%。

（3）技能课：该模块课程是指学生学习某一专业必须掌握的专业技能。此类课程是为保证实现培养目标，形成专业能力与技能而必须修读的主要课程，约占教学计划总学分数的 40%。

（4）选修课：该模块课程是为拓宽学生知识面、培养学生志趣、潜力和特长而设的公共选修课程和专业选修课，主要面向人文知识、素质教育、现代科学技术前沿等领域，约占教学计划总学分数的 10%。在选修课模块中，大学语文、文学艺术、人类与社会、人类与自然、三秦文化、公文写作等课程为推荐选修课程，学校在全校范围内跨专业进行组织教学。在此基础上，该模块课程还可以广泛开设专业选修课程，以供学生选修，但必须规定至少应达到的选修课学分。

2. 学时安排

各专业三年总学时控制在 2500 学时左右。文史类专业实践教学占总学时的比例不低于 40%，理工类、艺术类专业实践教学占总学时的比例不低于 50%。

3. 学分计算与分配

课程的学分根据课程所需的教学量及其性质决定，学分的最小单位为 1 学分，一般 16～20 学时为 1 学分。整周进行的实践教学 1 周计为 24 学时，计 1 学分。总学分为 130 学分左右。

（四）职业资格证书要求

鼓励学生积极参加国家职业资格证书的培训学习，每位学生至少应取得一项有关国家部委颁发的与专业相应的职业资格证书。凡是证书课程，学生可凭取得有关国家部委颁发的职业资格证书申请免修或免考。

五、制 定 程 序

（1）编制。系主任拟定本系各专业人才培养方案的编制工作进程，并组织好由专业带头人牵头的编制小组，依据本意见并在认真听取人才需求行业对课程体系的建议和意见的基础上拟定专业人才培养方案，经系教学工作指导委员会讨论修改审定后，报教务处审核。

（2）评审。教务处组织相关专家对方案进行评审，各系根据专家组提出的评审意见和建议，完成对人才培养方案的修改完善。

（3）审定。修改后的人才培养方案由教务处报学校教学工作指导委员会研究审定后正式发文执行。

人才培养方案一经批准实施，要保持相对稳定，一般每两年修订一次，任何部门及个人不得随意变更。在执行过程中确需调整和变动，须由系提出申请报教务处审核，课程的教学实施方案在不改变课程教学标准的前提下进行适当的调整可由主管校长审批；调整课程、改变课程教学标准和改变实习、实训方案等重大调整，由学校教学工作指导委员会研究决定，正式发文执行。

六、附　　则

本意见自发布之日起执行，由教务处负责解释。

陕西工商职业学院教学指导委员会设置方案

根据陕西工商职业学院“高起点、高标准、高水平”办学的事业发展思路，为了强化教学管理，规范办学行为，确保实现培养目标，经校长办公会议研究，同意成立陕西工商职业学院教学指导委员会。现就有关设置方案规定如下。

一、教学指导委员会的职能

教学指导委员会是学校领导下的专家组织，具有非常设学术机构的性质，接受学校的委托，开展教学研究、咨询、指导、评估、服务等工作。

二、教学指导委员会委员条件

（1）政治立场坚定，坚持社会主义办学方向。

（2）熟悉高职教育规律，热心职业人才培养工作。

（3）潜心钻研，有较高的学术水平。

（4）长期从事教学工作，有比较丰富的教学经验。

（5）思维灵活，具有较强的分析问题和解决问题的能力。

（6）具有团队意识，有较强的组织协调能力。

（7）有良好的学术背景或社会声誉。

（8）原则上应具有高级职称职务。

三、教学指导委员会委员选聘对象

（1）高等学校从事教学工作的专家学者。包括示范性高职院校专家、普通高校学科教学专家、陕西工商职业学院教务教学专家及教授。

（2）企事业单位热心人才培养工作的专家。

（3）行业部门熟悉行业发展和人才需求并关心人才培养工作的专家。

四、教学指导委员会机构

（1）主任委员 1 人——主持工作。

（2）副主任委员 4 人以上——协助主任委员开展工作。

（3）秘书长 1 人——协助处理日常工作。

（4）委员 15～20 人——开展基础调研、规划制定及实施专项工作等。

根据专业教学工作的需要，委员数量可适时增加。教学指导委员会可下设分委员会，委员一般由 5～9 人组成。

五、教学指导委员会的主要任务

（1）审定专业培养方案。

（2）规范教学管理及教学质量标准。

（3）指导专业建设、教材建设、教学改革、实训基地建设、实验室建设等。

（4）开展师资培训、教学研讨和信息交流等工作。

六、聘　　任

教学指导委员会委员由学校聘任并颁发聘书，任期为 5 年。教学指导委员会下设的分委员会，由教学指导委员会批准设立。

陕西工商职业学院教学指导委员会章程

一、总　　则

第一条　为了充分发挥教学指导委员会在“专家治学”中的作用，特制定本章程。

第二条　教学指导委员会是学校教学与教学管理的研究、指导、决策咨询机构，主要职能是对学校的教学改革、“双主体”培养模式、专业建设、课程建设、教学团队建设，以及教学、实践和竞赛等工作进行研究、指导和咨询。

第三条　教学指导委员会的宗旨是：贯彻党和国家的教育方针，遵循高职教育教学规律，依据学校“以职业为根本，以质量求生存，以特色树品牌，以创新促发展”的办学理念，指导学校教学和教学管理工作，加强重点专业、特色专业建设，形成办学特色，提升学校教育教学综合实力，保证和提高人才培养质量。

二、组　　织

第四条　教学指导委员会由学校有关领导、专家、教授和外聘专家组成。委员会设主任委员 1 人，副主任委员 4 人以上，委员 15～20 人，其中校外专家原则上不少于 20%。

第五条　教学指导委员会委员由教务教学等部门提名，校长办公会议审议，校长聘任。委员每届任期四年，可连聘连任。委员任期内出现变更时，按聘任程序增补。

第六条　教学指导委员会内设教学、实践、竞赛三个分委员会和秘书处，秘书处设在教务处；在系一级根据专业开设情况设置专业建设委员会。

第七条　分委员会由 5～9 人组成，设主任委员 1 人，由教学指导委员会委任；委员由主任委员提名，教学指导委员会审定。

三、职　　责

第八条　组织开展教学研究。

（1）现代服务业的发展趋势和人才需求，培育新热点，发展新动态，扩展新领域。

（2）研究现代服务业人才培养规格、行业规范和岗位技能标准。

（3）研究学校人才培养模式。

（4）研究学校办学特色。

（5）制订校内教学研究规划及项目管理。

第九条　指导教学与教学管理。

（1）指导学校的专业建设工作，审议各专业建设委员会的工作计划、规划及专业建设实施方案，听取工作汇报。

（2）指导课程建设工作，审定课程教材使用计划，并负责精品课程的评选。

（3）指导教学及教学管理规章制度建设，审定以学校名义印发的各类教学及教学管理规章制度。

（4）指导开展实践教学和实验室建设工作：审定合作办学工作规划、计划及合作办学方案、协议；审定各专业实践教学计划、实施方案和专业实践基地、实验室建设规划及实施方案；对合作办学及实践教学进行监督和指导。

（5）指导教学管理及教学改革：提出制（修）订各专业人才培养方案的建议，并对方案进行审定；审定教学改革工作规划、计划及实施方案；受理有关教学责任事故、教学工作考核及评优中出现的争议及复议申请。

（6）指导专业技能竞赛工作。

（7）指导开展教学评估：审定教学评估方案；监督和指导教学评估，并对评估结果进行审定和分析；审定各类教学奖评定标准和办法，评审和推荐参加上一级教学奖评比的参评人员或团队名单。

第十条　提供教学与教学管理的决策咨询。

（1）学校教学改革与发展咨询。

（2）学校教学与教学管理制度咨询。

四、工 作 制 度

第十一条　教学指导委员会会议由主任委员主持（若主任委员因故不能主持，可委托副主任委员或其他委员主持），会议要有专人记录，并根据需要印发会议纪要。

第十二条　教学指导委员会会议或主任办公会议原则上每月召开一次；工作需要可召开临时会议。

第十三条　教学指导委员会会议需 2/3 以上委员出席，议决事项实行表决制，表决需 1/2 以上参会委员同意方能通过。

第十四条　教学指导委员会委员均应遵守保密和回避制度，应保密的内容一律不得外传。

五、附　　则

第十五条　本章程自印发之日起执行。

第十六条　本章程由学校教学指导委员会负责解释。

陕西工商职业学院专业建设委员会章程

一、总　　则

第一条　为了真正实现专家建设专业，根据《陕西工商职业学院教学指导委员会章程》，特制定本章程。

第二条　专业建设委员会是本专业或专业群建设与教学组织的执行机构，在学校教学指导委员会指导和系行政的具体领导下开展工作。

二、机构设置及管理

第三条　学校按专业或专业群设置专业建设委员会。

第四条　专业建设委员会由本系教师和行业企业专家组成。委员由系主任提名，学校教学指导委员会审定，校长颁发聘书。委员每届任期四年，可连聘连任，届中可调整。

第五条　专业建设委员会一般由5～9名委员组成，设主任委员1名（有条件的应由企业专家担任），副主任委员若干名。委员会设秘书1名（可由委员兼任）。校外委员原则上不低于40%；重点专业或特色专业的行业企业专家比例可适当增加。

第六条　委员资格。

（1）具有本专业扎实的理论功底、较强的专业技能和研究能力。

（2）能准确把握行业发展趋势和专业人才需求。

（3）有良好的职业道德和丰富的工作经验，原则上具有与本专业相一致（或相近）的中级以上技术职称。

（4）主任委员和副主任委员必须具有本专业（或相近专业）高级职称。

（5）身体健康，能完成委员会交办的工作任务。

三、工作职责与主要任务

第七条　专业建设委员会的工作职责与主要任务。

（1）开展专业建设、改革、发展研究，提出优化人才培养目标、人才培养规格、人才培养模式等方面决策的意见和建议。

（2）制订专业建设方案及人才培养方案。

（3）制订并完善课程教学大纲和实施方案。

（4）制订专业实践教学的教学计划、教学大纲和具体实施方案。

（5）依照专业建设方案及人才培养方案，负责组织实施专业建设和课程教学工作。

（6）促进产学研结合，开展本专业的科学研究、技术开发和技术推广。

（7）负责校内外专业实验实训基地和职业技能鉴定中心的建设。

（8）负责举办专业知识讲座和技能竞赛。

（9）负责专业教学团队建设，以及重点专业、特色专业、教学改革项目、精品课程、优秀教学成果等立项、评优的申报与实施工作。

（10）完成教学指导委员会和系行政交办的其他工作。

四、工 作 制 度

第八条 专业建设委员会会议由主任委员召集并主持，每月至少召开一次工作会议，委员一般不得缺席，讨论重大事项时到会委员不得少于2/3。

第九条 专业建设委员会在讨论事项时应充分发扬民主，集思广益，充分论证，科学决策。

五、委员的待遇

第十条 校外委员根据个人的实际情况和学校的工作需要，按聘任协议商定的要求和职责任务参与专业建设委员会的工作。

第十一条 委员的工作量由所在系负责考核，校内委员纳入学校考核范围，校外委员按协议规定进行考核，由学校支付报酬。

六、附 则

第十二条 本章程自公布之日起执行。

第十三条 本章程由学校教学指导委员会负责解释。

陕西工商职业学院关于加强“教学质量工程”建设的意见

教育质量是学校发展的生命线，是大学核心竞争力的重要组成部分。为全面贯彻落实《国家中长期教育改革和发展规划纲要（2010-2020 年）》《教育部关于加强高职高专教育人才培养工作的意见》（教高〔2000〕2 号）和《关于全面提高高职高专教育质量的若干意见》（教高〔2006〕16 号）精神，促进学校进一步加强内涵建设，深化教学改革，提高学校核心竞争力和教育教学质量，努力建成特色鲜明、满足现代服务业发展需要的示范性高职院校，现就加强“教学质量工程”建设提出如下意见。

一、指导思想

以邓小平理论和“三个代表”重要思想为指导，全面落实科学发展观，坚持社会主义办学方向，贯彻党的教育方针，依法办学，以服务陕西现代服务业发展为宗旨，坚持“以职业为根本，以质量求生存，以特色树品牌，以创新促发展”的办学理念，按照突出重点、注重特色的原则，以社会需求为导向，以素质教育为指导，强化教学管理，深化教学改革，努力培养具有良好职业道德、过硬职业技能并具有大学文化素养和创新精神的职业人。

二、建设目标

从 2012 年起，经过三年的建设和发展，通过“七大”质量工程的实施，使我校形成一批培养高端技能型人才的重点专业及特色专业；建设一支教育观念新、师德高尚、结构合理、能准确把握教育规律，具有较高教学水平和较强实践能力、专兼结合的教师队伍；加强课程建设，形成一批优质教育教学资源；编写一批符合高等职业教育特点的实用教材、实践指导教材和教学辅助资料；学校学生的实验、实习、实训条件将大为改观，为学生实习、实验和“顶岗”等多形式的技能培养创造了有利条件；依托教改项目培育教学改革成果，加强教学改革成果的推广应用，不断扩大改革成果应用范围与应用成效；构建大学生实践创新项目和与之配套的管理机制，使我校学生的实践能力和创新精神显著增强。在服务和促进地方经济和社会发展中的作用得到更好的发挥，基本适应西部地区经济建设，尤其是陕西区域经济和社会发展的需要。

三、建设项目

（一）专业建设工程

1. 建立专业建设委员会制度

专业建设委员会是设在系一级、主要从事专业教学、管理和实施专业建设的教学机构。专业建设委员会行政上归属系领导，在系主任的主持下开展工作，接受学校教务处的领导和学校教学指导委员会的指导。专业建设委员会的主要职能是负责本专业的规划、建设与管理。依据《陕西工商职业学院“十二五”发展规划纲要》，着眼于“高起点、高标准、高水平”加强专业建设，坚持校企合作办学，快速跟踪市场需求变化，主动适应区域、行业经济和社会发展需要，适时稳妥地调整和增设专业，大力推进课程结构和教学内容的改革，努力形成专业结构合理，特色优势明显，专业内涵建设逐步深化的专业建设与发展新格局，使学校专业总数快速增加，达到并稳定在30个左右。

2. 制订校级重点专业建设规划和建设标准

根据当前高职教育的发展趋势和学校的办学定位及社会需求，科学制定校级重点专业中期与长期规划的建设标准。要在首批重点专业建设的基础上，逐步扩大专业建设领域，建成以重点专业为主体、带动相近专业发展的专业群。按照教育部的有关要求，在充分调研、广泛借鉴国家级示范高职院校专业建设成功经验的基础上，尽快制定我校重点专业建设的质量标准和指标体系。力争“十二五”期间，能够建成三个以上省级重点专业，并使其达到国家级的示范水平。

3. 启动校级重点专业与校级特色专业建设

学校将通过重点投入，重点建设，精心打造，建设一批与相关产业和行业联系密切，能切实体现社会需求，具有示范作用和辐射作用的校级重点专业和校级特色专业，带动学校专业水平的全面提升，形成专业结构基本合理，特色专业有较强优势的发展新格局。学校每两年组织一次院级重点及特色专业评估。“十二五”期间每个系力争有一个省级重点专业和一个校级重点专业及一个校级特色专业，学校将从中重点建设和扶持若干个学术水平较高，师资力量较强、教学条件较好、社会适应性广、特色鲜明的专业。经过几年建设，使其中的1～2个专业达到全国高职高专同类专业的领先水平，争取参与国家高职教育共享型专业教学资源库的建设。

（二）师资队伍、教学团队与教学名师建设工程

1. 师资队伍建设

（1）加强师德师风建设。继承我校优良的教育教学传统，发挥老教师的传、帮、带作用，鼓励教师之间的相互学习、取长补短，提高教师队伍的整体水平。积极倡导爱岗敬业、育人为本、行为示范的师德风范，积极引导教师树立正确的高等职业教育观和人才观。努力建设一支献身教育、乐于奉献、优质施教的教师队伍。

（2）做好专业带头人队伍建设。通过自主重点培养、社会招聘、从兄弟院校单位聘请“特聘专家”和“客座教授”等办法，争取在五年内使每个专业具有由学术水平高、专业造诣深、创新能力强的专业人员作为带头人的专业建设学术梯队，学校为专业带头人提供出国考察及交流、进修的机会。充分发挥专业带头人的辐射作用，带动一批骨干教师和年轻教师尽快成长和发展，组建一支有专业特色的教学和科研队伍。

（3）加强中青年骨干教师的培养。以充实数量、优化结构、提高质量为途径，

大力加强中青年教师队伍建设。按照现有师资人员状况，采取鼓励进修提高学历层次，扩展专业适应面等办法，使现有教师队伍尽可能人尽其才，才尽所用，教师结构得到优化。在此基础上，按照“急用优先”的原则，尽快解决重点专业教学及学术带头人严重短缺的问题，力争通过1～3年的努力，培养和造就一支基本适应专业教学和建设需要的中青年骨干教师队伍。

（4）加强“双师型”教师队伍建设。大力提倡和鼓励专业教师参加“双师型”培训，获得“双师”资格，同时要求教师通过各种途径，不断更新教学理念，掌握专业前沿信息，了解相关行业专业技能规范，成为名副其实的拥有双证书的“双师型”教师。

要着力通过产学研合作来加强“双师型”教师队伍建设，建立教师定期下基层接受实践锻炼制度，每年利用寒暑假选派部分专业教师去相关企业参加专业对口的顶岗实践学习，促进教师积累工作经验，强化专业技能。凡赴实践一线学习、锻炼的实践及考核不达标者，不得提升专业技术职务。

为了强化实践教学，要进一步优化专兼职教师比例，改善“双师结构”，立足聘请一批熟悉行业发展趋势，熟练掌握最新专业技术的行业管理人员和一线技术骨干人员作为兼职教师，形成实践课程主要由兼职教师讲授的机制；逐步完善兼职教师的招聘和管理办法，力争在“十二五”期间使理论与实践教学的教师比例达到1∶1。

2. 教学团队建设

在培养和引进专业带头人和骨干教师，发展“双师型”教师的基础上，形成以专业带头人为龙头，骨干教师为核心，一般专业教师和班主任为基础的优秀教学团队。发挥团队力量，开展多种模式的教学改革，推进教学内容和教学方法的改革，提升团队的整体教学质量和科研水平，逐步形成一批在全省范围内有一定影响和特色鲜明的专业教学团队和课程教学团队，尤其要在重点专业和特色专业中建立一批校企结合的实践教学团队，带动相关专业的快速发展。

3. 教学名师建设

尽快建立教学名师培养机制，高标准、严要求开展教学名师评选工作。对长期从事一线教学、积极进行教学内容和教学方法改革、师德高尚、在教书育人和青年教师培养方面做出突出贡献的高级职称教师进行重点培养和宣传。今后，学校每两年要进行一次教学名师评选工作，“十二五”末力争达到省级教学名师3名、国家级教学名师1～2名。

（三）课程建设工程

1. 加强课程资源开发

为了满足人才的多样化要求和高素质技能型人才培养的实际需要，在遵循学科和知识内在联系规律的基础上，结合现代企业人才的职业元素需求，以应用性、实用性、地方性作为课程资源开发的准则。积极与行业企业合作，开发适应岗位要求、重在培养学生职业能力、与职业资格证书接轨的各类创新课程和与本专业学科竞赛相关的课程，体现课程的实用性、技能性创新特色。

2. 课程建设制度规范化

制定完善课程合格评估和各类课程建设制度，确保专业人才培养方案课程设置的“四用”标准，即素养课程“管用”、基础课程“够用”、专业课程“实用”、技能课程“顶用”。学校坚持合格课程评估制度，健全校内教育质量监控和保证体系，加强教学督导室的力量，加强和改进教学工作评估，奖优罚劣，达到以评促改、以评促建，使其真正发挥对课程建设的指导作用。

3. 精品课程建设

探索精品课程建设的长效机制，形成以校级精品课程为基础、省级精品课程为主体，国家级精品课程为龙头的三级精品课程建设体系。加强对申报国家、省级精品课程的组织、指导，遴选一批社会急需的核心（主干）课程，进行重点改革和建设，力争在教学内容、教学方法、教学手段、教学梯队、教材建设、教学效果等方面有较大改善，形成以国家精品课程和省级精品课程为标志，以校级优质课程为主体的优质课程群，全面带动学校的课程建设水平和教学质量。

各系要做好精品课程的策划与建设工作，学校根据《陕西工商职业学院精品课程建设工作实施办法》，争取在“十二五”期间建成5～10门院级精品课程，3～5门省级精品课程，1～2门国家级精品课程。

4. 优质课程资源网络化

学校依托信息技术和校园网络，推进网络教育资源开发和共享，为教师的教学和学生的学习提供便捷的互动平台，为学生个性特长发展提供优质服务。教师应在网络教学平台上不断充实与课程教学内容相关的信息资源，广泛搜集国家级精品课程的优质资源，为学生的知识延伸与拓展提供条件；鼓励师生通过网络教学平台开展课程答疑与讨论、作业布置与批改等交互活动。学校将网络教学课程建设使用情况作为该课程院级精品课程立项的基本条件，并每年评选奖励一次优秀网络教学课程。

（四）教材建设工程

根据我校人才培养和课程体系改革的需求，在课程主教材立足选用国家级规划教材或精品课程理论教材的基础上，鼓励围绕精品课程建设、特色专业建设编写具有高等职业教育特点的特色辅助教材，如“项目驱动”教材、实习实训教材、立体化教材等。鼓励参与国家级规划教材的编写（修订），以带动和提高我校教材建设的水平。学校根据学科建设发展的需要，开展校级精品教材立项评审工作，“十二五”期间争取建成3～5部校级特色课程辅助教材，完成1～2部省级精品教材建设立项或启动工作。

（五）实训基地建设工程

大力加强实验、实践教学改革和规范化实验教学基地建设，充分利用现有的实验设备，按高职教育的培养目标，按省级及以上重点专业建设工程的要求，以学生职业能力训练为核心，进行调整、组合、改造、充实，使其能适应学生实训的需求。要大力加强各专业必需的通用实验室建设，并以省级酒店管理专业实训基地建设为龙头，推进全校实验实训基地建设和实验（实训）教学内容、方法、手段、队伍、管理及模式的改革与创新。争取“十二五”期间成功申报2～5个省级实训基地建设项目，并使酒店管理专业实训基地通过省级重点建设项目验收。

大力发展“双主体”合作办学，加强合作单位实习基地建设，特别要注重加强与西安企业的合作，建成一批顶岗实习基地，拓宽学生的校外实践渠道。实施大学生技能性与创新性实验实训计划，推进学生创新性与技能性社团活动，资助10项左右优秀学生创新性实验（实训）项目或社团活动，促进学生创新兴趣和职业能力的培养。选择若干个人才培养模式（包括课程体系、教学内容、教学方法、实践环节等）综合改革创新项目，以倡导启发式教学和研究性学习为核心，探索教学理念、培养模式和管理机制的全方位创新。开展大学生竞赛活动，重点资助10项左右有较大影响和广泛参与面的大学生竞赛活动，激发大学生的兴趣和潜能，培养大学生的团队协作意识和创新精神。

（六）教学改革与教学成果培育工程

1. 教学改革

进一步深化教学改革，继续开展教育思想更新与教育观念转变的讨论。积极引导广大教师和教学管理人员结合学校人才培养和教学工作的实际，对当前高等职业教育教学改革的热点与难点进行研究，鼓励其在人才培养模式、教学内容和课程体系、教学方法与手段、实践教学环节、教学管理、教材建设等方面进行研究，每年遴选一批具有前瞻性、应用性的教学改革项目。“十二五”期间，评选并资助10～15项教学改革项目，成功争取3～5项省级教学改革项目。

2. 教学成果奖培育

强化教学改革项目研究的过程管理，加大检查与评估力度，对研究水平高、具有较大推广和应用价值的成果进行重点培育和资助；将研究成果逐步应用到教学实践过程之中，以科学的理论带动教学改革的深化和教学质量的提高；鼓励教师争取国家和地方课题，对申报成功的课题按照《陕西工商职业学院科研管理管理办法》予以资金支持；鼓励教师参加省级教学成果鉴定和省级、国家级教学成果奖申报，充分展示我校教学改革研究的最高水平和最新成果，发挥其示范带动效应，争取在“十二五”期间获得省级教学成果奖两项。

（七）大学生实践与创新能力培养工程

1. 大学生技能竞赛组织与奖励机制创新

积极组织各类实践性知识竞赛，鼓励学生积极参加全国性大学生基本功技能竞赛活动，培养学生团队意识，激发学生创新潜能。对在组织竞赛活动中取得突出成绩的指导教师按照《陕西工商职业学院教学成果奖励办法》予以奖励。

2. 大学生实践创新训练计划

为进一步推动我校教育教学改革，促进人才培养模式和教学方法的创新，激发学生学习的主动性、积极性和创造性，培养大学生的创新精神和实践能力。学校逐年开展2～4个“大学生实践创新训练计划”项目立项资助，鼓励其申报省级、国家级“大学生实践创新训练计划”，争取 2～3 项在省级“大学生实践创新训练计划”项目评审中获得省级立项资助。

3. 完善学科竞赛管理机制

加强学科竞赛的组织保障，构建完善的学科竞赛体系。加大学科竞赛的组织管理力度，支持各系承办、主办在全国具有较大影响和参与面广泛的大学生学科竞赛活动，如数学建模、挑战杯、计算机技能、大学英语等相关竞赛。进一步完善学科竞赛激励机制，鼓励学生积极参加学科竞赛活动，对参加市级、国家级学科竞赛活动获奖的学生及指导教师予以奖励。各系应不断总结经验，以学科竞赛为载体，将学科竞赛的内容与要求融入日常教学活动之中，进一步发挥学科竞赛对提高人才培养质量的作用。

4. 学生科技创新型社团建设

推进学生社团建设，切实提高学生的科技创新能力与专业素养。按照适度发展规模，着力优化结构，积极充实内涵的建设思路，大力扶持科技创新型学生社团建设，加强与学科竞赛相关的学生社团建设，鼓励支持学生社团创办学术性、专业性刊物。

四、组织管理与经费

（一）组织机构

学校教学指导委员会全面负责学校教学质量与教学改革工程的领导工作。学校教学指导委员会下设质量工程办公室（设在教务处），具体负责质量工程的日常实施性工作。

质量工程办公室根据质量工程建设目标和任务，制定和发布项目指南。确定项目遴选标准和基本条件，组织评审和实施过程管理。

各系成立以系主任为组长的“质量工程”建设小组，按照学校统一部署，在充分调查研究论证的基础上，做好本系“质量工程”实施方案和每一个项目的建设规划，组织项目实施，保证项目建设达到预期成效。

（二）经费

对“质量工程”项目建设所需资金，学校根据实际情况予以必要的扶持。各系根据专业实际建设计划提出经费预算，列入学校年度预算计划，报学校批准后实施。

陕西工商职业学院重点专业建设管理办法

为了加强我校重点专业建设，根据教育部《关于加强高职高专教育人才培养工作的意见》，特制定本办法。

一、指导思想与目标

（1）坚持高职教育办学方向，针对地区、行业经济和社会发展的需要，培养生产、建设、管理、服务第一线需要的高端技能型人才。

（2）以重点专业建设为抓手，改革人才培养模式，调整教学内容和课程体系，更新和改进教学方法和手段，不断提高教学质量。

（3）按照国家示范高职院校重点专业建设标准，打造能够引领行业发展、特色鲜明、具有品牌效应的我校重点专业。

二、重点专业培育遴选的基本条件

（1）专业设置适应我省经济社会发展需要，符合学校办学定位，已有一定的办学条件，专业特色鲜明，发展潜力较大。

（2）基本具备重点专业建设的师资要求，形成了适应重点专业建设的教学团队，成立有专业建设委员会。

（3）与相关行业具有较强实力的企业、单位合作，形成了“双主体”人才培养的良好运行机制。

（4）制订有引领行业发展的高端技能人才培养方案，已基本形成了具有专业特色的人才培养模式。

（5）教学设施设备先进，教学文件齐全，教学档案管理规范。

（6）教风、学风良好，无重大教学事故和学生严重违纪现象。

三、组织与管理

（1）重点专业由各系申报，教学指导委员会审定，建设周期为2～3年。

（2）重点专业建设的责任主体是系行政领导下的专业建设委员会；专业建设委员会的主任和副主任是专业建设的主要责任人，其主要职责是负责重点专业的申报、建设方案的制订、建设任务的分解与落实。

（3）重点专业建设经费由专业建设委员会制订需求计划，系主任初审，教学指导委员会审定，经财经委员会批准由财务处采取阶段性滚动划拨方式保障实施。

（4）重点专业建设经费主要用于调研及专业人才培养模式研究、专业课程群建设、实验室及实践教学基地建设、教材建设、教学课件开发、教学改革、教师培养、教学基本条件建设等，划拨经费的使用由专业建设委员会主任（或专职副主任）和系主任共同审批，使用的合理性接受教学指导委员会的监督。

（5）专业建设委员会应定期向教学指导委员会提交重点专业建设方案实施情况

的报告；教学指导委员会对建设情况进行跟踪检查和指导。

（6）重点专业建设期满，由教学指导委员会组织专家进行评估验收；验收合格的，按照《陕西工商职业学院教学成果奖励暂行办法》进行奖励；验收不合格的，可申请延长建设期，期满验收仍不合格者，取消重点专业建设资格及其他优惠措施，项目负责人两年内不得申报重点专业、重点课程建设等项目。

四、其　他

（1）本办法自印发之日起执行。

（2）本办法由教务处负责解释。

附件 1　陕西工商职业学院重点专业立项评审表

附件 2　陕西工商职业学院重点专业评价指标体系

附件 1

陕西工商职业学院重点专业立项评审表

一级指标	二级指标	最高分值	评委评分
专业的社会需求	近三年第一志愿填报率	5	
	近三年毕业生就业率	5	
	近三年招生规模及人才需求预测	5	
专业辐射面	专业受益面（重点学科，对其他专业在实验、师资、图书、学科等方面的支持程度）	5	
	学生受益面（辅修、选修等）	5	
专业布局及优势	省内专业布局及本专业的优势	5	
专业对社会的贡献程度	专业对本省、本地区经济发展及产业发展的影响	5	
专业现有水平	学科基本情况（重点学科、重点实验室）	3	
	师资结构（年龄、职称、学历、专业方向）	5	
	近三年教学、科研课题、论文及成果	4	
	实验设备及图书资料	4	
	课程建设情况	4	
	教学文件（教学计划、教学大纲）	4	
	教学管理（管理人员、规章制度）	3	
	教材（教材使用情况，自编教材情况）	3	
	学生情况（近三年学生参加各种竞赛获奖情况、达到的职业技能水平、毕业率、就业状况及用人单位的反馈意见）	4	
建设方案	科学性、可行性、先进性	10	
建设任务分解落实及经费预算	子项目设计的合理性、职责明确性、经费预算的合理性	6	
重点专业建设负责人及子项目负责人水平	学历、职称、研究方向	4	
	有关研究成果及研究基础	6	
所在系部保障措施	措施得力、有效，有一定的经费支持	5	
合计分		100	

附件 2

陕西工商职业学院重点专业评价指标体系

指标名称及权重

一级指标		二级指标	
名称	分值	名称	权重
人才培养模式	15	专业人才培养目标与方案	0.4
		产学研结合现状*	0.6
专业建设与改革	35	专业建设规划及实施方案	0.2
		理论教学体系及内容的改革	0.2
		实践教学体系及内容的改革*	0.4
		教学方法与手段的改革	0.2
教学基本建设与管理	25	师资队伍建设*	0.4
		实践教学环境建设状况*	0.4
		教学管理状况	0.2
教育质量	25	基础与专业知识掌握的程度	0.3
		职业素质与职业能力*	0.4
		社会对毕业生综合评价	0.3
特色			

注：评价等级分 A、B、C、D 四个等级。A、C 在评价指标内涵及标准中给出，介于 A、C 之间者为 B，低于 C 级者为 D

A、B、C、D 分别赋分 1.0、0.8、0.6、0.3

标*号者为核心指标

评价指标内涵及其标准

一级指标	二级指标	指标内涵及标准		自评等级	校评等级
		A 级标准	C 级标准		
人才培养模式	专业人才培养目标与方案	（1）培养适应生产、建设、管理、服务第一线需要的高等技术应用型专门人才为目标，特色明显 （2）构建并实施了以应用能力为主线的知识、能力、素质结构 （3）专业教学改革思路清晰，改革思路大，培养方案可操作性强，能保证培养目标的实现 （4）能主动根据时代发展的需要，及时调整、优化培养方案	（1）专业人才培养目标基本符合高职高专教育的要求 （2）学生的知识、能力、素质结构，能基本适应社会的需要 （3）专业教学改革思路较清晰，有一定改革力度和可操作性		

续表

一级指标	二级指标	指标内涵及标准		自评等级	校评等级
		A 级标准	C 级标准		
人才培养模式	产学研结合的现状	(1)成立专业建设委员会，并能经常性地开展活动 (2)专业建设与企业结合紧密，成绩显著	产学合作教育组织健全，有合作教育计划，实施效果尚可		
专业建设与改革	专业建设规划及实施方案	目标明确，规划合理，措施得当	有规划，有措施		
	理论教学体系及内容的改革	(1)形成了与实践教学体系和素质教育体系有机结合的理论教学体系与课程结构，注重人文社会科学与技术教育的相互渗透与结合 (2)按照突出应用性、实践性的原则和打造精品课程的要求，对 6 门以上的主干课程进行了重组或整合，充实并更新了应用性特色明显的、现代技术含量高的教学内容，教学效果好 (3)开设的选修课总数≥15 门，学生选取修课程≥5 门，学生选修课学时≥150 学时 (4)必修课中，使用教育部组织编写的高职高专教材和自编教材及讲义≥70%；自编教材或讲义内容的改革力度大，使用效果好，并出版发行	(1)形成了理论教学体系与课程结构，人文社会科学与技术教育的相互渗透与结合尚可 (2)对 3 门主干课程进行了重组或整合，形成了有一定特色的应用性教学内容，效果较好 (3)开设的选修课总数≥10 门，学生选修课程≥3 门，学生选修课学时≥100 学时 (4)必修课中，使用组织编写的高职高专教材和自编或讲义≥50%；自编教材及讲义基本符合教学要求，使用效果尚好		
	实践教学体系及内容的改革	(1)建立了与职业技能及能力相适应的、相对独立的实践教学体系；专业一体化实践教学方案科学、规范，操作性强；职业基本技能和综合能力的训练环节齐备，衔接合理，实训效果好 (2)及时吸收行业最新技术充实和更新实践教学内容，改进实践环节的考核方法，实施效果好 (3)重视职业技能和能力考核，考核与社会职业资格证书接轨	(1)建立了相对独立的实践教学体系，实践教学环节齐备，效果好 (2)能吸收高科技和社会文化等成果，充实和更新实践教学内容，改进实践环节的考核方法，效果尚可		
	教学方法与手段的改革	(1)重视教学方法与考试方式的改革，大多数教师能因材施教，实行启发式、讲座式等方法，使学生主体作用和创新精神得到较好发挥 (2)多数课程以提高教学效率和效果为目标，采用了投影、幻灯片、录像、计算机辅助教学等现代教学手段，教学效果好	(1)较重视教学方法与考试方式的改革，近半数教师能因材施教，实行启发式、讲座式等方法，使学生主体作用和创新精神得到一定的发挥 (2)近半数课程采用了现代教学手段，改善了教学效果		

续表

一级指标	二级指标	指标内涵及标准		自评等级	校评等级
		A 级标准	C 级标准		
教学基本建设与管理	师资队伍建设	(1) 制订了符合时代进步需要和高职高专教育特点的师资队伍建设规划及年度计划，措施得力，实施效果明显 (2) 专任教师中具有高级技术职称的教师人数≥30%，45 岁以下中青年教师具有硕士（及以上）学位的比例≥35% (3) 专业课教师中，“双师素质”的教师比例≥70% (4) 实践教学指导教师的能力和数量满足实践教学的要求。专职实训人员均具有专科以上学历或中级以上技术职称；实习指导人员中具有中级职称或高级技工的人数≥40% (5) 建立稳定的兼职教师队伍，从企事业单位的专家中聘请的兼职教师占专业教师总数的 20%以上	(1) 师资队伍建设规划及年度计划，能基本落实 (2) 专任教师中具有高级技术职称的教师人数≥20%，45 岁以下中青年教师具有硕士（及以上）学位的比例≥15% (3) 专业课中“双师素质”的教师的比例≥50% (4) 实践教学指导教师的能力和数量能基本满足实践教学的要求 (5) 兼职教师占专业教师总数的 10%以上		
	实践教学环境建设状况	(1) 实验室的数量、仪器设备能满足教学需要，使用效果好，设备利用率高 (2) 建立了必需的具有职业氛围的校内实训基地，设施完备，技术先进，实训效果好 (3) 建立了能满足职业技能和综合能力训练要求的校外实习基地，实习效果良好	(1) 实验室的数量、仪器设备能基本满足教学的需要，使用效果较好。设备利用率一般 (2) 建立了必需的校内实训基地，能基本满足教学的要求 (3) 建立了相对稳定的校外实习基地，实习效果尚可		
	教学管理状况	(1) 专业培养计划、课程教学大纲、实践环节教学大纲、学期授课计划等教学文件完备、规范，具有明显的高职高专的特色 (2) 专业教学改革与建设的管理有序，有健全的教学质量监控体系和信息反馈系统 (3) 制定了激励教师的政策，奖励及时兑现，教师参与教改的积极性高，教风好 (4) 制定了激励学生勤奋学习、主动参与教学改革的政策，学生学风端正 (5) 学籍管理严格、规范，考风建设得力，学生考试纪律好	(1) 专业教学计划等教学文件齐全 (2) 制定了教学管理制度和质量监探体系 (3) 制定了激励教师和学生的政策，实施效果尚可 (4) 学籍管理较规范，学生考试纪律尚可		
教育质量	基础与专业知识掌握的程度	(1) 必要的基础理论与专业知识掌握牢固，能应用所学知识去分析、解决实际问题，学生考试成绩呈正态分布 (2) 抽测基础理论和专业知识，学生知识掌握与应用程度优良率≥50%	(1) 多数学生基础理论与专业知识掌握程度达到了国家规定的学业标准，学生考试成绩接近正态分布 (2) 抽测基础理论与专业知识，学生知识掌握与应用程度良好		

续表

<table>
<tr><th rowspan="2">一级指标</th><th rowspan="2">二级指标</th><th colspan="2">指标内涵及标准</th><th rowspan="2">自评等级</th><th rowspan="2">校评等级</th></tr>
<tr><th>A 级标准</th><th>C 级标准</th></tr>
<tr><td rowspan="2">教育质量</td><td>职业素质与职业能力</td><td>（1）具有良好的文化修养、心理素质、健康的身体和创新精神
（2）抽查学生实训实习报告、课程设计与毕业设计（论文）等成果，综合评价高
（3）抽测学生基本技能，优良率≥80%
（4）抽测学生综合应用所学知识分析解决实际问题能力，优良率高
（5）95%以上的学生取得省计算机等级证书
（6）90%以上学生取得与专业相关的职业资格证书</td><td>（1）具有基本的文化修养和身体心理素质
（2）抽查学生实训实习报告、设计与毕业论文等成果，综合评价一般
（3）抽测学生基本技能，优良率≥60%
（4）抽测学生综合应用所学知识分析解决实际问题能力，达到合格标准
(5)85%以上的学生取得省计算机等级证书
(6)60%以上学生取得与本专业相关的职业资格证书</td><td></td><td></td></tr>
<tr><td>社会对毕业生的综合评价</td><td>（1）社会用人单位对近三年毕业生的思想政治道德素质、专业业务素质、文化素质和身体心理素质评价高，优良率≥80%
（2）毕业生就业率高，就业率≥90%
（3）新生录取率和报到率高，学生的社会声誉好</td><td>（1）社会用人单位对近三年毕业生的思想政治道德素质、专业业务素质、文化素质和身体心理素质反映较好，优良率≥60%
（2）毕业生就业率≥70%，学生的社会声誉较好</td><td></td><td></td></tr>
<tr><td>特色创新</td><td colspan="3"></td><td></td><td></td></tr>
</table>

陕西工商职业学院关于加强师资队伍建设的意见

为进一步贯彻《关于加强高职高专院校师资队伍建设意见》(教高厅〔2002〕5号)精神，努力建设一支学校事业改革和发展需要的，具有较高素质和创新能力的师资队伍，不断提高学校的教育教学质量和办学水平，实施质量立校、人才强校和特色兴校的发展战略，依据《中华人民共和国教育法》《中华人民共和国教师法》《中华人民共和国高等教育法》有关精神，结合学校教育教学工作实际，现就进一步加强我校师资队伍建设的工作提出如下指导意见。

一、充分认识师资队伍建设工作的重要性和紧迫性

高职院校的根本任务是培养满足生产、建设、管理、服务第一线需要的技术技能型人才，保证高职教育人才培养的质量，关键在教师。近年来，随着高职教育的改革和发展，尤其是教学改革和人才培养模式的变革，使我校在师资队伍建设上面临着存在许多困难和问题：师资队伍整体实力不强，缺少高层次、高素质的专业带头人和骨干教师；师资队伍结构不合理，突出表现在学科分布、职称、学历等方面的不平衡，学校分布较为单一，教学梯队建设滞后；缺乏学科方向明确、专业带头人影响力大、知名度高以及相对稳定的创新教学团队；人才培养平台建设亟待进一步加强。

师资是立教之基、兴教之本、强教之源，是高等教育的核心竞争力，是学校生存与发展的关键所在。要切实转变目前我校师资队伍建设面临的诸多问题，就是要进一步提高对师资队伍建设重要性和紧迫性的认识，牢固树立“质量立校”和“人才强校”的观念，遵循教育规律和教师成长发展规律，遵循总量、质量和结构协调发展的原则，加强师资队伍宏观的规划管理，并采取一系列行之有效的改革措施，建立健全人才引进、培养、激励、考核机制，努力创造有利于人才成长和施展才华的职业环境。

二、师资队伍建设的指导思想与目标

（一）指导思想

以邓小平理论和“三个代表”重要思想为指导，深入贯彻科学发展观，全面贯彻党的教育方针，按照《中华人民共和国高等教育法》《中华人民共和国教师法》《国务院关于大力发展职业教育的决定》(国发〔2005〕35号)，以及教育部《关于加强高职高专院校师资队伍建设意见》(教高厅〔2002〕5号)、教育部《关于全面提高高等职业教育教学质量的若干意见》(教高〔2006〕16号)要求，紧密围绕学校建设与发展的总体目标，以全面提高教师队伍素质为中心，实施“人才强校”战略，坚持“培养与引进并重、学历教育与能力提高并举、师德教育与业务提高并进、理论提升与实践能力增强并行”的方针，全面提升师资队伍整体水平、优化师资队伍结构，

积极探索适合我校实际的师资队伍培养方案和管理模式。

（二）建设目标

1. 整体目标

以学科建设为龙头，以学科带头人、骨干教师和教学梯队建设为重点，以全面提高教师队伍整体素质为目标，注重师资队伍结构优化和人才资源的整体开发和利用，培养与补充并举，稳定与引进并重，不断优化人才环境，进一步深化改革，建立健全有效的人才聘用和竞争激励机制，努力建设一支数量充足、结构优化、素质优良，适应学校改革和发展需要具有较强创新能力的师资队伍。

2. 结构目标

教师队伍结构逐步趋于合理规范，整体素质有较大提高。

优化职称结构：教授、副教授岗位占教师编制数 40%，教学科研人员、教学辅助人员占人员总数 80%以上，逐步提高 45 岁以下教授、40 岁以下副教授在高级职称教师中所占比例。

提高学历层次：具有研究生学历的教师比例达到 60%。

改善学缘结构：各系部要认真分析所属学科、专业教师的学缘结构，制定措施并认真实施，保证教师来源多元化、学科多样化。在“学缘杂交”方面，通过引进高层次人才，引领和带动学科建设和学术梯队建设，在“学缘再造”方面，鼓励教师参加高校学者访问学术交流，学历提高进修等，在校外完成半年以上，学习进修和完成高一级学历学位的教师要达到 90%以上。

调整学科结构：调整优化现有学科，加强重点学科，创建社会急需的新兴学科。以学科结构调整为方向，建设教学团队和学术团队。

3. 梯队建设目标

以学科带头人建设为龙头，以培养中青年骨干教师队伍建设为重点培养一批在省内外具有一定知名度的专家学者、青年学科带头人和青年骨干教师，承担培养高层次创造型人才的任务和省级以上重点科研项目。

4. 素质目标

使教师树立正确的世界观、人生观和价值观，热爱教育事业，师德高尚，教书育人，具有较高业务水平实践能力和创新能力，熟练掌握外语和计算机应用，加速知识更新，拓宽知识层面，使教师个体素质达到优良，整体素质有较大提高。

三、师资队伍建设的举措

（一）加强师德师风建设，提高教师职业道德水平

教师是人类灵魂的工程师，应当具备较高的思想政治素质、高尚的职业理想和职业道德水平。按照教育部《关于进一步加强和改进师德建设的意见》的精神，结合学校和教师的实际，制定师德建设规范。强化教师尤其是青年教师的职业道德和学术道德建设，引导教师树立正确的教育观、质量观和人才观，增强育人意识、创新意识和团队意识，增强实施素质教育的自觉性和责任感。通过不断加强师德建设，

倡导科学严谨的治学态度，坚持学术质量高标准，树立优良学术风气，切实提高我校教师的思想政治素质和业务能力，形成良好的师德师风。

（二）加强领导，大力推进师资队伍制度建设

学校要把师资队伍建设作为重要工作，纳入学校发展的整体规划，切实加强领导，统筹规划，制定措施，狠抓落实。学校要把师资工作列入党政工作的重要议事日程，定期研究和解决师资队伍建设中的重大问题，着力解决关键性问题。人事部门要根据学校的发展规划，积极采取有效措施，认真组织落实好师资队伍建设的各项任务，科学地做好师资队伍建设统筹安排工作，会同有关部门制定教师聘任、使用、培训、进修、考核等规章制度，并尽快出台有关专业带头人、骨干教师、“双师素质”教师的相关管理办法，强化制度管理，真正做到目标任务明确，政策措施有力，工作服务到位。各系、部要从本单位的专业设置、学科建设、课程改革出发，高度重视师资队伍建设，正确处理好数量与质量的关系，在认真做好现有教师的日常管理同时，科学地做好教师培养、使用工作，使师资队伍建设步入良性发展轨道。

（三）实施“优秀骨干人才工程”，带动教师整体素质提高

学校的发展取决于人才培养的质量，而人才培养的质量取决于教师的教育教学科研水平，优秀骨干人才是学校教学科研工作的中坚力量。抓好“优秀骨干人才工程”建设，培养和造就一批优秀教学骨干，是我校今后师资队伍建设重点工作之一。

（1）把选拔培育高水平专业（学科）带头人、优秀中青年骨干教师作为学校发展的重要战略来抓。学校将出台有针对性的选拔培养制度，实行任期制与考核制相结合的滚动式动态管理，制定具体的任期考核指标。从2010年起，学校每年进行一次专业（学科）带头人、中青年骨干教师的选拔工作，学校将对被选拔的对象进行重点扶植和培养，优先安排他们脱产进修或参加提高学历层次培训，鼓励并支持他们参加国内外学术会议，参与学术交流，设立专项培养资金，用于他们购买资料和开展各项科研、教研活动。到2015年，力争使学校拥有若干名自己培养的省内同行知名高水平专业（学科）带头人、教学名师，以带动和培养一批较高水平和创新能力的优秀中青年骨干教师。

（2）强化教学团队建设。完善投入机制，制定倾斜政策，加大对专业建设和课程建设的投入，重点支持方向明确、队伍稳定、业绩突出的教学团队建设，以凸显专业优势和特色，使其更具竞争力。加大后备队伍的培养力度，通过对后备队伍人选政策支持，促使培养对象快速成长，成为新的教学和科研骨干，形成合理的教学团队。

（3）加强教师的在职培训，改善教师知识结构，强化教师尤其是青年教师教学、科研及工程实践能力的培养。鼓励和支持教师参加国内名牌大学举办的高级研讨班、骨干教师培训班、学术交流活动。

（4）进一步加强青年教师的岗前培训，继续开展青年教师讲课比赛、教学观摩、学习和掌握现代化教育技术和方法，打好坚实的业务基础，以适应新时期高职教育发展的需要；系、部要给每位青年教师指定一名教学科研教研工作经验丰富的教师作为导师，发挥老教师和骨干教师的传帮带作用，帮助青年教师快速成长，早日成才。

（四）加大“双师素质”培养工程力度，提高教师教学水平和实践能力

建设一支高素质的“双师素质”教师队伍是高职教育实现可持续发展的基础和保证。职业教育的重要组成部分是实践性教学，这就要求专业课及专业基础课教师必须具备相应专业岗位的技能，培养和形成一批“双师素质”教师是办出特色专业的前提。学校将继续加大对“双师素质”教师的培养力度。有计划分期分批组织专业课教师到有关高校、工厂、企业参加学科进修、短期技能培训、岗位挂职培训学习，提倡教师一专多能，鼓励教师在条件许可的范围内申请和评定多种职业资格及技能证书，并在考试、培训、继续教育上给予经费支持。在加大自身培养的同时，有计划地引进一些高素质的“双师素质”教师，聘请企业、社会和有关学校的专家、工程师、技术员、能工巧匠做兼职教师，充分发挥他们在培养高等技术应用型人才方面的作用。

（五）加大人才引进力度，多种形式广揽人才

（1）根据学校的发展目标，采取多种措施积极主动地吸引优秀大学毕业生来校任教。在坚持进人标准，严格录用程序前提下，优先从重点大学录用优秀毕业生，同时注意改善学缘结构，提高青年教师的整体素质。

（2）加大引进高层次优秀人才的力度。根据学科（专业）建设需要，采取更优惠的政策积极引进高学历、高职称、高技能人才来校工作，并为他们创造良好的工作条件。此外，按照“不求所有，但求有所用”的人才观念，通过聘请客座教授、兼职教授等方式，请他们定期来校上课，做学术报告、指导学科（专业）建设。

（3）在引进政策方面，要从实际出发，区别对待。对师资非常紧缺的专业，要“尽快补充数量，逐步提高质量”；对师资较缺的专业，要“结合实际，兼顾数量和质量”；对个别需要少量补充的专业，要坚持“控制数量，保证质量”。制定学校人才引进管理办法。

（六）营造有利于教师成长和发展的良好环境与氛围

（1）继续弘扬“尊重知识，尊重人才，以人为本”的良好风气，创造吸引人才、留住人才和人才健康成长的良好环境，营造一种团结合作、求真务实与开拓创新的和谐学术、人文氛围。

（2）改善教师教学科研环境，为教师特别是高层次人才创造必要的学习、工作条件，使他们能够专心致志地从事教学科研工作。

（3）努力改善教师的生活条件，解决教师特别是青年教师的后顾之忧。

（七）逐步完善师资队伍管理制度，加强教师的考核工作

（1）加强师资队伍管理的制度化建设。结合学校实际，认真贯彻实施国家有关法律法规，制定完善一系列适应新时期师资队伍建设的规章制度和管理办法，使我校师资队伍管理工作走上规范化、科学化轨道。

（2）加大教师考核力度，积极探索并制定出科学、有效的教师考核办法。尽快建立学科（专业）带头人、优秀中青年骨干教师和教师的工作业绩考核制度，使教师考核工作更加规范化、科学化，提高考核的激励、约束和指导作用。考核的重点是师德和实绩。实行师德一票否决制，考核结果要作为教师聘任、晋升、奖惩等人事分配的重要依据。

（3）随着事业单位人事制度改革的不断深入，学校将逐步推行以聘用制为主要内容的人事制度改革。在条件成熟的情况下，实行教师职务（岗位）聘用制，竞争上岗，合同管理，形成一套有利于吸引人才、遴选人才、培养人才、使用人才和稳定人才的新机制。

（4）进一步完善校内分配制度。按照“按劳分配，优劳优酬”的分配原则，合理拉开差距，坚持向教学一线人员倾斜，向关键岗位和优秀人才倾斜，鼓励和支持教师立足本职工作多做贡献。要采取措施，加大力度奖励做出贡献的学科（专业）带头人和优秀中青年骨干教师。

陕西工商职业学院合同制教师聘用管理暂行办法

一、总　　则

第一条　为了适应我校高职教育改革发展的需要，进一步深化校企人力资源的互动共享机制，不断完善校企“双主体”培养的职业人培养模式，落实“三结合”教学方式，努力建设一支敬业奉献、责任心强、业务素质高、相对稳定的实习实训教师队伍，改善我校师资队伍结构，根据教育部《关于推进高等职业教育改革创新引领职业教育科学发展的若干意见》（教职成〔2011〕12 号）、教育部《关于实施职业院校教师素质提高计划的意见》（教职成〔2011〕14 号）和教育部《职业学校兼职教师管理办法》（教师〔2012〕14 号）等文件精神，现结合学校实际，制定本办法。

第二条　合同制教师是指根据学校专业建设和实习实训工作需要，面向社会、行业协会、合作企业聘任的兼职专业人员。

第三条　合同制教师根据其工作职责可分为高级教学顾问、教学顾问、实习实训教师三类。其中，实习实训教师包括从事校外实践指导教师和校内实训指导教师。

二、合同制教师的聘任条件

第四条　合同制教师应热爱教育事业，恪守职业道德，教书育人、为人师表；责任心强，能自觉遵守学校教学管理规章制度和工作纪律，认真履行岗位职责。

第五条　具有与所任课程相当的教育教学水平、技能水平和实践操作能力。年龄一般在 65 周岁以下，身体健康。特殊情况可据学校需要而定。

第六条　高级教学顾问一般应由合作企业副总职务及以上管理人员、行业协会副会长及以上管理人员和行业协会秘书长等层次的高级管理人员担任。

教学顾问由合作企业或行业协会中层及其以上管理人员或具备高级专业技术职称的专业人员担任。

实习实训教师具有中级及以上专业技术职务或高级工及以上职业资格证书，具备在相关行业从事一线管理或生产活动五年以上工作经验；或为在本行业享有较高声誉、具有丰富实践经验和特殊技能且具有五年以上工作经历的企业在职人员中的岗位能手。

特殊情况可聘请具有特殊技能，在相关行业中具有一定声誉的能工巧匠、非物质文化遗产国家和省级传人。专业教学急需的也可聘请退休人员。

三、合同制教师的聘任

第七条　合同制教师聘任实行聘用与考核相结合，学年聘任与学期聘任相结合，建立动态管理机制。

第八条　高级教学顾问和教学顾问的聘任由系部根据专业建设和实习实训教学工作需要提出合同制教师聘用计划，提交学校教学指导委员会审核，经与合作企业、行业协会协商后，确定拟聘人选。学校教学指导委员会和人事处负责对拟聘任人员进行考察，经主管校领导审核签字后，对合同制教师颁发聘书并签订聘任合同。

第九条　实习实训教师的聘任由系部根据教学需要提出聘用实习实训教师计划，每学期第十周前将下一学期实习实训教师聘任计划书报人事处审核。由系部主任及相应专业教师组成评议小组，通过试讲、资格认定等环节对拟聘实习实训教师进行评议，确定拟聘实习实训教师人选。对通过资格认定、符合实习实训教师条件的人员，经学校主管领导批准，学校颁发聘书。根据工作需要，按照《劳动法》《劳动合同法》有关规定签订《实习实训教师聘任协议书》一式三份（人事处、系部和本人各一份，甲方代表为系部负责人）。未签订聘任合同的实习实训教师，学校不予核发相关酬金。

每个实习实训教师岗位可根据教学需要聘请一位或多位实习实训教师。首次聘用实习实训教师，一律要经过试讲评议程序。实习实训教师必须进行岗前培训，岗前培训由人事处牵头，教务处、各系部、督导与评估中心等参与组织实施。

四、合同制教师职责

第十条　高级教学顾问职责。

（1）应邀参加学校教学指导委员会召开的专题研讨会，为学校教育教学事业发展、专业建设、新专业申报、重点专业及实训基地建设等重大事项提供参考意见。

（2）参加专业建设委员会，担任专业建设委员会主任或委员，定期参加专业建设委员会会议，主持、参与专业建设方案、人才培养方案、“双师型”教师培养方案、校内外实习实训基地建设方案、实习实训教学方案、技能竞赛方案等的制订、修订、研讨、审核、指导与实施工作。

（3）与相应企业联系，协调利用企业资源开展教师进修和培训、学生参观实习、综合实践、顶岗实习等，并尽力促进企业择优录用毕业生到企业就业。

（4）选派所在行业、企业管理或专业技术人员参与校企合作的相应活动。

第十一条　教学顾问职责。

（1）参加专业教学团队，全面参与专业建设和教改工作。在专业建设方案、人才培养方案、“双师型”教师培养方案、校内外实习实训基地建设方案、实习实训教学方案、技能竞赛方案等的起草、研讨、修订、审核和实施工作中发挥骨干作用。

（2）组织、协调和落实高级教学顾问指定的各项校企合作工作任务。

（3）协调、保障所在企业、行业内各项校企合作项目的正常开展，考核实习实训导师工作表现和业绩，核定实习实训导师工作量，并及时反馈给学校人事处。

（4）对学校专职教师到企业进修和培训进行指导。

第十二条　校外实践指导教师工作职责。

（1）参加专业教学团队建设，融入教学团队并承担青年教师培养等具体工作，参与专业科研项目的申报、研究工作。

（2）对专业建设方案、人才培养方案、“双师型”教师培养方案、校内外实习实训基地建设方案、实习实训教学方案、技能竞赛方案等提出具体意见。

（3）身体力行，认真开展工作，对参加实习实训的学生进行职业技能、职业道德方面的指导和培训。

（4）辅导学生适应企业工作和文化环境，保证学生在企业实习实训期间综合素质不断得到提升。

（5）做好学生的安全教育，保障学生实习实训期间的人身安全。

（6）做好各项实习实训工作记录，如实填写工作量登记表，如实给出学生实习实训期间的工作表现评语。

第十三条　校内实训指导教师职责。

（1）完成教学任务，其中标准工作量的限额为每年 360 学时/岗位，原则上不少于 300 学时/岗位年（实验课系数 0.8，认知实习课系数 0.6）。凡未能完成规定的基本教学工作量的，所缺工作量可由其所承担的行政职责任务补助一定工作量。

（2）每学年组织开展各类技能竞赛活动不少于 4 次，并负责组织学生竞赛队参加各级各类技能竞赛。

（3）积极开展校企合作工作，联系相关企业，为学生提供实践、实训、实习条件，开拓学生就业渠道。

（4）融入教学团队，参加教研活动，开展教学研究，并承担青年教师培养等具体工作。

（5）参与专业科研项目的申报、研究工作。

第十四条　合同制教师应接受学校人事管理和教学管理部门的检查、监督和考核。

五、合同制教师的待遇

第十五条　高级教学顾问和教学顾问待遇主要包括年薪和项目酬金两部分。高级教学顾问年薪原则上每人每年不低于 2 万元，教学顾问年薪原则上每人每年不低于 1.5 万元。项目酬金具体标准由学校教学指导委员会和人事处，按照合同制教师实际承担的工作任务和工作任务完成情况核定发放。

第十六条　实习实训教师待遇主要包括课时酬金和专项工作酬金（包括专业建设、课程建设或科研等）两部分。

课时酬金按照教务处相关规定折算教学工作量支付酬金，并结合本人专业技术职称或从业资格证书等级，不出现重大教学事故，学生反映良好，经学校人事处考核后比照校内专职教师职称级别支付岗位酬金。具体标准为：助教 40 元/课时、讲师 50 元/课时、副教授 60 元/课时、教授 70 元/课时。超过定额工作量为突破上限，各教学单位可依据实际情况计发超工作量酬金。

专项工作酬金具体标准由学校教学指导委员会和人事处，按照实习实训教师实际承担的工作任务和工作成果水平支付酬金。

第十七条　合同制教师以学校为第一单位发表的科研论文和申请的科研项目，享受学校教师同等的奖励待遇。

六、合同制教师的管理

第十八条　完善聘约，明确合同制教师的职责、待遇和工作要求，规定双方的权利和义务，将其编入学校具体工作部门，由所在部门严格依合同管理。

第十九条　对本人所在单位与学校建立合作办学关系的合同制教师实行双重管理，学校人事处建立合同制教师业务档案，并将日常管理及考核情况按本人所在单位要求反馈其所在单位。

第二十条　加强合同制教师教学管理与工作考核。合同制教师的考核工作由聘用单位具体负责。聘用单位根据其具体任务完成情况给出考评意见，并存入聘任档案。对实习实训教师，每学期进行1～2次听课，检查一次教学整体设计，召开1～2次座谈会，检查作业布置与作业批改情况，抽查教学进度，检查试卷的准确性、难度、题量、内容是否符合课程标准要求。

第二十一条　定期对合同制教师进行学生评教，了解学生的反映，对教学效果差、学生意见大的教师，各系部要及时向人事处反映，人事处会同相关部门进行处理。情况严重者，学校可解除聘用关系。

七、合同制教师续聘与解聘

第二十二条　合同制教师的聘期一般为1～3年，年度考核结果作为续聘、解聘的依据。

第二十三条　聘期届满，聘约自动解除。考核合格，工作仍需要的，可重新签订续聘合同。

第二十四条　已签订聘任合同的合同制教师，有下列情形之一的，可中途予以解聘。

（1）政治上不能同中央保持一致，在教学工作中有违反政策、法律法规实行或传播邪教、散播校级言论行为的。

（2）不愿承担相应的工作任务或不能履行职责，给学校工作造成重大影响和损失的。

（3）有损坏学校声誉和利益行为的。

（4）教学效果差，学生和督导组反映强烈。

（5）有违师德行为。

（6）有违法犯罪行为。

（7）有严重违反我校规章制度的行为。

（8）经考核不能胜任所聘任的岗位工作。

八、附　　则

第二十五条　本办法自印发之日起实施。

第二十六条　本办法由学校人事处负责解释。

陕西工商职业学院教学团队建设管理办法

根据《教育部关于全面提高高等职业教育教学质量的若干意见》（教高〔2006〕16号）文件指导，为进一步提高学校教师的整体素质和教学能力，确保高职教育教学质量的不断提高，决定开展以教师为主体的优秀教学团队建设工作，特制定本办法。

一、建 设 目 的

通过建立团队合作的机制，改革教学内容和方法，开发教学资源，促进教学研讨和教学经验交流，推进教学工作的传、帮、带和老中青相结合，提高教师的教学水平。

二、建 设 内 容

（一）教学工作

积极研究高职教育教学特点与规律，将工作过程导向的教学理念融入专业发展规划和课程改革的设计之中；及时跟踪产业发展趋势和行业动态，分析职业岗位（群）任职要求和更新变化，并及时纳入教学内容；积极开展理论与实践教学改革，教、学、做相结合，强化学生实践能力培养；注重学生职业素质养成和可持续发展能力培养。在教学工作中有强烈的质量意识和完整、有效、可持续改进的教学质量管理措施，教学效果好。

（二）教育教学研究

积极参加高职教育教学改革与创新，并把相应成果运用到教学活动中，有效提高教学质量。总结教学研究、教学改革成果，组织申报各级教学研究项目和各级教学成果奖。

（三）课程建设

积极开展课程建设、教材建设、多媒体课件建设和精品网络共享课程建设等优秀教学资源建设。编写先进、适用的高职特色教材；积极开展教学标准、课程体系、教学内容、课件、案例、实训实习项目、教学指导、习题题库、学习评价等教学资源的建设。组织申报各级精品共享课程、精品（规划）教材等。

（四）师资队伍

重视教学队伍“双师”结构建设，能够有效吸引行业企业一线技术骨干积极参与专业技能人才培养；指导专业教师及时跟进一线用人部门对本专业技术领域高技能人才的能力需求，切实履行制度要求，帮助落实专业教师定期到相应企业进行生产实践；不断提高青年教师教学育人水平，重视师德教风建设，促进教师职业素质养成，带动形成良好的“传、帮、带”团队文化。

三、基 本 要 求

（一）教学团队组成及结构要求

教学团队主要由学校专任教师和来自行业企业兼职教师组成，以专业建设作为开展校企合作的工作平台，以专业为依托，以教研室、实训基地等为建设单位，以课程和专业为建设平台，在多年的教学改革与实践中形成团队。教学团队应具有明确的发展目标、良好的合作精神和梯队结构，职称、年龄和知识结构合理。专业及实践环节教学团队人员一般不超过六人（含校外兼职教师），课程教学团队人员一般不超过五人（含兼职教师）。其中，专业带头人一名。鼓励创建跨系部的教学团队。

以单一课程建设为任务的教学团队中级以上职称不少于两名；以专业建设为任务的教学团队高级职称不少于两名，主要成员应为中级以上职称；以实践教学建设为任务的教学团队主要成员应为中级以上职称，并有一定数量的校外兼职教师。

（二）教学团队带头人应具备的条件

（1）专业教学团队带头人应具备副教授以上职称，课程及实践教学团队负责人应具备讲师以上职称。

（2）从事高职教学工作五年以上，教学效果良好，具有较深的学术造诣和创新性学术思想，致力于本团队课程建设。

（3）具有团结协作精神和相应的组织、管理和领导能力。

（4）熟悉所在团队各个教学环节，特别是专业课程的教育改革趋势，能指导课程建设、教材建设、教学内容、教学方法和手段的改革。

（5）每名教师只能担任一个教学团队的负责人，且不能同时参与其他教学团队。

（三）专兼结合的制度保障

通过校企双方的人事分配和管理制度，保障行业企业兼职教师的来源、数量和质量，以及学校专任教师企业实践的经常化和有效性；根据专业人才培养需要，学校专任教师和行业企业兼职教师发挥各自优势，分工协作，形成公共基础课程及教学设计主要由专任教师完成、实践技能课程主要由具有相应高技能水平的兼职教师讲授的机制。

（四）人才培养

在实施工学结合人才培养过程中，团队成为校企合作的纽带，通过学校文化与企业文化的融合、教学与生产劳动及社会实践的结合，将学校教学管理延伸到企业，保障学生半年顶岗实习的效果，实现技术技能人才的校企共育；专业毕业生职业素养好，技能水平高，深受用人单位欢迎，社会认可度高。

（五）社会服务

依托团队人力资源和技术优势，开展职业培训、技能鉴定、技术服务等社会服务，具有良好的社会声誉。

四、教学团队的职责与权利

（一）团队带头人职责

（1）按照建设目标，组织和协调本专业教学团队完成各项任务，考核专业责任教师、其他教学人员和兼职教师完成理论教学和实践教学任务情况，确保理论教学和实践教学质量。

（2）规划、组织课程体系、教学内容、教学方法和手段的改革，重点要求在建设期内能采取有效、得力的措施提高理论教学质量和实践教学水平。

（3）全面负责专业教学资源开发及建设，积极探索校内生产性实训基地建设的校企组合新模式，紧密联系行业企业加强校外实习、实训基地建设。

（4）负责团队师资队伍建设工作，注重对青年教师的培养。

（5）建设期满，课堂教学质量考核总体达到优良，核心课程应达到精品课程水平，实践教学效果显著，职业资格证书获取率达到90%以上（有特殊要求除外）。

（6）重视团队人员的教学与研究服务能力的提高，建设期内至少取得一项在同类高校或行业企业具有一定社会影响力的标志性成果。

（二）团队专业责任教师职责

（1）协助团队带头人工作，积极参与课程体系、教学内容、教学方法和教学手段的改革，不断提高教学质量。

（2）主持或参与课程建设、教材建设、实验室和实训基地的配套建设。

（3）协助团队带头人开展面向社会的技术服务工作。

（三）兼职教师岗位职责

（1）积极参与课程体系构建，教学内容、教学方法和手段的改革及教材建设。

（2）为校内外实训基地建设提供有效可行的方案并协助实施。

（3）按照岗位要求开展教学或实践指导工作，帮助学生了解和掌握相关的专业技能，解答学生提出的实际问题，对学生进行安全知识教育。

（4）帮助团队中教师提高实践教学能力。

（5）参与团队教学研究和科学研究，建设期要为团队提出至少两条合理化教改建议。

（6）协作团队做好面向社会的专业能力服务工作。

（四）教学团队带头人享有的权利

（1）学校为团队带头人的培养和发展创造必要的条件，重点支持团队负责人主持的示范院校建设、教学改革与研究等项目；积极支持他们参加国内外学术会议和培训；学校应为教学团队负责人提供与其完成工作任务相适应的工作条件与环境，并不断改善。

（2）支持团队带头人主持的校企合作项目，积极支持他们到企业调研、参加生产实践等。

（3）按学院规定使用各种专业建设等经费。

（4）对全面履行工作职责的团队带头人享受不低于学院同级的岗位津贴。

（5）在晋升高一级技术职务时，考核优秀的团队带头人优先。

（五）教学团队享有的权利

（1）学校应高度重视教学团队工作，为教学团队提供与其完成工作任务相适应的工作条件与环境，并不断改善。

（2）教学团队成员按规定参加提高职业能力和学术水平的省内外学术会议和培训。

（3）按要求完成规定项目和任务后，获取相应报酬和奖励。

（4）教学团队成员的收入水平和待遇按技术职称，应高于与学校行政级别相对应人员的收入水平和待遇。

五、教学团队的申报与评审

（一）申报要求

（1）各系（部）可根据各专业（教研室）建设情况，在我校开办三年以上的各专业中可申报教学团队。

（2）各系要认真组织并做好宣传发动工作，在明确各教学团队发展方向，教学改革指导思想、目标和主要内容的基础上，由各团队负责人积极组织申报，并切实保证申报质量。

（3）申报材料包括各教学团队须认真填写《教学团队申报表》（见附件 1）和准备相关申报佐证材料。

（4）《教学团队申报表》经系（部）审核，签署意见后报教务处。

（二）评审工作

（1）学校学科（专业）建设委员会负责对教学团队评审工作，每年组织 1 次，时间为每年 9 月份申报，12 月份组织评审。评审合格后方确定为校级教学团队。

（2）评选程序为：听取各教学团队负责人的汇报—实地考察—听课—查阅相关材料—组织座谈（教师、学生）—反馈结果等。

（3）校级教学团队的有效期为三年，每年组织一次复查。特色不显著没有创新者，取消教学团队资格。学校学科（专业）建设委员会负责将校内教学教学团队推荐为省级、国家级教学团队。

（4）学校每年度组织对教学团队进行一次评优，由教学系部推荐，学校组织评定，学科（专业）建设委员会审定，对优秀团队进行奖励，奖励金额为专业团队 1000 元、课程团队 600 元。

六、教学团队的保障措施

（1）学校将对教学团队给予一定的资金保障，院级教学团队 10 000 元/年，省级教学团队 20 000 元/年，国家级教学团队 30 000 元/年。

（2）教学团队的经费使用必须符合财务管理制度，专款专用，由团队带头人签字，主管院长审批。该经费一般用于团队师资培训建设、专业与市场调查费、与实践单位（部门）共建经费、学术活动经费、评审费、申报奖励费、资料费等。

附件 1　陕西工商职业学院教学团队申报表

附件 2　陕西工商职业学院教学团队评审指标体系

附件 1

陕西工商职业学院教学团队建设
申 报 表

团队名称 ____________________
带 头 人 ____________________
所属教学系（部） __________
团队类别 ____________________
申报日期 ____年____月____日

陕西工商职业学院人事处制
二〇一〇年十一月

填 写 要 求

（1）以 Word 文档格式如实填写各项。

（2）表格文本中外文名词第一次出现时，要写清全称和缩写，再次出现时可以使用缩写。

（3）本表栏目未涵盖的内容，需要说明的，请在说明栏中注明。

（4）团队类别填写专业教学团队、课程教学团队。

（一）团队基本情况简介

（二）团队成员情况

1. 带头人情况

姓　　名		性　　别		出生年月	
最终学历/学位		授予单位		授予时间	
高职教育年限		职　　称		办公电话	
电子邮件				移动电话	
教学研究与获奖情况					
主持的省部级以上教学研究课题（含课题名称、来源、年限、本人所起作用）（不超过五项）；作为第一署名人在国内外主要刊物上发表的教学相关论文（含题目、刊物名称与级别、时间）（不超过十项）；获得的省部级以上教学表彰/奖励（含奖项名称、授予单位、署名次序、时间）（不超过五项）。					
主要学习、工作简历					
起止时间	学习工作单位		所学专业/所从事学科领域		

2. 成员情况：成员人数 ________

姓　名	最终学历/学位	年　龄	职　称	高职教育年限	专　业	电　话

（三）教研教改情况

1. 教材建设情况（主要教材的使用和编写情况）

教材名称	作者	出版社	出版年	入选规划或获奖情况

2. 教学成果获奖情况（限省级以上奖励）

项目名称	奖励名称	奖励级别	时间

3. 教研改革项目（3 年来校级以上，限 5 项）

项目名称	经费	项目来源	起止时间

4. 教学改革论文（限 10 项）

论文（著）题目	期刊名称、卷次	时间

（四）科研情况

科研项目（限 5 项）

项目名称	完成情况	项目来源	获奖情况

（五）团队工作计划

教学团队工作计划（专业、课程、教材、教改等）

（六）经费预算

1. 三年内财务预算

2. 本年度财务预算

（七）推荐、审批意见

1. 教学系部推荐意见

（公章） 负责人（签字） 年 月 日

2. 学校学科（专业）建设委员会审批意见

主任签字： 年 月 日

附件 2

陕西工商职业学院教学团队评审指标

<table>
<tr><th rowspan="2">评价要素</th><th rowspan="2">评价项目</th><th rowspan="2">评 选 内 容</th><th rowspan="2">分值（M_i）</th><th colspan="4">评分等级（K_i）</th><th rowspan="2">备注</th></tr>
<tr><th>A</th><th>B</th><th>C</th><th>D</th></tr>
<tr><td rowspan="4">团队组成（20 分）</td><td>团队</td><td>（1）团队凝聚力强，有良好的合作机制和团队精神，勇于创新，积极向上
（2）具有明确的发展目标和教学研究与改革方向
（3）工作有新思路、新措施，设计合理、实施有效
（4）双师团队建设及青年教师培养方面成效显著</td><td>6</td><td></td><td></td><td></td><td></td><td></td></tr>
<tr><td>专任教师</td><td>（1）团队知识、职称、年龄结构合理，老中青结合，形成良好的合作精神和梯队结构
（2）团队中具有硕士学位的教师占专任教师的比例达到 30%以上
（3）团队中具有行业企业经历教师比例达到 30%以上；［说明：行业、企业经历是指在与本专业相关的行业企业技术岗位工作两年以上］
（4）团队中获职业资格证书或教师系列以外职称教师比例达到 30%以上</td><td>6</td><td></td><td></td><td></td><td></td><td></td></tr>
<tr><td>兼职教师</td><td>兼职教师中来自行业企业一线的高水平专业技术人员或能工巧匠占专任教师的比例达到 30%以上［说明：兼职教师课时工作量（包括其他教学工作量）120 学时/学年折算 1 名教师］</td><td>4</td><td></td><td></td><td></td><td></td><td></td></tr>
<tr><td>骨干教师</td><td>有 2～3 名骨干教师，并在团队中发挥中坚和骨干作用［说明：具备下列条件之一者为骨干教师，获省级（含）以上高等教育教学成果奖；省级（含）以上精品课主要负责人；主编过面向高职教育的国家级规划教材；被评为院级骨干教师；参加过省级（含）以上教改项目，如新世纪教学改革工程；示范性高职院校建设计划重点专业主要负责人、中央财政支持的实训基地建设项目主要负责人］</td><td>4</td><td></td><td></td><td></td><td></td><td></td></tr>
<tr><td>团队带头人（20 分）</td><td>来自学校</td><td>（1）是本专业的专家（高级职称），具有较高的教学水平和实践能力
（2）具有行业企业技术服务或研发经历，在本行业企业中有较大的影响力</td><td>15</td><td></td><td></td><td></td><td></td><td></td></tr>
</table>

续表

评价要素	评价项目	评 选 内 容	分值（M_i）	评分等级（K_i）				备注
				A	B	C	D	
团队带头人（20分）	来自学校	(3) 能够整合与利用社会资源，通过有效的团队管理，形成强大的团队凝聚力和创造力 (4)能及时跟踪产业发展趋势和行业动态，准确把握专业（群）建设与教学改革方向，保持专业（群）建设的领先水平 (5) 被评为省级（含）以上名师或省级及以上中青年骨干教师、或学院级骨干教师 (6) 能结合校企实际、针对专业（群）发展方向，制订切实可行的团队建设规划和教师职业生涯规划，实现团队的可持续发展，成效显著	15					
	来自行业企业	(1) 是与专业相关的行业企业的专家（高级职称），具有较高的技术与管理能力，在本行业企业中有较大的影响力 (2) 能够整合与利用行业企业资源，服务专业建设 (3)能及时跟踪产业发展趋势和行业动态，参与专业（群）建设，保持专业（群）建设的领先水平 (4) 有显著的技术研发、管理成果	5					
人才培养工作（30分）	课程设计与教学	(1) 基础课要针对高职特点，注重与后期专业课内容衔接，适应高技能人才可持续发展的要求 (2) 专业课以工学结合为切入点，突出职业能力的培养，体现基于工作过程与任务的课程设计理念 (3) 以工作任务组织课程内容 (4) 以典型产品和服务为载体，在真实工作情境中实施教学	10					
	教学方法与手段	(1)积极探索工学交替、任务驱动、项目导向、课堂与实习地点一体化的教学模式，并取得成效 (2) 能够因材施教，灵活运用多种恰当地教学方法，有效调动学生学习兴趣，促进学生积极思考与实践；开展体验性学习，促进学生职业能力发展；教、学、做相结合，强化学生能力培养 (3)恰当使用现代教育技术手段促进教学活动开展；网络教学资源初具规模，并在教学和学生自主学习中发挥积极的、实际的作用	6					

续表

评价要素	评价项目	评 选 内 容	分值（M_i）	评分等级（K_i）				备注
				A	B	C	D	
人才培养工作（30分）	教材与教学资源	(1)重视体现高职教育特色的教材体系建设 (2)主持编写的国家面向21世纪课程教材和国家级规划教材不少于1部；教材使用效果好，获得过优秀教材等相关奖励 (3)积极开展教学标准、课程体系、教学内容、实训实习项目、教学指导、学习评价等教学资源的建设及数字化工作 (4)立体化教材建设取得成效	8					
	教学效果	(1)整体教学水平高，教学效果好，学生评价高，无教学事故 (2)学生获得与专业相关的职业资格证书的比例达到90%	6					
团队建设成果（30分）	教学研究与改革	(1)有省级（含）以上特色专业或学校重点专业 (2)有国家级精品课或自治区级精品课2门，或校级精品课3门 (3)有省级（含）以上教学名师或校级教学名师 (4)2000年以来承担的省级（含）以上教育教学研究与改革项目不少于1项或校级教学研究与改革项目不少于2项 (5)2000年以来公开发表的教学研究论文不少于5篇；有校本教材及公开出版的教材或专著 (6)获国家级教学成果奖或自治区级教学成果奖，或学校级教学成果奖2项，教改成果应用到教学实践中取得成效	10					
	技术研发	(1)承担省级（含）以上科技和人文社会科学研究项目不少于1项 (2)技术研发成果转化教学成果取得成效 (3)有地州级以上教学成果奖励或省级以上科技成果或学校级教学成果奖2项以上	6					
团队建设成果（30分）	社会服务	(1)能够根据社会、企业、农村劳动力转移等的需要，积极承担非学历的短期职业技能培训和岗位培训任务 (2)团队有强烈的责任感，为落后地区教育发展做出贡献；能够利用基地等教学资源，为中职教育培养师资	6					

续表

评价要素	评价项目	评 选 内 容	分值（M_i）	评分等级（K_i）				备注
				A	B	C	D	
团队建设成果（30 分）	社会服务	(3)面向行业企业需要主动承担与专业相关的技术服务与咨询项目，并取得实际效果；教师利用业余时间（假期或双休日）为行业企业和社区提供服务、咨询每人每年累计不少于 40 学时	6					
	人才培养效果	(1)近三年毕业生就业率均在 90%以上 (2)大多数毕业生在本专业所对应的岗位（群）工作，起薪较高，且较稳定，用人单位对毕业生综合评价好 (3) 团队注重开展校企合作，在行业企业中有一定的影响力，具有较高的知名度，能够得到社会的认同	8					
团队特色及政策支持（100 分）	团队特色	团队组成与结构、工学结合人才培养模式改革、课程教学的设计与组织、实践教学的设计与组织、教材与数字化资源建设、教学研究与教改项目、社会服务等方面的特色	50					
	政策支持	团队所在学校支持团队建设的政策可行，措施有力	30					
	今后的示范性预测	团队在校内外发挥辐射带动作用的规划与成效	20					

评分说明

（1）本方案采取定量评价与定性评价相结合的方法，以提高评价结果的可靠性与可比性。评审指标分为综合评审与特色、政策支持及示范性两部分，采用百分制，其中综合评审占 90%，特色、政策支持及辐射共享占 10%

（2）总分计算：$M=\sum K_iM_i$，其中 K_i 为评分等级系数，A、B、C、D 的系数分别为 1.0、0.8、0.6、0.4，M_i 是各评价项目的分值

陕西工商职业学院双师型教师认定及管理办法

为加强师资队伍建设，打造既具有较高的理论水平、又具备较强的专业动手能力和丰富实践经验的“双师型”教师队伍，强化教师实践能力锻炼，根据教育部《关于加强高职（高专）院校师资队伍建设的意见》（教高厅〔2002〕5 号）和《高职高专院校人才培养工作水平评估方案（试行）》等有关文件精神，结合我校实际，提高教育教学水平，特制定本办法。

一、适 用 范 围

校内专任教师、校内兼课教师。

二、认 定 条 件

（一）基本条件

（1）热爱教育事业，具有坚定的政治立场和良好的师德修养，教书育人，为人师表，治学严谨，爱岗敬业。

（2）具有较坚实的基础理论和扎实的专业知识，能熟练的主讲两门及以上专业主干课程，有丰富的实践教学经验，教学效果好。

（3）具有高校教师资格证。

（二）实践能力要求

结合专业课任教情况，具备下列条件之一。

（1）通过国家组织的专业技术职务考试，并取得国家承认的中级或中级以上专业技术职务资格（如计算机软件程序员、会计师、经济师、统计师等）。

（2）通过国家组织的各类执业资格考试，取得中级以上执业资格证书。

（3）通过申报、考试取得行业特许资格证书（如资产评估师资格证书、注册会计师资格证书、翻译资格证书等）。

（4）具有国家职业技能鉴定考评员资格证书。

（5）具有国家技能鉴定技师、高级技师资格证书。

（6）近五年来有两年以上（可累计计算）在生产一线本专业实践工作经历，或参加教育部组织的教师专业技能培训获得合格证书，能全面指导学生专业实践活动。

（7）近五年主持两项应用技术研究，成果已被企业应用，效益良好。

（8）具有实验（实习）、实训指导中级以上职称，近五年中有三年以上从事实验（实习）、实训指导工作，效果良好。

（9）作为主要指导教师，指导学生参加各类技能竞赛并获得省级二等奖、国家级三等奖以上奖励。

三、认 定 程 序

（1）“双师型”教师资格认定每年受理一次，一般为每年 9 月份。

（2）凡符合“双师型”教师资格条件的教师，应填写《陕西工商职业学院双师型教师资格认定表》并准备相关证明材料，提交至所在系（部）（行政处室人员提交至专业所属系）。

（3）各系（部）对申请人提交的材料进行初审，提出初审意见，并汇总本部门所有申请人情况，连同相关材料报学校人事处。

（4）人事处对申报人员进行资格审查，提出初步意见，提交学院学术委员会审定。

（5）学校发文公布通过资格认定的“双师型”教师名单，人事处备案。

（6）“双师型”教师资格有效期为五年。有效期满，需重新按规定程序进行资格认定。

四、管 理 办 法

（1）各系（部）优先安排“双师型”教师参与校本教材编写、项目开发与建设、主持或参与本专业范围的实验项目、实验装置开发和解决较为复杂的技术问题。

（2）学校在职称评聘、学科带头人、骨干教师培养、教学名师及先优评选推荐等方面，向“双师型”教师倾斜。

（3）学校每年优先选派“双师型”教师参加专业、行业的交流会议，或到国内外技术教育和职业教育发达的地区考察学习。

（4）各系（部）要积极与企业、行业联系，建立良好的合作关系，鼓励“双师型”教师到企业参与顶岗锻炼，提高实践动手能力。

（5）“双师型”教师应积极承担专业理论和实践课程教学任务，每学年应分别承担不少于 48 学时的理论课程教学及实践课程教学；积极参与本专业的人才培养方案制订工作，提高教学水平。

五、附　　则

本办法自公布之日起执行，由人事处负责解释。

陕西工商职业学院实践教学管理暂行规定

一、总　　则

第一条　为了落实“双主体”培养高素质技能型人才新机制的要求，进一步加强我校实践教学环节管理，深化教学改革，实现职业技能型人才的培养目标，特制定本规定。

第二条　实践教学是提高学生实践和创新能力的重要途径，以职场实践为手段，以培养学生的职业道德、职业技能和大学文化素养为目的，是学生接触社会、了解实际工作需要和掌握岗位工作技能，实现高技能人才培养目标所必需的教学环节，在教学过程中占有十分重要的地位。

第三条　实践教学要以社会需求为导向，根据各专业职业岗位（群）的工作性质和技能要求，科学合理的设置实践教学环节，力求培养高素质技能型人才。

第四条　根据《教育部关于加强高职高专教育人才培养工作的意见》（教高〔2000〕2号）精神，我校各专业培养方案中实践教学的比重一般不得低于教学活动总学时的40%，以保证实践教学开展的质量与效果。

二、实践教学的形式

根据我校实际，实践教学的形式主要有课程实践、专业实践和顶岗实习等。

第五条　课程实践。

课程实践是课程教学过程中进行的实践活动，包括实验、实训、课程设计、认知实习等内容，其教学内容、环节安排由课程实践教学大纲或实施方案规定。

第六条　专业实践。

专业实践是学生在具备一定专业知识的基础上，统一安排的实践教学环节，包括学生课外自主创业活动、社会调查实践活动、技能竞赛、职业技能等级证书培训、外出写生及采风活动等内容。具体可分为两种情况：一是专业培养方案规定的实践内容；二是根据学生专业学习需要安排的短期岗位实践。

第七条　顶岗实习。

顶岗实习是指按照专业培养方案，完成一定比例课程后，统筹组织、合理安排学生到校外合作办学单位或就业意向单位，连续性地参与实际工作的综合性实践教学环节，应按照专业与岗位对口的原则执行。其具体实施由顶岗实习实施方案规定。

三、实践教学文件

实践教学文件是规范实践教学过程和实施实践教学管理的基本依据和准则，主要有专业实践教学实施方案、课程实践教学计划、课程实践教学大纲、实践教学教材和指导书。

第八条　专业实践教学实施方案。

专业实践教学实施方案是规定专业实践教学的培养目标与规格、实践项目及内容、教学组织形式、教学过程、质量保证体系、教学过程的监控等内容的指导性文件。

第九条　课程实践教学计划。

课程实践教学计划是根据专业培养目标对实践教学环节的具体安排，规定了课程实践教学的具体任务、组织形式、学时安排、考核方式及要求等。

第十条　课程实践教学大纲。

课程实践教学大纲是从课程实践要求标准的角度出发，对课程实践教学环节的教学目的、教学内容的具体规定，包括实践教学的教学内容、教学要求、教学方法及教学建议或说明等。

第十一条　实践教学教材和指导书。

实践教学教材和指导书是实践性教学中的教科书。独立设置的实践课应选用或编写实践教材或实践指导书。附属于课程的实践要选用或编写与课程名称相对应的教材或指导书。

四、实践教学的管理

第十二条　实践教学的各类文件由专业建设委员会提出方案，系务会议审核后报教务处，教务处提交学校教学指导委员会审定后印发执行。

第十三条　实践教学工作由教务处统一审定实施方案，合作办学处负责协调，各系负责组织实施。

第十四条　实践教学的管理应依照审定的教学大纲、实施方案，由各系专业建设委员会安排专业教师具体组织开展教学工作，按项目实施并进行分项考核。学生实践教学的考核成绩由教务处记入学生成绩考核档案。

第十五条　部分大型实践教学活动的考核由教务处与考试中心协商后，列入教学计划，由考试中心负责考核。未明确列入计划由考试中心负责考核的，由教务处安排考核工作。

五、附　　则

第十六条　本规定自印发之日起实施。

第十七条　本规定由教务处负责解释。

陕西工商职业学院学生顶岗实习管理办法

一、总　　则

第一条　为全面贯彻教育部有关文件精神，提升学生实践技能，增强学生职业能力，培养高素质技能型专门人才，特制定本办法。

第二条　顶岗实习是大力推行工学结合，突出学生岗位操作技能的必要教学环节。各系要充分认识学生顶岗实习的重要性和必要性，加强与企业的合作，建立企业用工信息库，切实做好实习单位落实工作。

第三条　各专业人才培养方案中，应明确顶岗实习的时间和要求，保证学生在校期间有半年以上的顶岗实习时间，对顶岗实习实施课程化管理。

第四条　顶岗实习要根据各专业实际情况，原则上应在最后一学年进行安排。

二、组织与管理

第五条　顶岗实习由教务处宏观管理、各系负责具体实施。

第六条　各系要成立顶岗实习工作小组。成员由系主任、专业负责人、实习指导教师及实习单位相关负责人、指导教师等组成，全面负责顶岗实习工作。

第七条　各系要在专业人才培养方案中，细化顶岗实习教学工作任务，明确顶岗实习岗位的各项教学任务，提出应达到的各岗位技能标准，并按技能标准制定相应的考核办法。

第八条　各系在安排学生顶岗实习时，必须将参加实习的学生名单一式两份分别报教务处和学工部，学工部应按教育部相关文件规定提前为实习学生购买保险。

第九条　实习期间，学生应严格遵守实习纪律和实习单位的各项工作制度。服从岗位分配，圆满完成实习任务。凡实习旷工超过三分之一计划学时的，按考核不合格处理。

第十条　顶岗实习期满，系部应对顶岗实习学生进行考核，并将考核成绩报教务处。

三、实 习 考 核

第十一条　顶岗实习的考核由企业指导教师和学校指导教师分别评定。

（1）企业指导教师对学生的考核。根据学生在实习岗位的表现，主要考核劳动纪律、工作态度、团结协作、专业技能、创新意识、对企业的贡献等方面，考核成绩占顶岗实习总成绩的70%。

（2）学校指导教师对学生的考核。根据学生在企业岗位的表现及实习任务完成情况对学生进行考核，考核成绩占顶岗实习总成绩的30%。

（3）考核等次分优秀、良好、合格和不合格四个等级，学生顶岗实习考核不合格者延期毕业。

四、附　　则

第十二条　本办法自公布之日起执行。

第十三条　本办法由教务处负责解释。

陕西工商职业学院实验实训基地建设管理暂行办法

为促进我校实验实训基地快速发展，规范管理，特制定本办法。

一、总　　则

第一条　实验实训基地是学校开展实践教学、培养高素质技能型人才的重要场所，其设施条件与工作状况，直接决定着教学质量与教学水平，必须充分重视，加快建设，规范管理。

第二条　学校实验实训基地的建设和管理要按照统筹规划、科学设置、突出重点、全面开放和资源共享的原则，努力提高建设质量和管理水平。

二、实验实训基地建设程序

第三条　校内实验实训基地建设程序。

（1）各系根据实际每年 12 月前提出下年度校内基地建设申请报告，报送合作办学处初审。其主要内容包括基地建设的目的、用途、利用率、设备计划、选用场地、经费预算及基地建设项目小组成员和负责人等；提交基地建设的可行性调研报告及实施计划。

（2）咨询论证。合作办学处组织相关专家，根据申请及论证报告，对基地建设的必要性、可行性、合理性等进行初审，并提交学校教学指导委员会进行咨询、论证。

（3）校长办公会审定。校长办公会根据学校教学指导委员会意见，做出审定意见。

（4）实施及验收。根据学校相关管理办法，按照审定后的实施方案，由有关职能部门组织招标、建设，建设完成后进行质量验收。

第四条　校外实训基地建设。

（1）校外实训基地的建设由合作办学处负责制订建设规划并指导实施。

（2）各系根据开设专业情况，负责选定拟合作建设实验实训基地的单位并组织对合作单位的条件设施及参与教学工作的实训教师状况进行考察，提出建设意见。

（3）根据教学系意见，合作办学处与合作单位拟定合作协议，报学校教学指导委员会审定后，由合作办学处与合作单位签订协议。

三、实验实训基地管理

第五条　根据使用和管理一体化的原则，实验实训基地的日常使用和管理由教学系全面负责。

第六条　实验实训基地要建立科学的管理制度，配备专人管理，明确岗位职责，严格考核制度，保证实验实训工作质量的不断提高和实验实训基地建设的不断加强。

第七条 实验实训基地要严格遵守国家有关部门颁布的法规，法令及条例，建立实验实训环境管理和劳动保护的管理规定，安全操作管理规程和文明生产措施，营造良好的育人环境。

第八条 实验实训基地要建立完善的设备设施及物资管理制度。做到账、物、卡相符，仪器设备维修及时，设备完好率始终保持在90%以上。

第九条 各系部要与校外实训基地隶属单位建立密切的合作关系，充分发挥实训基地的实践教学功能，如因特殊情况无法承担实践教学任务的，经双方协商可适时调整或撤销。

四、附 则

第十条 本办法自公布之日起执行。

第十一条 本办法由合作办学处负责解释。

陕西工商职业学院优秀合作单位评选办法

为进一步深化产教融合，积极推进校企合作，努力形成校企双方地位平等、责任共担、资源共享、互利共赢的职业人培养新机制，特制定本办法。

一、评 选 范 围

与我校签署正式合作协议的行业协会、企事业单位。

二、评 选 条 件

（1）评选实行合作单位学年贡献积分制（当年 9 月至次年 8 月），贡献积分计算办法见表 1。

表 1 贡献积分计算办法

项 目	计分标准	权重	总分
企业资质	特级资质积 3 分，一级资质积 2 分，二级及以下资质积 1 分（拥有多种资质就高积分）	3	3
专业建设支持	学校专业建设委员中会每有一名企业人员可积 1 分，最高可积 5 分	23	23
	参与校级重点专业建设中每有一名企业人员积 1 分，参与省级重点专业积 2 分，参与国家级重点专业建设积 3 分，最高可积 10 分（企业人员须排前两名）		
	参加校内教材编写、教改课题、科研课题人员中每有一名企业人员积 1 分，最高可积 8 分（企业人员须排前两名）		
实践教学环节支持	每解决 1 个顶岗实习岗位积 0.5 分，最高可积 15 分	26	26
	每学期派出 1 人次人员来校承担实践教学任务积 0.5 分，最高可积 6 分		
	每提供一个校内教师顶岗实践岗位 0.5 分，最高可积 5 分		
就业方面支持	每解决 1 名学生就业积 0.5 分，最高可积 15 分	23	23
	每参加学校组织的招聘会一次积 1 分，最高积 2 分		
	每新设置一个整建制（不少于 50 名学生）订单班积 3 分，最高积 6 分		
直接经济投入	每年拿出一定金额作为奖学金，最低积 2 分，最高积 5 分	10	10
	捐赠学校适用实验实训设备，且折旧价值不低于 1 万元，最低积 2 分，最高积 5 分		
引荐推广工作	每新引入一家合作单位积 2 分，最高积 5 分	5	5
学生评价	学生对企业满意度测评不低于 80%的，积 10 分	10	10
总 分		100	100

（2）年度排名位于合作单位总数前 20%的，颁发“年度优秀合作单位奖”。连续三年，合作单位年度贡献积分排名位于当年度合作单位总数前 30%的，也可授予

该奖项。

三、评选程序及表彰

（1）每年6月30日前，学校各相关部门根据评选条件给各合作单位打分，并将结果交合作办学处。

（2）7月10日前，合作办学处根据打分结果进行复核，并提出推荐优秀单位名单，学校召开专题会议研究后确定。

（3）9月上旬，学校公布评选结果。

（4）学校在每年新生开学典礼仪式上对优秀合作单位予以表彰。

四、其 他

本办法自颁布之日起执行，由校合作办学处负责解释。

陕西工商职业学院关于加强教师面向行业企业开展技术服务的意见

为加强产学研合作，努力培养创新型人才，提高我校教师的实践能力，鼓励我校教师积极面向企业行业开展技术服务，根据教育部《关于全面提高高等职业教育教学质量的若干意见》（教高〔2006〕16 号）、国家科学技术部等七部委联合颁布的《关于动员广大科技人员服务企业的意见》和《陕西工商职业学院“十二五”事业发展规划》的有关精神，结合学校实际，特制定本意见。

一、指导思想与基本原则

（一）指导思想

以科学发展观为指导，以校企合作为主要途径，全面提高我校教师面向行业企业开展技术服务的能力，促进我校办学能力和教学水平的提升。

（二）基本原则

（1）资源共享的原则。

（2）互利共赢的原则。

（3）协同创新的原则。

二、主 要 内 容

以服务区域经济建设和社会发展为着力点，积极承担与学校专业建设相贴近、相关行业、企业急需的技术、管理、服务型、创新型课题研究；积极参与行业、企业的技术革新和推广，并为企业提供技术咨询和人力资源培训服务。

三、实 施 步 骤

（1）各系在充分调研的基础上，制订服务工作年度计划，拟定实施方案，并做出可行性论证。

（2）校学术委员会对各系提出的计划、方案进行论证，并提出意见。

（3）校长办公会根据校学术委员会的意见，对各系的实施方案进行终审。

（4）经审定的项目，由系部与合作企业签订合作协议，明确校企双方的责、权、利及知识产权等相关事项。

（5）各系在协议签订后，应认真组织实施，并对过程进行跟踪管理，确保项目顺利实施。

（6）项目完成后，由学校与企业合作组成项目验收组，对项目实施和完成情况进行验收。

四、保 障 措 施

（一）组织保障

成立由校领导牵头，相关职能部门、教学系部负责人参加的教师面向行业企业开展技术服务工作领导小组，负责全校教师面向行业企业开展技术服务工作的统筹规划；各系成立以系主任为组长，相关专业负责人和一线专业教师组成的工作小组，负责技术服务工作的组织实施。

（二）经费保障

在技术服务工作启动初期的三年内，学校每年给予一定的启动支持资金，资金数量根据各系项目预算及可行性论证后具体审定。

（三）制度保障

（1）教师参加技术服务的工作量计入教学工作量，纳入部门年度考核管理范围。

（2）技术服务产生的经济效益，其收入分配参照学校现行的有关文件执行。

第五篇　宣传推广

积极探索“双主体”人才培养模式——访陕西工商职业学院院长王振龙教授

2010年以来，陕西工商职业学院以提高人才培养质量为核心，积极探索和完善学校与企业“双主体”培养的职业人培养模式，通过推进一系列行之有效的改革措施，学校各项事业取得了跨越式发展，受到了社会各界的广泛关注。

记者：面对我省高职办学的激烈竞争，贵校如何确定办学思路？

王振龙：多年来，我校以服务陕西现代服务业发展为宗旨，以社会需求为导向，以“高起点、高标准、高水平”为立足点，坚持“以职业为根本，以质量求生存，以特色树品牌，以创新促发展”的办学理念，大力推行开放办学和“双主体”人才培养模式，采用课堂教学与职场训练相结合、职业技能培训与职业资格鉴定相结合、课业考核与岗位考核相结合的“三结合”教学方式，强调课堂学习、职场实战、赛场竞技并举，着力培养现代服务业发展需要的具有良好职业道德、过硬职业技能并具有大学文化素养和创新精神的职业人。学校全面提升整体办学水平，努力建设特色鲜明、适应现代服务业发展需要的示范性高职院校，以期尽快成为具有良好社会声誉和培养质量的陕西现代服务业发展的育人基地和行业高端专业人才的成长摇篮。

记者：面对社会对人才培养的多样化、专业化需求，贵校如何优化专业设置？

王振龙：根据地方产业结构调整、经济增长方式转变和科技进步等特点，我校紧密围绕现代服务业发展的需要，以重点专业为龙头、相关专业为纽带、延伸专业为支撑，构建了与区域经济匹配程度高、布局合理、结构优化、特色鲜明的工商管理类、旅游管理类、财务会计类、工程管理类等多类别协调发展的专业群，形成了“校级重点—省级重点—国家重点”三层递进的专业建设体系。在学校现开设的22个专业中，国家重点建设专业2个，省级重点建设专业4个。学校在全面优化调整专业结构的基础上，建立了与就业状况挂钩的专业设置和招生规模预测调控机制，在校生规模稳步增长，毕业生就业形势良好。

记者：为了更好地促进学生就业，贵校如何提升学生职业技能水平？

王振龙：2010年以来，我校积极探索和完善学校与企业“双主体”培养的职业人培养模式，发挥学校与企业各自在知识传授、素质养成、技能训练和创业就业等方面的优势，共同组织教学和技能训练，通过冠名办学、互动介入等多种形式，强化学生的职业技能训练，形成了“校中有企”“企中有校”的育人环境和人才培养机制。学校与洲际集团皇冠假日酒店、中国海程邦达物流集团公司等多家知名企业合作建立了20多个条件良好、运行稳定的校外实训基地，有效保证了学生半年以上的顶岗实习要求。目前，我校3个实训基地已被认定为省级重点实训基地，同时“双主体人才培养模式”获得省级教学成果奖。

另外，我校不断加大资金投入，深化实训教学改革，全力推进校内实验实训条件建设。按照“场地布置模拟企业现场、实验项目来自企业实际、实训过程复制企业工作流程”的建设要求，学校建立了物流专业实训中心、酒店管理专业实训中心、会计模拟实验室、工程造价模拟实验室等技术先进、数量充足的校内实验实训室，有效满足了学生课程实践教学与专业技能训练的需要。

此外，我校还定期举办职业技能大赛并鼓励学生参加各级各类技能竞赛，技能竞赛覆盖到了每个专业、每位教师、每名学生，形成了“以赛促教、以赛促练、以赛促改”的浓厚氛围，使学生的职业技能水平得到了明显提升。仅最近一年，我校学生就获得全国旅游院校服务技能大赛、全国高等院校工程算量大赛、全国高职高专英语写作大赛、全国大学生数学建模竞赛和陕西省高职院校工程造价技能大赛、会计技能大赛、英语口语大赛等全国或省级多项赛事的多个一、二、三等奖。

为了使学生全面发展，我校鼓励学生积极参加社会服务并为其创造条件，学生通过参加西安世园会、欧亚经济论坛、博鳌亚洲论坛等大型活动或高层国际会议来服务社会，有效提升并充分展示了学生的职业技能水平和综合素养，得到了主办方和社会的广泛赞誉。（记者　褚丹宁）

（《西安晚报》2013 年 5 月 13 日）

探索“双主体”职业人培养模式建设现代服务业育人基地——陕西工商职业学院办学纪实之一（办学理念篇）

坐落在西安市长安区大学城的陕西工商职业学院，是近年来活跃在我省高教战线的一所特色鲜明的公办普通高职院校。学校具有良好的办学条件，优美的校园环境，科学的发展定位，先进的办学理念，坚持“高起点、高标准、高水平”办学，短时期内实现了学校事业的跨越式发展。

学校按照现代职业教育的新要求，根据地方经济建设和社会发展对高水平技能型人才的迫切需要，以服务现代服务业发展为宗旨，坚持以职业为根本，以质量求生存，以特色树品牌，以创新促发展，以培养具有良好职业道德、过硬职业技能并具有大学文化素养和创新精神的职业人为目标，大力推行开放办学，在培养模式、教学模式、管理模式及运行机制等方面实现了教育理念和办学实践的全方位创新。

教育理念的创新首先体现在对人才培养主体的认识上。高校办学的实践表明，学校单方面很难甚至无法培养出完全适应社会需要的、走出校门就能上岗的高素质技能型人才。因此，高职办学不能离开行业和企业，职业人才必须走校、企双方共同培养的路子，必须形成“校中有企”“企中有校”的育人环境和人才培养机制。基于这一认识，学校积极探索并不断完善与行业、企业“双主体”培养的职业人培养模式，每一个专业都与所在行业多家知名企业开展深度合作，共同组建专业建设委员会，共同组建教学团队，共建实验实训基地，充分发挥学校与企业各自在知识传授、素质养成、技能训练和创业就业等方面的优势和作用，形成了地位平等、责任共担、资源共享、互利共赢的育人工作新机制。

创新教学模式是高职教育改革的核心，必须以培养高素质技能型人才为目的，以加强专业技能训练为有效途径，在课程设置、教学内容、教学方法改革上，紧密结合企业岗位设置、工作流程，积极开展项目导向、任务驱动和“教、学、做”一体化的教学模式改革。在办学过程中，学校聘请行业企业专家担任学校专业建设委员会主要成员，共同制订并组织实施专业发展规划及人才培养方案，确定课程设置、教学内容和考核标准，构建了课堂教学与职场训练相结合、职业技能培训与职业资格鉴定相结合、课业考核与岗位考核相结合的“三结合”教学模式，强调课堂学习、职场实战、赛场竞技并举，倡导“学中干、干中学”，切实保证实践教学时间不低于教学总时数的50%，有效提高了学生的职业技能水平。

建设适应职业人培养的师资队伍是高职教育的关键。学校十分重视“双师型”教师队伍建设和“双师结构”教学团队建设。一方面，在合作办学单位建立专业教师实践基地，完善专业教师到对口单位定期实践制度、到行业企业兼职制度，将教师参与企业实践、生产研发、社会服务等作为专业技术职务（职称）评聘和工作绩效考核的重要内容。大量选派专业教师到国外和省、部两级高职高专“双师”素质培训基地进行专业技能学习，鼓励专业教师参加职业技能水平考试、取得职业资格证书。另一方面，完善从企业聘用专业教师制度，聘用一批具有行业影响力的专家作为专业带头人，一批企业专业人才和能工巧匠作为兼职教师，加强“双师结构”教学团队建设。加大人才引进工作力度，通过公开招聘、竞争上岗等方式积极引进和选拔优秀教师，重点引进和聘用高层次紧缺人才，形成了职称结构、学历结构、年龄结构、专业结构、学缘结构日趋合理的专兼结合的师资队伍。

学校积极推进与国外及境外高等教育机构的合作办学，引进优质教育资源，学习先进办学理念，吸收最新教学成果，提高办学国际化水平。学校先后与美国托马斯大学、韩国圣洁大学和台湾环球科技大学、侨光科技大学等建立了合作或对口交流关系，走出了一条国际化开放办学的新路子。

学校坚持以学生为中心，倡导“健康生活、快乐学习”，把学生的需要作为学生工作的目标。支持和引导学生组建与所学专业密切相关的社团，依托社团开展体验式学习和多种形式的活动。建立符合学生自主选课和多学期制学习实际的学生管理新模式，着重培养学生自我教育、自我管理的能力。学校鼓励学生个性化发展，对希望毕业后直接就业者，通过合作办学单位提供良好的就业机会；对希望深造者，加大基础课和专业理论课的教学比例，增强继续学习的实力；对希望出国、出境接受教育者，通过境外合作办学，提供多种选择机会。学校重视就业率，更注重就业质量。2013 届毕业生就业率已超过 95%，且多数学生受聘于知名企业。（记者　吕杨）

（《陕西日报》2013 年 6 月 17 日）

探索“双主体”职业人培养模式建设现代服务业育人基地——陕西工商职业学院办学纪实之二（合作办学篇）

陕西工商职业学院挂牌之初，就确立了明确的人才培养模式，即学校与行业、企业“双主体”培养的职业人培养模式。学校成立了合作办学处，积极与国内外知名企业开展合作办学，充分发挥双方各自在知识传授、素质养成、技能训练和创业就业等方面的优势和作用，形成了学校与行业、企业地位平等、责任共担、资源共享、互利共赢的育人工作新机制。

三年来，学校先后与西安天域凯莱大饭店、西安（阿房宫）唯景国际酒店、洲际酒店管理集团西安皇冠假日酒店、曲江惠宾苑宾馆、西安创业物业发展有限公司、中国海程邦达国际物流集团公司、中储发展股份有限公司西安分公司、金花企业集团、陕西苏宁电器有限责任公司、陕西兵器建设监理咨询有限公司、陕西丰辉房地产开发有限公司、西安天朗物业管理有限公司、人人乐股份有限公司、西安海纳集团物流总公司、联想集团阳光雨露信息技术服务有限公司、西安绿地笔克国际会展中心、西安青年旅行社（国际）、海南三亚凤凰机场等 25 家知名企业开展了深度合作。

经过不断探索、磨合，校企双方建立了良好的合作机制。一是学校开设的所有专业都与行业、企业组建了专业建设委员会，双方共同制订并组织实施专业发展规划及人才培养方案。来自行业、企业的委员人数已超过委员会编制人数的半数以上，且有多名行业、企业的高层管理人员和专家担任委员会主任、副主任职务。二是校企双方共同商讨实验实训基地建设方案，实现资源共享，共同制定合作培养的一系列制度、文件和工作程序，切实保证各项工作的顺利开展。三是企业遴选经验丰富的管理技术人员担任学校实践课程指导教师，学校派教师赴企业进行顶岗实践锻炼，共同建设“双师型”教师队伍。据不完全统计，三年来，合作企业累计派出 80 余名员工承担教学任务，近 30 名教师在企业每人完成了不少于 1 个月的顶岗实践。四是共同协商，科学安排学生的专业实践和顶岗实习，截至目前，该校学生 60%的实践教学都在合作企业得到了很好的落实。五是由合作企业高层管理人员、企业老总来校为学生做专题讲座，与学生分享成长经历，指导学生科学规划职业生涯。六是由企业每年拿出部分用人计划，用于吸收学校毕业生在企业就业。以上合作机制的建立，为“双主体”培养职业人奠定了良好的工作基础。

随着合作形式不断丰富，合作领域不断拓宽，合作层次不断提升，合作企业也在不断加深对校企合作的认识。企业越来越感觉到，校企合作绝不仅仅是高职院校的单方需求，也是企业追求自身长远发展的必由之路。合作企业开始更加关注人才培养过程，与校方共同商定人才培养方案，研究课程开设体系，开发专业课教材，策划专业竞赛方案，参与专业教学改革。校企合作由最初的道义援助、公益投入、被动帮助逐渐转入到自觉合作、主动合作阶段。例如，西安皇冠假日酒店、苏宁电器等企业主动在该校举办了冠名班，开展“订单式培养”合作；陕西兵器建设监理咨询有限公司愿意将当年招聘计划的部分名额交由该校推荐；西安皇冠假日酒店在该校还建设了高规格的酒店管理专业实训室，特别是西安创业物业公司还慷慨解囊，免费为物业管理专业学生订制了四季工装，海程邦达国际物流有限公司在物流管理专业设立了50万元的“海程邦达奖学金”，用以资助优秀学子完成学业。

校企双方务实、自觉的合作换来的是校企双方真正的共赢，几年来，大家都尝到了实实在在的“甜头”。对合作企业来说，首先是更便利地获取了优秀人才。学校结合企业需求专门培养出来的劳动者，比起从社会上招聘来的一般员工，综合素质更高，更加认同企业文化和价值取向，有更高的职业忠诚度和较全面的职业技能，能够成为企业宝贵的人力资源。其次是大大节约了培训成本。企业与学校合作培养人才，相当于把内部员工的培训工作外包给学校，保证企业入职人员具有较高的学历层次和良好的专业技能，提高了企业职工队伍的素质，降低了企业的培训成本和劳动成本，有力地提升了企业的竞争力。

对学校而言，通过校企合作，弥补了学校教育的不足，校企双方共同制订的人才培养方案，使学校教学与企业需求同步，深化了学校的教学改革；通过校企合作，提供了教师在企业实习、见习、调研的机会，提高了实践技能，为该校培养了一批既懂理论又熟悉企业运作的“双师型”教师队伍，为培养创新型人才提供了保障。

在校企合作中获益最大的当属陕西工商职业学院的莘莘学子。他们在企业接受严格规范的职业训练，将理论学习与社会工作实践相结合，练就了过硬的职业技能，实现了与未来工作岗位的无缝对接，大大提高了适应社会、正视竞争的生存发展能力。

经过几年的探索实践，无论从企业的高度评价、学校的深刻变化、学生的切实感受还是教育专家的充分肯定，无不证明陕西工商职业学院“双主体”职业人培养模式是完全符合科学发展的高职教育办学新路子。2013 年，校长王振龙教授主持的《高职院校“双主体”人才培养模式的探索与实践》荣获陕西省高等教育教学成果二等奖，这是该校高职教育教学改革取得突破的充分体现，是该校“双主体”职业人培养模式改革得到社会肯定的显著标志。（记者　吕杨）

（《陕西日报》2013 年 6 月 18 日）

探索“双主体”职业人培养模式建设现代服务业育人基地——陕西工商职业学院办学纪实之三（教学改革篇）

陕西工商职业学院以“双主体”的人才培养模式引领着学校教学工作的改革与创新。学校领导清醒地认识到，高职院校教改的首要任务就是要彻底转变教师的思想观念，将长期以来高等学校普遍存在的重课堂教学、轻实践锻炼，重理论学习、轻技能培养的观念，尽快转变到高职教育发展的新观念、新要求上来。据此，校长王振龙提出了“清零”“重构”的新要求。“清零”就是要把头脑中不适应高职教育改革发展的旧思想、旧观念彻底清除掉，而“重构”则是要求重新构建适应现代高职教育技术技能型人才培养目标需要的新思想、新观念。目前，学校正在以一系列的教学改革活动从真正意义上创立“双主体”的人才培养模式。

（1）改革人才培养方案。陕西工商职业学院充分发挥“双主体”人才培养模式的引领与指导作用，立足“高起点、高标准、高水平”的理念，来实现人才培养方案的最优化。一是按照专业建设委员会章程，以开放的视野，吸纳企业行业的高管、一线高级技师到专业建设委员会承担重要任务，与学校一线教学管理人员、专业教师共同不断修订人才培养方案。二是创新人才培养方案框架，根据企业行业对专业人才的岗位需求标准，将课程设置模块化，形成素养课程模块、专业课程模块、技能课程模块和拓展课程模块，基本上形成了适应现代服务业发展的现代职业教育课程模块体系。三是根据高职教育的人才成长法则，在课程体系中加大了选修类课程、证书类课程、技能类课程、就业类课程及拓展类课程的选修空间，在很大程度上满足了学生未来就业的岗位能力需求。

（2）树立“双型”教师队伍建设新理念。学校在探索“双主体”人才培养模式的过程中，从企业行业主体出发，突破了原有的“双师型”教师观念，提出了“双型”教师队伍新理念，即学校教师承担公共基础课程、专业基础课程的教学任务，同时必须熟悉行业企业的一线技术工作；行业企业高级技师、能工巧匠按照行业企业对人才的需求标准按实践教学方案指导学生进行专业实践体验、课程实践、顶岗实习任务的完成。学校出台《陕西工商职业学院合同制教师聘用管理办法》等文件，确保将行业、企业一大批专业技术人员充实到实践教学师资队伍中来，使这些教师有效地发挥实践教学的主体作用，充分发挥高级技师、能工巧匠的教练作用。学校全力支持教师参加国家和省政府组织的各类师资培训，充分利用专业进修、会议学习交流、派员赴企业一线进行培训与实践锻炼等多种途径，全方位加强教师的教改能力培养。学校还不断加大对教师备课、授课及教研教改的指导和考核，通过召开教改专题研讨会，组织听课、教学检查，开展说课比赛、学生评课、教学名师评比等活动，教师们参与教改的意识和能力得到显著增强。

（3）进行教学方式方法改革。学校大力推行“课堂教学、职场训练、赛场竞技”并举的教学改革新模式，把专业课的实践教学比例增加到 50%以上，鼓励教师自主创新，由教学目标决定教学方式，用教学效果检验教改成效，大力倡导“教、学、做”三者有机结合，将案例教学、虚拟仿真实践教学、现场教学引入教学活动中。根据高职教育的课程教学特色，学校积极推进考核方式的改革，加大职业资格证书和技能竞赛的学分认定与转化力度，实行计算机文化基础课程、英语课程、部分专业课程的资格证书，以及专业技能大赛的学分认定与转化模式，将“以证代考”“以赛代考”的理念真正地落在实处，在全校形成了证书教育与技能竞赛教育的职业人成长氛围。

（4）全面推进公共基础课教学改革。在充分论证的基础上，遵循“必须、够用”的原则，学校对公共基础课教学方式进行了有效调整：将传统的“大学语文”“写作”等课程改革为“大学文化素养”；将“思想品德”“心理健康教育”“形势政策”等课程由传统讲授改为专题讲授；对公共英语课教学突出实用性，采取了分层次授课的教学改革，注重学生听说能力的培养；参照国家计算机等级考试的要求，对“计算机文化基础”课进行了教材和教法改革，实施以考证为目标的教学改革；体育课程在全国高职院校中首创俱乐部教学模式，实现了技能特长与体质达标的有效结合。

（5）深化教学管理改革。学校实行了四学期制和学分制，将每年的两个大学期分为四个小学期开课，极大地方便了行业企业“主体”作用下的课堂教学与集中实践环节的科学组织。学分制与学分银行的有效实行，给学生的学业带来了更大的选择空间，学生完全可以根据自己的兴趣爱好和未来的职业方向进行自主化的选择课程、选择教师、选择资源、选择渠道、选择场所，在很大程度上，不但提高了学生的在线学习能力和自学能力，也有效地激发了教师们不断改进教学，提高教学质量的积极性。学校实行教学管理重心下移，给系、部赋予更多的教学组织自主权，使各教学系与合作办学单位的联系更为紧密，协作更加顺畅，“双主体”办学的优势得到了更好的发挥。

随着教学改革的不断深入，学校取得了丰硕的教学成果。近两年，学校先后开发完成了精品共享网络课程 86 门，多媒体课件获奖数量达 68 个。在 2012 年第十二届全国多媒体课件大赛中，该校荣获一等奖 1 部，是陕西高职院校唯一获此殊荣的院校；二等奖和三等奖各 2 部，分别占全省高职院校获奖总数的 1/2 和 1/4，获奖等级和数量在全省高职院校名列第一。在陕西省高职院校专业技能大赛上，学校捷报频传，获奖等级和数量不断增加，充分展示了教学改革的成效。（记者　吕杨）

（《陕西日报》2013 年 6 月 19 日）

探索“双主体”职业人培养模式建设现代服务业育人基地——陕西工商职业学院办学纪实之四（实践教学篇）

高职教育肩负着培养面向生产、建设、服务和管理第一线需要的技能型人才的历史使命。而技能型人才的培养，最关键的是强化实践教学，努力培养学生的实际动手能力，使学生具备走出校门就可到对口专业岗位直接上岗的工作能力。为了实现这样的人才培养质量目标，陕西工商职业学院在强化实践教学方面做出了巨大的努力，实现了惊人的飞跃。

学校首先强调实践教学在人才培养方案中所占的比重和加强实践教学的重要性，在各专业人才培养方案中，专业课实践教学所占比重都达到了课程总学时的50%以上，有些课程所占课时甚至高达 80%；在三年的人才培养过程中，学生顶岗实习均达到了一年。学校不仅要求开足实践课教学时数，而且十分重视实践课教学的质量。在实践教学中，学校将整个培养过程中的实践实训课程分为四大类。一是专业参观实习。学生在入校的第一个学期通过参观专业对口的行业、企业，对将来所从事职业的工作性质、任务、环境、设施形成一个初步的认识，为成为职业人奠定思想基础。二是课程实验实训。凡课程所要求学习和掌握的单项技能，学生必须亲自实践，保证学会。三是综合实训。在一组有相互关联技能要求的课程学习结束时，将所涉及必须学习掌握的专业技能系统地进行集中的实践实训。四是顶岗实习。在课程开设结束后，将全部所学知识及技能用于工作实践，到对口企业、对应工作岗位进行顶岗实习。以上四类实践课程，学校均制定具体的实训目的、任务、时间、要求及考核办法，形成系列化实践教学任务书，依此组织开展实训。

为了保证开好实验实训课程，学校大力加强实验实训基地建设。目前，学校已拥有国家重点资助建设的物流管理、工程造价、会计电算化专业实训基地 3 个，省级重点建设实训基地 3 个，并已建成覆盖所开 22 个专业的各类实验实训室 32 个。绝大多数专业的实验实训室都按信息化标准要求，配备了专业教学实验设施设备和软件。同时，已动工修建 45 000 平方米、投入达 1.2 亿元的实训教学大楼。按照学校的发展规划，实践基地建设正在朝着“场地布置模拟企业现场，实验项目来自企业实际，实训过程复制企业工作流程”的目标发展。

在加强实训基地建设中，学校十分重视发挥“双主体”职业人培养模式的优势，本着优势互补、资源共享的原则，在合作的知名企业中，先后建立实训基地 35 个。这些在企业建立的实训基地，不仅教学场地、设施设备条件优越，工作环境、文化氛围、管理运行模式与机制都属于企业化标准和水平，而且企业还为学生实习、实训配备了专业技术水平很高的技术指导教师，极大地弥补了学校教师理论强、技能弱的不足，为保证学生实习实训奠定了坚实的基础。

与知名企业合作办学，学生在知名企业顶岗实习，不仅强化了专业技能，也为毕业就业打下了良好的基础。在洲际酒店管理集团西安皇冠假日酒店、中国海程邦达国际物流集团公司、西安创业物业发展有限公司、陕西苏宁电器有限责任公司等多家知名企业顶岗实习的2013届毕业生中，半数以上都与这些企业签订了就业协议，学生的实践能力得到了知名企业的广泛认可和好评。

为了丰富学生的社会知识，提高学生的社会适应能力，学校还组织学生参加各种社会实践活动。几年来，学生先后有组织地参加了西安世园会、欧亚经济论坛、博鳌亚洲论坛等大型活动或高层国际会议的服务工作，有效提升并充分展示了学生的职业技能水平和综合素养，得到了主办方和社会的广泛赞誉。

高职院校强化实践教学是办出职业教育特色的必由之路，也是深受社会和学生欢迎、提高学校办学水平和知名度的有力举措。通过采访陕西工商职业学院的毕业生，不少学生都告诉我们：“学校重视实践教学，让我们学到了很多课堂上学不到的东西，而这些知识和技能恰恰是我们爱学、社会需要的有用知识。我们为在这样的学校学习感到满意和高兴。”（记者　吕杨）

（《陕西日报》2013年6月20日）

探索“双主体”职业人培养模式建设现代服务业育人基地——陕西工商职业学院办学纪实之五（技能竞赛篇）

技能竞赛是培养高素质创新型职业人的重要举措，是检验学生学习、教师教学、学校办学的一种有效方式，对高职院校推进人才培养模式改革、实现校企合作、促进师资队伍建设、改善办学条件、增强办学活力、提高学生就业能力及传播优秀校园文化都具有重要意义。陕西工商职业学院作为一所以服务现代服务业发展为宗旨的高职院校，十分重视专业技能竞赛活动的开展。目前，学校各类专业技能竞赛覆盖绝大部分专业，形成了“以赛促教、以赛促练、以赛促改”的浓厚氛围。通过开展专业技能竞赛，学生的职业技能水平得到了明显提升。

学校成立了技能竞赛领导小组，各系建立了由合作行业、企业专家和校内教师为主要成员的专业技能竞赛办公室。学校相继出台了《学生技能竞赛组织管理及奖励办法》《教学成果奖励暂行办法》等激励政策。学校划拨专项经费对获奖师生和有关部门进行奖励，除按《教学成果奖励暂行办法》对获奖教师给予奖励外，还参照《科研工作量计算办法》折算其科研工作量；对获奖学生按奖项分别给予申请奖学金加分、物质奖励和课外学分奖励等；各系专业技能竞赛成绩纳入学校重点专业、特色专业、精品课程、实验教学示范中心和教学团队评选指标体系。学校还利用第二课堂，成立了技能竞赛方面的社团，组织开展竞赛活动。

学校将技能竞赛纳入人才培养方案，突出学生的技能操作训练，强调实践能力的培养。在课程教学中以工作过程为导向，采取“以赛代考”的考核方式，要求学生按照职业操作规范，在限定的时间内独立完成相应的工作任务，由教师或行业、企业专家给予相应的成绩或学分。通过以赛代考，学生充分体会到完成工作任务的成就感和个人价值，提高了自主学习的兴趣和自信心，促进了综合素质的全面提高。

学校加大对技能竞赛的资金投入。在建设酒店管理、物流管理和会计电算化 3 个省级重点实训基地的基础上，学校先后建成会计、建筑工程技术、工程造价等专业校内实训室 32 个，酒店管理、物业管理、物流管理等专业校外实践教学基地 35 个。学校利用专项资金购买并自行开发了一批技能竞赛活动专用设备和软件，为各类技能竞赛活动的开展提供了物质保证，进一步推进了专业课程教学内容、教学方法的改革、实践与创新。

学校重视对竞赛指导教师的培养。选派优秀教师到企业参与实践活动，加强教师对职业标准和规范的学习，及时更新知识，掌握国内外行业发展的新趋势，了解企业的实际需求；选派骨干教师观摩各级各类职业技能大赛，提升组织竞赛的管理水平和指导竞赛的职业能力。通过学习、实践，竞赛指导教师能够更加贴近企业生产岗位和工作任务的要求，有针对性地选取和设计技能训练项目，为学校在各类技能竞赛上取得优异成绩打下了坚实的基础。

三年来，学校积极参加省级及以上各类专业技能大赛并屡获佳绩。2012 年获全国数学建模竞赛专科组陕西赛区一等奖，第五届“广联达杯”全国高等院校工程算量软件大赛陕西赛区一等奖、全国总决赛三等奖，第七届“七彩阳光”全国青少年才艺电视展评声乐专业青年组一等奖，第四届“爱我中华”艺术交流全国总展演萨克斯组一等奖、单簧管组一等奖，“香港国际文化艺术交流展演艺术节（陕西选区）”单簧管组一等奖，第二届“陕西省民族器乐大赛”优秀奖等。2013 年获陕西省高等职业院校技能大赛会计技能竞赛一等奖、物流技能竞赛一等奖、英语口语竞赛二等奖、工程造价技能竞赛个人总分第二名，第四届“蓝桥杯”全国软件大赛陕西赛区个人选拔赛一等奖两项，第五届全国旅游院校服务技能大赛二等奖，全国职业院校技能大赛高职组“书香杯”西式宴会服务赛项三等奖等。（记者　吕杨）

（《陕西日报》2013 年 6 月 21 日）

探索“双主体”职业人培养模式建设现代服务业育人基地——陕西工商职业学院办学纪实之六（毕业就业篇）

在2013年被称为“最难就业年”的背景下，陕西工商职业学院2013届毕业生就业率高达95%以上，热门专业的就业率甚至达到100%，且多数学生受聘于知名企业。该校毕业生就业率能够逆势而上，不仅得益于学校优质的教育质量，还得益于学校积极为毕业生开拓就业渠道，搭建了畅通的就业平台。

面对严峻的就业形势，学校领导班子认为，解决大学生就业问题的因素主要有学校、社会和学生三个方面，但关键还在于学校。虽然国际国内经济形势导致大学生就业的总体需求下降，但是，只要学校能在培养质量上下工夫，能在解决就业问题上找出路，就业问题就能得到很好的解决。只要学校能切实保证毕业生质量，想方设法获得用人单位的认可，积极引导学生树立正确的就业观，客观地确定自己的就业理想和期望，毕业生的就业率就一定能达到一个较高的水平。

基于上述认识，学校在提高人才培养质量和办学声誉上狠下工夫。学校坚持开放办学，大力开拓就业市场，积极主动地将学校教育与社会需求相融合，有效实施了“走出去”战略。一是深入了解与开设专业对口的行业、企业对毕业生专业技能的具体要求，了解行业用人标准，依此调整人才培养方案，力求达到“量身定做”，以技术技能为核心，提升毕业生质量。二是深入了解企业文化和企业精神，让企业文化、企业精神进校园、进课堂，培养学生热爱所学专业，乐于献身所学专业的职业素养。三是深入了解人才需求情况。除与合作办学行业、企业联系外，学校还主动把目光投向沿海和经济发达地区，为学生广泛采集用人信息，寻找就业机会。学校派人参加了2012年全国中高等院校毕业生就业安置校企供需洽谈会，先后与胶州绿地、喜来登酒店、三星电子有限公司、今麦郎饮品股份有限公司、北京外国专家大厦、北京唐韵山庄酒店等10余家单位进行了友好磋商，赴北京外国专家大厦（四星级酒店）、北京唐韵山庄酒店（五星级）等地推荐毕业生。四是形成全员参与就业工作的工作机制。除学生工作部统管就业工作外，学校形成了从校领导到各个教学系、甚至每一名员工共同关心学生就业，共同为学生寻找就业机会和主动推荐用人单位的良好氛围。五是把“走出去”作为引导和鼓励毕业生积极寻求就业机会的一种行动态度。学校十分重视教育学生培养正确的就业观和择业观，鼓励学生“走出去”，既善于到经济发达地区寻求就业机会，也乐于到经济欠发达地区，特别是西部边远贫困地区为自己开拓更宽广的就业平台。

学校还积极采用“请进来”的办法解决就业问题。学校主动邀请用人单位来校开展招聘宣传，为学生进行正确的就业择业教育。近年来，学校先后邀请陕西省人力资源和社会保障厅、陕西省农业劳动力资源开发促进会、美国佐治亚州托马斯大学、美国纽约州库克大学、世纪金花集团、苏宁电器、天朗地产、曲江惠宾苑等数十家单位的负责人为学生做就业专题报告，进行择业教育和指导。通过这一平台，促进了用人单位和学生的充分接触与了解，企业进一步认识了学校的教育教学质量，学生也对企业有了充分的认识，积累了就业经验。

学校与行业企业的深度合作办学是解决毕业生就业问题最有效的途径。学生第三学年在合作企业的顶岗实习，既强化了专业技能训练，也增强了对企业文化、企业精神的理解和认可。基于此，皇冠假日酒店（五星级）、苏宁电器股份有限公司都在该校设立了冠名班，开展订单式培养。由于学校和企业共同承担教育任务，学生的现实表现能够得到企业真实、全面的了解和广泛认可。以2013届毕业生为例，与学校深度合作的办学单位在学生顶岗实习后，均对该校学生的素质给予了很高评价，并以极高的录用率为学生提供了就业机会。（记者　吕杨）

（《陕西日报》2013年6月22日）

陕西工商职业学院：主动为青年教师成长搭建平台

在 2013 年刚刚落幕的陕西省高职院校技能大赛上，陕西工商职业学院代表队获得总分第二名的优异成绩。在炫目的成绩背后，人们所不知道的是，该校代表队的指导小组成员均是由该校青年教师组成的。就是这支团队，2012 年还在全国第十二届多媒体课件大赛上获奖众多，高居陕西高职院校第一。

陕西工商职业学院的青年教师之所以能够迅速成长，担当起学校大任的秘诀，就在于该校时时处处为青年教师着想，为他们搭建起了一个快速发展的成才平台。

陕西工商职业学院立足陕西现代服务业的办学定位，确立了“高起点、高标准、高水平”的办学思路，创立了“双主体”办学模式，提出了“学中干，干中学”的职业人成长路径，采取了“实用、够用、管用、顶用”的职业人教育原则，使之与课堂教学、职场训练、技能大赛的职业人成长法则有机地结合起来，从而为青年教师的成长在观念的转化、理念的创新和活动的设计等关键要素方面营造了良好的创新氛围。

陕西工商职业学院在“校企合作”共育职业人的“双主体”模式下，将青年教师的技能提升与企业融为一体，让他们与企业行业高管、一线技师共同组成专业建设委员会，开展专业建设的全部工作；到企业行业顶岗锻炼，掌握新理念、新知识与新技能；与企业行业教师一起指导学生的专业与课程实验实训及顶岗实习活动，将职场训练真正落在实处；与企业行业一线人员一起设计与开展课堂教学和技能竞赛活动，确保技术技能型人才培养目标的有效实现。

陕西工商职业学院还增加青年教师培训活动的参与度，加快其成长步伐。2013 年参赛获奖的青年指导教师近两年参加的各种培训活动都在 10 次以上，包括现场培训、远程培训、赛场体验、交流学习、专家讲座等。鼓励青年教师参加各种形式的学术会议，体验、聆听国内外一流的职业教育名师名家的学术见解，展现学校的办学理念与成绩，在与五湖四海业内名流的交流过程中，汲取青年教师快速成长的营养剂。从根本上来说，这是他们在 2013 年全省高职院校技能大赛上取得优异成绩的关键之所在。

学校决策层有效地将激励法则用于青年教师的成长过程中，通过一系列专项活动的开展，将青年教师的专业成长积极性最大化地调动了起来。例如，学校的科研成果奖励办法，使青年教师在国内外正式期刊上论文的刊载数量及重要检索机构的引用、检索率迅速提升，省级以上科研课题的申报成功率越来越高；教学成果奖励办法的实施，使教改课题的参与面以及成果应用效果日益显著；青年教师教学能手的评选活动则助推了课堂教学创新活动的高潮，多媒体课件的制作水平不断提高。而为了促使青年教师尽快向双师型教师转化，学校采取了多种措施，拓宽教师职业技能培训与获得职业资格证书的渠道。对获得职业资格证书的青年教师减免教学工作量，给予物质和精神上的奖励，同时在评职、晋级时同等条件下具有优先的资格。

陕西工商职业学院随着青年教师的不断进步和成长，使学校的事业发展实现了跨越式的发展，教学的内涵建设不断得到提升，青年教师的主力军作用更显重要，也激励着他们努力把学校办成“职业人学习港”的梦想变为现实。（记者　吕志军）

（《教师报》2013 年 6 月 12 日）

陕西工商职业学院把毕业典礼办到了企业

近日，陕西工商职业学院 2013 届毕业生典礼在合作办学单位西安皇冠假日酒店举行。在合作办学单位特别是世界知名企业举行毕业典礼，体现了学校在职业人培养过程中对合作办学单位的重视，凸显了陕西工商职业学院“双主体”办学的特色和优势，也给即将离开母校的毕业生在步入社会的起点上留下一个永久而美丽的记忆。

今年是陕西工商职业学院第一届毕业生，就业签约率达到了 98.78%以上，毕业生就业签约单位有机关、事业单位、国有企业等，分布于 11 个省（自治区、直辖市）。王振龙校长介绍，今年学校共有 6 个专业，毕业生 579 人，明年将达到 1100 多人，从目前情况看，许多合作企业已经对明年的毕业生进行了预定。

陕西工商职业学院自 2010 年办学开始，就坚持“高起点、高标准、高水平”办学宗旨，积极探索并努力实践学校与企业“双主体”培养的职业人培养模式，形成了“校中有企”“企中有校”的育人环境和人才培养机制。每一个专业都与所在行业多家知名企业开展深度合作，共同组建专业建设委员会，共同组建教学团队，共建实验实训基地，充分发挥学校与企业各自在知识传授、素质养成、技能训练和创业就业等方面的优势和作用，形成了地位平等、责任共担、资源共享、互利共赢的育人工作新机制。很多企业在学生顶岗实习后，均对陕西工商职业学院学生的综合素质给予了高度评价，并以极高的录用率为学生提供了就业机会。

办学三年来，学校积极参加省级及以上各类专业技能大赛并屡获佳绩。2012 年获全国数学建模竞赛专科组陕西赛区一等奖，第五届“广联达杯”全国高等院校工程算量软件大赛陕西赛区一等奖、全国总决赛三等奖；2013 年获陕西省高等职业院校技能大赛会计技能竞赛一等奖、物流技能竞赛一等奖、英语口语竞赛二等奖、工程造价技能竞赛个人总分第二名，第四届“蓝桥杯”全国软件大赛陕西赛区个人选拔赛一等奖两项，第五届全国旅游院校服务技能大赛二等奖，全国职业院校技能大赛高职组“书香杯”西式宴会服务赛项三等奖；2013 年还获得了全国高职院校物流技能大赛二等奖，此次获奖是陕西省历年来在该项赛事中取得的最好成绩，也是本次大赛西部地区的最高排名。（记者　吕杨）

（《陕西日报》2013 年 7 月 5 日）

凤凰机场上最美的实习生——记陕西工商职业学院航空服务专业学生在三亚凤凰国际机场的顶岗实习生活

凡是“五一”小长假出行三亚度假的旅客，都对三亚凤凰机场一群来自陕西工商职业学院航空服务专业的实习实训学生留下了极为深刻的印象。这58名坚守在工作岗位上的学生以他们特有的热情、周到和娴熟的服务，演绎着动人的故事，温暖着中外游客。

看到这群着装整齐，温暖微笑，谈笑间偶尔露出稚气的实习学生，在这里取得了优异成绩，实现着自己的人生价值，让我们非常欣慰。为何陕西工商职业学院能够培养出这样素质高、有冲劲的高职学生，采访中，学校领导告诉我们：学校立足“高起点、高标准、高水平”的办学定位，始终坚持“以职业为根本，以质量求生存，以特色树品牌，以创新促发展”的办学理念，大力推行“双主体”人才培养模式，遵循人才培养与企业需求相融合、专业教师与能工巧匠相融合、理论教学与技能培训相融合、教学内容与工作任务相融合、能力考核与技能鉴定相融合、校园文化与企业文化相融合的职业教育教学原则，形成的课堂学习、职场实战、赛场竞技并举的教学运行模式，以及职业人才培养必须注重“学中干，干中学”的教学理念，是保证人才培养质量的关键。

培养具有良好职业道德、过硬职业技能并具有专业文化素养和创新精神的高端技能型人才，是陕西工商职业学院多年来始终追求的目标。2011 级的王珅同学在接受采访时告诉记者:“现在我们58人分散在安检、VIP客舱服务、地面引导、贵宾室、值机等不同的岗位，每天都接触着不同的人群，大家常常会聚在一起讨论工作中的事情，相互学习，很多以前书本上的东西现在不仅亲身体验了，理解也更深了。在这里我们每一天都过得很充实。”千里的距离，让这群离家的孩子学会了独立，学会了思考，58张面孔呈现出的快乐与自信，让这个小集体显得温馨而充满朝气。

陕西工商职业学院航空服务专业58名学生在踏入工作岗位后，能够从严要求，十分注重个人专业技能的强化训练，这与他们在学校接受的良好教育密不可分。在谈及工作中遇到的问题时，每个人都会说出一段让人感动的经历。王浩浩同学从随身的小包里拿出一本自己装订的小册子，有点不好意思地对记者说：“我英语不太好，到机场实习后碰到好几次外国游客向我咨询事情，可我只能听懂几个单词，每次都得求助其他同事，感觉特别不好意思。后来我就想，别人能学会的我也能学会，我就把常用的英语口语都写在纸上，自己装订成小册子，闲暇的时候拿出来看看、背背，其他同学有时间也常会帮我一起对话练习。现在，我的外语会话能力提高很快，已经可以接待外国游客了。”刚说完，坐在他旁边的大眼睛姑娘赵心也告诉记者：“以前总是觉得‘处处有学问’这句话太夸张，现在可是切身体会了。光是给旅客指个路，那都是有讲究的，不能翘着食指指指点点，应该大拇指弯曲，其余四指并拢，手心向上，指向行进方向。有时候为了练习走姿、站姿，我们就一遍遍对着镜子练，直到自己满意为止。”“我觉得这份工作让我收获最多的就是感动。有一次我只是在休息时间帮助一个老人办理了行李托运手续，然后送他到所在候机厅休息和登机，老人就一直拉着我的手动情地说，‘姑娘，你真是一个好孩子’。很多时候，只是因为我们的一个微笑，一个举动，就冲淡了这些游客在他乡的孤寂感，让他们感觉到无论在哪里，都会有温暖。”赵桃桃这样告诉记者。

航空服务专业58名学生来到三亚凤凰机场顶岗实习已经快一年了，在这里他们不仅收获了知识，强化了专业技能训练，学会了很多书本上学不到的东西，而且更重要的是懂得了自己应承担的那份责任。“你们想家吗？”当记者问出这个问题后，家在陕西的张婉蕾经过一刹那的沉默告诉我们：“怎么能不想？从来到现在，已经快一年了。每次看着游人一家团团圆圆，而自己只能通过电话线把思念传给父母时，心里就特别难过。尤其像‘春节’‘五一’‘十一’，这些小长假就更想陪在家人身边。可是，我们在这里实习，这就是我的工作岗位，在航空服务这条运输线上，我就是一颗螺丝钉。坚守岗位，服务好每一位旅客，用周到的服务和热情换来旅客的欢声笑语，让我觉得自己的工作有价值，有意义，这就是我的责任，我的心愿，也是对我的最大肯定。”

在这一年的顶岗实习生活中，陕西工商职业学院也随时关注着这群“出游”孩子在企业主体环境中的成长。开学初，学校按照专业培养方案的基本要求将教材、教辅材料及多种学习媒体资源及时寄给学生，满足学生顶岗实习环节的学习需求，并先后多次派送教学主任、理论课程教师、辅导员前往三亚看望学生，了解实习情况，在解决学生理论学习疑难问题的同时，及时和机场业务领导、实习指导教师沟通情况，解决学生职业技能实战中遇到的困难，共同探讨“双主体”培养职业人的办学模式，使“双型”教师共同培养职业人的创新理念成为教学实施中的具体行动。

即使只是一颗螺丝钉，也仍然努力坚守着自己的岗位。那些奔赴在服务一线的陕西工商职业学院的学子们，正用自己的行动践行着职业教育的价值和意义，向社会传达着职业教育的正能量。（记者　褚丹宁）

（《西安晚报》2013年5月13日）

后　记

2010年以来，我们本着“高起点、高标准、高水平”的办学理念和要求，彻底解放思想，认真进行“双主体”人才培养模式改革，经过持续不断的实践探索，取得了值得欣慰的初步成果。但是，按照教育部的要求和职业教育发展的趋势来衡量，这些经验的积累仅仅是万里长征的第一步，目前的高职教育，就教育教学水平和培养质量而言，还只是处于基本能够适应行业企业和用人单位需要的初级阶段，作为高等教育，从办学水平、专业建设的高标准要求来看，距离达到能够引领社会发展，带动和促进行业企业技术进步、创新和发展的目标要求还差距很大。从这一视角出发，设计和思考未来的改革和发展，我们自感改革、创业的路子还很长，任务还很艰巨，在未来的发展过程中，我们将本着主动跟踪、积极适应、深入融合、全力服务于社会、行业企业培养所需人才的理念，着力在四个方面继续深化改革。

一是不断优化人才培养方案，持续深化教学过程改革，着重将行业企业和用人单位的岗位技能标准、熟练程度要求，以及企业文化、员工职业素质要求等引入人才培养的课程体系，彻底改变传统教育轻视实践、远离甚至脱离实际的做法，使教育真正能走出课堂，实现“干中学、学中干”，最终实现培养的人才达到走出校门就能上岗履职的质量标准。

二是着力建设适应职业教育教学需要的师资队伍，以建设高素质“双师型”教师队伍为重点，强化教师专业技能和实践教学能力培训，使教师真正成为合格称职的“双师型”人才，而不是只会讲理论、不会实际操作干事的教书匠。

三是科学规划实践教学基地建设，校内建哪些，企业合作建哪些，都要进行精心设计、科学论证，促进知识与技能相结合、理论与实践相统一，努力建成兼具生产、教学和研发功能的实习实训基地，使职业人的培养真正在职业化的过程训练中得以完成和实现。

四是改变“以学校为中心”设计教学活动及过程的陈腐思想观念，积极自觉地走出去，诚心诚意、务实合作，本着以育人为目的、互利双赢的指导思想，充分发挥企业重要办学主体作用，认真探索长久合作的工作机制，在政府主导、行业指导、校企深度融合的机制形成后，努力向建设现代职教集团的目标迈进。

教育对人类社会的发展、进步起着决定性的作用，尤其是高等职业教育对未来我们国家的发展影响至关重要。因此，本着总结经验、提升认识、促进发展，呼唤能够引起高职教育兄弟院校同行，以及所有关心我们职教发展的社会各界人士的广泛关注与共鸣，共同探讨职业教育未来发展的意愿，我们编写了此书。由于时间仓促，办学的实践探索和经验积累还不够丰富，所以书中难免存在不足之处，恳请社会各界给予批评和指正，我们将深表感谢和欢迎！